课题项目：
2017 年度教育部人文社会科学研究规划基金项目。项目批准号:17YJA760083

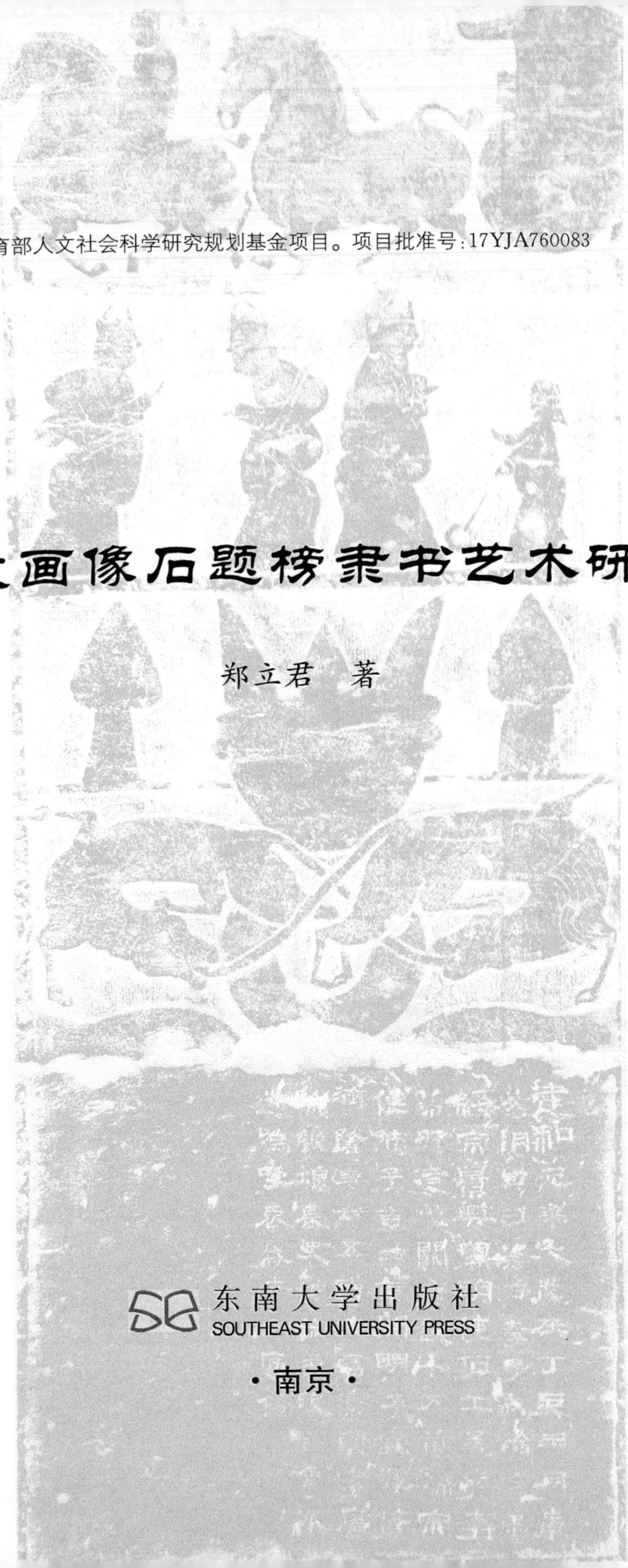

汉代画像石题榜隶书艺术研究

郑立君　著

东南大学出版社
SOUTHEAST UNIVERSITY PRESS
·南京·

图书在版编目(CIP)数据

汉代画像石题榜隶书艺术研究 / 郑立君著. — 南京:东南大学出版社, 2021.12

ISBN 978-7-5641-9694-3

Ⅰ. ①汉… Ⅱ. ①郑… Ⅲ. ①画像石-研究-中国-汉代 ②隶书-书法-研究-中国-汉代 Ⅳ. ①K879.424 ②J292.1

中国版本图书馆 CIP 数据核字(2021)第 196789 号

责任编辑:周 娟　　**责任校对**:张万莹

书籍设计:韩 晖 王 玥　　**责任印制**:周荣虎

汉代画像石题榜隶书艺术研究

Handai Huaxiangshi Tibang Lishu Yishu Yanjiu

著　者	郑立君
出版发行	东南大学出版社
社　址	南京市四牌楼 2 号(邮编:210096　电话:025-83793330)
经　销	全国各地新华书店
印　刷	江苏凤凰数码印务有限公司
开　本	700 mm×1000 mm　1/16
印　张	18
字　数	323 千字
版　次	2021 年 12 月第 1 版
印　次	2021 年 12 月第 1 次印刷
书　号	ISBN 978-7-5641-9694-3
定　价	78.00 元

本社图书若有印装质量问题,请直接与营销部调换。电话(传真):025-83791830

目　录

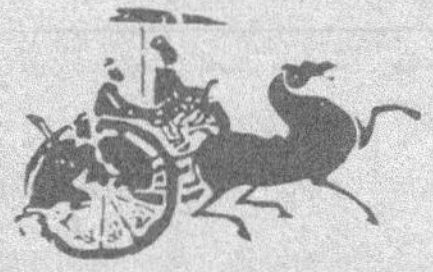

绪论

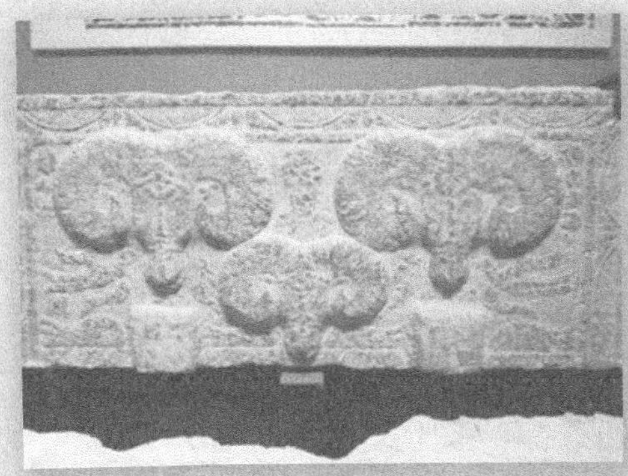

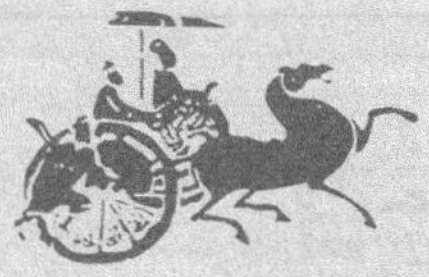

在汉代画像石上，镌刻在画里画外和艺术形象旁边的文字，可相对分为题记和榜题两类①。题记文字大多镌刻于画像石图像之外的空白石面处，也有的镌刻在画面内，有的有纪年，有的无纪年。大部分题记的思想内容主要说明庙阙墓阙、墓地祠堂和墓室制作缘起、过程、费用，记载或追述墓主等墓葬时间、身份、品性、事迹及相关事件，借此表达生者对死者的美好祝愿等，也有少数用来描述或解释画像内容等。题记有长篇和短篇之分，长篇的字数多者有六百字以上。榜题是指镌刻在人物、动植物、车马、建筑物等艺术形象旁边的长方形框及其文字，其内容与功能主要用以标明主要人物的姓名、身份、及动植物、车马、建筑物等的名称。大部分字数只有两三个，也有的二三十个不等，与所标示的画

① 关于汉代画像石上的题记与榜题的界定问题，学界也有不同的说法：有些学者把两者统称为题记，有些学者把两者统称为榜题，等等。笔者认为，学者们的不同称呼无可厚非。虽然汉代画像石上镌刻的题记与榜题，两者在形式、内容、功能等方面有一定的区别，即两者在画像石上的位置设计、思想内容、字数多寡、作用和与图像的关系等都有较显著的区别；但两者之间也有一定的联系，简而言之两者均以画像石为载体，均为两汉厚葬之社会风气盛行的产物，均属汉代丧葬礼俗性艺术，均出自汉代书丹者和艺人写刻等，特别是有些汉代画像石上镌刻的文字内容，既可被视为榜题，也可被视为题记；因此，要想严格地划清两者的界限也不现实，只能进行相对的划分。本书把汉代画像石上的题记与榜题相对分开来，主要是为方便梳理和讨论。

像密切结合①。

汉代画像石上的题榜文字书体绝大部分为隶书，极少数是篆书。隶书中又可相对分为典型隶书、通俗隶书、草书隶书、行书隶书、美术隶书和篆隶结合等类型，其中通俗隶书是最多的类型。各种不同隶书类型体现出了鲜明的艺术特点和一定的地域风貌，其写刻者既有书家与一般书手，也有民间画师和石刻艺人。

汉代画像石上的题榜内容和隶书艺术及其写刻者，是研究汉代社会政治思想、经济基础、丧葬礼俗、民情风俗、文化艺术、文字和书法艺术发展演变，以及汉代民间艺人的艺术创作思想方式等的原生资料，具有重要的考古、历史、艺术等价值，值得深入研究。因此，自魏晋至今1600多年来，汉代画像石上的题榜内容及隶书写刻艺术也是国内外众多学者的关注点之一。特别是20世纪以来，国内外众多学者分别从考古学、历史学、金石学、文字学、文化学和艺术学等角度，不同程度地对汉代画像石上的题榜内容、功能和隶书写刻艺术等，展开梳理、解读、研究，发表了众多研究文献，为当代与未来汉代画像石及其题榜内容、隶书写刻艺术研究提供了资料基础与思路。

综而观之，系统性、专题性的梳理、研究文献不多，特别是有些文献由于侧重点不同，对有些题榜特别是题记文字、书体类型和艺术特点等疏于辨别、考证和论述，以致出现了释读谬误甚至人云亦云之现象。这尤其值得考释、讨论。

本书所论汉代画像石题榜隶书艺术，主要包括汉代画像石上的隶书题记与

---

① 出土汉代画像石上究竟有多少条(处)题榜，学界也存在不同说法。有学者列举了全国范围内出土汉代画像石上有纪年的题记73条、无纪年的题记34条(参见王建中:《汉代画像石通论》，北京，紫禁城出版社2001年版，第451-455页)。有学者梳理了徐州地区出土汉代画像石墓阙、祠堂和墓室题记23条(处)，刻有榜题的3条(处)(参见武利华:《徐州汉画像石通论》，北京，文化艺术出版社2017年版，第332-357页)。有学者梳理出了有纪年的汉代画像石题榜94条(处)(参见杨爱国:《幽明两界:纪年汉代画像石研究》，西安，陕西人民美术出版社2006年版，第12页)。有学者说:"现已发现的一万多块汉画像石上，有文字者约有二百五十多件(处)。"(参见欧阳摩一:《论画像石上的隶书艺术》，《中国书法》2005年第12期，见第40页)事实上，要想确切地统计出汉代画像石上的题榜数量是很难的，因为全国范围内出土的汉代画像石，不仅分存于各地博物馆(院)、汉画像艺术馆，或文物、考古、文化等管理机构，而且各地区大量的民间收藏人士也收藏有难以计数的汉代石阙、祠堂和墓室等画像石。所以，学界关于汉代画像石题榜隶书艺术的梳理与研究，大都基于目前馆藏中常见的题榜隶书画像石。笔者在前贤搜集、梳理和研究的基础上，结合自己对现有汉代画像石考察调研所获得的图片和文字资料，整理了有纪年和无纪年的题榜共200多条(处)，择其要者而论之。

榜题内容、文字考释、隶书艺术、画像石碑及隶书艺术和隶书艺术的写刻者，还包括汉代画像石上的篆书题记问题及其书刻艺术和汉代画像石上后人的题刻及其隶书艺术等内容。在汉代的丧葬礼俗中，墓地建筑一般由阙、祠堂和墓室三部分构成，墓前的阙、祠堂是处于地面的开放性建筑，墓室则是处于地下的封闭空间。本书依此设计顺序，展开题榜内容梳理、文字考释和隶书写刻艺术讨论，共分八章和两篇附录。第一、二、三章内容为汉代画像石上的有纪年题榜考释，主要按照纪年时间顺序和各地出土数量多寡，分区进行内容梳理、考释。第四章内容为汉代画像石上无纪年题榜考释，由于该部分题榜均无确切的纪年时间，主要按照各地出土数量的多寡，分区进行内容梳理、考释，并阐述其产生的原因。第五章内容为汉代画像石上的题榜内容与功能的异同性，以及空榜与无题榜现象，重点阐述了纪年和无纪年汉代画像石题榜内容的异同性，以及空榜和无题榜现象及其产生的原因。第六章内容为汉代画像石上的隶书类型与艺术特点，重点讨论的是汉代画像石上的隶书类型，综合论述了各地区汉代画像石上隶书的不同艺术特点与地域性风格。第七章内容为汉代画像石墓碑及其隶书艺术，重点考述、讨论了汉代画像石墓碑及其隶书艺术，以及汉代画像石墓碑与画像石的共通性。第八章内容为汉代画像石与画像石墓碑上的隶书写刻者，主要列举了汉代画像石和画像石墓碑上出现的画师、工匠的姓名、身份等，重点论述了汉代画像石上隶书文字的不同书丹者和镌刻者。附录一汉代画像石上的篆书题记问题及其书刻艺术考论，重点考述、讨论了篆书题记内容、字体形态和书刻艺术特点。附录二汉代画像石上的后人题刻及其隶书艺术，重点梳理和论述了东汉、魏晋、唐宋和清代的一些人，即后人在汉代画像石及其拓片上镌刻和书写的跋语、感言，以及挖掘与保护等题刻隶书艺术。由于本书主要研究的是汉代画像石上的隶书题榜和隶书艺术，故而把这两部分内容作为附录，以补充正文。

理论上，本书基于这样的假设：汉代画像石上的题榜内容是学界关注最多的方面，即长期以来大部分学者主要从历史学、金石学、文字学、文化学和艺术学等角度，对其进行梳理、解读、考释。但汉代画像石产生至今已历 2000 多年，由于其被自然或人为地侵蚀、毁泐、磨损、破坏，以及题榜文字的书丹者和石刻艺人们的误写误刻、随意造字和使用通假字、别字等原因，不少题榜文字或残缺不齐，或模糊不清，或难以查寻、辨识等，给题榜内容的断句、释读带来了诸多困难，存在文字误读、句子误判，甚至曲解题榜内容与思想表达等现象。在这方面，本书前四章中纪年和无纪年题榜考释部分，主要从题榜内容和隶书的形态、结构、笔画和笔法等方面，特别对有些有异议的题记文字内容进行辨析。学界对无纪年的汉代画像石题榜关注得很少，实际上它也较广泛地存在于全国范围内出土的不少汉代画像石上，其与纪年题榜一样，有着标示、记载、记事、祝福等功能，不同的是无确切纪年时间。有些汉代画像石上可能本来就没有镌刻纪年时间，有些可能镌刻有纪年时间，但由于墓阙、祠堂和墓室被破坏等，使本来设计制作完整的系列画像石，或丢失或被挪移等而出现了孤立的画像石，以致题榜也被分开或被破坏等，这应是汉代画像石无纪年题榜产生的重要原因。标示人物、动植物和故事名称，描述与说明画像内容、制作经过、原因，记载与赞美墓主人、历史人物、神话传说人物，寄托生者对死者的美好祝愿等，是汉代画像石上题榜的普遍性功能。但各地出土汉代画像石上的题榜特别是题记，在文字数量、信息载量、费用记载和吉祥语表达等方面又显示出了一定差异性，其与汉代丧葬礼俗、地域性丧葬礼俗文化等有着密切关系。汉代画像石上出现空榜，不是孤立的现象，这既可能是因为有些题榜无人书丹，也可能是因为空榜处本来有书丹文字，但由于下葬时间紧迫，石刻艺人来不及雕刻，还可能是因为图像、题榜较多，石刻艺人忘记雕刻等。在出土汉代画像石中，镌刻有纪年与无纪年题榜的仅是其中的很少部分，即出土的大量汉代画像石上是没有题榜文字的。这种无题榜现象，与以图像为主、文字为辅的艺术创作思想有关。也就是说，从汉代民间艺人艺术创作角度而言，对于与图像关系不甚紧密的题记，可能为了省工不再写刻，这也可能与图像的粉本上本无题榜有关。从墓主或其亲属的要求角度说，这也可能与有些墓主生前或其亲属没有要求镌刻题记等不无关系。这应该是出土的大量汉代画像石上无题榜的重要原因。

汉代画像石上的题榜文字书体主要有篆书和隶书两类，其中绝大部分是隶书。隶书部分依据字体形态、结构、波挑笔法、笔画等特点，相对可以分为典型隶书、通俗隶书、草书隶书、行书隶书、美术隶书和篆隶书结合等类型，各具艺术特色与风格。其中，陕北和晋西北汉代画像石上的书体类型多样，装饰化、图案化设计是其显著特色。汉代画像石墓碑因其上所雕刻的图像、图案而得名，其图像、图案有着装饰美化功能和祥瑞等象征意义。对于有些汉代画像石墓碑的真伪与年代，从隶书艺术特点与风格方面进行考辨，也不失为一种较好的考证方法。相对于汉代画像石上的隶书艺术，虽然画像石墓碑上的隶书艺术水平有高低之分，但总体上来说艺术水平很高，其中有不少作品为汉代隶书艺术的经典之作。汉代画像石墓碑上的隶书与汉代画像石上的题榜隶书比较，两者的主要差别在于书丹者的艺术水平。汉代画像石墓碑与画像石既有一定的区别，也有共通性。即尽管汉代画像石墓碑以文字为主，而汉代画像石上图像是主要部分，但两者的性质、功能等是基本一致的，有着异曲同工之妙，把汉代画像石墓碑列入汉代画像石范围是合适的。汉代画像石题榜及隶书、篆书艺术和汉代画像石墓碑及其隶书艺术，同属于汉代石刻艺术范畴，出自不同的书丹者与石刻艺人之手。汉代画像石上的题榜隶书艺术的书丹者，有书家、一般书者、民间画师、石刻艺人四类。即在汉代画像石上有些题榜隶书艺术书写水平较高者，应该是当时能被称为书家的人所为，大部分题榜隶书艺术应该是一般书者参与书写的，有的可能是民间画师或石刻艺人的随手写刻。汉代画像石墓碑上的隶书大部分为文化水平较高的书丹者和民间石刻艺人所写刻。汉代画像石题榜及隶书艺术与汉代画像石墓碑及隶书艺术，对后世的影响是显而易见的。其中，东汉以后直至当代的学者等，在汉代画像石及其拓片上镌刻、题写的品评、考释等隶书艺术，以及有关汉代画像石祠堂等的立碑勒文等隶书题刻，也是汉代画像石题榜隶书艺术对后世影响的折射。汉代画像石上的篆书题刻艺术虽然很少，但也鲜明地体现出了汉代篆、隶书文字发展演变的轨迹。

汉代画像石及其题榜、隶书写刻艺术的研究方法多种多样，从古至今，国内外众多学者的研究方法多有可借鉴之处。本书在田野调查的基础上，综合借鉴了考古学、历史学、文字学、文献学和艺术学等领域的研究方法与成果，立足于艺术学层面，按照纪年时间顺序、地域出土数量多寡等，对搜集到的 200 多条(处)题榜内容展开梳理、辑录，主要从隶书、篆书的字形、结构、笔画、笔法等书法艺术和民间美术、民间艺人创作思维方式入手，对题榜文字和隶书、篆书写刻艺术进行考释与讨论。

具体方法：从搜集到的 200 多条(处)汉代画像石上的题榜中，择其要者而论之。从地面到地下分为画像石阙、墓地祠堂和墓室三部分，依据时间顺序、地域出土多寡等进行梳理、列举；对于模糊不清的文字，笔者把考察笔记、拍摄的馆藏汉代画像石题榜照片、拓片等图片进行放大、对比、研读，并与画像石墓阙、墓祠和墓室发掘报告以及相关学者的讨论等文献结合起来进行识读、辨析；同时对每一条（处）题榜内容和文字的不同解读的文献来源等，均尽可能地选择主要参考文献进行脚注。特别是对文通、芗他君、许安国和武氏祠堂上的长篇题榜，均据文献、拓片、照片和考察笔记等综合整理辑录、考释，书中的配图选择的是主要的和较清晰的照片、拓片等图片。对有些需要考释的字，在原刻字后面采用“（　）”注出；对有些电脑字库中打不出来的字采用“[　]”注出等：以便论述和供同人研究参考。对汉代画像石上的纪年和无纪年的题榜内容的异同性、无纪年题榜和空榜无题榜产生的原因、隶书类型与艺术特点、画像石墓碑及其隶书艺术、书丹者和石刻艺人的写与刻、画像石上的篆书艺术、后人的题刻隶书艺术等，采用以史为据、史论结合的方法进行论述。

汉代画像石题榜隶书艺术是不可再生的传统文化艺术资源，鲜明地体现出了考古、文物、史学、文化艺术和非物质文化遗产等方面的价值与意义。系统梳理和深入研究汉代画像石题榜的思想内容，深入挖掘其隶书、篆书艺术，在促进当代与未来汉代画像石及其文字研究，促进当代与未来中国隶书、篆书艺术创作，积极发挥中华民族传统文化传承新作用，积极弘扬中华民族优秀传统文化艺术，深入挖掘和保护传统非物质文化遗产等方面，都有着积极的现实价值和意义。

第一章

汉代画像石墓阙上的纪年题榜考释

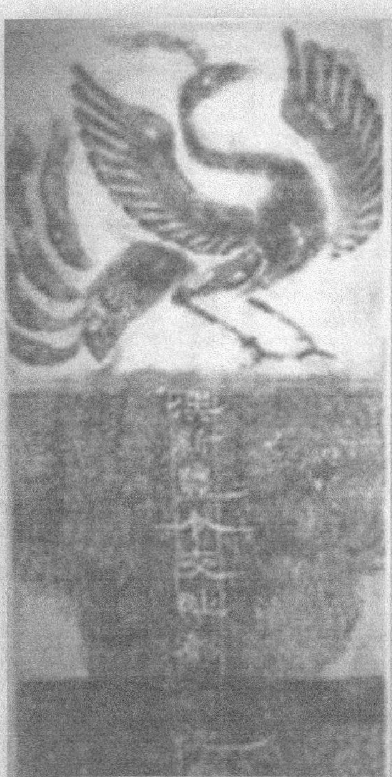

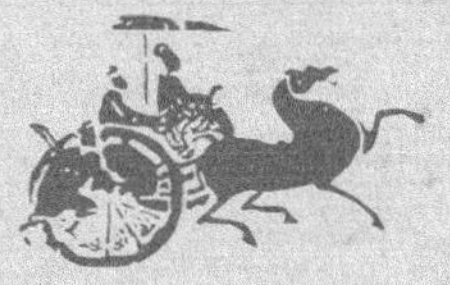

中国古代的阙是竖立在城门、宫殿、庙、祠堂、府第和坟墓等建筑入口处两侧的高层建筑物，有木阙、砖阙、石阙等类型和单阙、子母阙与三出阙等之分。其最初功能主要是用来标示主体建筑物的入口和防卫等。随着社会发展，城阙、宫阙、庙阙、府第阙和墓阙等相继出现，阙也被赋予了权势、宗法、等级、尊卑、身份和地位等多种思想意义。

早在新石器时代中国就出现了阙的雏形，西周时期出现了阙名，春秋战国以降，特别是两汉时期阙出现了大发展。但由于年代久远，东汉之前的城阙、宫阙、庙阙、府第阙等实物形态已不存在，今天我们所见阙的实物形态大部分是出土的东汉时期的墓地等画像石质阙。关于汉代画像石墓阙上的画像与铭文内容等，早在南朝宋范晔著《后汉书》，北魏郦道元著《水经注》，宋代赵明诚著《金石录》、洪适著《隶释·隶续》，清代王昶著《金石萃编》、冯云鹏与冯云鹓著《金石索》等文献中就有不少记载。20 世纪以来，关于汉代画像石墓阙遗存及其上雕刻的图像、铭文等，众多有关汉代画像石研究的文献中都有不同程度的介绍或转述，其中陈明达、吕品、高文、信立祥、王建中、杨爱国和武利华等先生，对不同地区遗存的汉代画像石墓阙的调查研究尤较全面深入。

但综合起来看，虽然魏晋以来众多学者对汉代画像石墓阙记载与研究的文献不少，但各有侧重点。即是说，范晔记载的汉代侯览墓“石椁双阙，高庑百尺”等，仅是其传记的一部分；郦道元对“平阳侯相蔡昭（待考）冢”石阙等一些汉代画像石墓阙的记载[①]，是基于地理的综合性记载；赵明诚、洪适和王昶、冯云鹏、冯云鹓等人对汉代画像石墓阙的记载、题跋与考证，是基于金石学的研究；现当代众多学者对汉代画像石墓阙的调查、研究与介绍，分别是从建筑学、考古学、文化学、艺术学等角度进行的。所以，尽管众多有关汉代画像石的研究文献不同程度地涉及了汉代画像石墓阙、铭文内容与艺术特点等，但均非专题性的汉代画像石墓阙铭文研究，且有的文献对墓阙铭内容的释读等亦须商榷。

目前，笔者查阅文献和部分考察所见的汉代画像石墓阙有 30 多处，其中尚有纪年和无纪年隶书铭文即隶书题榜文字的有 20 多条(处)，主要分布于四川、山东、江苏、北京、河南、重庆等省市，其中四川省出土最多，陕北和晋西北地区未见汉代画像石墓阙出土。由于汉代画像石被自然风化、人为地破坏等，其中有的画像与铭文仍较完整，有的画像与铭文已残缺，有的已无图像和铭文。汉代画像石墓阙上的文字内容大部分为题记，也有少量的画像榜题，书体绝大部分为隶书，个别为篆书。

综合文献记载和笔者对部分汉代画像石墓阙的考察看，有的既有画像也有文字，且两者都较清晰；有的画像尚存，但铭文有的模糊不清，有的仅存少数，有的已被磨灭；有的既无画像也无文字。

为方便下文讨论和供同人参考，本章选择存世的纪年汉代画像石墓阙及隶书铭文，依据各地出土数量多寡和纪年时间顺序列举和简单辨析[②]。汉代画像石墓阙上的个别篆书题记详见附录一。

第一节　四川汉代画像石墓阙上的纪年题记

四川省现存的汉代画像石墓阙及隶书铭文，主要出土于成都市区和新都县(现新都区)、渠县、昭觉县、绵阳市、雅安市和夹江县境内。

---

① 参见王建中:《汉代画像石通论》,北京,紫禁城出版社 2001 年版,第 241、242 页。

② 关于汉代石阙名称学界有不同的称谓,本书所用汉代画像石阙名称是依据阙铭中阙主的称谓而定的。

成都金牛区圣灯乡猛追村出土王文康墓阙题记

该阙1980年出土于四川成都金牛区圣灯乡猛追村明朝墓葬中，已残缺。残长225厘米，宽57厘米，厚39厘米，现藏成都市博物馆。该阙雕刻有花纹图案和动物浮雕，阙身正面刻槽，槽内底部镌刻题记，书体隶书，内容为：

"永元六年九月下旬，王文康不禄，师友门人闵其行正，来飨厥功。传曰：嗛者章之门生等五十二人共□□□……维王文康□□……兴闺心绝望不□□……良□不□当□……翼济德渊□□帝□□……自远来□谁分畴纪厥行表□墓门。"①(图1-1)

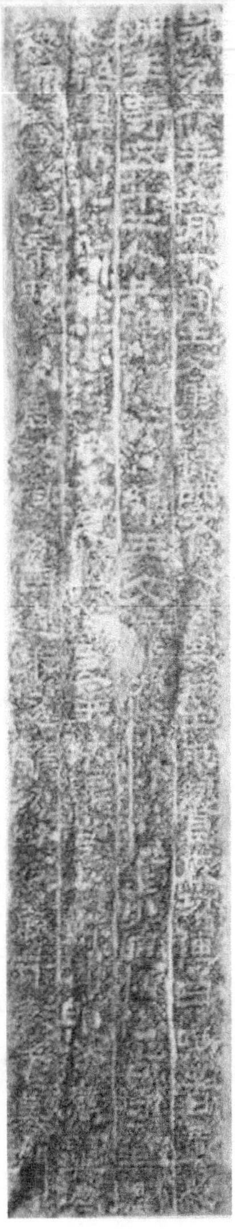

图1-1　王文康墓阙题记
(图片来源：徐玉立：《汉碑全集：一》，郑州，河南美术出版社2006年版)

从铭文中的"永元六年"判断，该阙刻于汉和帝永元六年(94年)。同时，从"……行表□墓门"的表述看，该阙为画像石墓阙。

成都金牛区圣灯乡猛追村出土王君平墓阙题记

该阙与王文康阙同年同地同墓出土，已残缺。残长221厘米，宽57厘米，厚33厘米，现藏成都市博物馆。该阙雕刻有花纹图案和动物等画像，正面和右侧面镌刻铭文，书体隶书。正面内容为：

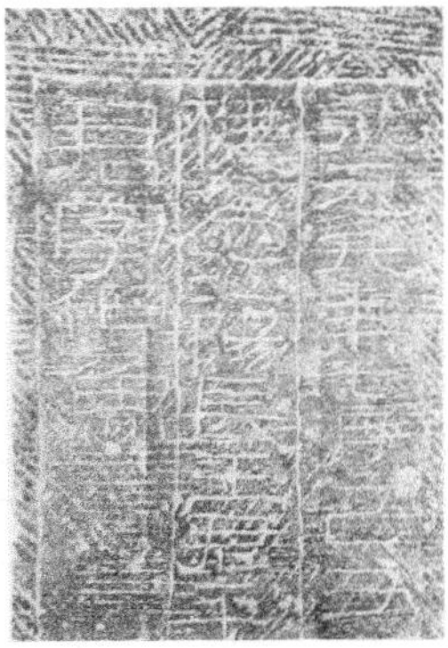

图1-2　王君平墓阙题记
(图片来源：徐玉立：《汉碑全集：一》，郑州，河南美术出版社2006年版)

"永元九年七月己丑，楗为江阳长王君平君字伯鱼□□。"②(图1-2)

右侧面内容为：

"永寿元年孟秋中旬己酉之日，王求人进赵率孝子孟恩仲、恩叔，康忉懭

① 参见高文：《中国汉阙》，北京，文物出版社1994年版，第91、92页；徐玉立：《汉碑全集：一》，郑州，河南美术出版社2006年版，第197页；杨爱国：《幽明两界：纪年汉代画像石研究》，西安，陕西人民美术出版社2006年版，第80页。

② 徐玉立：《汉碑全集：一》，郑州，河南美术出版社2006年版，第204、205页。

悔厉□□消荆，斯志颠仆，心怀不宁，发愤修立，以显光荣。惟乾动运川道静贞夫人淑□□川之灵，十六适配，教诲有成，来□□瑛，束修舅姑，洁以不廣，年逾七十，如□如□，阴阳丧度，三纲离道，明星陨坠，□□□表，寝疾固绡，大命催□，灵魂归□□□。"①

从该阙正面铭文中的"永元九年"判断，该阙刻于汉和帝永元九年(97年)。从该阙右侧面内容中的"永寿元年""发愤修立"看，也可能是汉桓帝永寿元年(155年)王君平的后人，由于"心怀不宁"而在原来的基础上重修了坟墓，"以显光荣"等。

王文康和王君平阙同出土于成都金牛区圣灯乡猛追村的明代墓中，学界对其有不同的认识。较早报道的石湍先生认为是两块对称的阙，但邓代昆和高文等先生都认为是由两块整石雕刻而成，系两个石阙刻石，并把这两块石阙暂定为甲阙与乙阙②。笔者也认为，从两块石阙铭文中的时间看，应分别为王文康和王君平两人的墓阙。

新都县北出土王稚子墓阙题记

据文献记载，王稚子墓有两方石阙，出土于四川新都县北12公里旁，具体出土时间不详。该二石阙现仅存一残石，高约2米，宽约0.75米，嵌砌于砖龛中。铭文大部分内容不存，书体隶书，仅存内容为：

"汉故兖州刺史雒(阳)。"③

一般认为该阙刻于汉和帝元兴元年(105年)。新都县北王稚子二石阙在宋代之前可能是图文并茂的。例如赵明诚著《金石录》和洪适著《隶释》中都不同程度地叙述了二阙主人王稚子的生平和完整的阙铭内容。其中，洪适著《隶释》

---

① 参见高文：《中国汉阙》，北京，文物出版社1994年版，第91、92页；杨爱国：《幽明两界：纪年汉代画像石研究》，西安，陕西人民美术出版社2006年版，第80、81页。

② 参见邓代昆：《成都汉阙刻石铭文考释》，《四川文物》1988年第3期，第12－14页；高文：《中国汉阙》，北京，文物出版社1994年版，第91、92页。关于这两块石阙的讨论，另可参见石湍：《成都东郊发现了汉阙石刻》(《成都文物简讯》1980年第2期)；黄静与赵宠亮：《1949年以来巴蜀地区汉代石刻文字的发现与研究》(《四川文物》2014年第6期)；胡顺利：《成都郊区两块东汉墓阙铭文补说》(《四川文物》1989年第1期)；邓代昆：《〈成都郊区两块东汉墓阙铭文补说〉之补》(《四川文物》1989年第5期)等。

③ 陈明达：《汉代的石阙》，《文物》1961年第12期，第13页；徐玉立：《汉碑全集：一》，郑州，河南美术出版社2006年版，第251页。

记载较详细，有“洛阳令王稚子二阙，王君名涣，其字稚子，广汉郪人也，东汉循吏有列传。涣举茂材，历温令、兖州刺史、侍御史、洛阳令。以和帝元兴元年卒。今成都新都县有涣墓，此墓前之双石阙也”等。在其著《隶续》中又刊刻了图像与跋语：“王稚子二阙，其右则骑而西者二人，其左则乘车而东者二人，挽之者橐佗也。王君平生官簿，互见于两阙之上。”图像下方的竖行隶书阙铭为：“汉故仙灵侍御史、河内县令王君之稚子阙”“汉故兖州刺史雒阳令王君稚子之阙”[①]（图 1－3）。笔者认为，从“今成都新都县有涣墓，此墓前之双石阙也”的记载看，洪适是见过这两方石阙的，由此可见这两方阙的雕刻时间应该是可信的。

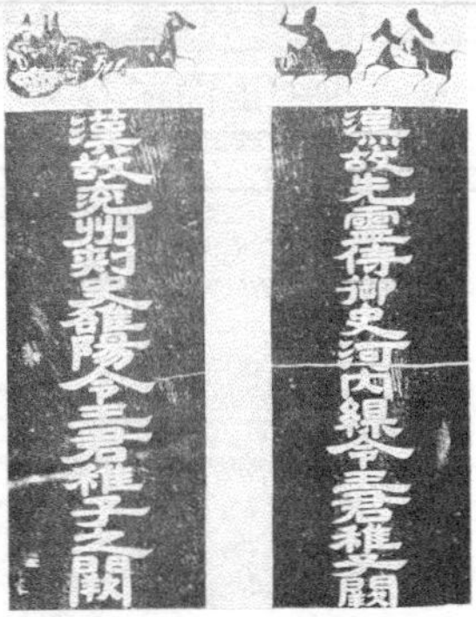
图 1－3　王稚子墓阙题记
（图片来源：洪适：《隶释・隶续》，中华书局 1986 年版）

渠县北新兴乡赵家坪出土冯使君墓神道题记

该阙出土于四川达州市渠县北土溪镇赵家坪，为子母阙，具体出土时间不详，现仅存左阙的母阙，原址保存。该阙残高 4.38 米，在阙楼、瓦当等处雕刻有精美的方胜纹图案和青龙、玄武等图像。两排铭文镌刻于阙的正面两柱子之间，书体隶书。内容为：

“故尚书侍郎南京令”“豫州幽州刺史冯使君神道”（图 1－4）。

一般认为，该阙刻于汉安帝永宁二年（121 年）[②]。

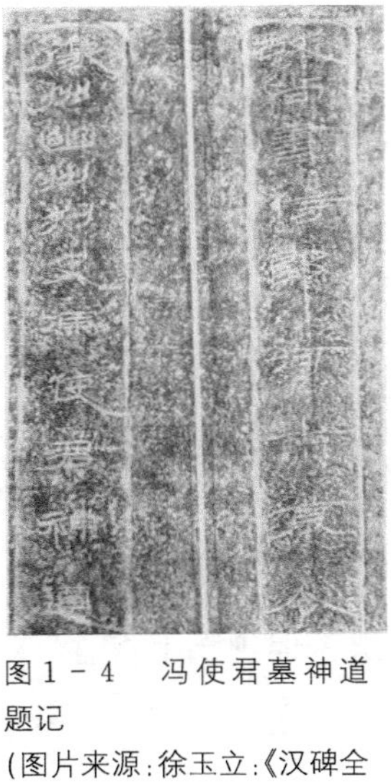
图 1－4　冯使君墓神道题记
（图片来源：徐玉立：《汉碑全集：六》，郑州，河南美术出版社 2006 年版）

渠县水口乡汉亭村燕家场出土沈府君墓阙题记

该阙现位于四川渠县水口乡汉亭村燕家场，具体出土时间不详，原址保存，四川博物院藏拓片。沈府君阙为东西双阙，子阙已废，阙高 4.84 米，两阙均雕刻青

① ［宋］洪适：《隶释・隶续》，中华书局 1986 年版，第 361、362 页。

② 参见陈明达：《汉代的石阙》，《文物》1961 年第 12 期，第 15 页。关于该阙主人冯焕的情况，参见侯忠明：《东汉〈冯焕阙〉及其隶书艺术考略》，《民族艺术》2009 年第 1 期，第 116－120 页；高文：《中国汉阙》，北京，文物出版社 1994 年版，第 80－82 页；杨爱国：《幽明两界：纪年汉代画像石研究》，西安，陕西人民美术出版社 2006 年版，第 81 页。

龙、白虎和农业生产等图像。两阙正面均镌刻铭文，书体隶书。

东阙内容为："汉谒者北屯司马左都侯沈府君神道。"

西阙正面内容为："汉新丰令交趾都尉沈府君神道。"（图 1－5）

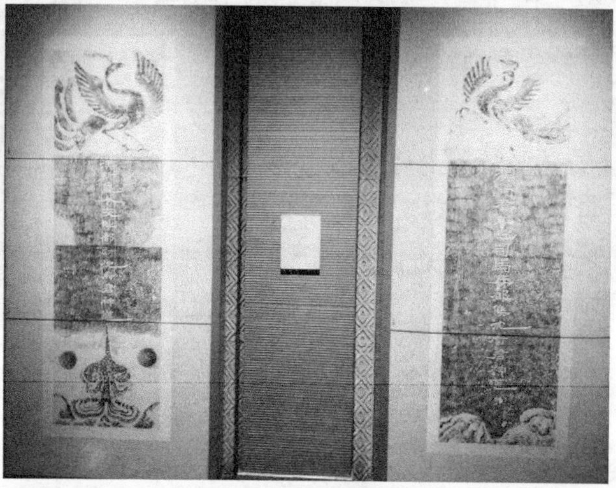

图 1－5　沈府君墓阙题记拓片
（图片来源：四川博物院，自拍）

一般认为，该阙刻于汉安帝延光年间（122—125 年）①。

绵阳市游仙区仙人桥出土平杨府君墓阙题记

该阙现位于四川绵阳市游仙区仙人桥绵阳科技馆前，具体出土时间不详，原址保存。平杨府君阙为南北双阙，北阙高 4.35 米，南阙高 4.53 米。上部雕刻人物、车马、狩猎等图像，下部四角雕刻力士像，阙盖四角雕刻青龙、白虎、朱雀、玄武，檐上雕刻有执竿托鹰人物、猎人搏兽、天马、狮子等图像，保存完好。据洪适等人记载，原南阙檐枋头刻有题记，书体隶书，内容为："汉平杨府君叔神道。"但现阙上仅存"汉、平、君（府?）"3 字②。

据文献记载，该阙刻于汉献帝初平至兴平年间（190—195 年）。平杨府君阙

---

① 参考四川博物院成列拓片笔者考察笔记。另参见[宋]洪适：《隶释·隶续》，北京，中华书局 1986 年版，第 145 页；陈明达：《汉代的石阙》，《文物》1961 年第 12 期，第 15 页。关于该阙情况另可参见侯忠明：《渠县汉阙之沈府君阙研究三题》[《达县师范高等专科学校学报（社会科学版）》2003 年 9 月第 13 卷第 3 期，第 11－15 页]；高文：《中国汉阙》（北京，文物出版社 1994 年版，第 87－89 页）等文献。

② 陈明达：《汉代的石阙》，《文物》1961 年第 12 期，第 12 页；孙华、巩发明：《平杨府君阙考》，《文物》1991 年第 9 期，第 61－69、73 页；高文：《中国汉阙》，北京，文物出版社 1994 年版，第 75 页。

铭在宋代洪适著《隶释》等文献中均有记载。但有学者认为现存的“汉”“平”二字，颇疑“为后世拓片时重镌”，“‘平’字或许还移动了位置”等①。笔者认为，虽然洪适仅记载了“平杨府君叔神道”几个字②，但该阙在宋代时阙铭可能还比较完整。在金石搜集、研究兴盛的宋代，洪适应该看到过该阙铭文等，所以应该不是后人所刻。

雅安市出土高颐墓阙题记

该阙位于雅安市城市建设新区雅安汉阙博物馆，具体出土时间不详，原址保存。高颐阙为东西双阙即单檐子母阙，现仅存母阙阙基和阙身，东阙高约 6 米，宽 1.6 米，厚 0.9 米，西阙高 3.39 米，宽 1.1 米，厚 0.5 米，雕刻有车马出行、高祖斩蛇等历史故事和神话传说图像等。东阙镌刻铭文，书体隶书，内容为：

“汉故益州太守武阴令上计史举孝廉诸部从事高君字贯方。”（图 1-6）

图 1-6　高颐墓西阙题记（图片来源：徐玉立：《汉碑全集：六》，郑州，河南美术出版社 2006 年版）

西阙铭文，书体隶书，内容为：

“汉故益州太守阴平督尉武阳令北府丞举孝廉高君字贯光。”③

一般认为，该阙刻于汉献帝建安十四年（209 年）。

夹江县甘露乡双碑村出土杨宗杨畅墓阙题记

这两个阙又称杨公阙，一是杨宗阙，一是杨畅阙，位于四川省夹江县甘露乡双碑村，具体出土时间不详，原址保存。两阙高 5.07 米，宽 1.33 米，均刻有图案、图像，但已风化。据《蜀中广记》记载，杨宗阙的正面雕刻铭文，书体隶书。内容为：

“汉故益州太守杨府君讳宗字德仲墓道。”

---

① 参见孙华、巩发明：《平杨府君阙考》，《文物》1991 年第 9 期，第 61-69、73 页。

② 参见高文：《四川汉代画像石》，成都，巴蜀书社 1987 年版，第 26 页。

③ 参见高文：《中国汉阙》，北京，文物出版社 1994 年版，第 76-77 页；陈明达：《汉代的石阙》，《文物》1961 年第 12 期，第 13 页；徐玉立：《汉碑全集：六》，郑州，河南美术出版社 2006 年版，第 1942-1944 页。

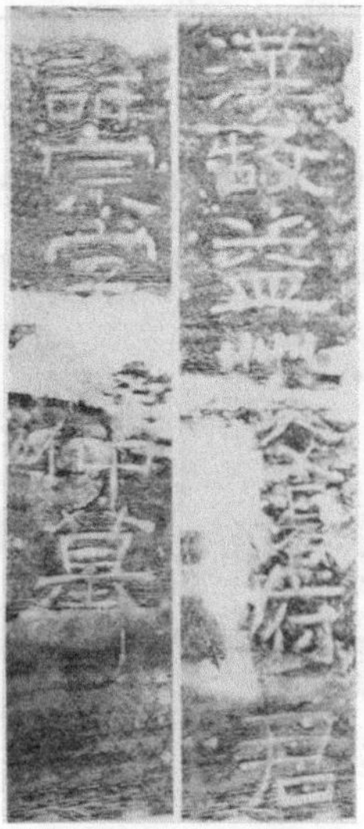

图 1-7　杨宗墓阙题记
(图片来源:徐玉立:《汉碑全集:六》,郑州,河南美术出版社 2006 年版)

杨畅阙正面雕刻铭文,书体隶书,内容为:

"汉故中宫令杨府君讳畅字普仲墓道。"

但现今仅存隶书内容为:

"汉故益州(牧)杨府君(讳)宗字(德)仲墓(道)。"[①](图 1-7)

据文献记载,该阙刻于汉献帝建安十四年至十五年(209—220 年)之间。

四川的汉代画像石墓阙中,除上述现存的四川汉代画像石墓阙外,还有一些墓阙铭文被认为是后人增刻的。这部分有四川梓潼县李业画像石墓阙隶书阙铭,刻于光武帝建武十二年(36 年),出土时间不详。现残存阙身一块,其上镌刻隶书阙铭"汉侍御史李公之阙"。陈明达、高文等先生认为该阙铭似为后人所增刻,因其下有清道光末年题记。是否为后人所刻,有待进一步考证,但李业阙是现存汉墓阙中年代最早的[②]。四川德阳市黄许镇蒋家坪出土东汉时期德阳司马孟台阙,年代不详,其上有清代人嵌入的砖龛,正面题刻"汉故上庸长司马孟台神道"字样,为清代人所题刻[③],等等。

在四川地区,也有些汉代画像石墓阙文字因被风化、剥蚀较严重而难以辨认,出现题榜铭文缺失现象。例如四川梓潼县北门外出土的杨公阙,咸丰年间《梓潼县志》记载"有石阙十余字",现存图像与文字均被剥蚀难辨。该县西门外出土的边孝先墓阙也剥蚀严重,只能辨识大体轮廓和斗拱形象等。有些是有画像而无铭文的墓阙。这部分有四川渠县新兴乡赵家村出土的赵家村无铭阙,亦剥蚀较严重,阙身应有图像;赵家村东出土的赵家村东无铭阙,阙身正面雕刻朱雀等图像;四川渠县月光乡蒲家湾出土的蒲家湾无铭阙,阙身正面有浮雕朱雀

① 参见徐玉立:《汉碑全集:六》,郑州,河南美术出版社 2006 年版,第 2044 页;陈明达:《汉代的石阙》,《文物》1961 年第 12 期,第 13 页;高文:《中国汉阙》,北京,文物出版社 1994 年版,第 77、78 页。

② 陈明达:《汉代的石阙》,《文物》1961 年第 12 期,第 11 页;高文:《中国汉阙》,北京,文物出版社 1994 年版,第 70、71 页。

③ 参见《中国画像石全集》编辑委员会:《中国画像石全集:7》,郑州,河南美术出版社;济南,山东美术出版社 2000 年版,图版八二,第 26 页。

等;渠县广禄乡王家坪出土的王家坪无铭阙,阙身正面雕刻朱雀等图像:均无铭文[①]。今存立于汉献帝建安十年(205年)的樊敏阙,其左阙阙顶檐下层石的正面雕刻有"龙生九子"图像,亦未见镌刻文字[②],仅见樊敏碑有篆书额题和隶书碑文[③](图1-8)。也有的汉代画像石墓阙今已不存,仅见文献记载。例如四川忠县东门外出土的丁房画像石阙,据清代道光时期《忠州直隶州志》记载,双阙"仅有汉丁房等字尚可辨也",时间属于东汉后期[④]等,此不赘言。

图1-8　樊敏碑拓片
(图片来源:四川博物院,自拍)

第二节　鲁苏豫京汉代画像石墓阙上的纪年题榜

在已出土汉代画像石墓阙中,山东、苏北、河南和北京地区出土的画像石墓阙上也有不少纪年隶书题榜,其中山东的墓阙有5处,苏北徐州的墓阙有2处,河南嵩山的庙阙有1处,北京的墓阙有1处,皆有纪年阙铭。

一、山东汉代画像石墓阙上的纪年题榜

山东汉代画像石墓阙及隶书铭文,主要出现于莒南县、平邑县、嘉祥县和莒县境内。

莒南县东兰墩村出土孙仲阳为父作石阙题记

该石阙1965年2月出土于莒南县东兰墩村,石阙已残,现仅存阙身一石和

① 参见陈明达:《汉代的石阙》,《文物》1961年第12期,第9-23页。

② 《樊敏阙》于1957年10月2日至1958年1月29日挖掘清理。参见《文物博物馆简讯(6则)》,《文物》1963年第11期,第64页。

③ 参考笔者考察笔记。另参见《文物博物馆简讯(6则)·芦山县汉樊敏阙清理复原》,《文物》1963年第11期,第64页。

④ 陈明达:《汉代的石阙》,《文物》1961年第12期,第15页。

阙顶二石，现藏于山东博物馆。阙高 180 厘米，宽 52～70 厘米，厚 18 厘米，阙身正面雕刻乐舞杂技、车骑出行等四层图像，右侧面雕刻神兽、穿壁纹和人首蛇身图像。阙身右侧面竖刻 1 行铭文，书体隶书。内容为：

“元和二年正月六日孙仲阳□（仲）升父物故，行□□（丧如）礼□，刻作石阙贾值万五千。”①（图 1－9）

从铭文中的“元和二年”判断，该阙刻于汉章帝元和二年（85 年）。

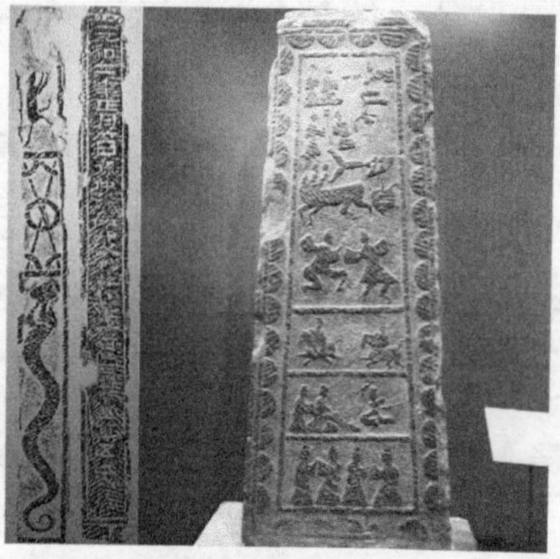

图 1－9　孙仲阳为父作石阙题记
（图片来源：山东博物馆，自拍）

平邑县八埠顶出土南武阳平邑皇圣卿阙题榜

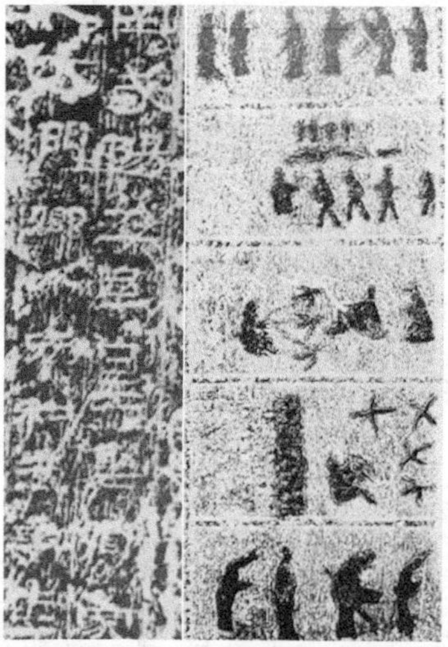

图 1－10　南武阳平邑皇圣卿阙题榜
［图片来源：傅惜华：《汉代画象（像）全集》初编，巴黎大学北京汉学研究所图谱丛刊之一，1950 年版；《中国画像石全集》编辑委员会：《中国画像石全集：1》，济南，山东美术出版社；郑州，河南美术出版社 2000 年版］

该阙原位于平邑县城北八埠顶，东西双阙皆存，现藏于平邑县博物馆。阙身高 153 厘米，宽 70 厘米，厚 57 厘米，雕刻有日常生活、农业生产等图像。其中，西阙南面第 4 格图像中间竖刻题记约八九行，书体隶书。可辨识内容为：

“南武阳皇圣卿冢之大门卿以元和三（元）年□。”

东阙西面第 1 层人物画像中，一戴冠着长服站立者图像镌刻隶书榜题“宣王”，其右一女子图像镌刻隶书榜题“信夫”，一小孩画像镌刻隶书榜题“孺子”②等（图 1－10）。

从铭文中的“元和三年”判断，该阙刻于汉章帝元和三年（86 年）。关于该阙铭内容也有

① 来自山东博物馆笔者考察笔记。另参见刘心健、张鸣雪：《山东莒南发现汉代石阙》，《文物》1965 年第 5 期，第 17 页。

② 参见王相臣、唐仕英：《山东平邑县皇圣卿阙、功曹阙》，《华夏考古》2003 年第 3 期，第 15－19、24 页。

不同的释读。有学者解读为“南武阳皇圣卿冢之大门,卿以元和元年十二月廿□日己卯(下残泐)殇,(上残泐)元和三年八月(下残泐)”[1]。笔者认为,由于石头被风化,文字磨灭不清,解读字数的多寡是正常的现象,但有不少文献上解读的时间是“元和元年”(84 年),看来这两个时间都有可能。

平邑县八埠顶出土南武阳功曹阙题记

该阙原与皇圣卿阙同处一地,现仅存一单阙(西阙),现藏于平邑县博物馆。阙身长 150 厘米,宽 69 厘米,厚 59 厘米,造型、雕刻手法等与皇圣卿阙相近。阙身四周均刻图像,铭文位于阙南面第 4 层图像左边,书体隶书。关于该阙铭内容学者们也有不同的解读,综合起来看,大致内容为:

“故南武阳功曹、乡啬夫、文学掾平邑君□□□卿之阙,卿□□□□□□□困苦,天下相感,□□仟□□□三□观朝廷□□明君□直任人□□二□来□道,以为国三老,□□□□,章和元年二月十六日□子□,文学叔□□,石工□□□多,乡啬(缺十一字),伯□廷,直(值)□□四万五千。”[2](图 1-11)

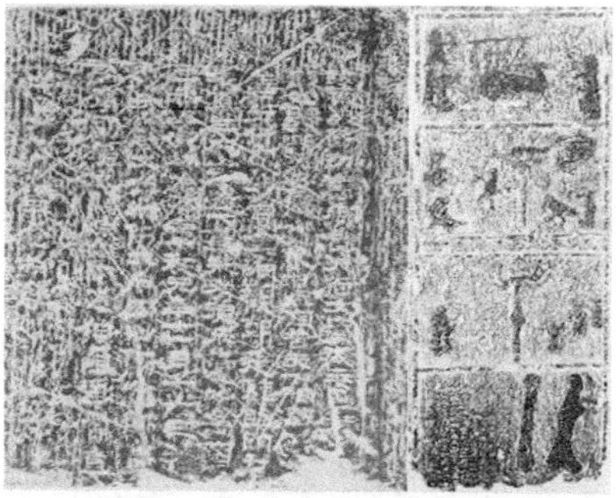

图 1-11　南武阳功曹阙题记

[图片来源:傅惜华:《汉代画象(像)全集》初编,巴黎大学北京汉学研究所图谱丛刊之一,1950 年版;《中国画像石全集》编辑委员会:《中国画像石全集:1》,济南,山东美术出版社;郑州,河南美术出版社 2000 年版]

从铭文中的“章和元年”可知,该阙刻于汉章帝章和元年(87 年)。阙文中的“直”为通假字,通“值”。

嘉祥县出土武氏祠石阙西阙题记

武氏墓地现存东西两阙,保存完好,清代乾隆五十一年(1786 年)出土,现藏于嘉祥县武氏墓群石刻博物馆。阙高 4.3

① 参见李发林:《略谈汉画像石的雕刻技法及其分期》,《考古》1965 年第 4 期,第 202 页;《中国画像石全集》编辑委员会:《中国画像石全集:1》,郑州,河南美术出版社;济南,山东美术出版社 2000 年版,图版四、九,第 1、3 页。

② 参见刘敦桢:《山东平邑县汉阙》,《文物参考资料》1954 年第 5 期,第 29-32 页;王相臣、唐仕英:《山东平邑县皇圣卿阙、功曹阙》,《华夏考古》2003 年第 3 期,第 15-19、24 页;杨爱国:《幽明两界:纪年汉代画像石研究》,西安,陕西人民美术出版社 2006 年版,第 42、44 页;王建中:《汉代画像石通论》,北京,紫禁城出版社 2001 年版,第 153 页;《中国画像石全集》编辑委员会:《中国画像石全集:1》,济南,山东美术出版社;郑州,河南美术出版社 2000 年版,图版一二,第 4 页。

米，阙基座、阙身等处雕刻有图案、图像。铭文位于西阙正面第1幅作品第5格之间，竖刻8行，共93字，书体隶书。内容为：

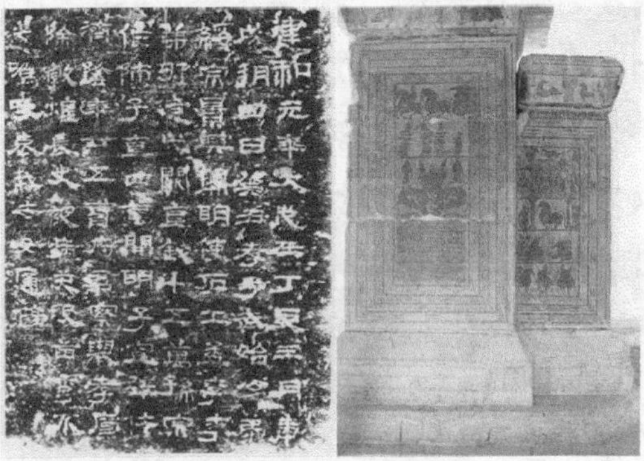

图1-12　武氏祠石阙西阙题记

（图片来源：武氏墓群石刻博物馆，自拍）

“建和元年，大（太）岁在丁亥，三月庚戌朔，四月癸丑，孝子武始公、弟绥宗、景兴、开明，使石工孟季、李弟卯造此阙，直（值）钱十五万。孙宗作[阝十市]（狮）子，直（值）四万。开明子宣张，仕济阴，年廿五，曹府君察举孝廉，除敦煌长史，被病关（夭）没，苗秀（秀）不遂。呜呼哀哉，士女㾮（痛）伤。”①（图1-12）

从题记中的“建和元年”判断，该阙刻于汉桓帝建和元年（147年）。题记中的“大”为通假字，通“太”。关于“使石工孟季、李弟卯”中“季”“李”两个字，有些文献上识读为“孚”和“季”“李”等。原刻“孟”字后面这两个字的上部均有残缺，识读为“孚”和“季”“李”均为正常。笔者仔细观察这两个字的形态、笔画，查阅《乙瑛碑》《礼器碑》等碑刻上的“孚”和“季”“李”字的隶书写法和形态，觉得前一个是个“季”字，后一个是“李”字，即“季”字上部“禾”的一竖画残损，“李”字上部“木”的一竖画虽然残损，但较为接近“木”字的写法。这句话可能指的是该阙由石工孟季、李弟卯雕造。“孙宗作（狮）子”中的“狮”字，原刻为[阝十市]，该句话是指孙宗作石狮子。“直”为通假字，通“值”。“被病关（夭）没”中的“关”为别字，应为“夭”，“夭没”即短命、早死之意。“苗秀（秀）不遂”中的“秀”为别字，应为“秀”。“士女㾮（痛）伤”中的“㾮”为别字，应为“痛”，即男女悲痛。

莒县东莞镇东莞村出土孙熹阙题榜

1993年5月莒县东莞镇东莞村汉画像石墓出土10块画像石，其中有一对残缺的单体石阙为孙熹阙，现藏于莒县博物馆。东阙残高169厘米、宽70厘

① 来自武氏墓群石刻博物馆笔者考察笔记。另参见陈明达：《汉代的石阙》，《文物》1961年第12期，第9-23页；蒋英炬、吴文祺：《汉代武氏墓群石刻研究》，济南，山东美术出版社1995年版，第10页。

米，西阙残高 167 厘米、宽 68 厘米，阙身图像较完整，正面雕刻图像 7 层，雕刻有朱雀、羽人和装饰图案等。竖刻题记位于东阙第 2 层图像中间，共 8 行，每行 13 至 18 字不等，但已被后世造墓者凿残，书体隶书。可识读内容为：

“惟光和元年八月十日□□，琅琊东莞□孙熹，年六十四故世□□，故□□诸曹(?)掾□，县主簿□□升离□□情意□，此大门阙□□归于□，千秋万岁□□□□□□□□山□□□□□□□有刻□□□者，游魂□无不□其□□□□□□□□□□

□□孙□东□命行事承□□升太知播惠康□□□□□□□□□□□永无疆。”(图 1－13)

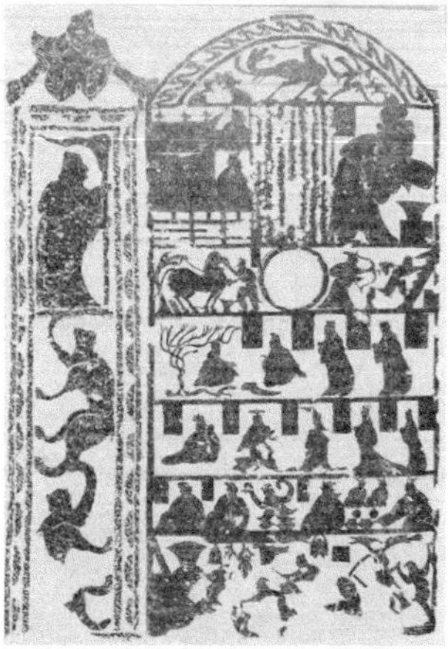

图 1－13　孙熹阙图像题榜

(图片来源：《中国画像石全集》编辑委员会：《中国画像石全集：3》，济南，山东美术出版社；郑州，河南美术出版社 2000 年版)

该阙题记右侧雕刻一人物图像，人物头后刻有隶书榜题：“门大夫。”第 3 层图像中有一处空榜。第 4 层图像中刻有隶书榜题：“尧”“舜”“侍郎”“大夫”。第 5 层图像中刻有隶书榜题“禹妻”“夏禹”“汤王”“汤妃”，并有一处空榜。第 6 层图像中刻有一处空榜。

该墓出土的 2 号石四面皆刻画像，第 2 层图像中刻有隶书榜题“隶胡”，第 3 层图像中刻有 6 处空榜，第 4 层“七女报仇图像”右上角刻有隶书榜题“七女”等①。

从题记中的“光和元年”判断，该阙刻于汉灵帝光和元年(178 年)。

二、苏北汉代画像石墓阙上的纪年题记

苏北地区出土汉代画像石墓阙上的纪年隶书铭文，主要出现于徐州地区出土的一些画像石墓阙上，且是形制较小的碑形墓阙，其中镌刻有铭文的两例。

徐州汉画像石研究会征集石阙题记

2005 年徐州汉画像石研究会共征集了 4 件石阙，第 2 号石阙即为其中之

① 参见刘云涛：《山东莒县东莞出土汉画像石》，《文物》2005 年第 3 期，第 81－87 页。

一，现藏于徐州汉画像石研究会。残高 1.32 米，宽 0.72米，厚 0.29 米，在该阙第 4 层满刻铭文，但大部分被磨泐，仅存后两行可辨识，书体隶书。内容为：

“石阙以永元元年□月□□□，□以达增王父为□□□□。”[①]（图 1-14）

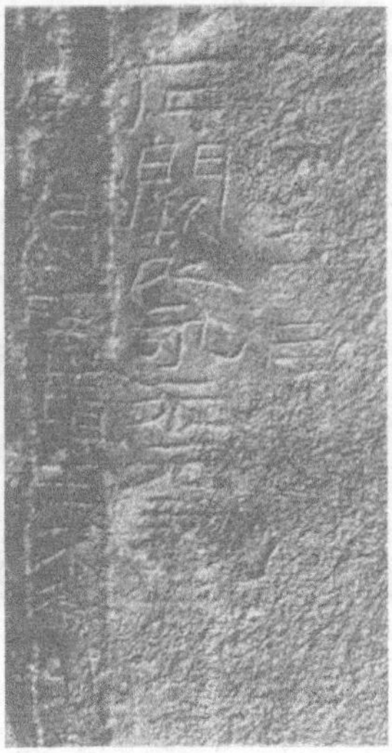

图 1-14　徐州汉画像石研究会征集石阙题记
（图片来源：武利华：《徐州汉画像石通论》，北京，文化艺术出版社 2017 年版）

从题记中的“永元元年”判断，该阙刻于汉和帝永元元年（89 年）。

徐州汉画像石艺术馆征集碑形阙题记

该碑形阙 2001 年被徐州汉画像石艺术馆征集，现藏于该馆。石纵 2.29 米，横 0.64 米，厚 0.26 米，该石下部雕刻二龙穿壁图像等，铭文刻于该阙顶部，共 9 行，每行约 12 字，书体隶书。内容为：

“永甯（宁）元年七月中大□，□□作祠棠（堂），贾以□□□吏，使工师析□□，学事辨四方勤力。自□□毕成，远近来贺数百，□□善邻东无成复，自□□年未有孙息□心皇天□除夕七日□，荣谢于后世，当奉一□。观者□之，勿贼伤辟□来悉。”[②]（图 1-15）

从题记中的“永甯（宁）元年”判断，该阙刻于东汉安帝永宁元年（120 年）。题记中的“甯”即“宁”，“棠”为“堂”，“贾”即“价”。

图 1-15　徐州汉画像石艺术馆征集碑形阙题记
（图片来源：武利华：《徐州汉画像石通论》，北京，文化艺术出版社 2017 年版）

三、河南汉代画像石阙上的纪年铭文

河南省出土汉代画像石阙上的纪年隶书铭文，字迹显著的是登封市嵩山太室石阙、少室石阙和启

① 参见武利华：《徐州汉画像石通论》，北京，文化艺术出版社 2017 年版，第 49、333 页。

② 来自徐州汉画像石艺术馆笔者考察笔记。另参见武利华：《徐州汉画像石通论》，北京，文化艺术出版社 2017 年版，第 333 页。

母石阙上的铭文，三阙均为庙阙。其中，太室石阙是汉代太室山庙前的神道阙，为双阙，保存较完好，但图像和铭文已漫漶不清。其中，西阙南面额题阳刻篆书，内容为：

“中岳泰室阳城崇高阙。”①

西阙阙身背面镌刻题记 27 行，每行 9～10 字不等，但有不少字已模糊不清，书体隶书。有学者认为该阙铭文为“元初五年四月”“阳□□长，左□□□年吕常始造此石阙”“崇高亭长苏重时监之”等②。有学者认为其铭文是“元初五年四月阳城□长左冯翊万年吕常始造此石阙”③等(图 1－16)。

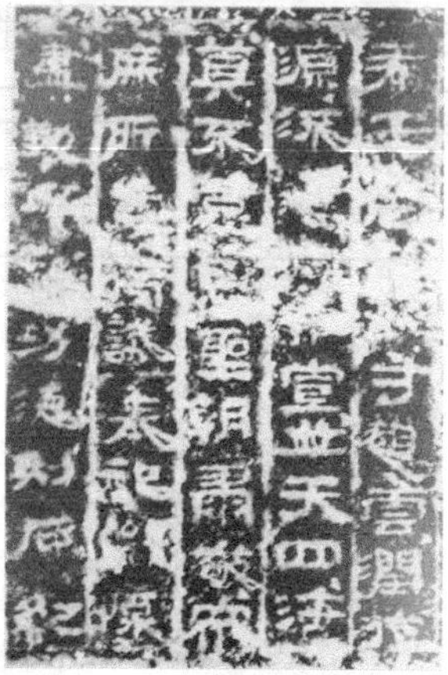

图 1－16　嵩山太室石阙铭(局部)
(图片来源：启功：《中国美术全集：书法篆刻编 1：商周至秦汉书法》，北京，人民美术出版社 1987 年版)

总体上看，学者们的识读基本大同小异，即虽然该阙铭模糊不清，但有些字还是可识读的，且从铭文中的“元初五年”判断，该阙刻于汉安帝元初五年(118 年)。

四、北京市“汉故幽州书佐秦君之神道”上的纪年题记

目前，北京市出土汉代墓地画像石阙仅有 1 处，即 1964 年在北京西郊石景山上庄村出土的“汉故幽州书佐秦君之神道”(图 1－17)。该神道画像为凿纹地浅浮雕，8 号方石柱上镌刻有汉和帝永元十七年(105 年)四月的纪年时间。出土的主要有石柱 2 件(1、6 号)、石柱础 2 件(5、7 号)、石屋顶 1 件(3 号)、方石柱 3 件(2、8、11 号)、方形柱础 1 件(13 号)、石阙顶 1 件(9 号)、石阙顶 6 件(4、12、14、15、16、17 号)和石雕双人 1 件(10

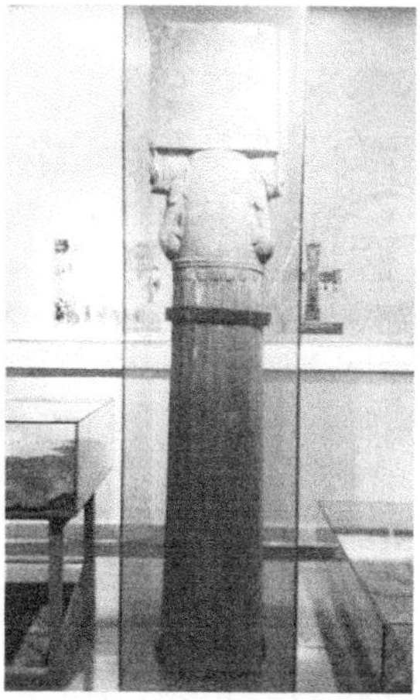

图 1－17　汉故幽州书佐秦君之神道石
(图片来源：首都博物馆，自拍)

① 徐玉立：《汉碑全集：一》，郑州，河南美术出版社 2006 年版，第 309、316 页。
② 参见王建中：《汉代画像石通论》，北京，紫禁城出版社 2001 年版，第 194 页。
③ 参见吕品：《登封汉代三阙》，《文物》1979 年第 8 期，第 90－92 页。

号)等17件,大都是石阙的构件。1、6号石柱额面均用减地凸起的刻法镌刻内容相同的镌刻隶书额题,各3行11个字,其中1号石柱额题字迹已残损,6号石柱额题字迹清晰,书体篆隶相间。内容为:

"汉故幽州书佐秦君之神道。"

方石柱2、8、11号中,8号方石柱正面镌刻题记,书体隶书。内容为:

"永元十七年四月□(卯)(令)(改)为(元)兴元年□十月鲁工石(巨)宜造。"

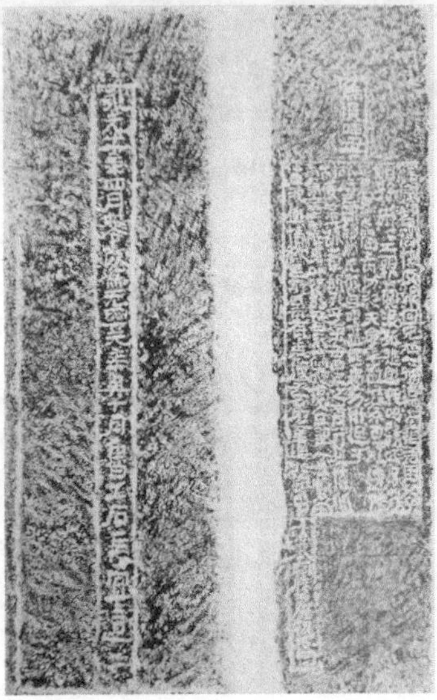

图1-18 汉故幽州书佐秦君之神道石题记
(图片来源:启功:《中国美术全集:书法篆刻编1:商周至秦汉书法》,人民美术出版社1987年版)

左侧面中间刻以"乌还哺母"为题名的题记,共分7行,四周有边框,但文字多风化,书体隶书。内容为:

"维乌微乌,尚怀反报。回况□人,号为四灵。君臣父子,顺孙弟弟。二亲薨没,孤悲恍恍。呜号正月,□□思慕。□□长□五内。力□天命,年寿□永,百身莫□。欲厚显祖,□无余日。□焉匪爱,力则迴于制度。盖欲章明孔子孟母四□之贤行,上□比奉□圣□□以后昭示日永为德□(俭),人日记卜□□承仙□,敢述情徽,足斯石,示有表仪。孝弟之述,通于神明,子孙奉祠,欣肃慎焉。"[①②](图1-18)

北京石景山汉故幽州书佐秦君之神道第8号方石柱正面刻题记和左侧面中间刻以"乌还哺母"为题名的题记内容,为邵茗生先生所识读。但简报中将8号石柱正面镌刻的题记识读为"永元十七年四月□(卯)(令)(改)(元)元兴元年□十月鲁工石(巨)宜造"。笔者也仔细阅读、观察,认为从字的形态上看,"□"这个字应为"卯",(令)(改)二字是可以确定的。(元)字的判断不够准确,应是"为"字。"年"字后面应为"其"字,"工"字后面的字是"石"字,即石工之意。(巨)字也是可以确定的。因此,题记内容应为"永元十七年四月

① 参见北京市文物工作队:《北京西郊发现汉代石阙清理简报》,《文物》1964年第11期,第13-22页。
② 邵茗生:《汉幽州书佐秦君石阙释文》,《文物》1964年第11期,第23-24页。

卯令改为元兴元年其十月鲁工石巨宜造”。

上文所列山东、苏北、河南出土的汉代画像石墓阙，均为现存的能辨别画像和文字的石质墓阙，其中的图像和题榜文字较清晰，学者们的识读也基本一致。但有的由于石头被风化、人为毁坏等原因而使字迹难以辨认，以致不同学者的识读也有所不同。例如陈明达先生把南武阳平邑皇圣卿石阙的西阙正面的题记识读为“南武阳皇圣卿冢”“之大门卿以元和三年”；把南武阳功曹阙阙南面第4层图像左边的题记识读为“南武阳功曹乡啬府，文学掾平邑□□卿之门卿”；把武氏家族墓地西阙阙铭识读为“建和元年，太岁在丁亥”“石工孟季季弟卯造此阙”；将嵩山太室石阙之西阙阙身北面镌刻铭文，即“元初五年四月”“阳□□长，左□□□年吕常始造此石阙”“崇高亭长苏重时监之”内容中的“阳□□长”辨识为“阳□长”，“左□□□年”辨识为“左冯翊万年”，“始造此石阙”辨识为“始造作此石阙”[①]等。再如邵茗生先生将武氏家族墓地西阙阙铭“使石工孟季、李弟卯”识读为“石工孟李孟卯造”[②]等。关于汉故幽州书佐秦君之神道，其中8号方石柱正面的“永元十七年四月卯令改为元兴元年其十月鲁工石巨宜造”中的“卯令”，陈直先生认为其应为“板令”[③]等。关于孙仲阳为父建石阙题记内容，刘心健、张鸣雪先生识读为“元和二年正月六日孙仲阳□升父物故行□□礼□作石阙贾直万五千”[④]等。学者们的不同识读，既有石头被毁坏、字迹难以辨认等原因，也有对残存的文字形态、结构、笔画等理解的差异等因素，也属正常现象。

综上所述，在中国古代，阙也是最早的建筑物之一，对其进行研究的文献很多。汉代的画像石墓阙是立于墓地地面上的标志性建筑。尽管有些墓阙上的图像和文字今已不存，但可以想象和推测，在当时盛行厚葬风俗等社会环境中，各类墓阙上应该都雕刻有图像和文字，用以美化幽冥世界，记述墓主人卒世下葬时间、生平事迹和寄托亲人的哀思等，这与汉代墓地画像石祠堂和墓室画像石上的图像与题榜文字内容、功能基本一致。所以，笔者认为，在汉代，不管是城阙、宫阙、庙阙、祠阙、府第阙，还是墓阙等石阙，无论有无雕刻图像，至少都应

① 参见陈明达：《汉代的石阙》，《文物》1961年第12期，第9－23页。
② 参见邵茗生：《汉幽州书佐秦君石阙释文》，《文物》1964年第11期，第23－24页。
③ 参见陈直：《关于汉幽州书佐秦君石柱题字的补充意见》，《文物》1965年第4期，第4－5页。
④ 参见刘心健、张鸣雪：《山东莒南发现汉代石阙》，《文物》1965年第5期，第16－17页。

该有题名，用以说明阙之名称、功能或图像内容等——因为阙是和城、宫、庙、祠、宅第和坟墓等建筑物的其他雕刻品相匹配的，是置于这些建筑物之前的序幕性建筑物。例如上述四川盘溪阙等这些置于墓前的无铭阙体上都有画像。除此，在重庆市范围内出土的汉代画像石墓阙中，有些也是有画像而无铭文的石阙。例如重庆市沙坪坝对岸盘溪出土的盘溪阙，双阙阙身均有白虎等图像，等等。既然阙上都雕刻有图像，那么很大可能都有文字。所谓无铭阙应该是有阙铭文字的，很大可能是历经两千多年的风雨侵蚀或人为破坏等原因，文字被磨灭了。例如，"樊敏阙的形制与雅安高颐阙类同"，"可惜的是樊敏右阙的阙石早已散失，在清理中仅寻出很少的几块残石而无法复原，更无任何雕刻可寻了"①。虽然左阙也未见镌刻铭文，但布局在两阙正中的樊敏碑尚存较完整，有篆书额题"汉故领校巴郡太守樊府君碑"和隶书碑文"计五百五十七字"，并且在该碑碑阴镌刻的北宋崇宁壬午（1102 年）三月知县丘常的题记中已说，此碑"字画醇古，其文尚可读，岂非所寓僻远而人无知者欤。而千余岁间，霖雨之所渤，威阳之所曝，有兽已倒，有阙已摧"等。樊敏碑为画像石碑，其图像与文字有着内在关联，也是一般汉代画像石碑制作的表现之一②。特别是西阙遗存的"龙生九子"图像"为汉代石阙中不可多得之雕刻艺术"，可以想象在雕刻此图时应该有榜题或题记文字，用以说明内容等③。据此推测樊敏双阙上应该镌刻有文字。因此，可以推测，那些无名之阙应该是有铭之阙。

① 参见《文物博物馆简讯（6 则）·芦山县汉樊敏阙清理复原》，《文物》1963 年第 11 期，第 64 页。
② 关于汉代画像石碑的讨论，详见第七章。
③ 参见《文物博物馆简讯（6 则）·芦山县汉樊敏阙清理复原》，《文物》1963 年第 11 期，第 64 页。

第二章

汉代画像石墓祠上的纪年题榜考释

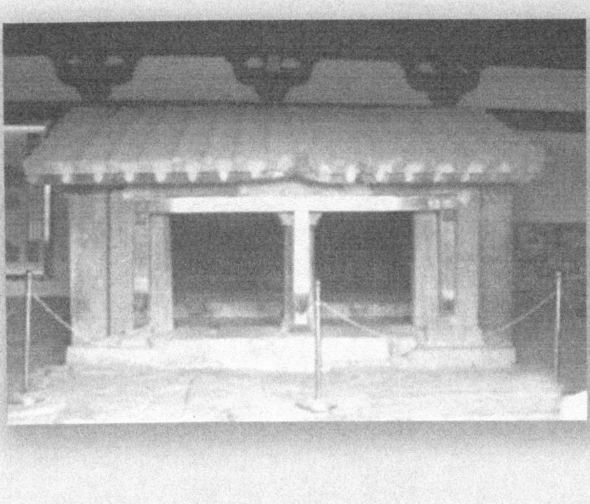

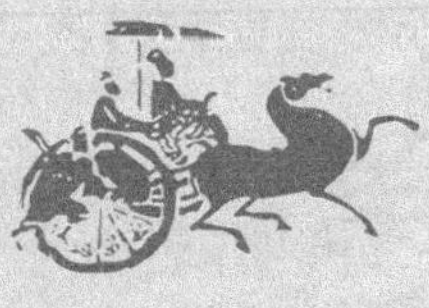

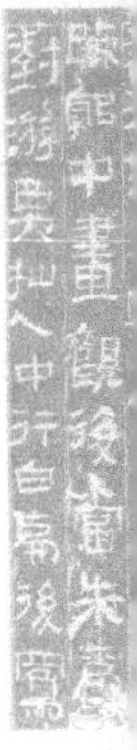

在中国，祠堂是人们祭祀祖先、先贤、神灵等的建筑，也称享堂、食堂、石祠堂、石室、斋堂等，有墓祠、宗祠、庙祠和斋祠等类型。战国时期楚国诗人屈原在《天问》中关于“楚有先王之庙及公卿祠堂，图画天地山川神灵、琦玮谲诡，及古贤圣怪物行事”①的描述，可能是中国祠堂概念、类型及其图像的最早文献记载。

西汉时期已经盛行在先人墓前建造祠堂的风气。例如东汉时期班固著《汉书》中记载西汉景帝时期文翁去世后“吏民为立祠堂”；汉武帝时大司马大将军霍光去世后“谥曰宣成侯”“起冢祠堂”；汉成帝时光禄大夫张禹“年老，自治冢茔，起祠室”②；汉哀帝时有一位南阳太守死后，其子原涉“让还南阳赙送，行丧冢庐三年，由是显名京师”，后觉“先人坟墓俭约，非孝也。乃大治起冢舍，周阁重门”③等。此风东汉时期尤其盛行，上至皇亲国戚、王公大臣，下至地方官绅，甚至一般平民百姓，在祖先墓地等处立祠祭祀成为普遍的社会现象。

关于汉代墓地祠堂即画像石墓祠上的题榜内容与隶书艺术的记载与研究，较早的文献是戴延之著《西征记》和郦道元著《水经注》。例如前者关于鲁峻墓前画像石祠堂记载：“焦氏山北数里，……山形峻峭，冢前有石祠、石庙，四壁皆青石隐起，自书契以来，忠臣、孝子、贞妇、孔子及弟子七十二人形象，像边皆刻

① 王逸，洪兴祖补注：《楚辞章句补注》，长春，吉林人民出版社 1999 年版，第 83 页。

② 参见王鹤鸣、王澄：《中国祠堂通论》，上海，上海古籍出版社 2013 年版，第 72 页。

③ [汉]班固：《汉书：卷 92》，北京，中华书局 1962 年版，第 3716 页。

石记之，文字分明。”①等等。之后，较突出的宋代赵明诚著《金石录》和洪适著《隶释》《隶续》，清代黄易著《小蓬莱阁金石文字》、翁方纲著《两汉金石记》、阮元与毕沅著《山左金石志》、王昶著《金石萃编》、冯云鹏与冯云鹓著《金石索》、瞿中溶著《汉武梁祠画像考》等金石学文献中，都有记载、题跋、考证、研究。20 世纪以来国内外学界有关汉代画像石墓祠及图像、题榜文字等的研究文献很多。

但综合起来看，班固记载的是汉代墓地祠堂盛行的一般社会现象，戴延之和郦道元的记载是立足于地理学的叙述，赵明诚、洪适和黄易、翁方纲、阮元、毕沅、王昶、冯云鹏、冯云鹓、瞿中溶等人的记载、题跋、考证、研究，皆囿于金石学范围。现当代国内外众多学者的介绍、研究，分别侧重于考古学、历史学、文化学、文字训诂学、艺术学等方面，系统性梳理和专题性研究汉代画像石墓祠上的题榜内容和隶书艺术的文献很少。基于此，笔者综合前贤文献记载和基于部分考察记录，选择较典型的题榜进行梳理和对部分题记文字等略加考析。

从目前汉代画像石的出土地域看，画像石墓祠集中在山东省、苏北和皖北地区，汉代画像石流行的河南、四川、重庆、陕北和晋西北地区尚未发现出土汉代墓地画像石祠堂。山东出土的汉代画像石墓祠上的隶书题记最多，几十字至百字以上的题记较为常见，尤其是出现了 3 篇 400 字以上的长篇隶书题记，所记载的当时的社会生活信息很丰富。苏北与皖北地区出土较少，但题记的表达方式等与山东的有一定的相似性。

本章把山东各地区出土的有纪年的汉代画像石墓祠上的隶书题榜内容分为三个小节叙述与辨析，把苏北和皖北地区的有纪年的隶书题榜单列一节列举与讨论，目的是进一步清晰地呈现纪年汉代墓地画像石祠堂上的隶书题榜内容与书体，以便于讨论和供同人参考等。少数篆书题记详见附录一。

① 参见郑立君：《剐图刻像：汉代画像石的雕刻工艺与成像方式》，重庆，重庆大学出版社 2010 年版，第 2 页。

第一节　山东汉代画像石墓祠上的纪年题榜

本节选择的是山东汉代画像石墓祠上的纪年短篇题记和画像上的隶书榜题,这是相对该省出土的文通、芗他君和许安国画像石祠堂上的纪年长篇隶书题记而言的。这是因为山东出土的汉代画像石墓祠上的纪年隶书题榜较多,故分开梳理。这部分题榜在汶上县、肥城县(现肥城市)、长清县(现济南市长清区)、济宁市、枣庄市、滕州市、邹城市、曲阜市、微山县、鱼台县、东阿县、嘉祥县和淄博市都有出现,此节选择较典型的,分述略考。

汶上县出土路公画像石食堂题记

该石已残损,出土时间不详,现藏于山东博物馆。图像内容为车骑出行等,题记竖刻 2 行,顶端至少有 4 个字被毁坏不可读,位于图像左边,书体隶书。可识读的 27 字,内容为:

"□□元年二月廿日□□□□□□□荆路公昆弟""□□天凤三年立食堂,路公治严氏春秋不渝。"①(图 2－1)

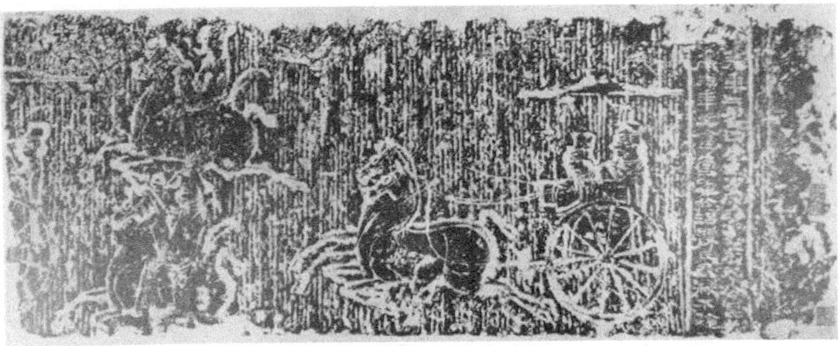

图 2－1　路公画像石食堂题记

[图片来源:傅惜华:《汉代画象(像)全集》初编,巴黎大学北京汉学研究所图谱丛刊之一,1950 年版]

① 参见李发林:《略谈汉画像石的雕刻技法及其分期》,《考古》1965 年第 4 期,第 201 页;杨爱国:《幽明两界:纪年汉代画像石研究》,西安,陕西人民美术出版社 2006 年版,第 37 页。

从题记中的“天凤三年”判断，该祠堂题记刻于西汉王莽天凤三年（16年）。

肥城桃源区西里村出土“永平十一年”画像石祠堂后壁题记

该祠堂后壁画像石已残，据传于民国初年出土，被农民砌于墙壁中。1982年被当地文物部门发现后，移至肥城市博物馆。该祠堂后壁石残存左半段，纵86厘米，残横72厘米，其上雕刻有战争场面等3层图像。题记1行，位于图像中一重檐双阙柱子上，书体隶书。内容为：

“永平十一年正月廿七日。”①

从题记中的“永平十一年”判断，该祠堂题记刻于汉明帝永平十一年（68年）。

肥城出土“永平十六年”画像石祠堂题榜

据发掘报告《山东肥城发现“永平”纪年画像石》记载，该石出土于民国初年，被当地农民垒砌于墙壁上而得以保存。1982年文物普查时被发现，移至肥城市博物馆。该石纵73厘米，横134厘米，由于风化，该石画面已不清晰。图像自下而上第1层楼内左边图像后一人头前，镌刻隶书榜题：“孔子弟子。”人物的身后镌刻隶书20余字应为题记，能辨识者为“病、定、明、仲、遗、升”等。第2层楼内左边人物面前镌刻隶书榜题：“为□□大夫。”右边人物面前镌刻隶书榜题：“□侯。”第3层楼内右边人物右侧镌刻隶书榜题：“□人。”

画面中楼房左右两立柱上镌刻隶书题记，左柱题记已模糊不清，右立柱上的尚可部分辨识。内容为：

“永平十六年八月廿五日，过中时□（诵）梁里羽□（记）去修（循）马……”（其后文字不清晰）②

从题记中“永平十六年”判断，该祠堂题记刻于汉明帝永平十六年（73年）。关于该石用途和题榜文字等问题也有不同的认识。发掘报告中未说明该石的具体用途。有学者认为该石为祠堂后壁，把左（右）立柱上的题记内容释读为：“永平十六年八月廿五日过中时□梁里羽□去修马……”认为“孔子弟子”人物身后镌刻有3行隶书题记已漫漶不清，仅能辨识出“字”“明”“仲从兄”“升”等数

---

① 参见杨爱国：《幽明两界：纪年汉代画像石研究》，西安，陕西人民美术出版社2006年版，第38页。

② 参见程少奎：《山东肥城发现“永平”纪年画像石》，《文物》1990年第2期，第92－93页。

字，这段文字可能与另一个柱子上的文字是一段。第3层楼内右边人物右侧镌刻隶书榜题“□人”，应为“□侯夫人”等[①]。

笔者认为，从字形上看，左（右）立柱上的题记内容应为：“永平十六年八月廿五日过中时谒梁里羽化去修马……”（图2－2）至于该石上的榜题文字，由于模糊不清，不便猜测。

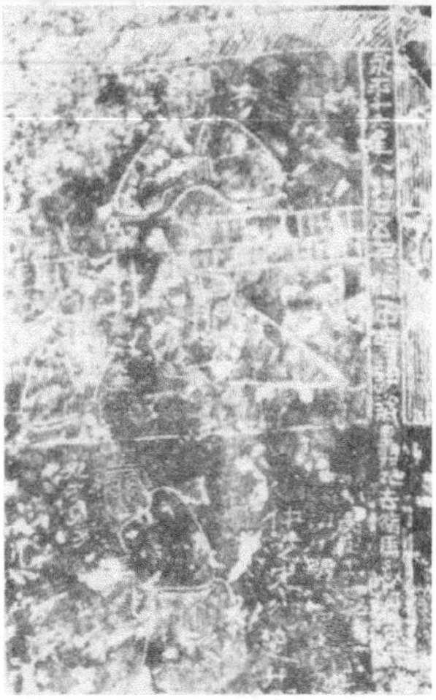

图2－2　肥城“永平十六年”画像石祠堂题榜
（图片来源：程少奎：《山东肥城发现“永平”纪年画像石》，《文物》1990年第2期）

滕州出土画像石祠堂题记

据文献记载，该食堂画像石题记共17行，可识读的有70字，书体隶书。内容为：

“建初六年二月乙亥朔廿/八日壬寅，鲁薛县/民晋乡北别居任/里中□子牟阳□□/二守□□□及少子□/驹□八人□□□□十/阳在治□□□□□曾/直钱二万五千□□□/时于食堂□□□/□□□□□左右□□/□□□后世子孙/盗塚者得毋败坏□/士大夫□□□□□□/□□□□□□□□□/□□□□□□□/信□□□□□□/人……”

据柯昌泗先生《滕县金石志》记载，该石出土于民国庚午年（1930年）山东滕县（现滕州市），原石下落不明，仅存拓片。“此石横刻直格，与邹县莱子侯石墙村两石相同，文字尤与石墙村刻石为近。”[②]

从题记中的“建初六年”判断，该祠堂题记刻于汉章帝建初六年（81年）。题记中的“直”是通假字，应为“值”。

肥城栾镇村出土张文思为父造画像石祠堂题记

1958年肥城县栾镇村发现一座古墓，出土两块祠堂后壁画像石，张文思为父造石祠堂画像石是其中之一，现藏于山东博物馆。该石纵78厘米，横149厘米，雕刻有狩猎、乐舞、战争、车骑出行等图像，题记镌刻于画面中的阙身上，共2行，书体隶书。内容为：

---

① 参见杨爱国：《幽明两界：纪年汉代画像石研究》，西安，陕西人民美术出版社2006年版，第39页。

② 参见李慧：《滕州纪年汉代画像石》，载朱存明：《图像的表征：中国汉画学会第十五届年会论文集》，北京，文化艺术出版社2019年版，第39、40页。

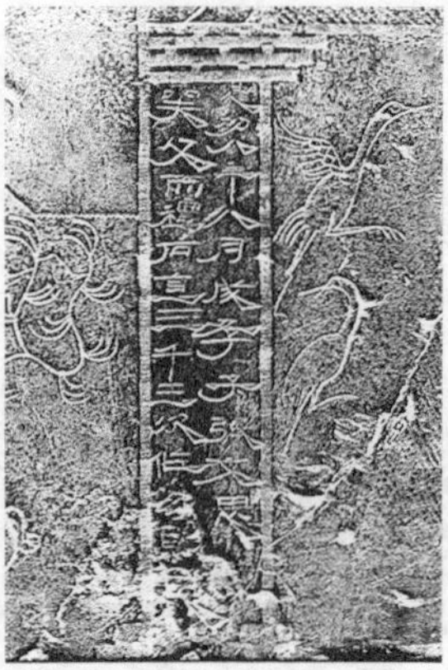

图 2-3 张文思为父造画像石祠堂题记
(图片来源:百度网络)

“建初八年八月成,孝子张文思哭父而礼,石值三千,壬次作,勿败□(坏)。”(图 2-3)

从题记中的“建初八年”判断,该祠堂题记刻于汉章帝建初八年(83 年)。有些学者称该祠堂后壁石题记为“张文思为父造石阙题记”,可能是因为该题记刻于画中石阙上的缘故,笔者不作讨论,依据一般说法把其列入画像祠堂题记类。题记中最后 3 个字“勿败□”的解读也有争议。例如王思礼在《山东肥城汉画象(像)石墓调查》一文中,对最后三个字未识读,即“建初八年八月成,孝子张文思哭父而礼,石值三千,壬次作,□□□。”①有学者解读为“□则昌”②;有学者识读为“勿败槁”③。从字形与笔画上看,最后 3 个字中前 2 个应为“勿败”二字,最后 1 个字由于石头被磨损难以判断。从隶书书写艺术角度看,该篇题记书体的字形、用笔等体现出了典型隶书的特征,或“八分书”特点,但奇特的是,其中凡是长横和长捺的波挑处,都采用双钩刻出,这在汉代碑刻中是很少见的。仔细观看,虽然最后一个字的上部和左边笔画已残缺,但右下角显然有一个双钩捺笔,与其他字的双钩捺笔极其相似,所以笔者认为,该字不是“昌”,也不是“槁”,可能是繁体的“坏”字,即“勿败坏”。

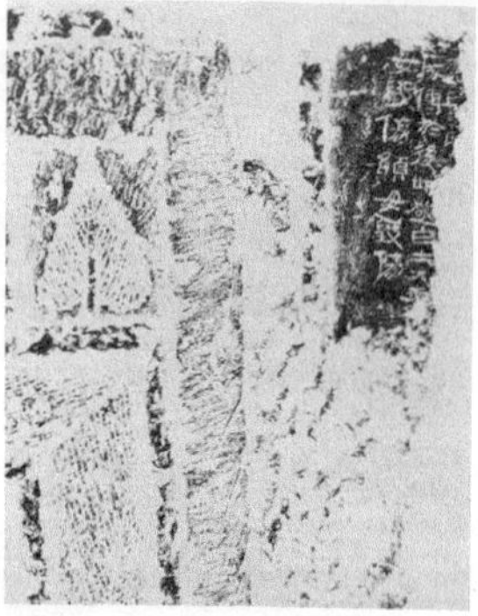

图 2-4 滕州出土“永元三年”画像石祠堂题记
(图片来源:杨爱国:《幽明两界:纪年汉代画像石研究》,西安,陕西人民美术出版社 2006 年版)

滕州出土“永元三年”画像石祠堂题记

据文献记载,该石已残损,现下落不明,仅存拓片,从拓片上看,残存有一树形图像。题记位于石面左上角,共 3 行,25 个字,书体隶书。内容为:

“永元三年四月……□(工)成,传于后世,敬白大夫,愿毋毁伤,愿毋毁伤。”④(图 2-4)

---

① 参见王思礼:《山东肥城汉画象(像)石墓调查》,《文物参考资料》1958 年第 4 期,第 34-36 页。

② 李发林:《略谈汉画像石的雕刻技法及其分期》,《考古》1965 年第 4 期,第 202 页

③ 参见陈振濂:《东汉〈张文思画像石题记〉与隶书“八分”的双钩波挑》,《杭州日报》2017 年 8 月 24 日,第 17 版。

④ 参见杨爱国:《幽明两界:纪年汉代画像石研究》,西安,陕西人民美术出版社 2006 年版,第 44 页;李慧:《滕州纪年汉代画像石》,载朱存明:《图像的表征:中国汉画学会第十五届年会论文集》,北京,文化艺术出版社 2019 年版,第 39 页。

从题记中的"永元三年"判断，该祠堂题记刻于汉和帝永元三年(91 年)。据柯昌泗先生《滕县金石志》记载，该石为"永元石堂刻石，民国庚午年山东滕县出土"，即 1930 年出土，与滕州建初六年食堂题记出土时间相同[①]。

济宁出土"永元五年"画像石祠堂后壁题记

该画像石已残缺，出土时间地点不详，现藏于济宁市博物馆。该石残纵 51 厘米，残横 64 厘米，雕刻有人物等画像，在画面左边阙柱上和阙柱右边人物身后，镌刻题记 19 字，书体隶书。左边阙柱上内容为：

"大(太)岁在巳，永元五年六月成。"

阙柱右边人物身后内容为：

"此中人马皆食大(太)仓。"[②]

从题记中的"永元五年"判断，该祠堂题记刻于汉和帝永元五年(93 年)。题记中的两个"大"字均为通假字，通"太"。

滕州堌城出土颜文羽母画像石祠堂题记

该石原为滕县文化馆所征集，传早年在辛庄公社(今枣庄市山亭区水泉镇)堌城村出土，为长方体立柱石，现藏于滕州市汉画像石馆。纵 100 厘米，横 20 厘米，正面和右侧面雕刻画像和图案，正面画像分 3 层，中间层雕刻一执笏人物，人物上方镌刻题记，书体隶书。内容为：

"□□□□兴，名冗□，以永元十一年十月十五日□，此□□如礼，后子孙无以□日祠，使石工书颜文羽昆弟六人，弟仲文，伯先仲京少文。母以永元十年七月二十七日□□不幸，母年八十七。"[③](图 2－5)

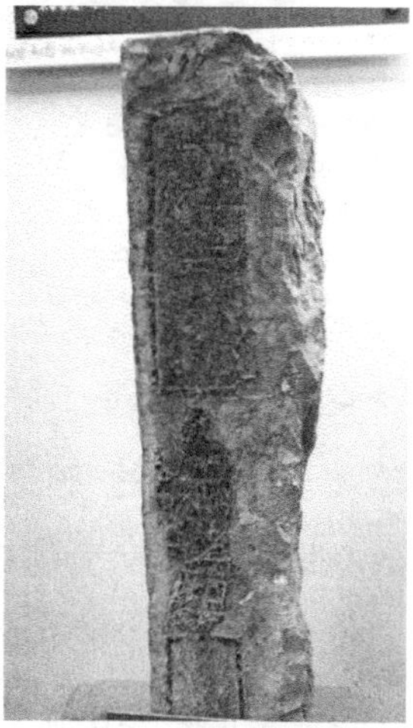

图 2－5　颜文羽母画像石祠堂长方体立柱石及画像题记(图片来源：滕州市汉画像石馆，自拍)

① 参见李慧：《滕州纪年汉代画像石》，载朱存明：《图像的表征：中国汉画学会第十五届年会论文集》，北京，文化艺术出版社 2019 年版，第 40 页。

② 参见杨爱国：《幽明两界：纪年汉代画像石研究》，西安，陕西人民美术出版社 2006 年版，第 44、45 页。

③ 来自滕州市汉画像石馆笔者考察笔记。另参见李慧：《滕州纪年汉代画像石》，载朱存明：《图像的表征：中国汉画学会第十五届年会论文集》，北京，文化艺术出版社 2019 年版，第 41 页。

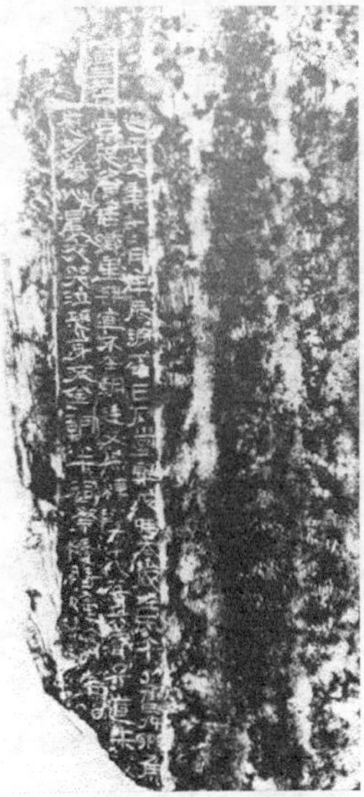

图 2-6　阳三老画像石祠堂题记
(图片来源:彭兴林:《中国历代名碑释要:上》,济南,山东美术出版社 2011 年版)

从题记中的“永元十一年”判断,该祠堂题记刻于汉和帝永元十年(98 年)。由于风化较严重,该石题记文字多模糊不清,因此有些学者对有些字的识读有误,在所难免。笔者在该馆考察时反复观察和比较不同的识读,觉得上述识读较全面。

曲阜出土阳三老画像石祠堂题记

该石又称《阳三老洞题字》,于清光绪十五年(1889 年)前后出土于曲阜,现藏中国国家博物馆。石高 53 厘米,宽 20 厘米,画像全剥落,题记刻于图像左下方的碑形长方格内。上方小长方格内即碑额镌刻隶书“阳三老”。下方大长方格内即碑面刻题记 3 行,首行 28 字,次行 27 字,末行存 21 字,书体隶书。内容为:

“延平元年十二月甲辰□十□日,石堂毕成,时太岁在丙午,□鲁北乡侯阳三老自思省,居乡里无宜,不在朝廷,又无经学,志在共养,子道未□,感切伤心,晨夜哭泣,恐身不全,朝半祠祭,随时□□□……”(以下不可识读)[①②](图 2-6)

从题记中的“延平元年”判断,该祠堂题记刻于汉殇帝延平元年(106 年)。该条题记在石面上的布局设计很有意味,即采用汉碑形式进行刻画,上方小长方格内镌刻的“阳三老”形同碑额,下面则形如碑身碑文。这在汉代画像石题记中少见,可以看出制作者多样化的艺术表现手法。

山东出土戴氏画像石享堂题记

该石现藏于瑞士苏黎世里特贝格(Rietberg)博物馆。出土时间、地点不详。该石雕刻图像 3 层,在图像左右两边界栏外各镌刻文字,其中左边可识读的有 45 个字,书体隶书。内容为:

“戴□孔道建石宣(室)五千,郭苞二千五百五,戴□戴□伍著承超阳勋萷卿张年并九千五百,以永初七年闰月十八日始立成。”

---

① 参见彭兴林:《中国历代名碑释要:上》,济南,山东美术出版社 2011 年版,第 67-69 页。

② 杨爱国:《幽明两界:纪年汉代画像石研究》,西安,陕西人民美术出版社 2006 年版,第 66 页。

右边可识读的有47个字。内容为：

“戴掾君寿九十三，薄命以永初四年六月十七日庚午病卒。戴母年九十二，以永初五年八月廿九日病卒，父母夭蚤（早）云门。”①

从题记中的“永初七年”判断，该祠堂题记刻于汉安帝永初七年（113年）。题记中的“宣”应为“室”，即石室。该字应为民间书丹者或石刻艺人的误写误刻。“蚤”为通假字，同“早”。

滕州桑村西户口出土画像石祠堂侧壁题记

该石1958年出土于滕州县（现滕州市）桑村西户口一座古墓中，现藏山东博物馆。该石纵135厘米，横47厘米，共刻图像7层，其中在第7层图像右上方镌刻题记2行，可识读的有46个字，书体隶书。内容为：

（上缺）“延光元年八月十六日暴失命，掾故县门下功曹游缴市掾弟圣（下缺）经召县功曹主簿府文学掾，师安弟党□□□家安弟平明于。”（下泐）②

从题记中的“延光元年”判断，该祠堂题记刻于汉安帝延光元年（122年）。关于该块画像石的用途问题，有学者推测可能是祠堂侧壁，也有学者认为可能是墓室画像石③。笔者依据一般学者的归类把其列为祠堂类。

枣庄市齐村镇王山头出土朱作纪母画像石祠堂题记

该石1986年出土于枣庄市齐村镇王山头，现藏于枣庄市博物馆。该石已残，纵21厘米，残横205厘米，其上雕刻有胡兵等图像。题记镌刻于该石图像右边界栏外，隶书14行。由于该石题记文字已被风化，有关文献对于其内容的识读各有不同。此处举两例，以便讨论。

“延光二年十一月十四日朱作纪失母，以延光三年二月廿五日葬，弟□四心□□□□君安□宇晟得知祖□堂司捐从昌□□奉家季公□□从水饮嗔丑凤伯仁少阳□□□□取五百复往大无思王忍□□□□恕元□□关八卖永元□寿□□钱二十司室成□人功中分为钱三万五千丑□。延光二年十一月十八日除，

① 参见傅惜华：《汉代画象（像）全集》初编，巴黎大学北京汉学研究所图谱丛刊之一1950年版，第30页；杨爱国：《幽明两界：纪年汉代画像石研究》，西安，陕西人民美术出版社2006年版，第46页。

② 参见杨爱国：《幽明两界：纪年汉代画像石研究》，西安，陕西人民美术出版社2006年版，第46页；李发林：《略谈汉画像石的雕刻技法及其分期》，《考古》1965年第4期，第202页。

③ 参见杨爱国《幽明两界：纪年汉代画像石研究》，西安，陕西人民美术出版社2006年版，第46、47页。

唯诸掾卒史□□愿母贱贩寿哭天□敬，此中人马有甘者皆食大□，母□如□父。"[1]

"延光二年十一月十四日朱作纪失母，以延光三年二月廿五日葬，第□四人□□□小弟□□守成□□□□□□生坟堂，司空□于□□□□□□季公□□饮□水置丑凤□位少□□众□取五百复从作恩□□□为□□□元□□小置永□□□□□□钱一千，司室成，□□□□□为钱三万五千□□。延光二年十一月十八日除，唯诸掾令□□愿母贱贩寿葬天，以□□□马有□者皆食□大好□。"[2]（图2-7）

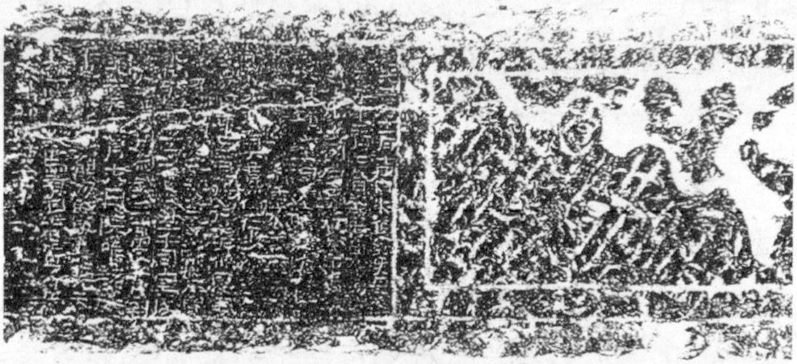

图2-7　朱作纪母画像石祠堂题记

（图片来源：《中国画像石全集》编辑委员会：《中国画像石全集：2》，济南，山东美术出版社；郑州，河南美术出版社2000年版）

从题记中的"延光三年二月廿五日葬"判断，该祠堂题记应刻于汉安帝延光三年（124年）。关于该块画像石的用途问题，有学者认为其是墓室门楣画像石，有学者认为是祠堂画像石[3]。笔者认为，第一例识读的"祖□堂司"，第一、二例中识读的"司室成"，其中的两个"司"字均应为"石"字，即应为"祖□堂石……""……石室成"，"祖□堂司""司室成"似乎讲不通。此外，第二例识读的"生坟堂"应该指的是墓地祠堂，从朱作纪母亲去世到下葬，中间有三个多月的时间，应该是在修建墓室和墓地祠堂，即"生坟堂"。由此推测，该石可能是石祠堂建筑构件。从山东等地不少画像石题记中的"人马皆食大（太）仓"等祝福语看，该题记中的"大"是通假字，通"太"字。

① 参见赖非：《墓志起源辨析》，载《赖非美术考古文集》，济南，齐鲁书社2014年版，第101页。

② 参见《中国画像石全集》编辑委员会：《中国画像石全集：5》，济南，山东美术出版社；郑州，河南美术出版社2000年版，图版一四一，第50页。

③ 参见杨爱国：《幽明两界：纪年汉代画像石研究》，西安，陕西人民美术出版社2006年版，第47页。

微山县两城山出土“永建五年”画像石食堂题记

该食堂画像石已残，现下落不明，据傅惜华先生的《汉代画象(像)全集》二编中收录的拓片可知，该石图像仅存一人向右跪坐，旁边镌刻题记5行，书体隶书。内容为：

“永建五年太岁在庚午二月廿三日，□□□□立此食堂，当(甾)□□□□□□居□意，□(栁)学□□(沣阳)，何意被天灾，蚤(早)离父母□□□□□□五千□□□。”[1](图2-8)

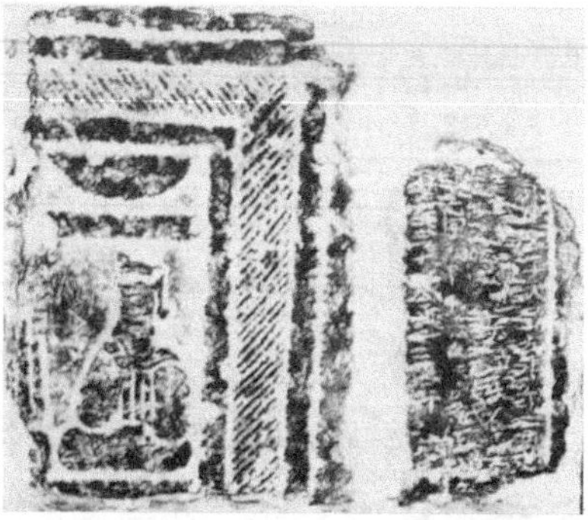

图2-8 “永建五年”画像石食堂题记
[图片来源：傅惜华：《汉代画象(像)全集》二编，巴黎大学北京汉学研究所图谱丛刊之一，1951年版]

从题记中的“永建五年”判断，该祠堂题记刻于汉顺帝永建五年(130年)。题记中“□□□□立此食堂”之前，前3个方框即被磨损掉的字，最后1个方框即为模糊不清的字，好像是“仰”字。“当”后面的第一个字好像是个“甾”。“□学□□”中的第一个字好像是个“栁”，“学”字后面的两个字好像是“沣阳”。“蚤”是通假字，通“早”。

微山县两城乡陈庄出土王成母(立)画像石食堂题记

该食堂画像石1998年5月出土，现藏于微山县文物管理所。石长141厘米，高92厘米，厚19厘米，其上雕刻有厅堂、人物、骑马人物等图像，图像四周雕刻两道边栏。画面右侧靠里的两重框线之间镌刻题记，共3行，40字，可识读者38字，书体隶书。内容为：

“永和元年今(太)岁在丙子，十二月廿六日阴，□□王成母(立)食堂，直(值)钱五千，时石工严申行(?)、兴隆元住(建)食堂。”[2](图2-9)

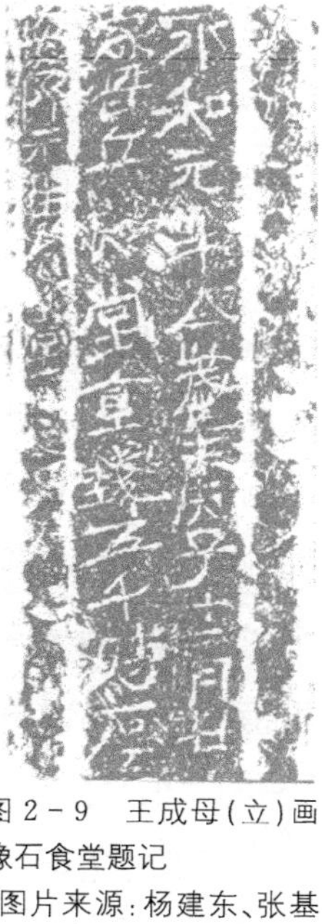

图2-9 王成母(立)画像石食堂题记
(图片来源：杨建东、张基中：《微山出土东汉永和元年画像石》，《中国文物报》1998年05月27日)

---

① 参见杨爱国：《幽明两界：纪年汉代画像石研究》，西安，陕西人民美术出版社2006年版，第49页。

② 参见杨建东：《山东微山县近年出土的汉画像石》，《考古》2006年第2期，第36页；杨建东、张基中：《微山出土东汉永和元年画像石》，《中国文物报》1998年5月27日，第1版；杨爱国：《幽明两界：纪年汉代画像石研究》，西安，陕西人民美术出版社2006年版，第50页；欧阳摩一：《汉画像石文字相关问题论析》，《四川文物》2010年第1期，第58－63页。

从题记中的"永和元年"判断,该祠堂题记刻于汉顺帝永和元年(136 年)。据《中国文物报》1998 年 5 月 27 日星期三第一版发布、由杨建东和张基中两位先生撰写的《微山出土东汉永和元年画像石》报道可知,当年 5 月 5 日在微山县两城乡陈庄修路工程中发现了 7 座汉代石室墓,该条题记出土于其中的一座画像石墓中。报道中未对该条题记断句,原文为:"永和元年今岁在丙子十二月廿六日阴□□王成母丘食堂直钱五千时石工严申行兴隆元住食堂。"之后该条题记被一些学者转引并断句。也有学者认为题记中的石工名是"严申行",说"此处'严申行'可能为一个制作小集体的头领"①。笔者认为,从报道配发的该条题记照片看,其中的"今岁"应为"太岁"。"□□王成母立食堂"中的"立",有些文献上写为"丘",应为"立"字,这是因为隶书"丘"字的形态,在《衡方碑》《史晨碑》《礼器碑》《华山庙碑》《鲁峻碑》等汉碑中均无此种写法,且从建造食堂的角度看,"立"食堂也合乎情理。"直钱五千"中的"直"为通假字,通"值"。"时石工严申行兴隆元住食堂"中的石工,也可能分别是"严申行"与"兴隆元"两个人,"住"字的形态也接近"建"字,所以该句话也可能是"时石工严申行、兴隆元建食堂"。

微山县两城山出土"永和二年"画像石食堂侧壁题榜

该石早年出土于微山县两城,现藏曲阜孔庙,曲阜汉魏碑刻陈列馆藏题记复制品。该石长 90 厘米,宽 92 厘米,画像外边框和内边框皆雕刻水波纹等装饰,画面中间雕刻一棵装饰化的大树,大树上方雕刻羽人、人首鸟身的凤鸟等,大树下雕刻两男张弓射箭、一女子牵马等艺术形象。整个画面上镌刻有 6 处隶书榜题。凤鸟上方刻"蜚鸟";下边刻"乌生";左上角刻"山鹊";二射箭人旁刻"长卿""伯昌";牵马人旁刻"女黄"。

画像外边框左边镌刻题记 2 行,可识读者 61 字,书体隶书。内容为:

"永和二年,大(太)岁在卯,九月二日,第乡广里泱□昆弟男女四人,少□□□,复失慈母,父年……时经有钱刀自足,思念父母,弟兄悲哀,乃治冢作小

① 欧阳摩一:《汉画像石文字相关问题论析》,《四川文物》2010 年第 1 期,第 62 页。

食堂传子孙。石工刑续、□昭，□□□财弗(费)直(值)万。(下泐)”[①](图2-10)

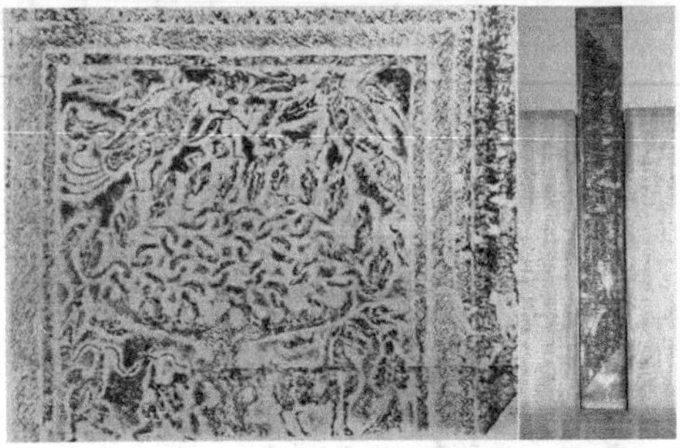

图2-10 “永和二年”画像石食堂侧壁题榜
[图片来源：傅惜华：《汉代画象(像)全集》初编，巴黎大学北京汉学研究所图谱丛刊之一1950年版(左图)；曲阜汉魏碑刻陈列馆藏题记复制品(右图)，自拍]

从题记中的“永和二年”判断，该祠堂题记刻于汉顺帝永和二年(137年)。该石题记中“大岁在卯”的“大”为通假字，通“太”；“财弗直万”中的“弗”应为“费”；“直”是通假字，通“值”。关于这个小画像石食堂上的题榜，傅惜华先生认为“此石有题字四榜，右方题字两行，皆出后人伪刻”[②]。笔者认为，从画像左边界栏外镌刻的两行题记隶书看，虽然字体大小不一，章法不够美观，属于汉代通俗隶书一类，但不少字的波磔笔画较明显，有一定的汉隶韵味等，后人伪刻的可能性不大。同时，在不少文献中也提到或列举了这块画像石及其题记，故本节亦列入以供参考。

微山县两城出土小食堂西壁“西王母”画像榜题

该石为小食堂西壁石，微山县两城镇出土，现藏于微山县文物管理所。该石纵67厘米，宽56.5厘米，画面四周边栏雕刻水波纹图案，画面中间雕刻西王母、伏羲、女娲等图像。其中，西王母画像左肩边上镌刻隶书榜题：“西王母。”[③]

一般认为，该祠堂题记刻于汉顺帝永和六年(141年)。

微山县两城出土桓孨画像石食堂后壁题记

该石为桓孨食堂后壁石，微山县两城镇出土，现藏于微山县文物管理所。该石纵67厘米，横104厘米，雕刻有厅堂、人物等图像。在图像左右界栏外边，镌刻左右内容相连的题记，2行，87字，书体隶书。内容为：

① 来自曲阜汉魏碑刻陈列馆笔者考察笔记，另参见傅惜华：《汉代画象(像)全集》初编，巴黎大学北京汉学研究所图谱丛刊之一1950年版，第32页，图252；信立祥：《汉代画像石综合研究》，北京，文物出版社2000年版，第96页；杨爱国：《幽明两界：纪年汉代画像石研究》，西安，陕西人民美术出版社2006年版，第50、133页。

② 傅惜华：《汉代画象(像)全集》初编，巴黎大学北京汉学研究所图谱丛刊之一1950年，第32页。

③ 《山东石刻分类全集》编辑委员会：《山东石刻分类全集：第6卷·汉代画像石(一)》，青岛，青岛出版社2013年版，第73页。

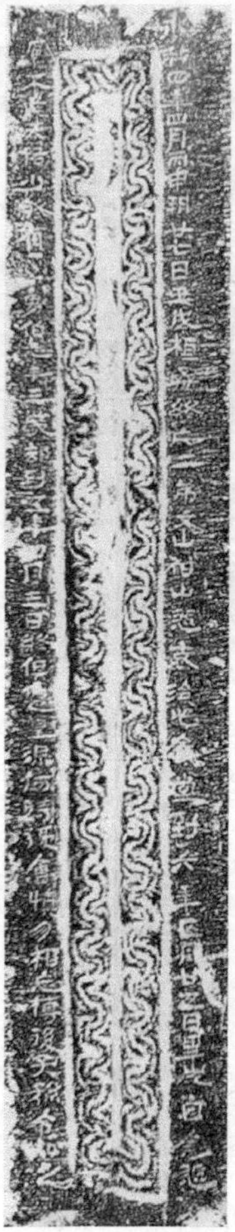
图2－11　桓孨画像石食堂后壁题记(图片来源:《中国画像石全集》编辑委员会:《中国画像石全集:2》,济南,山东美术出版社;郑州,河南美术出版社2000年版)

“永和四年四月丙申朔廿七日壬戌,桓孨终亡。二弟文山、叔山,悲哀治此食堂,到六年正月廿五日毕成。自念悲痛,不受天佑,少终。有一子男伯志,年三岁,却到五年四月三日终。俱归皇(黄)泉,何时复会,慎勿相忘。传后子孙,令知之。”①(图2－11)

从题记中的“永和四年”等3个时间节点判断,该祠堂题记刻于汉顺帝永和六年(141年)。即该条题记中有“永和四年四月”“永和六年正月”和“永和五年四月”3个时间节点,前两者指桓孨去世和其食堂建成时间,后者指其子夭亡时间。有的文献把该条题记的时间表述为永和四年(139年)②,有的表述为永和六年(141年)。笔者认为该食堂最初是为桓孨建造的,建造的第二年其子夭亡,最终该食堂为父子二人共享,即“俱归皇(黄)泉,何时复会,慎勿相忘”。所以,判断为永和六年(141年)应该更合适些。题记“俱归皇(黄)泉”中的“皇”应为“黄”,应是民间书丹者或石刻艺人的别写。

鱼台县出土文叔阳画像石食堂题记

该食堂画像石下落不明,据傅惜华先生《汉代画象(像)全集》初编中收录的拓片可知,雕刻有人物、飞鸟等图像。题记镌刻在图像右边,共6行,可识读者76字,书体隶书。内容为:

“建康元年八月乙丑朔,十九日丁未,寿贵里文叔阳食堂,叔阳故曹史行亭市掾,乡啬夫、廷掾、功曹、府文学掾。有立子三人,女宁、男弟叔明,女弟思,叔明蚤(早)失春秋,长子道士

① 参见《山东石刻分类全集》编辑委员会:《山东石刻分类全集:第6卷·汉代画像石(一)》,青岛,青岛出版社2013年版,第74页;《中国画像石全集》编辑委员会:《中国画像石全集:2》,济南,山东美术出版社;郑州,河南美术出版社2000年版,图版五二,第17页;杨爱国:《幽明两界:纪年汉代画像石研究》,西安,陕西人民美术出版社2006年版,第51页。

② 《中国画像石全集》编辑委员会:《中国画像石全集:2》,济南,山东美术出版社;郑州,河南美术出版社2000年版,图版五二,第17页;王建中:《汉代画像石通论》,北京,紫禁城出版社2001年版,第452页。

立□□，直(值)钱万七，故曹史市掾。”①(图 2-12)

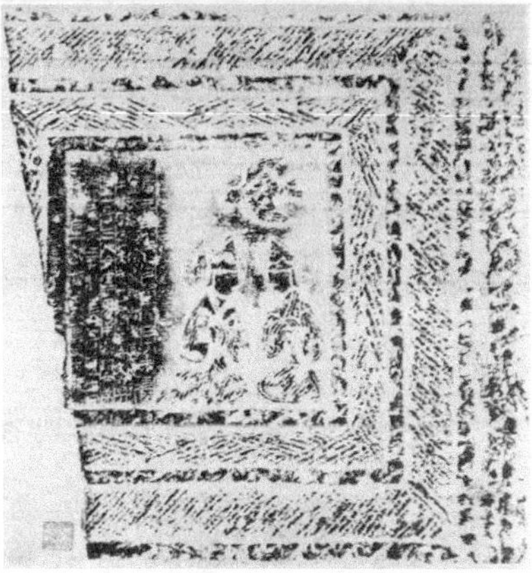

图 2-12　文叔阳画像石食堂题记
[图片来源:傅惜华:《汉代画象(像)全集》初编，巴黎大学北京汉学研究所图谱丛刊之一 1950 年版]

从题记中的“建康元年”判断，该祠堂题记刻于汉顺帝建康元年(144 年)。该题记中“蚤”是通假字，通“早”，“直”是通假字，通“值”。

滕州姜屯镇出土赵寅画像石祠堂后壁题记

该祠画像石于 1989 年出土，现藏于滕州汉画像石馆。原石纵 82 厘米，横 210 厘米，厚 14 厘米，雕刻有厅堂、人物、双阙、马、龙、虎等图像。题记镌刻于图像右边，共 3 行，可识读的有 73 字，书体隶书。内容为：

“元嘉三年二月廿五日，赵寅大子植卿为王公，次和更立，负土两年，侠坟相雇若擗，有孙若此，孝及曾子。植卿惟夫(先)刻心念，始增龙(陇、垄)成坟，不肩一毋，独雇石，直克义，以示祠后，石柨传存，相待募□子(相法其孝)。”②(图 2-13)

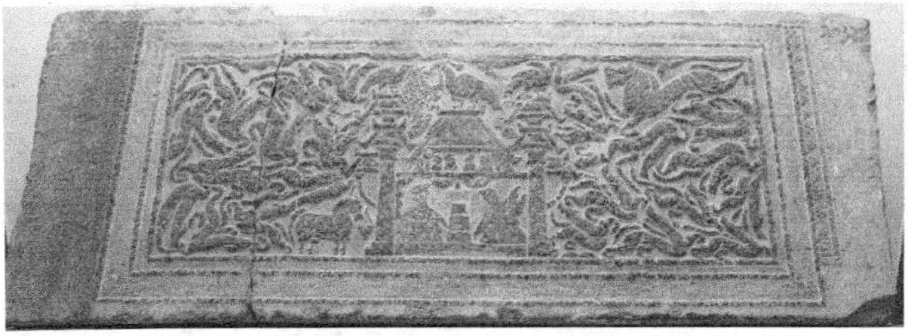

图 2-13　赵寅祠堂后壁画像、题记
(图片来源:滕州汉画像石馆，自拍)

① 参见傅惜华:《汉代画像全集》初编，巴黎大学北京汉学研究所图谱丛刊之一 1950 年版，第 24 页，图 200;杨爱国:《幽明两界:纪年汉代画像石研究》，西安，陕西人民美术出版社 2006 年版，第 52 页。

② 来自滕州市汉画像石馆笔者考察笔记。另参见《中国画像石全集》编辑委员会:《中国画像石全集:2》，济南，山东美术出版社;郑州，河南美术出版社 2000 年版，图版一六八，第 58 页;杨爱国:《幽明两界:纪年汉代画像石研究》，西安，陕西人民美术出版社 2006 年版，第 57 页。

从题记中的“元嘉三年”判断，该祠堂题记刻于汉桓帝元嘉三年(153年)。题记“植卿惟夫(先)刻心念”中的“夫”字模糊不清，也可能是个“先”字；“始增龙成坟”之“龙”字，应为“陇”或“垄”字，可能是民间书丹者或石刻艺人的写刻之误，这句话指的是开始建造陇坟、坟墓之意，“陇”又同“垄”，“坟陇”也作“坟垄”“坟墓”；“相待募□子”，有学者识读为“相法其孝”[①]，笔者认为从上下文语境看，识读为“相法其孝”更合适。

曲阜市防山徐家村出土画像石祠堂题记

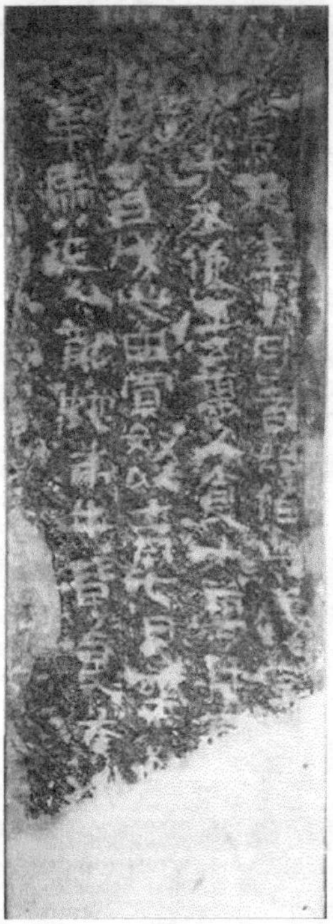

图2-14　徐家村画像石祠堂题记
(图片来源：曲阜汉魏碑刻陈列馆藏题记复制品，自拍)

该石于1968年曲阜市防山徐家村北汉代画像石墓出土，现存于孔庙，曲阜汉魏碑刻陈列馆展示的石刻为拓片仿制品。该墓出土4根石柱，其中1根石柱纵105厘米，横22厘米，其上镌刻题记，书体隶书。内容为：

“延熹元年十月三日始作此藏堂，□为□相，皆□□□丞，使工五万，又食九万，共直(值)钱□□万，即□□日□，此田买如以十一月七日葬妇，此藏中车马□□龙蛇马牛皆食大(太)仓。”[②](图2-14)

从题记中的“延熹元年”判断，该祠堂题记刻于汉桓帝延熹元年(158年)。题记中的“直”是通假字，通“值”；“大”是通假字，通“太”。从题记中的“藏堂”可知，该石为墓地祠堂即藏堂构件之一。

淄博市临淄区出土王阿命画像石祠堂题记

该祠堂出土于20世纪70年代，现藏于临淄石刻馆。该石是独石雕造祠堂，总长1.3米，高0.8米，前方后圆式，檐下雕刻浅龛，龛后壁雕刻图像，内容为王阿命坐观游戏。龛右边镌刻题记2行，可识读的有22

① 参见李慧：《滕州纪年汉代画像石》，载朱存明：《图像的表征：中国汉画学会第十五届年会论文集》，北京：文化艺术出版社2019年版，第43页。

② 来自曲阜汉魏碑刻陈列馆笔者考察笔记。另参见杨爱国：《幽明两界：纪年汉代画像石研究》，西安，陕西人民美术出版社2006年版，第60页。

字，书体隶书。内容为：

“齐郎王汉特之男阿命□，光合六年三月廿四日物故，痛哉。”[①]

从题记中的“光合六年”判断，该祠堂题记刻于汉灵帝光和六年(183年)。

第二节　文通、芗他君和许安国画像石祠堂题记

文通祠堂、芗他君祠堂和许安国祠堂画像石上镌刻的题记，都是400字以上的长篇题记，传达的社会生活等信息很丰富，也是学者们常提常引的，故而单列一节论述。

一、文通画像石祠堂题记

文通祠堂画像石现藏于邹城博物馆。2013年4月邹城市峄山镇北龙河村修建公路时发现了4座北宋时期的墓葬，其中在1号墓中发现了该块祠堂画像石构件(图2－15)。该构件长方形，左右两边雕刻尚清晰的人物、朱雀和动物图像，中间镌刻隶书题记，但有些字已风化不清。题记竖行写刻，共41行，每行12～18字不等，包括未释读和风化残损的字在内共606字(图2－16)。

图2－15　文通祠堂画像石题记刻石全貌
(图片来源：胡新立先生提供的照片)

① 参见杨爱国：《幽明两界：纪年汉代画像石研究》，西安，陕西人民美术出版社2006年版，第65页。

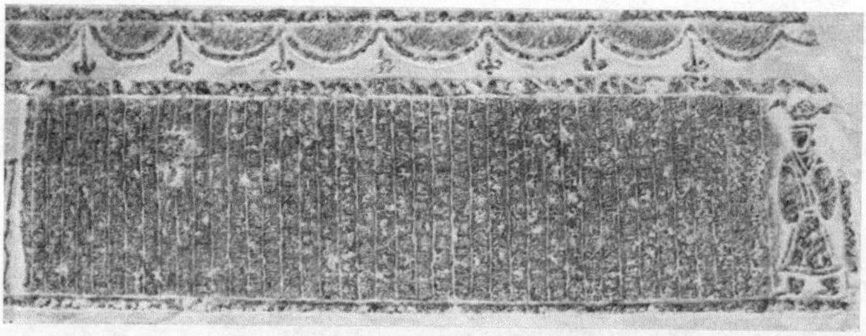

图 2-16　文通画像石祠堂题记拓片
(图片来源:胡新立先生提供)

文通祠堂画像石题记字数是目前国内出土汉代画像石题记中文字最多的[①],胡新立等先生考释出了 580 余字,并对题记内容及图像等作了较详细的释读。由于该石上有些文字模糊不清(拓出的拓片亦如此),为方便论述和供同人识读参考,笔者依据拓片,参考胡新立等先生的识读,释读如下:

鲁国驺亭掾、主簿掾、文通食堂。掾少小读《严氏春秋》,经召县掾、功曹、府文学、薄曹、掾县三老。掾年八十六以永和六年十月八日己未以寿终。母年八十四以永和五年五月八日丁卯以寿终。掾有子男女八人,大女蒨侯,字惠迈,适戊父。其大男宗,字伯宗,年五十病终;有子男久卿,久卿弟宝公。伯宗弟□(般),字孟卿,年卅病终;有子男如,字伯商。孟卿弟寅,字仲玉,年五十病终;有子男憙(喜),弟阿奴。仲玉弟□(寅),字(元玉),有子男方,弟扶、弟美、弟顾(愿)。元玉弟竟,字仲忽,有子男吉,弟福。仲忽弟强,字季卿,有子男高,弟宝、弟时、弟少贵。季卿弟兴,字季起,有子男伯张。季起兄弟八人,诸兄薄命蚤(早)终。季起秉掾、母奉终。得备衣冠印绶,长姊虽无,忠孝之心,尤识子道,反(返)□恩,□□(躬率)诸孙,举家竭(马藿)(欢),奉进甘珍。子孙念无堂,各欲尽恩,制□曰愁。□欲兄姊不使,少子欲养亲不(待),掩□忽□□供养,悲痛达心丧魂魄。岁(遂)置自造(这)归幽冥,孤子肠断,维五感常□(永)悲伤,掾、母命终,何其垂念之,悲结(切)怮怛无穷,其子无随没之寿,王无附死之臣,唯愿有石显阙,以奉四时,供祭□□(魂神),以□世禄,永享其道。愿粇霜护其子孙。今□重□季起与伯张、高、宝等作成石庙堂,以俟魂神往来休息,孝之然也。所以置食堂,虽鄙陋,万世墓表,颂之皆昌,逆之者亡。后子孙免崩落□子。愿毋

---

① 参见邹城市文物局:《山东邹城峄山北龙河宋金墓发掘简报》,《文物》2017 年第 1 期,第 35-49 页。这个说法不包括民间收藏的镌刻有题记的画像石。

绝缘，常受吉福，永永无极，万岁无央。伯宗妻□□□，字惠卿，年六十终。有子女福之□□。孟卿妻高平孔叔阳女，四十八终。仲玉妻徐忠□女，字淑，有子、女、孙、女等□之。元玉妻瞿伯春，字睦信，有子女潼去。仲忽妻安天□小卿女，字敬郎，有子女□。季卿妻资稚侯女，字敬淑，有子女□。季起妻徐季文女，字义亲，有子女。年十五构（遭?）命夭折附葬（此），谒（竭）家痛切，治此食堂，以汉安元年六月七日甲寅，毕成。石工高平□□、高平□□、直（值）五万。此中人马皆食大（太）仓。[①]（图 2-17）

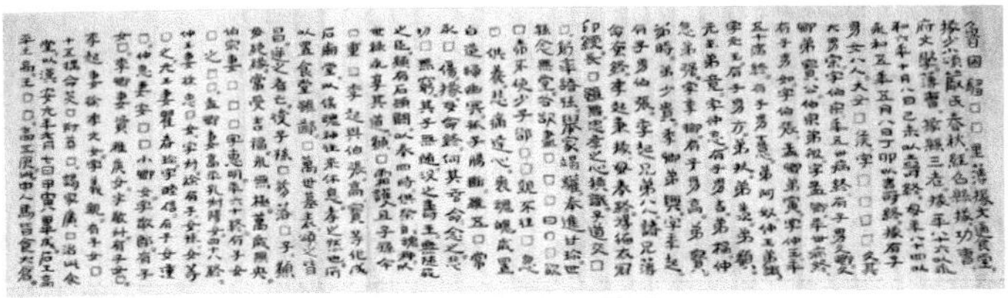

图 2-17　文通画像石祠堂题记句读抄本

（图片来源：胡新立先生提供）

从题记中的“掾年八十六以永和六年”判断，该祠堂应刻于汉顺帝汉安元年（142 年）。文通祠堂题记记述了祠主鲁国驺亭掾、主簿掾，掾的儿子季起率领孙辈们建造祠堂的过程，简述了掾及其家族生息繁衍的事迹等。但题记中也有些字需进一步注释，例如其中的“伯宗弟□（般）”，“弟”字后面的字模糊不清，胡新立先生识读为“般”。“憙”，古代同“喜”，这里指的是人名。“仲玉弟□（寅）”，“弟”字后面的字模糊不清，从拓片上的字形看，像“寅”字。“字（元玉）”，“字”后面的两个字模糊不清，但从题记第 12 行顶端较清晰的“元玉”二字推测，应为“字元玉”。“弟（愿）”，“弟”后面的字左边笔画模糊不清，右边的“页”字较清晰，从第 30 和 31 行的“愿毋绝缘”中较清晰的“愿”字形态比较、推测，应为“愿”字。“蚤”为通假字，通“早”。“反”为通假字，通“返”。“□□（躬率）诸孙”，“诸孙”前面两个字模糊不清，从上下文推测应为“躬率”二字。“举家竭（马雚）（欢）”，“竭”后面一个字的左偏旁模糊不清，右边的“雚”字可识读，该字的左偏旁可能是个“马”字，即繁写的“驩”字，通“欢”。“少子欲养亲不（待）”中最后一个字模糊不清，从上下文语境推测应为“待”字。“岁（遂）置自造（这）归幽冥”中的“岁”

① 参见胡新立：《邹城新发现汉安元年文通祠堂题记及图像释读》，《文物》2017 年第 1 期，第 76-85 页。

应为“遂”，该字应为民间书丹者或石刻艺人写刻出的别字。“悲结(切)怭怛无穷”中的“结”应为“切”，即悲切，该字可能是民间书丹者或石刻艺人因谐音而写刻出的别字。“供祭□□(魂神)”中后面两个字模糊不清，从上下文推测可能是“魂神”二字。“年十五构(遭)命夭折附葬(此)”中的“構”，可能是“遭”字，“附葬”后面的字模糊不清，从上下文语境推测可能是“此”字。“谒(竭)家痛切”中的“谒”应为“竭”，即竭家痛切，该字应为民间书丹者或石刻艺人写刻出的别字。“直”为通假字，通“值”。“大”为通假字，通“太”。

二、芗他君画像石祠堂题记

该画像石是芗他君墓地画像石祠堂门柱，1934 年出土于山东东阿县西南铁头山，现存于故宫博物院，从题记内容可知该画像石门柱刻于汉桓帝永兴二年(154 年)。门柱四面雕刻人物、动物图像，柱础雕刻一神兽。隶书题记位于门柱上半部，艺术表现形似墓碑。即顶端形似碑额，长方形四周镌刻花边，内刻“东郡厥县东阿西乡常吉里芗他君石祠堂”17 个字，其下部镌刻题记正文 11 行，连同额题共 417 个字。关于该题记内容，当代不少学者作过较详细的断句、解读。除此，在有关汉代画像石等研究文献中和网络上都有较多介绍。但由于该画像石门柱上的有些文字模糊不清，有些字是当时书丹者的造字或写刻错误等原因，也导致了学者们对有些字的释读有误，特别是网络上的有些断句和释读值得纠正。笔者在前贤断句、释读的基础上，结合拓片，断句、释读如下：

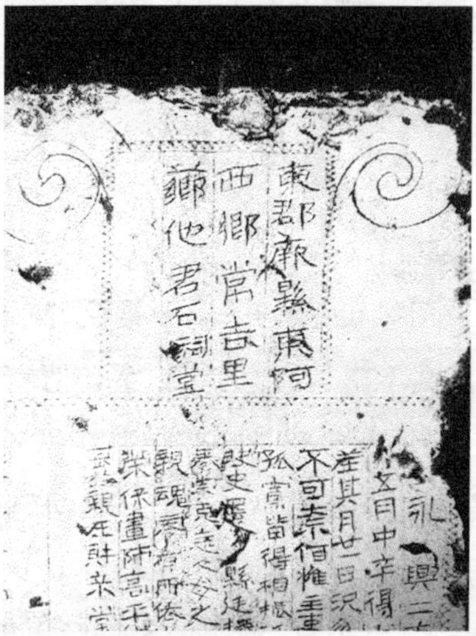

图 2－18　芗他君画像石祠堂门柱额题
(图片来源：拓片，自拍)

额题：

“东郡厥县东阿西乡常吉里芗他君石祠堂。”(图 2－18)

题记：

“永兴二年七月戊辰朔，廿七日甲午，孤子芗无患、弟奉宗顿首顿首。家父主吏，年九十，岁时加寅，五月中卒得病，饭食衰少，遂至掩忽不起。母年八十六，岁移在卯，九月十九日被病，卜问奏解，不为有差，其月廿一日，况忽不愈。旬年二亲，蚤（早）去明世，弃离子孙，往而不返。帝王有终，不可追还。内外子孙，且至百人，抱持啼呼，不可奈何。惟主吏[手＋凡]（夙）性忠孝，少失父母，丧服如礼，修身仕宦，县诸曹市、主簿、廷掾、功曹、召府，更离元二，雍养孤寡，皆得相振。浊（独）教儿子书计，以次仕学。大子伯南，结偅（僮）在郡，五为功曹书佐。数在门閤（阁）上计，守临邑尉，监𧃄（补）案狱贼决史，迁县廷掾、功曹、主薄，为郡县所归。坐席未竟，年卌（四十）二，不幸蚤（早）终，不卒子道。呜呼悲哉，主吏蚤（早）失贤子。无患、奉宗克念父母之恩，思念忉怛，悲楚之情，兄弟暴露在冢，不辟（避）晨夏，负土成墓，列种松柏，起立石祠堂，冀二亲魂零（灵）有所依止。岁腊拜贺，子孙懽（欢）喜。堂虽小，径（经）日甚久，取石南山，更逾二年，这（迄或迨）今成已。使师操彖，山阳瑕丘荣保，画师高平代盛、邵强生等十余人。㪅钱二万五千。朝莫（暮）侍师，不敢失懽（欢）心，天恩不谢，父母恩不报。兄弟共居甚于亲在，财立小堂，示有子道，差于路食。唯观者诸君，愿勿贩伤（败坏），寿得万年，家富昌。此上人马皆食大（太）仓。”（图 2－19）

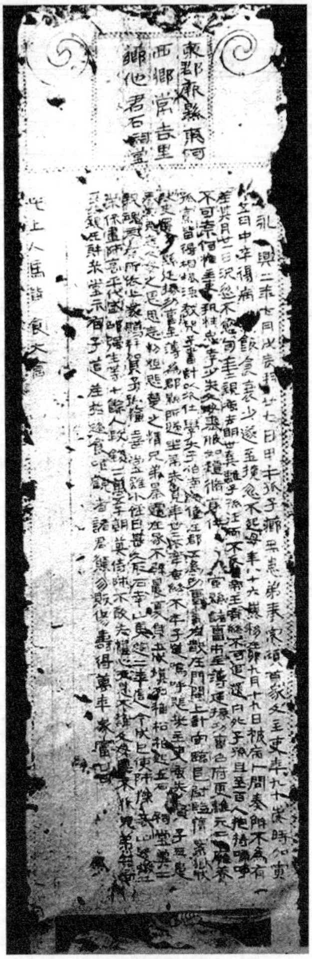

图 2－19　芗他君画像石祠堂题记
（图片来源：拓片，自拍）

笔者认为，原刻中的“孤子芗无患、弟奉宗”后面是连续的两个“顿首”，即第一个“顿首”后面还有两个“短撇”，表示省略，也是意在加重语气。“旬年二亲，蚤（早）去明世，弃离子孙，往而不返”中，“蚤”为通假字，通“早”。“抱持啼呼”，有学者识读为“抢持啼呼”，也可能是打字之误。“惟主吏[手＋凡]（夙）性忠孝”中的“（夙）”，原刻字形为左边一个“手”，右边一个“凡”，即[手＋凡]，该字可能是书丹者的造字，但不少学者识读为“夙”字，待考。“县诸曹市”，不少学者识读为“县诸曹、市掾”①，实际上原刻中没有“掾”字。“曹市”应该是功曹、贼曹、户曹等市掾职位名称的简写。“浊(独)教儿子书计，以次仕学”中的“浊”字，原刻字形为“虫”字头上多一短撇“丿”，该字可能是书丹者的造字或误写等，从语境方面看，解释为“独”字较合适。“监蒨(补)案狱贼决史，迁县廷掾、功曹、主薄，为郡县所归”中的“蒨”字，原刻字笔画不清晰，不少学者认为是“蒨”字。笔者认为识读为“蒨”字语义不妥。陈直先生解读为“补”字，即“监补案狱贼决史”，意思较为合理。原刻繁体“遷”字笔画残损，不少学者识读为“还”字，从上下文语境方面看，应为“迁”字。“冀二亲魂零(灵)有所依止”中的“魂零”即“魂灵”，这种写法在汉代画像石题记和汉碑碑文中常见。“子孙懽(欢)喜。堂虽小，径(经)日甚久”中的原刻“懽”字形有些模糊，应为“欢”；原刻“径”字应为“经”的草写。“这(迄或追)今成已”中原刻“这”字，从语境方面看，也可能是“迄”或“追”字的写法。“叚钱二万五千。朝莫(暮)侍师”中的“叚”字应为“段工”即制作价钱；原刻“莫”字应为书丹者或石刻艺人的误写误刻，从语境方面看应为“暮”字。“愿勿贩伤(败坏)”中的原刻“贩伤”，其中的“贩伤”应为“败坏”。“此上人马皆食大(太)仓”中的“大”应为“太”字，这种祝福语在山东、苏北、皖北等地区出土汉代画像石题记中常见。

三、许安国画像石祠堂题记

许安国祠堂画像石题记，也称宋山画像石题记，现藏于山东石刻艺术博物馆。该题记刻于汉桓帝永寿三年(157 年)。据发掘报告记载，1979 年冬嘉祥县满硐乡宋山村民(当时称公社社员)在村北山坡上取土时发现两座古代石室墓，1980 年春进行了清理。两座墓分别编号为 M2、M3，M2 中出土 21 块画像石，M3 中出土 10 块画像石，其中 M3 中的第 28 石上雕刻浅浮雕(图 2 - 20)，中间雕刻一圆坑，阴刻双圈，外刻八叶纹，每一片八叶纹中雕刻类似盘长纹图案，八叶纹上面和左右两边各雕刻对称的 2 条鱼，共 6 条鱼。八叶纹图案左右边各竖

① 陈直:《汉芗他君石祠堂题字通考》,《西北大学学报(哲学社会科学版)》1979 年第 4 期，第 65 页；孙贯文:《芗他君石祠堂考释》,《考古学研究》2006 年第 00 期，第 503 页。

刻题记 1 行。M3 中的第 29 石上雕刻平面浅浮雕(图2－21),中间雕刻一圆坑,周沿和圆堆上雕刻一圈密折纹,外刻八叶纹,每一片八叶纹中雕刻类似盘长纹图案,八叶纹上面和左右两边各雕刻对称的 2 条鱼,共 6 条鱼,八叶纹下面雕刻 2 只相对的人首鸟。八叶纹图案左边镌刻题记①。

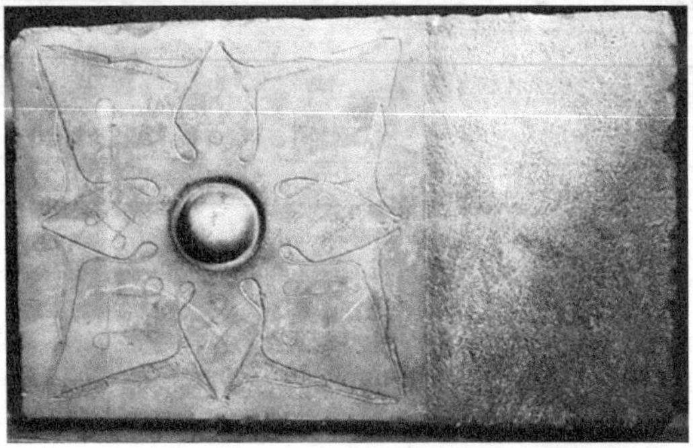

图 2－20　许安国画像石祠堂第 28 石
(图片来源:山东石刻艺术博物馆,自拍)

该画像石题记内容,除发掘报告外,也有不少学者分别作过补充解读或注释。除此,在有关汉代画像石等研究文献中和网络上也都有较多介绍。但特别是 M3 中第 29 石题记释读等问题,由于有些字因磨损而模糊不清,以及其中的有些是错别字、草写字等,也导致学者们的不同释读。尤其是网络上的有些断句和释读值得纠正。笔者亦在前贤断句、释读的基础上,参考拓片,断句、释读如下:

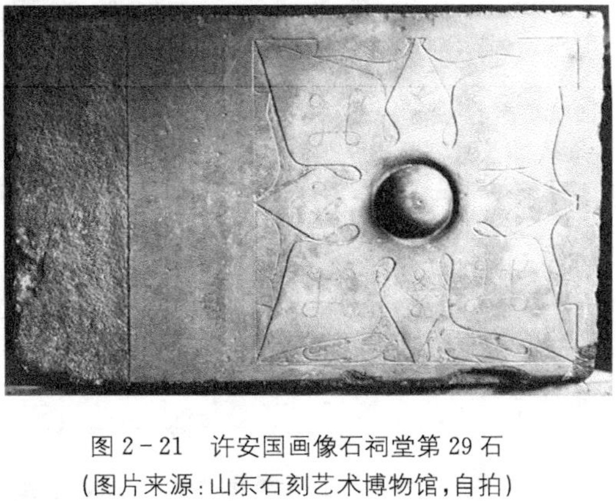

图 2－21　许安国画像石祠堂第 29 石
(图片来源:山东石刻艺术博物馆,自拍)

M3 中第 28 石上,八叶纹图案左边竖刻隶书题记 1 行 28 字,内容为:

“阳遂富贵,此中人马皆食大(太)仓,饮其江海。”

M3 中第 29 石上八叶纹图案左边镌刻隶书题记 10 行 462 字,内容为:

“永寿三年十二月戊寅朔,廿六日癸巳,惟许卒史安国,礼性方直,廉言敦笃,慈仁多恩,注所不可。秉受卅四年遭祸,泰山有剧贼,军士被病,徊气来西上正月上旬,被病在床,卜问医药,不为知间,闇(暗)忽离世,下归黄泉,古圣所不

① 参见济宁地区文物组、嘉祥县文管所:《山东嘉祥宋山 1980 年出土的汉画像石》,《文物》1982 年第 5 期,第 60－70 页。

勉(免),寿命不可诤(增),乌(呜)呼哀哉!蚤(早)离父母三弟,其弟婴、弟东、弟强与父母并力奉遣,悲哀惨怛。竭孝行,殊义笃,君子熹之。内修家事亲顺,敕兄弟和同相事,悲哀思慕不离冢侧,草卢因容,负土成坟,徐养淩(凌)柏,朝莫祭祠,甘珍嗞味嗛设,随时进纳,省定若生时。以其馀财造立此堂,募使名工高平王叔、王坚、江胡、栾石、连车,采石县西南小山阳山。琢砺磨治,规矩施张,褰帷及月,各有文章,调(雕)文刻画,交龙委蛇,猛虎延视,玄蝯(猿)登高,师(狮)熊嗥戏,众禽群聚,万狩云布,台阁参差,大兴舆驾。上有云气与仙人,下有孝友贤仁。尊者俨然,从者肃侍,煌煌濡濡,其色若儋。作治连月,功扶(夫)无亟(极),贾(价)钱二(万)七千。父母三弟,莫不竭思。天命有终,不可复追。惟倅刑伤,去留有分,子无随没寿,王无扶死之里(理)。恩情未返,迫褾有制,财幣务隐。魂灵悲痛,夫夫何涕泣双并?传告后生,勉修孝义,无辱生生。唯诸观者,深加哀怜,寿如金石,子孙万年。牧马牛羊诸僮,皆良家子,来入堂宅,但观耳,无得刻画,令人寿,无为贼祸,乱及孙子。明语贤仁四海士,唯省此书,无忽矣。(冢)以永寿三年十二月十六日大岁在癸(酉)成。"(图 2-22)

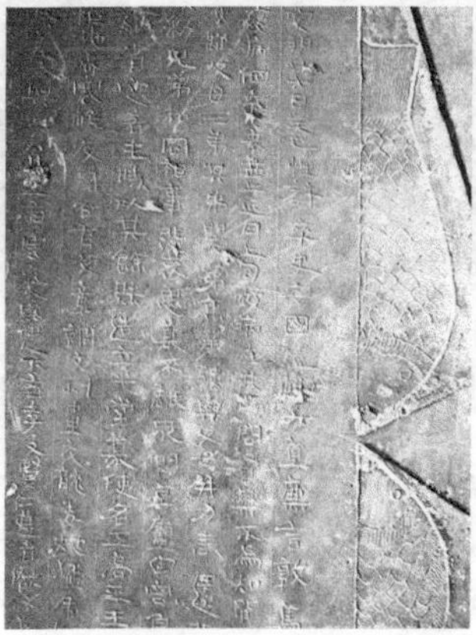

图 2-22 许安国画像石祠堂第29石题记(局部)
(图片来源:山东石刻艺术博物馆,自拍)

M3 中第 28 石上八叶纹图案右边镌刻隶书题记 1 行,内容为:

"国字男,字伯孝,年这(适)六岁,在东道边;孝有小弟,字闰得,天(夭)年俱去,皆随□。"(图 2-23)

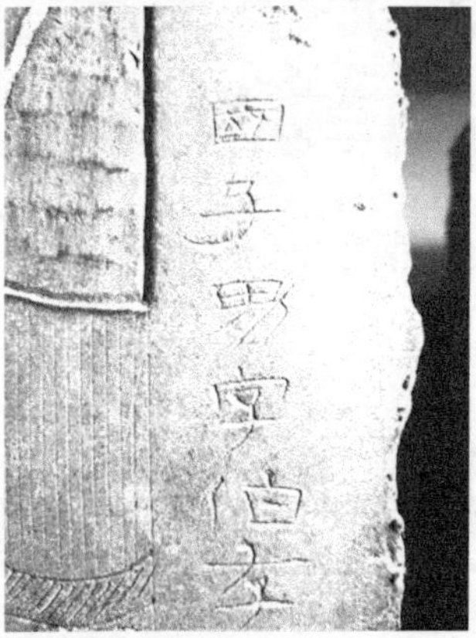

图 2-23 许安国画像石祠堂第28石右边题记(局部)
(图片来源:山东石刻艺术博物馆,自拍)

笔者认为,M3 中第 28 石题记中的"大"为"太"。M3 中第 29 石题记中,原刻"徊气来西上正月上旬"中第一个"上"字,发掘报告识读为"土",从原刻字形上看是"上"字。"闇(暗)忽离世,下归黄泉,古圣所不勉(免)"中的"闇"同"暗",

意为黯然离世；"勉"应为"免"，意即死亡古代圣人也不可避免，该字可能是书丹者的误写。"寿命不可诤（增）"中的"诤"字应为"增"，意即寿命不可增加。"乌（呜）呼哀哉"中的"乌"应为"呜"。"徐养淩（凌）柏"中的"淩"同"凌"。"调（雕）文刻画"中的"调"应为"雕"，应是书写错别字；"玄蝯（猿）登高，师（狮）熊嗥戏"中的"蝯"同"猿"；"师"应为"狮"，应为书写错别字。"功扶（夫）无亟（极），贾（价）钱二（万）七千"中的"扶"应为"夫"，即功夫；"亟"为极；"贾"为"价"；"钱二"后面的字被磨损，据上下文推测应为"万"字。"王无扶死之里（理）"中的"里"应为"理"，应为书写错别字。"（冢）以永寿三年十二月十六日大岁在癸（酉）成"中第一个字原刻字形像"昜"，该字应是"冢"，可能是书丹者的草写；"癸（酉）"的"酉"字，原刻为上面一横，下面是"目"，实际上应是"癸酉"。

M3 中第 28 石题记中，原刻"国字男，字伯孝，年这（适）六岁"中的"这"应为"适"。"天（夭）年俱去，皆随□"中的"天"解读为"夭"较合适；"皆随"后面应该还有一个字，但已磨损。

上述三篇长篇题记内容的共同特点是，分别记载了墓主姓名、身份、品德、生前事迹、祠堂建造过程、费用和墓葬时间，以及亲人的哀思和寄托的美好祝愿等。不同的是许安国祠堂画像石题记中概括性地描述了画像内容，即"琢砺磨治，规矩施张，褰帷及月，各有文章，调（雕）文刻画，交龙委蛇，猛虎延视，玄蝯（猿）登高，师（狮）熊嗥戏，众禽群聚，万狩云布，台阁参差，大兴舆驾。上有云气与仙人，下有孝友贤仁。尊者俨然，从者肃侍，煌煌濡濡，其色若儋"。这段画像内容描述与山东苍山元嘉元年画像石墓题记中对画像内容的描述较相似[①]。与嘉祥武氏墓地的武梁碑中记载的"良匠卫改，雕文刻画，罗列成行，摅骋技巧，委蛇有章"[②]的表述也有相似之处。这也是山东汉代画像石题记内容相似性特点的反映。

---

① 详见第三章第四节。

② 蒋英炬、吴文祺：《汉代武氏墓群石刻研究》，济南，山东美术出版社 1995 年版，第 47 页。

第三节　武氏祠堂画像石题刻

建造于东汉桓帝、灵帝时期的武氏家族墓地，位于今山东嘉祥县纸坊镇武宅山村北。根据蒋英矩和吴文琪先生对武氏诸祠堂的研究复原，该墓地祠堂有左石室、武梁祠和前石室 3 座。左石室建造于汉桓帝建和二年（148 年），主人可能是武开明；武梁祠建造于汉桓帝元嘉元年（151 年），祠主为武梁；前石室建造于汉灵帝建宁元年（168 年），主人为武荣：现藏于武氏墓群石刻博物馆。其中，武梁祠和前石室画像中的主要人物、车马等艺术形象旁边皆雕刻隶书题榜，左石室画像中主要人物、车马等艺术形象旁边皆为有榜无题的空榜。

武氏祠画像石题榜内容与隶书艺术等，自宋代以来就备受国内外学者关注，记载与研究文献很多。例如上文提到的宋代赵明诚著《金石录》和洪适著《隶释》《隶续》，清代黄易著《小蓬莱阁金石文字》、翁方纲著《两汉金石记》、王昶著《金石萃编》、冯云鹏与冯云鹓著《金石索》、瞿中溶著《汉武梁祠画像考》等文献，20 世纪以来容庚著《汉武梁祠画像录》《汉武梁祠画像考释》、朱锡禄编著《武氏祠汉画像石》、巫鸿著《武梁祠——中国古代画像艺术的思想性》、蒋英矩和吴文琪著《汉代武氏墓群石刻研究》等著作，都有不同程度的记录、考证、解读、研究。但由于岁月剥蚀，有些文字已不清晰，有的字已被磨损，对于个别字各家解读略有不同。为方便下文讨论和供同人参考，笔者主要根据蒋英炬和吴文祺①、朱锡禄②、巫鸿③等先生对武梁祠和前石室画像的复原和文字解读，并参考文字拓片，进行综合辑录④。左石室的空榜现象放在下文叙述，现存武氏家族墓地西阙上的题记内容已在第一章列出，不再重复。此外，在蒋英炬、吴文祺著《汉代

① 参见蒋英炬、吴文祺：《汉代武氏墓群石刻研究》，济南，山东美术出版社 1995 年版，第 85－105 页。

② 参见朱锡禄：《武氏祠汉画像石》，济南，山东美术出版社 1986 年版，第 103－129 页。

③ 参见巫鸿：《武梁祠——中国古代画像艺术的思想性》，柳杨、岑河译，北京，生活·读书·新知三联书店 2006 年版，255－332 页。

④ 文中“[　]”中的字为蒋英炬、吴文祺等先生的解读，“(　)”中的字为笔者注。

武氏墓群石刻研究》中，还收录、叙述了不少武氏祠藏的其他汉代画像石，其上也有不少题榜隶书文字，在此不予辑录。

（一）武梁祠。第一幅：西壁画像自上而下共有五层，其中第一层至第四层图像旁均镌刻有隶书榜。第一层有一榜无题。第二层自右向左雕刻的远古帝王10个人，均有题榜。依次是：1. 伏羲女娲画像题记："伏戏（羲）仓精，初造[王]业，画卦结绳，以理海内。"2. 祝融画像题记："祝诵（融）氏无所[造]为，未有耆欲，刑罚未施。"3. 神农画像题记："神农氏因宜[教]田，辟土种谷，以振万民。"4. 黄帝画像题记："黄帝多所改作，造兵井田，垂衣裳，立宫宅。"5. 颛顼画像题记："帝颛顼高阳者，黄帝之孙，而昌意之子。"6. 帝喾画像题记："帝俈（喾）高辛者，黄帝之曾孙也。"7. 尧画像题记："帝尧放勋，其仁如天，其知（智）如神，就之如日，望之如云。"8. 舜画像题记："帝舜名重华，耕于历山，外养三年。"9. 禹画像题记："夏禹长于地理，脉泉知阴，随时设防，退为肉刑。"10. 夏桀画像左上方榜题："夏桀。"第三层自左向右雕刻孝子故事图像4则，依次是：1. 丁兰刻木故事画像题记："丁兰二亲终殁，立木为父，邻人假物，[报]乃借与。"2. 老莱子娱亲故事画像榜题："莱子父，莱子母。"题记："老莱子，楚人[也]，事亲至孝，衣服斑连，婴儿之态，令亲有驩，君子嘉之，孝莫大焉。"3. 闵子骞御车失棰故事画像榜题："子骞，后母弟，子骞父。"题记："闵子骞与假母居，爱有偏移，子骞衣寒，御[车]失棰。"（图2－24）4. 曾母投杼故事画像榜题："谗[言]三至，慈母投杼。"题记："曾子质孝，以通神明，贯[感]神祇，箸号来方，后世凯（楷）式，[以][正]橅纲。"第四层自左向右，雕刻刺客故事图像3则，均有题榜。依次是：1. 荆轲刺秦

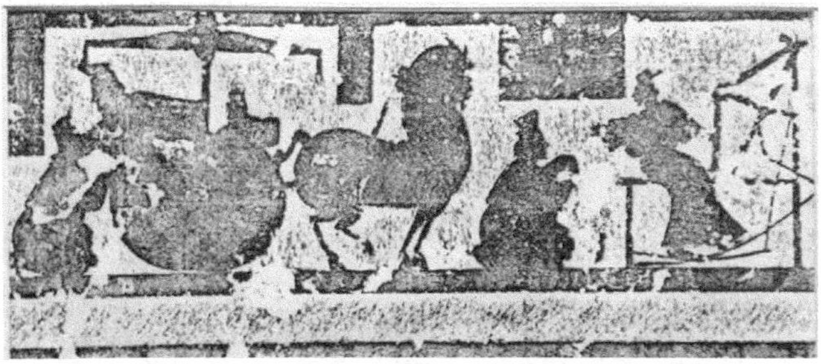

图2－24　闵子骞御车失棰故事画像榜题拓片
（图片来源：2017年6月22日临沂市博物馆、沂南北寨汉画像石博物馆举办"汉画像石上的孔子拓片展"，自拍）

王故事画像榜题："秦王""荆轲""秦武阳""樊於其头"。2. 专诸刺王僚故事画像榜题："吴王(□)。"题记："二侍郎，专诸炙鱼，刺杀吴王。"3. 曹子劫持齐桓公故事画像题榜："齐桓公""管仲""曹子劫桓""鲁庄公"。

第二幅为东壁画像，共五层，其中第二层至第五层在画像旁均镌刻有隶书榜题。第二层自左向右雕刻有列女故事图像4则，依次是：1. 京师节女故事画像题记："京师[节]女""怨家攻者"。2. 齐义继母故事画像榜题："追吏[骑]""死人""后母子""前母子""齐继母"。3. 梁节姑姊故事画像榜题："长妇儿""梁节姑姊""救者""姑姊儿。"题记："姑姊其室失火，取兄子往，辄得其子，赴火如亡，示其诚也。"4.（可能是）楚昭贞姜故事画像榜题："使者。"第三层自左向右，雕刻孝义故事图像5则。依次是：1.（似为）孝孙原毂故事画像榜题："孝孙父""孝孙""孝孙祖父"。2. 画像故事不详，榜题："赵□[屠]。"3.（应为）孝子魏汤故事画像榜题："汤父(□)""魏汤""孝[乌]"。4.（似为）杨伯雍义浆故事画像榜题："义浆羊公""乞浆者"。5. 三州孝人故事画像榜题："三州孝人也。"第四层自左向右，雕刻烈女、刺客故事图像4则，均有榜题，依次是：1. 无盐丑女钟离春故事画像榜题："齐王""无盐丑女钟离春"。2.（应是）聂政刺韩王故事画像榜题："韩王""聂政"。3.（应为）豫让刺赵襄子故事画像榜题："赵[襄][子]。"题记："豫让杀身以报知己。"4. 要离刺杀庆忌故事画像榜题："王庆忌""要离"。第五层有2组画像，左边一组图像中，一牛驾车，上方榜题："处[士]。"左边一马驾轺车，马前一人，榜题："县功曹。"

第三幅为后(南)壁画像，自上而下共四层，其中第一至三层均有榜题。第一层自左向右，雕刻烈女故事图像4则，依次是：1. 楚昭贞姜故事画像榜题："楚昭贞姜。"2. 鲁义姑姊故事画像榜题："齐将军""兄子、义姑姊"。3. 秋胡戏妻故事画像榜题："秋胡[妻]，鲁秋胡。"4. 梁高行故事画像榜题："梁高行""奉金者""使者"。第二层自左向右，雕刻孝义故事图像6则，依次是：1. 汉休屠王故事，画面残缺仅存一屋和内外二人，榜题："骑都尉""休屠王"。2. 李善抚孤故事画像榜题："孤""李氏遗孤，忠孝李善"。3. 朱明故事画像榜题："朱明妻""朱明[儿]""朱明""朱明弟""章孝母"。4. 董永孝亲故事画像榜题："永父。"题记："董永千乘人也。"(图2-25) 5. 邢渠哺父故事画像榜题："渠父""邢渠哺父"。6. 伯俞泣杖故事画像榜题："榆(俞)母。"题记："柏(伯)榆(俞)[伤]亲年老，气力稍衰,笞之[不]痛,心怀楚悲。"第三层雕刻有 2 则故事图像,均有榜题,依次是:1. 魏须贾膝行谢罪故事画像榜题:"范且""魏须贾"。2. 蔺相如完璧归赵故事画像题记:"[蔺][相][如][赵][臣]也,奉璧于秦。"榜题:"秦王。"

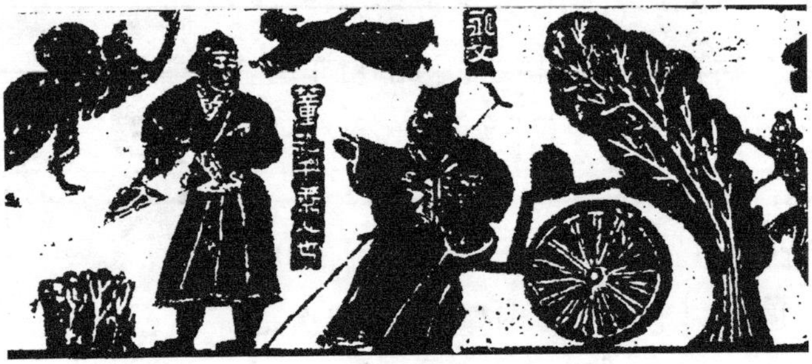

图 2-25　董永孝亲故事画像题榜

(图片来源:张道一:《汉画故事》,重庆,重庆大学出版社 2006 年版)

第四幅为屋顶前坡画像,自上而下画面共分三层,均有隶书榜题。第一层自左向右雕刻祥瑞图像,依次是:1. 一棵树画像榜题:"[蓂][荚]尧时(下已泐)。"2. 一条仅半身龙画像榜题:"[周]时。"3. 一只兽画像榜题:"刳胎""则至"。4. 一兽如麟上方一只鼎画像榜题:"自孰。"5. 一莲台画像榜题:"[狼]井。"第二层残损严重,画像难辨。左起,一只兽仅存半身,上有榜题:"六足兽谋及众。"

第五幅为屋顶后坡画像,画面自上而下共三层,其中第一和第二层均有隶书榜题。第一层自左向右雕刻祥瑞图像,依次是:1. 一只瓮画像题记:"[银]瓮[刑]法得[中]""比目鱼,王□明无不[衙]至"。2. 一条残存的鱼画像榜题:"白鱼""[津]"。3. 一只仅存两条后腿的兽画像题记:"比肩兽,王者德及[鳏]寡则至。"4. 一只两首足、两翼、尾巴有四羽的鸟画像题记:"比翼鸟,王者德及高远则至。"5. 一圭画像题记:"玄圭,水泉流通,四[海]会同则至。"6. 一仅存的半璧题记:"璧流离,王者不隐过则至。"7. 一棵下半部残损的树画像题记:"木连理,王者德纯[洽][八][方][为][一]家则连理生。"8. 一只微露头及前两足的兽画像题记:"赤黑仁奸□□至。"9. 仅存榜题:"玉英□常。"第二层自左向右雕刻祥瑞图像 5 种,依次是:1. 一方胜画像,题榜已泐。2. 一残存的马画像,题榜残。3. 一羽人乘鹿画像,榜题已残。4. 一画像全部已泐,题记:"皇(黄)帝时[南]□[乘]鹿来□巨□。"5. 左向而立一人画像榜题:"主后稷。"

(二) 前石室。现存画像 19 幅,前 16 幅画像均有榜题。第一幅:西壁画像。

自上而下共有三层画像，其中第二、三层均有榜题。第二层自左向右雕刻孔子携弟子拜见老子 22 人图像，榜题依次是：“老子”“孔子”“子路”等。第三层自左向右雕刻车骑出行图像，依次是：1. 两个步卒画像，右上方榜题：“调间二人。” 2. 两个导骑、马首、身后一骑马者，画像左上方榜题：“[此][骑][吏]。” 3. 一辆轺车，画像榜题：“[此]君车马。” 4. 后一辆轺车，画像榜题：“主簿[车]。”5. 再后一辆轺车，画像榜题：“主记车。”

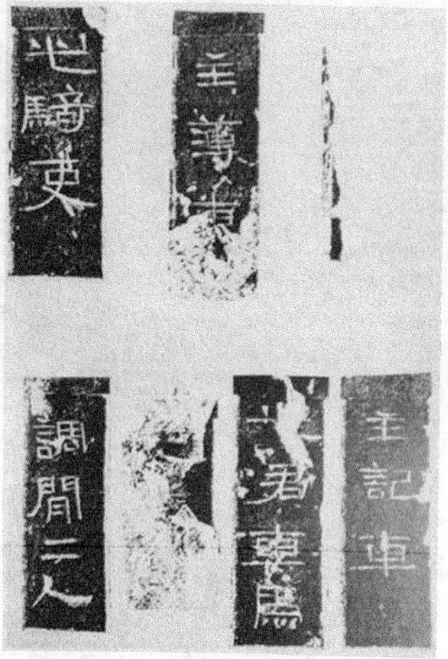

图 2－26　前石室画像榜题拓片(局部)

(图片来源：自拍)

第二幅为西壁下石画像，共上下两层画像且均有榜题。第一层雕刻车马出行图像，榜题依次是：1. 左段两辆轺车，前车原有榜题：“功曹车。”后车原有榜题：“尉卿车。”现均残损。2. 右段无盖马车右上方，有榜无题。第二层雕刻水陆攻战图像，以桥梁为中心。桥右边的 3 辆车榜题：“贼曹车”“游缴车”“功曹车”；桥左边 2 辆车榜题：“主簿车”“主记车”。(图 2－26)

第三幅为东壁上石图像，自上而下共分三层，其中第二、三层均有榜题。第二层雕刻左向而立孔门弟子 19 人图像，其中第 9 人左上方榜题：“子路。”第三层雕刻自左向右而行的车骑出行图像。榜题依次是：1. 一辆轺车马的上方榜题：“门下功[曹]。” 2. 后一辆轺车左上方榜题：“此丞卿[车]。” 3. 再后一辆轺车左上方榜题：(残存)“车。”

第四幅为东壁下石画像，自上而下共四层画像，其中第一、二层均有榜题。第一层自左而右雕刻孝义故事图像 4 则，依次是：1. 赵盾舍食于灵辄榜题：“[赵]宣孟车。” 2. 刑渠哺父榜题：“孝子刑□。” 3. 闵子骞与父，图像中无题。4. 鲁义姑姊榜题：“齐将”“义[妇]”。义妇左上方一小儿榜题：“义妇亲子。”第二层自左向右雕刻历史人物和孝子故事图像 3 则，均有榜题，依次是：1. 文王十子榜题：“文王”“[伯]邑考”“周[公][旦]”“蔡叔[度]”“□[叔][处]”“康叔封”“[冉][季]载、乳母”。2. 老莱子娱亲榜题：“莱子父母”“老莱子”。3. 伯俞伤亲榜题：“伯游(俞)母”“伯游(俞)也”。

第五幅为后壁(南壁)东段承檐枋画像，雕刻孔子见老子故事图像。自左而右依次是:1. 孔子见老子画像榜题:“孔子也。”2. 其右一冠服扶杖左向而立者榜题:“老子。”3. 一轺车榜题:“孔子车。”(图 2 - 27)

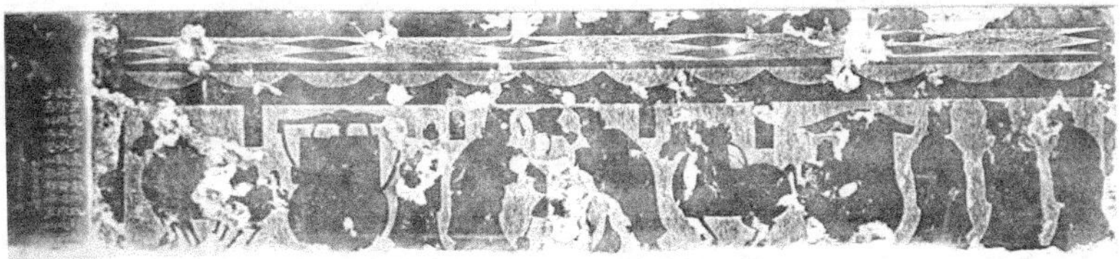

图 2 - 27 孔了见老子画像榜题

(图片来源:2017 年 6 月 22 日临沂市博物馆、沂南北寨汉画像石博物馆举办“汉画像石上的孔子拓片展”,自拍)

第七幅为后壁横额画像,即车骑出行画像,画面中自左向右,榜题依次是:前导车后一轺车榜题:“门下贼曹。”第二轺车榜题:“门下游缴。”第三轺车榜题:“门下功曹。”第四轺车榜题:“令车。”第五轺车榜题:“主簿车。”

第十幅为后壁下部小龛后壁画像,画面分上下两层,其中第二层镌刻有 3 处榜题。第二层与小龛东壁第四层车骑画像连接,自左向右,一轺车榜题:“门下游缴。”后一轺车榜题:“门下功曹。”再后轺车榜题:“君车。”

第十一幅为后壁下部小龛西壁画像。画像自上而下共四层,其中第三、四层均有榜题。第三层雕刻向左行驶的车骑图像,图像中右边一轺车榜题:“道吏车。”第四层与小龛后壁第二层车骑出行图相连,图像中右边一轺车榜题:“主簿车。”

第十二幅为后壁下部小龛西侧画像。画像自上而下共四层,其中第二、第四层有榜题。第二层雕刻荆轲刺秦王故事图像,图像中右边有一左向追逐状态者榜题:“荆轲。”荆轲旁边一左向伏地者榜题:“秦武阳。”左向奔跑者榜题残泐,仅剩“也”字。第四层与小龛西壁第四层车骑图像相连,图像中左边一棚车,有榜无题;其后一轺车榜题:“行停车。”

第十五幅为前壁东段承檐枋里面画像。该画像主要雕刻的是车骑出行,有 4 处榜题。左向而行车骑出行图,自左向右,图像中一轺车榜题:“行亭。”两步卒榜题:“二[卒]。”后一轺车榜题:“为督邮[时]。”再后一轺车榜题:“主簿。”

第十六幅为隔梁石东面画像,自上而下共三层画像,其中第二、三层均有榜题。第二层雕刻管仲箭射齐桓公故事图像,画面上中间一人卧地榜题:“此齐桓公也。”(据前人著述补之)第三层雕刻车骑出行图像,图像中自左向右,一轺车榜题："五□□车。"后一轺车榜题："君为市掾时。"再后一轺车榜题："五官掾车。"再后一轺车榜题全泐，仅存乘者之袖榜题："君为郎中时。"

第十七幅为隔梁石西面画像，上下三层，其中第二层画像残泐，现存一人物榜题："此(秦)。"该石画像榜题在前人文献中记载有"齐王""鲁秋胡""秋胡妇""此秦王""侍(郎)"。第三层刻车骑出行图，有一空榜。

武氏墓地祠堂画像石上的题榜文字总数多达千字，这是其特殊性之一。该地也不像其他地区画像石上除榜题与画像紧密结合外，绝大部分题记是"画外音"，而是题榜与画像紧密结合在一起。这既是其显著特色，也是其他地区无法与之相提并论的。但关于武氏祠堂画像石上的题榜概念界定，很多文献上将之统称为榜题，这种称呼也可说得过去，但过于笼统。笔者认为，像上述"夏桀""莱子父，莱子母""子骞，后母弟，子骞父""秦王""荆轲""秦武阳""樊於其头""吴王(□)""齐桓公""管仲""曹子劫桓""鲁庄公""后母子""前母子""齐继母""长妇儿""使者""孝孙父""孝孙""孝孙祖父""汤父(□)""魏汤""义浆羊公""乞浆者""齐王""无盐丑女钟离春""韩王""聂政""王庆忌""要离""县功曹""楚昭贞姜""齐将军""兄子、义姑姊""秋胡[妻]，鲁秋胡""梁高行""奉金者""骑都尉""休屠王""朱明妻""朱明[儿]""朱明""朱明弟""永父""董永千乘人也""渠父""邢渠哺父""榆(俞)母""范且""魏须贾""秦王"，以及"[此]君车马""主簿[车]""主记车"等，显然都是用来标示人物、车马等名称的，是较典型的榜题而非题记。但像"伏戏(羲)仓精，初造[王]业，画卦结绳，以理海内""祝诵(融)氏无所[造]为，未有耆欲，刑罚未施""神农氏因宜[教]田，辟土种谷，以振万民""黄帝多所改作，造兵井田，垂衣裳，立宫宅""帝颛顼高阳者，黄帝之孙，而昌意之子""帝俈(喾)高辛者，黄帝之曾孙也""帝尧放勋，其仁如天，其知(智)如神，就之如日，望之如云""帝舜名重华，耕于历山，外养三年""夏禹长于地理，脉泉知阴，随时设防，退为肉刑""丁兰二亲终殁，立木为父，邻人假物，[报]乃借与""老莱子，楚人[也]，事亲至孝，衣服斑连，婴儿之态，令亲有驩，君子嘉之，孝莫大焉""闵子骞与假母居，爱有偏移，子骞衣寒，御[车]失棰""曾子质孝，以通神明，贯[感]神祇，箸号来方，后世凯(楷)式，[以][正]橅纲"等诸如此类的话语，既是以简而精的语言对造福苍生的三皇五帝和历史上的贤德君主、忠臣、孝子、节女、义士等的褒扬，也是简明扼要地对他们的美好事迹的介绍，应为题记而不是简单的榜题所能概括的。

第四节　苏北皖北汉代画像石墓祠上的纪年题榜

20 世纪以来，学界关于苏北和皖北地区出土汉代画像石墓祠上的图像与文字的研究文献也有不少。其中，武利华先生著《徐州汉画像石通论》在“考古篇”中专辟“汉画像石祠堂”一章，研究了徐州地区的画像石祠堂、类型、祠堂构件、祠堂年代分析等内容；在“图像篇”中专辟了“画像石中的刻石题记”一章，其中在祠堂题记中列举考述了铜山县（现铜山区）汉王乡“永平四年”画像石题记等 15 条。杨爱国先生在《幽明两界：纪年汉代画像石研究》中，按照时间顺序，较全面地列举了这两个地区出土的汉代画像石祠堂的题榜内容。本节笔者主要在两位先生梳理的基础上，结合考察笔记，进行列举与辨析。

一、苏北汉代画像石墓祠上的纪年隶书题榜

苏北地区出土汉代画像石墓祠上的纪年题榜，均出土于徐州市境内。

铜山县汉王乡东沿村出土“永平四年”画像石祠堂题记

1992 年在铜山县汉王乡东沿村发现 6 块汉代画像石，现藏于徐州博物馆。其中，第 6 块画像石为平顶小祠堂的后壁，石纵 54 厘米，横 90 厘米，画面右边框竖行阴刻题记 35 字，书体隶书。内容为：

“建武十八年（腊）月子日死。永平四年正月，乃作石室，直（值）五千泉（钱），工莒少郎所为。后子孙皆忌子。”[①]（图 2－28）

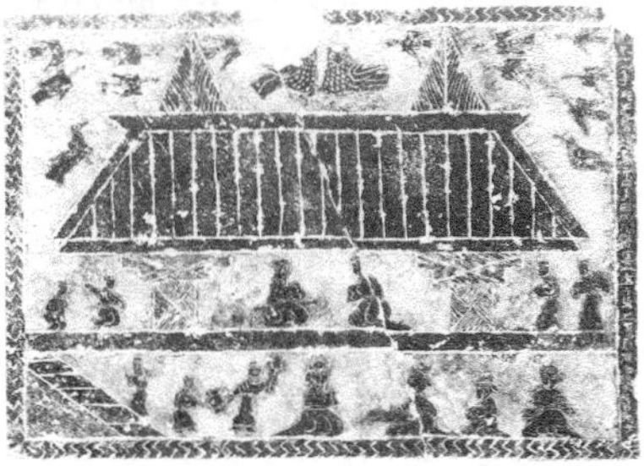

图 2－28　“永平四年”画像石祠堂题记（图片来源：《中国画像石全集》编辑委员会：《中国画像石全集：4》，济南，山东美术出版社；郑州，河南美术出版社、2000 年版）

从题记中的“永平四年”判断，该祠堂题

① 参见王黎琳、李银德：《徐州发现东汉画像石》，《文物》1996 年第 4 期，第 28－31 期；武利华：《徐州汉画像石通论》，北京，文化艺术出版社 2017 年版，第 334 页。

记刻于汉明帝永平四年(61 年),即死者之后。题记中的“直”是通假字,应为“值”字;“泉”为“钱”字,钱币的古称。

徐州市出土杨德安画像石祠堂题记

2003 年徐州出土,现藏于徐州汉画像石艺术馆。石高 0.98 米,宽 0.25 米,雕刻有人物等画像,题记位于祠堂画像的右壁。侧面画像,正面题记,书体隶书。内容为:

“永平十七年十月十五日乙丑,甾丘戍守士史杨君德安不宁遭疾,春秋卌有六,闻噩耗悲哉哀哉,子尚从抚业,世幼无亲贤者相之,行丧如礼,起石室立坟,直(值)万五千泉(钱),始得神道。”①

从题记中的“永平十七年”判断,该祠堂题记刻于汉明帝永平十七年(74 年)。题记中的“直”是通假字,应为“值”字;“泉”为“钱”字,钱币的古称。

铜山县汉王乡东沿村出土画像石(祠堂)题榜

该石 1986 年出土于铜山县汉王乡东沿村汉墓中,现藏于徐州汉画像石艺术馆。该墓出土的画像石第 1 石,长 72 厘米,宽 72 厘米,画像分 4 栏,其中第 4 栏画像上刻有隶书榜题:“力士。”第 2 石长 78 厘米,宽 75 厘米,画像分 4 栏,其中第 1 栏左上角刻有隶书榜题:“管□。”第 2 栏图像中刻有隶书榜题:“吏□□”“主(掾)”“主簿”“乐老君”“诸离忌”和“门下车”。

第 3 石长 78 厘米,宽 75 厘米,画像上下两栏,其中下栏镌刻题记 4 行,书体隶书。内容为:

“室直(值)万□/七千夫(第)有□□□/命不(恨)□□厚德重宗□也。”

第 10 石长 74 厘米,宽 75 厘米,厚 26 厘米,画面分上、中、下 3 栏,右侧面雕刻双层门阙,阙中一人物,门阙上有双鹤共衔一条鱼,门阙左侧外面镌刻题记 1 行,32 字,书体隶书。内容为:

“元和三年三月七日,三十示大人子[厂十矢](侯)世子豪(高),行三年如

① 参见武利华:《徐州汉画像石通论》,北京,文化艺术出版社 2017 年版,第 344 页。

礼，治冢石室，直（值）钱万五千。”①（图 2-29）

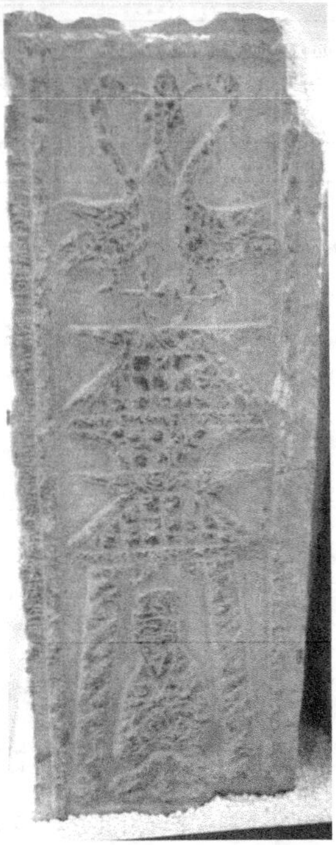
图 2-29　东沿村出土画像石第 10 石画像与题榜（图片来源：徐州汉画像石艺术馆，自拍）

从题记中的“元和三年”判断，该祠堂题记刻于汉章帝元和三年（86 年）。第 3 石题记“室直万□/七千夫（第）”中的“直”是通假字，通“值”；“七千夫”后面的字应是“第”；“命不”后面的字可能是个“恨”。第 10 石题记“三十示大人子[厂＋矢]（侯）世子豪（高）”中，子后面的字原刻为[厂＋矢]，应为“侯”，该字为民间书丹者或石刻艺人的草写；“豪”字模糊不清，也可能是个“高”字。“直（值）钱万五千”中的“直”是通假字，通“值”。

关于该墓出土的这 10 块画像石是祠堂还是墓室构件，也有不同意见。周保平先生认为“很可能来自不同的石室祠堂或墓前石龛”，同时认为其为汉代所刻无疑，但该墓画像石上残留的石灰痕迹、石质和雕刻技法，特别是铭刻的“室直万□”和“直钱万五千”的费用表述显然不同，即“在同一墓室中的汉画像石上刻出两处所耗费用的铭文，且两铭所记又彼此抵牾，这在科学发掘的原墓葬中极为罕见，也不合情理”。所以，他认为该墓室极有可能是后人利用汉代画像石再次作为建筑材料重新建造的一座再葬汉画像石墓②。王建中先生认为这个墓葬“是一座后人利用前人画像石材再建的一座画像石墓”，“十石原来均可能为墓上石祠一类建筑材料”等③。笔者赞同周保平和王建中先生的观点，故把其列入画像石祠堂范围。

① 来自徐州汉画像石艺术馆笔者考察笔记。另参见徐州博物馆：《徐州发现东汉元和三年画像石》，《文物》1990 年第 9 期，第 64-73 页。武利华先生认为这块画像石为 1986 年该处发现的第十石，为平顶式小祠堂右侧壁（参见武利华：《徐州汉画像石通论》，北京，文化艺术出版社 2017 年版，第 334、335 页）。笔者依据《文物》1990 年第 9 期发表的发掘报告，将其列为墓室出土画像石题记部分。

② 参见周保平：《徐州的几座再葬汉画像石墓研究——兼谈汉画像石墓中的再葬现象》，《文物》1996 年第 7 期，第 70-74 页。

③ 参见王建中：《汉代画像石通论》，北京，紫禁城出版社 2001 年版，第 162 页。

徐州市出土“永元三年”画像石祠堂题记

该石发现于2005年，是一块祠堂山墙画像石，现藏于徐州汉画像石艺术馆。石残高0.7米，宽1.04米，厚0.24米，雕刻有西王母、大树、人物、凤凰、羽人、九尾狐、玉兔捣药等图像。其中，侧壁镌刻题记6行，每行残约20字，书体隶书。内容为：

“永元三年正月丙午丁□日筑毕，长阳、外阳、少阳弟兄三……□天□□天□□不□□之不立轮□□后立藏□石祠使成□□□……/毋毁伤，后世当□□□□更吉□□加也。□□永□无□□……/敬日诸王维气治乎(子)养育前珍，天妊而有《易》曰：吉无不利……/积善之家必有余庆，积不善之家必有余央。子孝于父，臣忠……□□□斯治并直(值)钱三万五千。”①

从题记中的“永元三年”判断，该祠堂题记刻于汉和帝永元三年(91年)。题记中的“治乎(子)养育前珍”之“乎”字应为“子”字。“余央”之“央”应为“殃”，本意为灾祸，这个“央”字也可能是书丹者有意用的古字。“直”是通假字，通“值”。

铜山县张集镇发现“永建四年”画像石祠堂题记

该石于2000年在铜山县张集镇被发现，现藏于徐州汉画像石艺术馆。石纵0.33米，横0.77米，厚0.38米。题记位于该石左侧边长20厘米的方框内，纵列11行，每行约12字，共约130字，书体隶书。内容为：

“永建四年三月十四日□□朔中□□吕□伯明、弟文□□者□□母无，后弟文□永建二年七月廿二日筑，设楼以□□字□元讳□□葬之，所从治石棺及石羊设于石室前，廿万九千礼，物故时大(太)岁在丁□，礼父作塚甯(宁)□如传还后出勿有不同名□□君子□□不时□□神鬼第外祭祀□皆恶之后子男□□书。”②

从题记中的“永建四年”判断，该祠堂题记刻于汉顺帝永建四年(129年)。题记中的“大”是通假字，应为“太”。“礼父作塚甯”之“甯”即“宁”字。

铜山县茅村出土“汉安二年”画像石祠堂题记

该石发现于1995年，现藏于徐州汉画像石艺术馆。石高65厘米，宽104

① 参见武利华：《徐州汉画像石通论》，北京，文化艺术出版社2017年版，第336、337页。
② 参见武利华：《徐州汉画像石通论》，北京，文化艺术出版社2017年版，第337、338页。

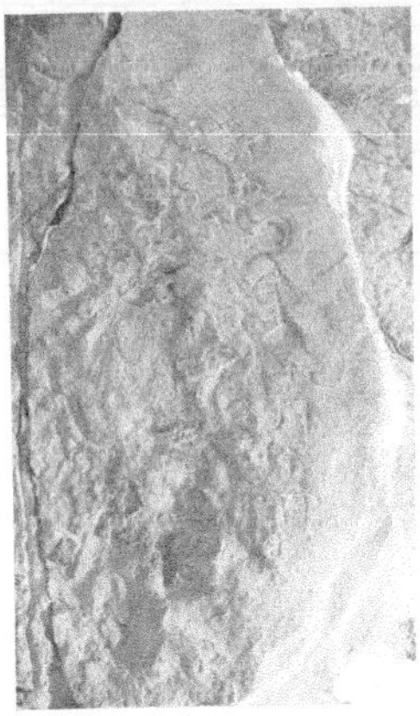

图 2-30 "汉安二年"祠堂画像石题记
(图片来源:徐州汉画像石艺术馆,自拍)

厘米,厚 24 厘米,雕刻图像两层,题记位于画面右上方,竖刻 1 行,书体隶书。内容为:

"汉安二年七月十日,遂母夫合□廿四日甲申年。"①(图 2-30)

从题记中的"汉安二年"判断,该祠堂题记刻于汉顺帝汉安二年(143 年)。

二、皖北汉代画像石墓祠上的纪年题记

皖北地区出土汉代画像石墓祠上的纪年题榜,主要出土于宿州市境内的灵璧县。

宿州市褚兰镇墓山孜出土 2 号墓胡元壬画像石祠堂题记

该墓发掘于 1956 年秋,挖掘有 1、2 号墓,均由地面上的石祠、墓垣和地下墓室组成,青石板构筑。1 号墓出土画像石 18 块,2 号墓出土画像石 14 块,共 32 块,画面有 60 幅之多,现藏于安徽博物院。

其中,2 号墓石祠北壁第 19 块画像石的第 4 格正中雕刻的是凸形的墓主胡元壬墓碑,碑高 18.8 厘米,宽 12.6 厘米,四周起边框,碑面行间有界格,墓碑左边雕刻乐舞百戏等图像,右边雕刻应为墓主人图像。碑额 7 字,书体隶书。内容为:

"辟阳胡元壬□(之?)墓。"

碑身文字 9 行,每行字数不等,多者 22 字,少者 15 字,但碑面文字已剥落漫漶,内容已不全,书体隶书。内容为:

"建宁四年二月壬子……为冢墓石……,父以九月乙巳,母以六月……多子孙……上人马皆食大(太)仓。……律令……禄慕高荣寿四敌,要(腰)带朱紫,车……金银在怀,何取不导(得),贵延年……德子孙常为……"②(图 2-31)

---

① 来自徐州汉画像石艺术馆笔者考察笔记。另参见武利华:《徐州汉画像石通论》,北京,文化艺术出版社 2017 年版,第 344 页。

② 参见王步毅:《安徽宿县褚兰汉画像石墓》,《考古学报》1993 年第 4 期,第 515-546 页。

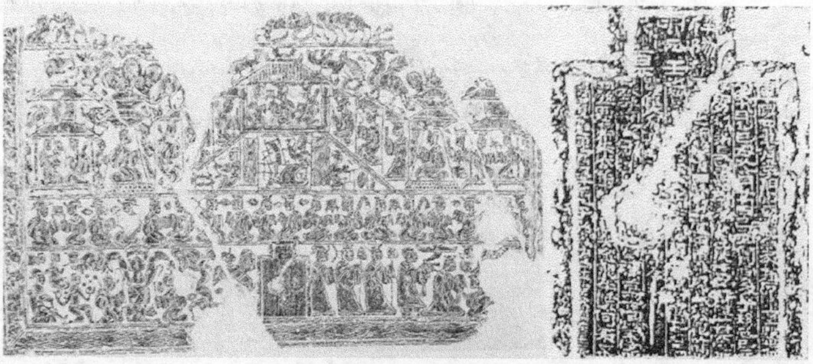

图 2-31　胡元壬祠堂画像与题记拓片
(图片来源:《中国画像石全集》编辑委员会:《中国画像石全集:4》,济南,山东美术出版社;郑州,河南美术出版社 2000 年版)

从题记中的"建宁四年"判断,该祠堂题记刻于汉灵帝建宁四年(171 年)。题记中的"上人马皆食大(太)仓"之"大"为通假字,通"太"。"要(腰)带朱紫"之"要"应为"腰"。"何取不㝵"之"㝵"应为"得"字。发掘报告中称褚兰镇墓山孜出土 2 号墓胡元壬石祠堂北壁的这个碑形为胡元壬墓碑。

笔者认为,严格地说它算不上墓碑类,而是雕刻在图像中的碑形图像,其上的碑额和碑身文字也属题记类。其与刻于汉殇帝延平元年(106 年)、山东曲阜出土的阳三老石堂画像石图像左下方雕刻的碑形相似,这也是民间石刻艺人多样化的雕刻艺术表现方式之一。

宿州市褚北乡出土邓季皇画像石祠堂题记

该祠堂是 1991 年 4 月宿县褚北乡农民在开山采石时发现的,经鉴定为地面享堂构件。现存享堂东西山墙各 1 块,屋顶盖残石 2 块,其中享堂正墙石已残缺,现藏于宿州博物馆。有 3 层画像,在第 3 层画像中间雕刻一方有碑额碑身的墓碑形状,碑右雕刻杂技人物等,碑左雕刻观者等。碑额 4 个字,书体隶书。内容为:"邓掾墓冢。"

碑身正文 7 行,有的已漫漶不清,可识读者 70 多字,书体隶书。内容为:

"熹平三年十二月乙巳朔,廿一日乙丑,新广里邓季皇年七十四,薄命蚤(早)离明世,长入幽冥,悲哉伤心,子男伯宗无兄弟持服……丰,造立石宫,坐(墓)□(目)十二□……氏之□尽矣,上人马皆食……山林饮湖泽,他如律令。"①

① 王化民:《宿县出土汉熹平三年画像石》,《中国文物报》1991 年 12 月 1 日,第 1 版。

（图 2-32）

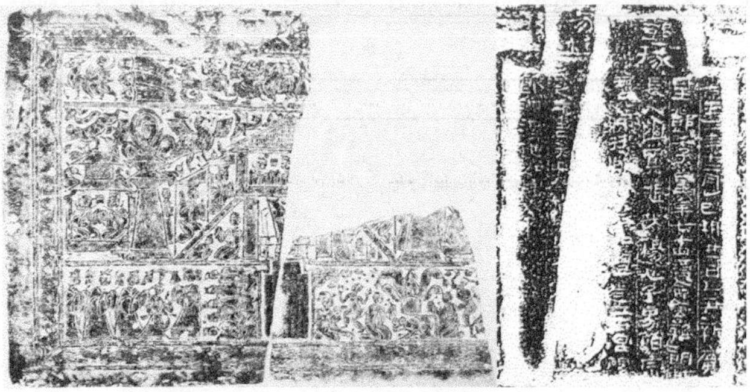

图 2-32　邓季皇祠堂画像与题记拓片
（图片来源：《中国画像石全集》编辑委员会：《中国画像石全集：4》，济南，山东美术出版社；郑州，河南美术出版社 2000 年版）

从题记中的“熹平三年”判断，该祠堂题记刻于汉灵帝熹平三年（174 年）。题记中的“蚤”即“早”字。“造立石宫”之“石宫”即指石室。关于该画像石祠堂主人姓名的问题，有些学者识读为“邓季星”，有些学者识读为“邓季皇”。由于该字漫漶不清，难以确切释读，识读为“邓季星”也情有可原。但把该题记放大看，应为“邓季皇”，即“季”字后面的字显然是“皇”而非“星”字。“坐（墓）□（目）十二□”6 个字也模糊不清，有待进一步识读。关于该碑的造型，不少文献上称之为墓碑，笔者认为严格地说它也算不上墓碑类，也属于雕刻在图像中的碑形图像，其上的碑额和碑身文字也属题记类。其与褚兰镇墓山孜出土 2 号墓胡元壬石祠堂北壁的碑形和阳三老石堂画像石图像左下方雕刻的碑形都很相似，也是民间石刻艺人的艺术化的表现手法。特别是与胡元壬石祠堂北壁的碑形相比较，两者在画面上的位置设计基本相同，画像风格一致，都出土于褚兰镇，墓葬时间前后相差 3 年。由此推测，这两个画像石祠堂的图像和碑形与文字写刻应为同一个制作团队。

需要说明的是，上述所列纪年汉代画像石祠堂题榜内容，均为笔者查阅的有明确资料出处而列出，有些是笔者考察所见的笔记。也有些因文字和图像资料难以查寻无从确切考证而未列入。例如宋代赵明诚在《金石录》中记载：“郦道元著《水经注》引戴延之著《西征记》记载，‘焦氏山北金乡山，有汉司隶校尉鲁恭（峻）冢。冢前有石祠，四壁皆青石隐起。’自书契以来，忠臣、孝子、贞妇，孔子及七十二弟子形象，像边皆刻石记之。’今墓与石室尚存，惟此碑为人辇置任城县学矣。余尝得石室所刻画像，与延之所记合。”[①]也有文献记载滕州建初六年(81年)食堂画像石题记、鱼台永元八年(96年)食堂画像题记[②]等。本书均未予列入。

比较而言，苏北和皖北出土的汉代画像石祠堂题榜位置设计、内容和书体运用，与山东的基本相似。这两个地区与山东接壤，风俗习惯有不少相似之处，应是重要原因。

① 参见金文明：《金石录校证》，南宁，广西师范大学出版社2005年版，第277页。

② 参见杨爱国：《幽明两界：纪年汉代画像石研究》，西安，陕西人民美术出版社2006年版，第66页。

第三章

汉代画像石墓室中的纪年题榜、墓志与招魂辞考释

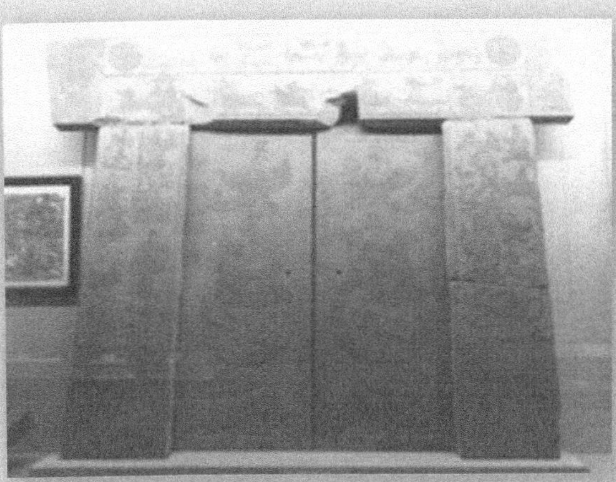

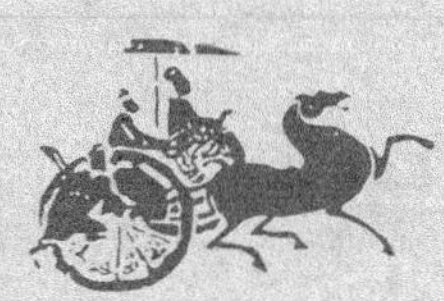

据笔者掌握的现有资料和考察所见，在出土的汉代画像石题榜中，墓室中出土的有明确纪年的篆书题榜很少，隶书题榜数量最多，广泛地分布于山东、苏北、皖北、河南、四川、重庆、陕北和晋西北等地区。关于墓室出土汉代画像石题榜文字，在戴延之著《西征记》和郦道元著《水经注》、宋代赵明诚著《金石录》和洪适著《隶释》《隶续》，清代王昶著《金石萃编》和冯云鹏、冯云鹓著《金石索》等文献中，都有不同程度的记载。特别是20世纪以来，众多有关汉代画像石等研究文献中涉及较多。综合起来看，与前两章相似，专题研究汉代画像石题榜文字的文献很少，众多学者主要研究的是图像。本章主要基于文献记载和部分考察笔记，选择主要的出土汉代画像石墓室纪年隶书题榜和墓志铭、招魂辞，按照区域分布和时间顺序进行梳理，并对有些题记文字略加考释。少数篆书题记详见附录一。

第一节　鲁苏皖豫汉代画像石墓室中的纪年题榜

山东、苏北、皖北和河南出土的汉代画像石墓室纪年题榜很多，内容也很丰富，其中在苏北、河南南阳和陕北出土的汉代画像石墓室中还出现了墓志铭与招魂辞。

一、山东汉代画像石墓室中的纪年题榜

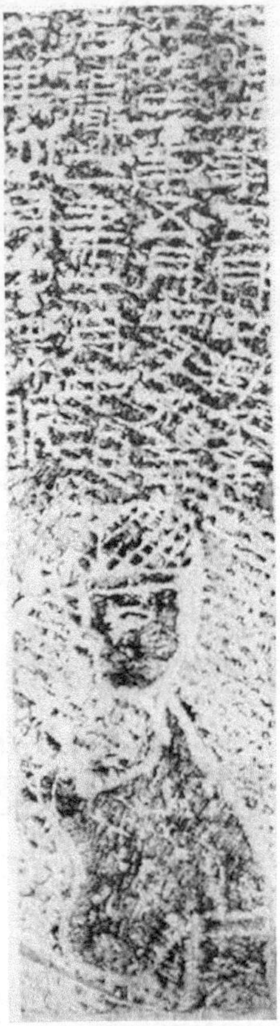

图3-1 "居摄三年"画像石墓立柱题记(图片来源:杨爱国:《幽明两界:纪年汉代画像石研究》,陕西人民美术出版社2006年版)

山东汉代画像石墓室中出土的纪年题榜,较突出的有3处,分别出土于东平县、泗水县和梁山县境内。

东平县石马出土"居摄三年"画像石墓立柱题记

该立柱石1997年出土于东平县石马,现藏于东平县文物管理所。该石高135厘米,宽22厘米,该石下方雕刻一戴冠侧身拱手而立的人物图像,人物上方竖刻题记4行,书体隶书。内容为:

"元始二年五月中母不幸,元始三年五月中父不幸。居摄二年中治,三年四月中□服。"①(图3-1)

从题记中的"居摄三年"判断,该石刻于王莽居摄三年(8年)。东平县石马出土画像石立柱上的题记,是目前全国范围内出土汉代画像石题记中,用隶书写刻的时间最早的题记。

泗水县星村镇南陈村出土"汉安元年"画像石墓室题记

1984年春泗水县星村镇南陈村一位陈姓村民发现一座石室墓,经该县文管所清理发现为东汉画像石墓。墓中出土的画像石主要作为墓的中室与前、后、左、右各室隔开的4条门楣和过梁构件,现藏于微山县文物管理所。其中,中室门楣南面的一幅画像分上下两层,下层镌刻主题图像《孔子见老子》,图像的右侧镌刻题记3行,共36个字,书体隶书。内容为:

"汉安元年泰(太)岁在午,使师弟伯天□作寿石堂、室,人马甫大鱼皆食大

① 参见杨爱国:《幽明两界:纪年汉代画像石研究》,西安,陕西人民美术出版社2006年版,第36页。

(太)仓,长生久寿,不复老□。"①(图 3-2)

从题记中的"汉安元年"判断,该石刻于汉顺帝汉安元年(142 年)。题记中的"泰"是通假字,通"太";"大"为通假字,通"太"。同时,从题记中可知,该墓地包括祠堂和墓室两部分。

梁山县城关镇馍馍台出土墓表画像残石题榜

1983 年梁山县城关镇馍馍台发现一座汉代石室墓,墓内出土一墓表残石。残石纵 62 厘米,横 42 厘米,在该墓表残石图像下方阴刻题记,竖排 4 行,书体隶书。自右至左内容为:

"永康元年""□东平""就黄□""□□尉"。(以下残缺)

后面图像分 4 层,第 2 层画面左上角阴刻隶书榜题:"□妻也。"

左下角阴刻题记,书体隶书。内容为:"此表凡有□。"②

从题记中的"永康元年"判断,该石刻于汉桓帝永康元年(167 年)。

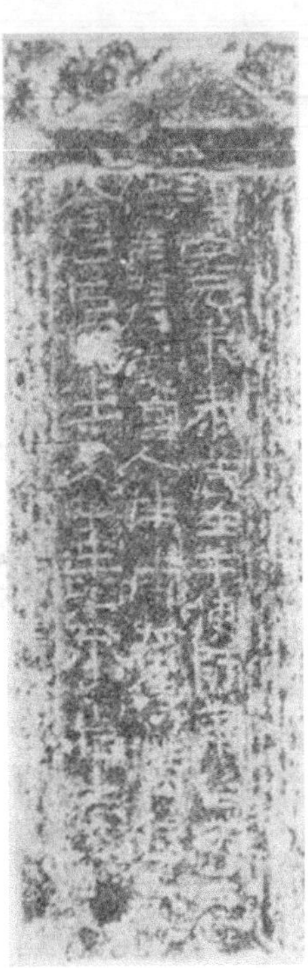

图 3-2 陈村"汉安元年"画像石墓室题记(图片来源:泗水县文管所:《山东泗水南陈东汉画像石墓》,《考古》1995 年第 5 期)

二、苏北汉代画像石墓室中的纪年题榜

江苏汉代画像石墓室中出土的纪年题榜,主要出现在徐州市境内。

徐州汉画像石艺术馆征集"永平十年"画像石椁板题记

2001 年由徐州汉画像石艺术馆征集于铜山县吕梁。该石为画像石椁墓的椁板,纵 64 厘米,宽 264 厘米,厚 12 厘米,雕刻有众多人物画像,其中画像中间一栏刻题记,纵列 4 行,每行 35 个字,书体隶书。但字迹大部分已磨损不清。

从原石看,上段隶书文字可识读者,第 1 行有:"永平十年……十月……"第

① 参见泗水县文管所:《山东泗水南陈东汉画像石墓》,《考古》1995 年第 5 期,第 390-395 页。

② 参见菏泽地区博物馆、梁山县文化馆:《山东梁山东汉纪年墓》,《考古》1988 年第 11 期,第 975-982 页。

2行有:"……七孝……"

下段隶书文字可识读者,第1行有:"……(用)……此曰……"第2行有:"……行……室堂(尚)□□小夏侯乡。"第3行有:"……(汉)清白不污於。"第4行有:"……卿(灵)椭之(室)。"[①](图3-3)

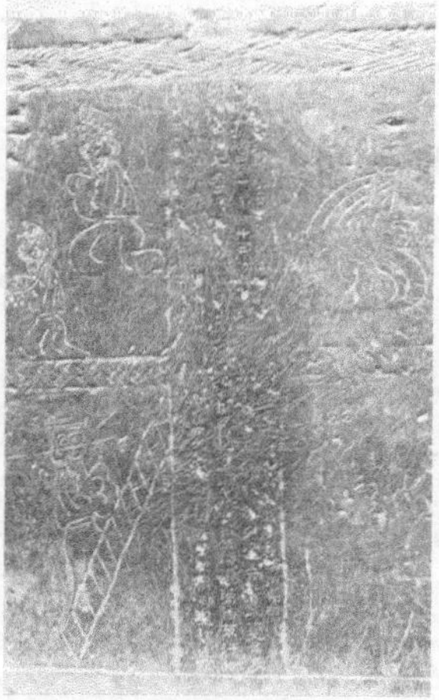

图3-3 "永平十年"画像石椁板图像与题记
(图片来源:徐州汉画像石艺术馆,自拍)

从题记中可识读的"永平十年"判断,该石刻于汉明帝永平十年(67年)。

同时,从残存的好像是"(堂)"的字推测,该墓地可能建造有祠堂,也可能该石即是祠堂构件。

徐州汉画像石艺术馆征集"永平十八年"画像石墓门题记

徐州汉画像石艺术馆于2004年征集该石。该石为石椁墓墓门,高102厘米,宽94厘米,厚10厘米,雕刻有十字穿环图案等,其中画面左上方刻有题记2行,书体隶书。内容为:

"永平十八年二月二日成也,石郭(椁)关好,牢坚。"[②](图3-4)

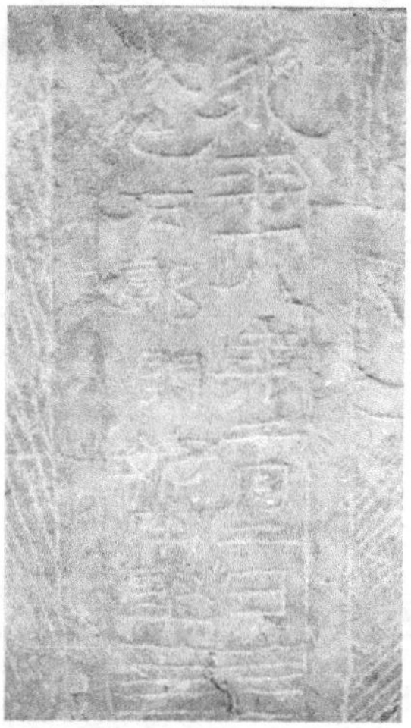

图3-4 "永平十八年"画像石墓门题记
(图片来源:徐州汉画像石艺术馆,自拍)

从题记中的"永平十八年"判断,该石刻于汉章帝永平十八年(75年)。题记中的"郭"应为"椁"。

邳州青龙山燕子埠乡尤村出土彭城相缪宇墓榜题

该墓发现于1980年冬。1982年春天南京博物院和邳县(今邳州市)文化馆共同进行了调查与发掘,图3-5所示之石为该墓室东壁横额画像石,原地保存。该石纵78厘米,横43厘米,雕刻有图像,其中图像中

① 来自徐州汉画像石艺术馆笔者考察笔记。另参见武利华:《徐州汉画像石通论》,北京,文化艺术出版社2017年版,第345、346页。
② 来自徐州汉画像石艺术馆笔者考察笔记。另参见武利华:《徐州汉画像石通论》,北京,文化艺术出版社2017年版,第346、347页。

残存有隶书榜题:"(守)(门)吏。"东壁南侧第1格图像中刻有隶书榜题:"守閤(阁)隶。"第3格图像中刻有隶书榜题"福德羊"和"骐驎(麒麟)"。第4格图像中刻有隶书榜题:"□(虎)""玄武""朱鸟"和"青龙"。① (图3-5)

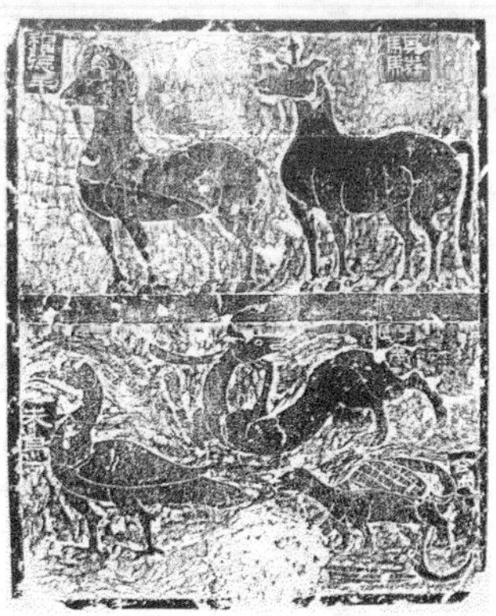

图3-5 彭城相缪宇墓图像与榜题

(图片来源:张道一:《汉画故事》,重庆,重庆大学出版社2006年版)

从刻于该墓室东壁横额右侧屋檐下的墓志铭,即"君以和平元年七月七日物故,元嘉元年三月廿日葬"判断,该墓建造于汉桓帝和平元年至元嘉元年(150—151年)。该墓榜题中的"骐驎"应为"麒麟"。对于该墓墓志铭,将在下文讨论。

铜山县茅村出土"熹平四年"画像石题记

铜山县茅村画像石墓发现于1952年2月。1980年余伟超等先生在该墓后室(前室)北壁图像右边发现2行题记,书体隶书。内容为:

"熹平四年四月十三日己酉……"②

从题记中的"熹平四年"判断,该石刻于汉灵帝熹平四年(175年)。

三、皖北汉代画像石墓室中的纪年题榜

安徽出土的汉代画像石墓室纪年题榜,应该也有不少,但目前所见较显著的有淮北市和灵璧县出土的两处。

淮北市出土"建初四年"画像石墓门题记

该画像石出土时间、地点不详,为墓室门扉,现藏于淮北市博物馆。石高112厘米,宽57厘米,其上刻一只朱雀,下刻铺首衔环,朱雀正面镌刻题记,书体

① 参见南京博物院、邳县文化馆:《东汉彭城相缪宇墓》,《文物》1984年第8期,第22-29页;《中国画像石全集》编辑委员会:《中国画像石全集:4》,济南,山东美术出版社;郑州,河南美术出版社2000年版,图版一三八,第46页。

② 参见王献唐:《徐州市区的茅村汉墓群》,《文物参考资料》1953年第1期,第46-50页;武利华:《徐州汉画像石通论》,北京,文化艺术出版社2017年版,第352页;杨爱国:《幽明两界:纪年汉代画像石研究》,西安,陕西人民美术出版社2006年版,第63页。

隶书。内容为:“建初四年。”①

“建初四年”为汉章帝建初四年(79年),该石应刻于当年。

灵璧县征集“阳嘉三年”画像石题记

该画像石出土时间、地点不详,现藏于灵璧县文物管理所(现灵璧县博物馆)。石高64厘米,残宽152厘米,其上雕刻图像分两层,上层图像中厅堂单檐单阙上刻铺首,下刻题记,可识读者9字,书体隶书。内容为:

图3-6 “阳嘉三年”画像石题记

(图片来源:《中国画像石全集》编辑委员会:《中国画像石全集:4》,济南,山东美术出版社;郑州,河南美术出版社2000年版)

“阳嘉三年八月廿是丙……”②(图3-6)

“阳嘉三年”为汉顺帝阳嘉三年(134年),该石应刻于当年。

四、河南汉代画像石墓室中的纪年题榜

河南出土汉代画像石墓室纪年题榜,分别出现在襄城县、浚县和南阳市境内出土的一些画像石上,较突出的有2处。

襄城县茨沟出土“永建七年”画像石题记

该墓发掘于1963年4月13日至5月20日,该墓出土前室门楣、中室门楣、后室藻井和后室门楣共5块画像石,其上雕刻有龙、虎和装饰纹样等,画像雕刻比较粗糙。其中,在中室北壁残留有朱书题记,书体隶书。内容为:

“永建七年正月十四日造,(砖)工张伯和,(厂)石工褚置。”

从题记中的“永建七年”判断,该石刻于汉顺帝永建七年(132年)。该墓出土的除画像石朱书隶书题记外,墓中用的花纹小砖上有很多模印的文字,有“左

① 淮北市文化旅游体育委员会:《淮北市汉代画像石图录》,合肥,黄山书社2016年版,第75页。

② 参见《中国画像石全集》编辑委员会:《中国画像石全集:4》,济南,山东美术出版社;郑州,河南美术出版社2000年版,图版一七七,第59页;杨爱国:《幽明两界:纪年汉代画像石研究》,西安,陕西人民美术出版社2006年版,第49页。

行”“右行”“中间角”“三百五十”“后广百八十”和“大吉”等。发掘报告认为“这种文字可能标志着砖的类型,也可能是标明砌造时所在的位置”等①。笔者认为,依据发掘报告描述的花砖在墓中的位置等情况推测,可能是为了标明花砖的位置而专门烧制的。

浚县姚厂村出土“延熹三年”画像石题记

该画像石于1973年在浚县姚厂村出土,现藏于浚县博物馆。画像石上镌刻题记,书体隶书。内容为:

“惟汉永平兮,延熹三年十二月六日丙申上旬,时加亡亲,天为人父,地为人母,蚤(早)失天(夭)年,下归蒿里,□苦舍陌,诸君看老,孰忘蒿里。生日甚少,死日甚多,恶诸君长,决不复见,何乎。”②

从题记中的“延熹三年”判断,该石刻于汉桓帝延熹三年(160年)。题记中的“蚤”为通假字,通“早”。“天”从“蚤(早)失”判断,应为“夭”字。

第二节　川渝汉代画像石墓室中的纪年题榜

四川省和重庆市的汉代墓葬很多,据学者统计,近年来仅四川乐山市柿子湾发现的墓葬就有123座③。墓葬类型有土坑墓、砖墓、崖墓等,其中崖墓分布在岷江、涪江、沱江、嘉陵江和长江两岸。崖墓里的画像较多,各种雕刻画像位于墓门、墓壁、墓内建筑上以及石棺、石函上,题材广泛,内容丰富,有社会现实生活、历史人物和祥瑞、神话等④。从四川省和重庆市现存的画像石墓纪年题榜时间看,皆为东汉时期。题记内容都很简短,仅仅记载了墓主和墓葬时间,所以既可看成榜题,也可称为题记,这也是其特殊性。四川省和重庆市发现的画像

---

① 参见河南省文化局文物工作队:《河南襄城茨沟汉画象(像)石墓》,《考古学报》1964年第1期,第111－131页。

② 参见高同根:《简述浚县东汉画像石的雕像艺术》,《中原文物》1986年第1期,第88－90页。

③ 参见四川省文物考古研究院、乐山大佛风景名胜区管理委员会:《四川乐山市柿子湾崖墓A区M6调查简报》,《四川文物》2014年第4期,第3－11页。

④ 参见高文:《四川汉代画像石》,成都,巴蜀书社1987年版,第4－5页。

石墓题榜文字，在众多的有关汉代画像石的研究文献中均有不同程度的提及，其中不少学者做过专题梳理与研究。例如高文先生编《四川汉代画像石》中列举了有年号可考者16处①，杨爱国先生著《幽明两界：纪年汉代画像石研究》中列举了15处②，周俊麒先生在《乐山东汉崖墓石刻文字考》中专门就乐山东汉画像崖墓刻文字进行了深入讨论等③。笔者在前贤梳理、研究的基础上，搜集整理了较显著的近20处。

一、四川汉代画像石墓室中的纪年题榜

四川省出土的画像石墓中有纪年的隶书题榜很多，主要出土于成都市、乐山市、青神县、彭山县(现眉山市彭山区)、长宁县、芦山县等境内。较无异议的有：刻于汉章帝建初元年(76年)的青神县瑞丰乡黄桷村大芸坳山出土的76号崖墓“建初元年”题记：“建初元年十月造”“元初五年十一月廿七日杨得彩藏”，以及左侧拱身镌刻隶书合体文：“日、月、人。”④1927年发现的、刻于汉和帝永元十四年(102年)的彭山县甑子浩出土崖墓“永元十四年”题记：“永元十四年王叔蹈造，子孙当开，他人不得。”⑤刻于汉顺帝永和元年(136年)的乐山肖坝出土16号崖墓“永和一年”题记：“泉，永和一年三月一日，陈买德物故，作此冢□□□□□左右□穴□□相思。”⑥刻于汉桓帝建和三年(149年)的乐山肖坝崖墓群Ⅲ区出土52号崖墓“建和三年”题记：“建和三年正月二十日造此冢，隶行十丈□门三丈，川户一丈，入川户右方穴八尺，有南枝，周代造此冢，后子孙率来。”⑦刻于汉桓帝延熹二年(159年)的乐山肖坝出土39号崖墓“延熹二年”题

---

① 参见高文：《四川汉代画像石》，成都，巴蜀书社1987年版，第4页。
② 参见杨爱国：《幽明两界：纪年汉代画像石研究》，西安，陕西人民美术出版社2006年版，第80-86页。
③ 参见周俊麒：《乐山东汉崖墓石刻文字考》，《四川文物》2001年第4期，第56-61页。
④ 参见杨爱国：《幽明两界：纪年汉代画像石研究》，西安，陕西人民美术出版社2006年版，第80页。
⑤ 周俊麒：《乐山东汉崖墓石刻文字考》，《四川文物》2001年第4期，第58页。
⑥ 周俊麒：《乐山东汉崖墓石刻文字考》，《四川文物》2001年第4期，第60页。
⑦ 周俊麒：《乐山东汉崖墓石刻文字考》，《四川文物》2001年第4期，第59页；高文、高成刚：《四川历代碑刻》，成都，四川大学出版社1990年版，第23页；谢凌：《四川地区现存主要铭文石刻及其艺术特色》，《四川文物》2000年第4期，第19页；杨爱国：《幽明两界：纪年汉代画像石研究》，西安，陕西人民美术出版社2006年版，第82页。

记:“延熹二年三月十日,佐孟机为子男石作此冢,椁行九仗,左右有四穴,□入八尺,当□由川四中出。”[①]刻于汉桓帝延熹三年(160 年)的乐山柿子湾出土 26 号崖墓题榜,榜题内容为:“吴升墓、吴遂墓。”题记内容为:“延熹一年造,三年七月成。”[②]刻于汉桓帝延熹十年(167 年)的成都温江区出土画像石墓门“延熹十年”题记:“延熹十年二月甲申制地,丁午修茔造坟。季春三月(建)(立)石(门)□(阖)□□□(遗)□(興)(立)□□。”[③](图 3 - 7)刻于汉安帝延光□年的长宁县飞泉保民村出土“七个洞”3 号崖墓“延光□年”题记:“延光□年□月十一日作,□用宜子孙万世恩。”[④]刻于汉灵帝中平四年(187 年)的成都市南郊燃灯寺出土任元升画像石墓门“中平四年”题记:“梁离孤茂陵任君元升神门”“中平四年十二月十三日葬。”[⑤]等等。

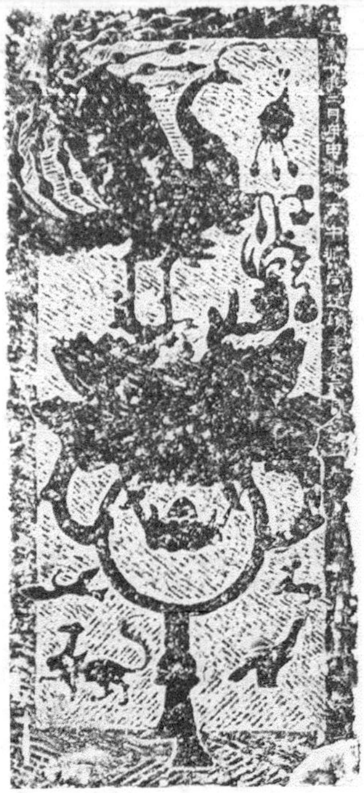

图 3 - 7 “延熹十年”图像与题记

(图片来源:刘雨茂、荣远大:《成都出土历代墓铭券文图录综释》,北京,文物出版社 2012 年版)

需要考释的主要有 4 处:

乐山肖坝黄沙湾口出土 29 号崖墓“永平元年”题记

该墓发现于 1989 年,隶书题记内容为:“永平元年九月十二日甲子葬。”关于该墓隶书题记镌刻年代问题,周俊麒先生认为“从乐山崖墓题记的年代先后时间来看”,该墓题记“比成都市新都县马家山 M5 号墓出土‘永平五年(公元 62 年)’的砖刻题记早四年,是四川已发现年代最早的崖墓题记”[⑥]。从四川出土汉

---

① 周俊麒:《乐山东汉崖墓石刻文字考》,《四川文物》2001 年第 4 期,第 59 页;杨爱国:《幽明两界:纪年汉代画像石研究》,西安,陕西人民美术出版社 2006 年版,第 83 页。

② 参见杨爱国:《幽明两界:纪年汉代画像石研究》,西安,陕西人民美术出版社 2006 年版,第 83 页。

③ 参见刘雨茂、荣远大:《成都出土历代墓铭券文图录综释:上》,北京,文物出版社 2012 年版,第 4 页。

④ 参见四川大学考古专业 1978 级实习队、长宁县文化馆:《四川长宁“七个洞”东汉纪年画像崖墓》,《考古与文物》1985 年第 5 期,第 43 - 55 页。

⑤ 参见刘雨茂、荣远大:《成都出土历代墓铭券文图录综释:上》,北京,文物出版社 2012 年版,第 5 页。

⑥ 参见周俊麒:《乐山东汉崖墓石刻文字考》,《四川文物》2001 年第 4 期,第 57 页。

代画像石上的隶书题记时间看，目前在笔者查阅到的有关四川画像墓中隶书刻铭资料中，未见有时间早于此墓的隶书题刻，该墓隶书题刻应该是四川出土汉代画像石上最早的隶书题刻。从全国范围出土汉代画像石上的隶书题记镌刻时间来看，除山东东平县石马出土画像石立柱隶书题记刻于王莽居摄三年（8年），以及汶上县路公食堂隶书题记刻于西汉王莽天凤三年（16 年）外，亦未发现早于此墓的题刻时间。因此，乐山肖坝黄沙湾口 29 号崖墓隶书题记可能也是目前发现的东汉时期最早的隶书题刻。

成都市新都区出土段仲孟墓门“永建三年”题榜

该处题榜 2002 年 2 月出土于成都市新都区三河镇互助村第 3 号东汉崖墓。该墓门是用整块青石雕刻的右扇石门背面，墓门上端竖刻隶书榜题：“石门关。”题记正文镌刻于其下线框内，5 行，共 55 个字，书体隶书。内容为：

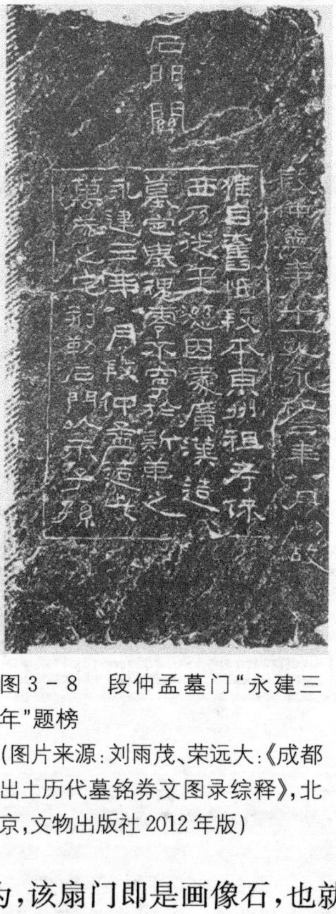

图 3－8　段仲孟墓门“永建三年”题榜
（图片来源：刘雨茂、荣远大：《成都出土历代墓铭券文图录综释》，北京，文物出版社 2012 年版）

“惟自旧怟（氏）段本东州，祖考徕（来）西乃徙于滋，因处广汉，造墓定基，魂零（灵）不宁于斯革之，永建三年八月段仲孟造此万岁之宅，刻勒石门以示子孙。”（图 3－8）

旁边隶书题铭：“段仲孟年八十一以永和三年八月物故。”

从题记中的“永建三年”判断，该墓题榜刻于汉顺帝永建三年（128 年）。从旁边的隶书题铭中的“永和三年”判断，段仲孟死于永和三年（138 年）。据学者研究，该扇墓门虽然无图像，但“石门关”额题可能与画像石棺上常常出现的“天门”图案有相同的意义，也代表“天门”之意[①]。笔者认为，该扇门即是画像石，也就是说墓门造型本身也是雕刻工艺品。同时，题记中的“怟”应为“氏”，“徕”应为“来”，“滋”本意为古水名，今在河北省，应该指的是

① 参见刘雨茂、荣远大：《成都出土历代墓铭券文图录综释：上》，北京，文物出版社 2012 年版，第 2 页。

段仲孟由该地到成都为官之意。“零”为“灵”即灵魂，这在山东等地区出土汉代画像石题记中多有出现。

长宁县飞泉保民村出土“七个洞”1号崖墓“熹平元年”“熹平七年”题记

该处题记是飞泉保民村发现的7座画像崖墓中的1号，在该墓外左侧崖壁镌刻画像、符号和题记，题记可分为3组。第1组隶书题记内容为：“熹平元年十月廿□作此冢宜子孙。”第2组画像阙身上镌刻隶书榜题：“熹平。”第3组壁上方镌刻隶书榜题：“神玉。”其下隶书题记内容为：“熹平七年四月□。”①

从题记中的“熹平元年”和“熹平七年”判断，该墓题记分别刻于汉灵帝熹平元年（172年）和汉灵帝光和元年（178年）。题记“熹平七年四月□”的时间不存在，汉灵帝年号在熹平七年（178年）三月已改为光和元年，可能是当时人尚未了解而镌刻的。

长宁县飞泉保民村“七个洞”2号崖墓“光合四年”题记

在该墓外左侧崖壁上镌刻隶书题记，内容为：“熹平十年十月二日易（其余漫漶不清）。”墓外右下方一兽头下镌刻一行隶书小字，内容为：“喜（熹）平十月年。”

该处题记镌刻时间应为汉灵帝光和四年（181年），其年代与该处1号崖墓的“熹平七年四月□”题刻类似，即“熹平十年是不存在的，其实际年代为光和四年，出现熹平十年这样的现象，应是当地地处偏远，不知改元之故”，所以该画像墓题记镌刻时间应为汉灵帝光和四年（181年）②。

二、重庆汉代画像崖墓中的纪年题榜

重庆市出土画像崖墓中的纪年隶书题榜也有不少，主要出土于綦江县（现綦江区）、重庆市江津区、江北区、沙坪坝区等境内。其中，在高文、高成刚《四川

---

① 参见四川大学考古专业1978级实习队、长宁县文化馆：《四川长宁“七个洞”东汉纪年画像崖墓》，《考古与文物》1985年第5期，第43－55页；罗二虎：《长宁七个洞崖墓群汉画像研究》，《考古学报》2005年第3期，第279－306页；杨爱国：《幽明两界：纪年汉代画像石研究》，西安，陕西人民美术出版社2006年版，第83、84页。

② 参见杨爱国：《幽明两界：纪年汉代画像石研究》，西安，陕西人民美术出版社2006年版，第84页。

历代碑刻》和谢凌《四川地区现存主要铭文石刻及其艺术特色》等文献中均有梳理。例如刻于汉安帝延光元年(122 年)的綦江县扶欢乡索恩村出土崖墓“延光元年”题记:“延光元年十一月十五日,主子羊仓……闵崇作石冢,百姓明知也。”[①]刻于汉顺帝阳嘉四年(135 年)的江北县(现江北区)龙王洞乡出土崖墓“阳嘉四年”题记:“阳嘉四年三月造作延年石室。”[②]刻于汉桓帝永寿四年(158 年)的重庆大学工学院崖前崖墓“永寿四年”题记:“永寿四年六月十七日昭作此冢。”[③]刻于汉桓帝延熹八年(165 年)的綦江县中峰柏树林出土崖墓“延熹八年”题记:“延熹八年四月十二日□□,公公□□□用廿八大□□□□□□□为子□□,独自作以十月十日□□□。”[④]刻于汉灵帝熹平二年(173 年)的重庆沙坪坝区重庆大学工学院前出土崖墓“熹平二年”题记:“熹平二年十月十八日造此□。”[⑤]发现于 1939 年、建造于汉灵帝光和元年(178 年)的重庆江北区溪江畔出土崖墓“光和元年”题记“光和元年”[⑥]等十多处。

需要考释的主要有 2 处:

南川县(现南川区)太平乡山河村出土雷劈石崖墓“阳嘉二年”题记

该墓隶书题记内容为:“阳嘉二年王[阝+市]作墓四万。”[⑦]

从题记中的“阳嘉二年”判断,该墓题记刻于汉顺帝阳嘉二年(133 年)。题记中的“王”字后面的[阝+市]字为左边一个“阝”,右边一个“市”,该字作为人名,也可能是民间书丹者或石刻艺人的误写或误刻。

江津沙河乡水浒村长沟出土“延熹二年”题记

1987 年在江津沙河乡水浒村长沟出土有 3 座崖墓,其中 1 号墓内右侧镌刻隶书题记,内容为:“延熹二年二月廿七日谢王四。”2 号墓镌刻隶书题记内容为:“中平四年十二月廿四日李画封。”3 号墓镌刻隶书题记内容为:“延熹三年八月

---

① 谢凌:《四川地区现存主要铭文石刻及其艺术特色》,《四川文物》2000 年第 4 期,第 19 页。

② 谢凌:《四川地区现存主要铭文石刻及其艺术特色》,《四川文物》2000 年第 4 期,第 19 页。

③ 谢凌:《四川地区现存主要铭文石刻及其艺术特色》,《四川文物》2000 年第 4 期,第 19、20 页。

④ 参见谢凌:《四川地区现存主要铭文石刻及其艺术特色》,《四川文物》2000 年第 4 期,第 20 页。

⑤ 参见高文、高成刚:《四川历代碑刻》,成都,四川大学出版社 1990 年版,第 39 页;谢凌:《四川地区现存主要铭文石刻及其艺术特色》,《四川文物》2000 年第 4 期,第 20 页。

⑥ 参见高文、高成刚:《四川历代碑刻》,成都,四川大学出版社 1990 年版,第 27 页;谢凌:《四川地区现存主要铭文石刻及其艺术特色》,《四川文物》2000 年第 4 期,第 20 页。

⑦ 谢凌:《四川地区现存主要铭文石刻及其艺术特色》,《四川文物》2000 年第 4 期,第 19 页。

廿日□安。”[①]

从题记中的“延熹二年”“延熹三年”“中平四年”判断，该墓题记先后刻于汉桓帝延熹二、三年(159、160 年)和汉灵帝中平四年(187 年)。

四川省和重庆市发现的镌刻有画像和文字的汉代墓葬很多，本节列举的仅是其中较为突出的，尚有不少有文献记载的无纪年的题记将在下一章中列举讨论。

第三节　陕北晋西北汉代画像石墓室中的纪年题记

陕北和晋西北地区的汉代画像石均出土于墓室中，迄今为止未见汉代墓地画像石阙和祠堂画像石出土。这两个地区出土汉代墓室画像石上的纪年题记最多，画像榜题极少，有一处招魂辞。书体类型既有篆书、隶书，也有篆隶结合的书体。这两个地区出土的汉代画像石墓室题记内容和篆隶书艺术，在众多的有关汉代画像石等研究文献中也多有论述，其中有些学者也做过专门的梳理与讨论。例如有学者列举了有纪年的 17 处[②]，有学者列举了纪年和无纪年的 25 处[③]等。本节依据笔者考察笔记和文献记载，对这两个地区出土的有纪年的近 20 处题记按照时间顺序梳理，并对有些题记文字与书体略作考述。

一、陕北汉代画像石墓室中的纪年题记

陕北地区出土汉代画像石墓室纪年题榜，分别出现于榆林市、绥德县、米脂县、清涧县和子洲县境内出土的一些墓室画像石上。

---

① 参见高文、高成刚:《四川历代碑刻》，成都，四川大学出版社 1990 年版，第 26 页；谢凌:《四川地区现存主要铭文石刻及其艺术特色》，《四川文物》2000 年第 4 期，第 20 页。

② 参见杨爱国:《幽明两界:纪年汉代画像石研究》，西安，陕西人民美术出版社 2006 年版，第 72 - 79 页。

③ 参见李贵龙:《石头上的历史——陕北汉画像石考察》，西安，陕西师范大学出版社 2014 年版，第 174 - 185 页。

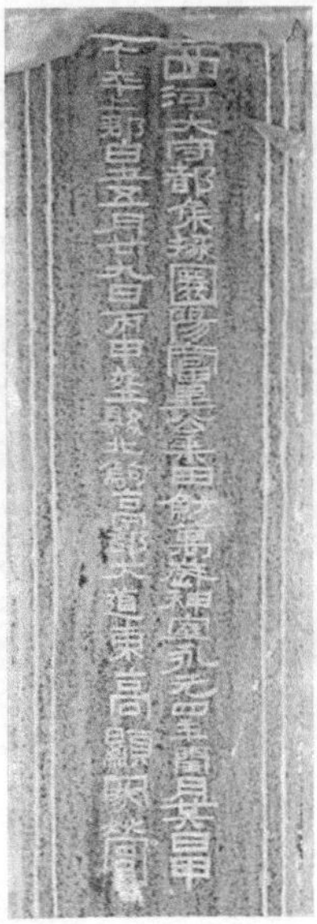

图 3－9　田鲂画像石墓题记
（图片来源：陕西绥德汉画像石馆，自拍）

绥德县四十铺镇出土田鲂画像石墓题记

该石于 1997 年绥德县四十铺镇出土，为墓后室门中立柱，现藏于陕西绥德汉画像石馆。石高 98 厘米，宽 28 厘米，上段阴刻题记，书体隶书。内容为：

“西河大(太)守都集掾圜阳富里公乘田鲂万岁神室。永元四年闰月廿六日甲午卒上郡白土，五月廿九日丙申葬县北驹亭部大道东高显冢营(茔)。”①(图 3－9)

从题记中的“永元四年”判断，该墓题记刻于汉和帝永元四年(92 年)。题记中的“西河大(太)守”之“大”是通假字，通“太”，即太守。“营”应为“茔”，即坟地、坟墓，但《陕西绥德县四十里铺画像石墓调查简报》等不少文献上直接写为“茔”②，似有疏忽。这个“营”字可能是民间书丹者或石刻艺人的写刻之误。下段阴刻 4 行隶书招魂辞(下节讨论)。

绥德县苏家圪坨出土杨孟元画像石墓题榜

该墓于 1982 年 3 月绥德县苏家圪坨出土，画像石现藏于陕西绥德汉画像石馆。该墓过洞画像石中西门坎左角下有阴刻隶书榜题：“阳遂。”该墓后室门有一中柱石，高 136 厘米，宽 17 厘米，上阴刻题记，书体隶书。内容为：

“西河太守行长史事离石守长杨君孟元舍，永元八年三月廿一日作。”③

从题记中的“永元八年”判断，该墓题榜刻于汉和帝永元八年(96 年)。

绥德县四十里铺征集徐无令乐君画像石墓题记

该石于 1974 年 10 月由绥德县四十里铺征集，为墓室门中柱石，现藏于陕西绥德汉画像石馆。该石高 123 厘米，宽 17 厘米，其上镌刻阳文题记，书体为

① 来自陕西绥德汉画像石馆笔者考察笔记。另参见榆林地区文管会、绥德县博物馆：《陕西绥德县四十里铺画像石墓调查简报》，《考古与文物》2002 年第 3 期，第 19－26 页。

② 参见榆林地区文管会、绥德县博物馆：《陕西绥德县四十里铺画像石墓调查简报》，《考古与文物》2002 年第 3 期，第 23 页。李贵龙：《石头上的历史——陕北汉画像石考察》，西安，陕西师范大学出版社 2014 年版，第 179 页等。

③ 来自陕西绥德汉画像石馆笔者考察笔记。另参见绥德县博物馆：《陕西绥德汉画像石墓》，《文物》1983 年第 5 期，第 30 页。

篆隶书体结合。内容为：

“徐无令乐君，永元十年造作万岁吉宅。”[①](图 3－10)

从题记中的“永元十年”判断，该墓题记刻于汉和帝永元十年(98 年)。关于该石题记书体问题，有不少文献中把其界定为篆书[②]。笔者认为该题记中的“徐”“令”“乐”“君”“永”“作”“万”“岁”“宅”字，篆书特征明显，尤其是“徐”字有较明显的大篆笔意，其他字从结构、笔画和形态上看则为美术隶书，所以该题记书体应为篆隶结合。

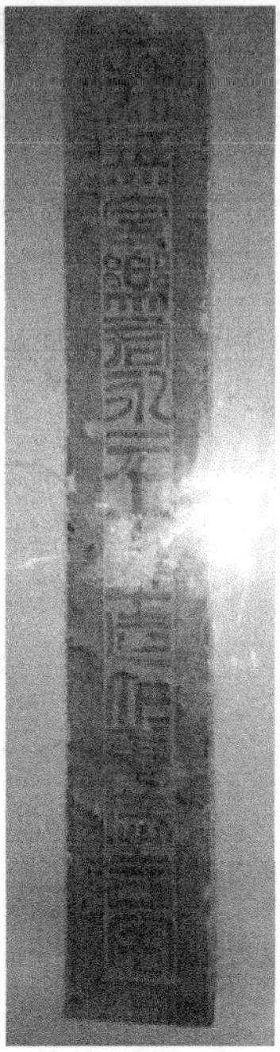

图 3－10　徐无令乐君画像石墓题记(图片来源：陕西绥德汉画像石馆，自拍)

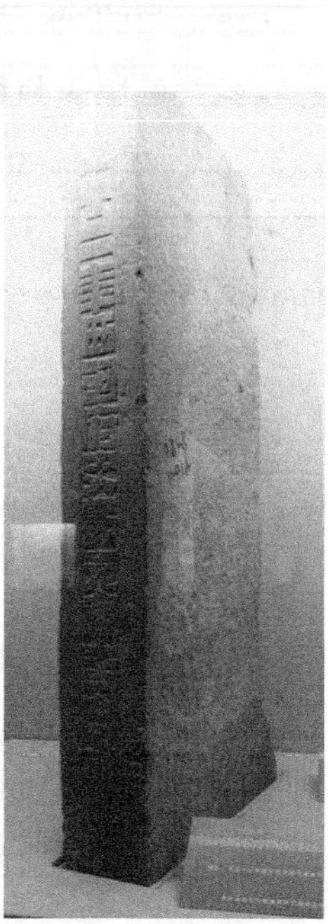

图 3－11　郭元通画像石墓题记(图片来源：榆林汉画像石博物馆，自拍)

绥德县城关镇保育小学出土王得元画像石墓题记

该墓 1951 年发现于绥德县城关镇保育小学内，该石为墓后室门中立柱石，现藏于中国国家博物馆。石高 153 厘米，宽 17 厘米，其上镌刻有题记，书体隶书。内容为：

“永元十二年四月八日王得元室宅。”[③]

从题记中的“永元十二年”判断，该墓题记刻于汉和帝永元十二年(100 年)。

子洲县苗家坪镇苗家坪村银锭山出土郭元通画像石墓题记

该石 1995 年出土于子洲县苗家坪镇苗家坪村银锭山，为墓室门立柱石，现藏于榆林汉画像石博物馆。该石尺寸不详，其上阳刻题记，书体隶书。内容为：

“永元十二年西河府吏郭元通吉宅。”[④](图 3－11)

① 来自陕西绥德汉画像石馆笔者考察笔记。另参见李贵龙：《石头上的历史——陕北汉画像石考察》，西安，陕西师范大学出版社 2014 年版，第 175 页。

② 徐玉立：《汉碑全集：一》，郑州，河南美术出版社 2006 年版，第 208 页。

③ 参见杨爱国：《幽明两界：纪年汉代画像石研究》，西安，陕西人民美术出版社 2006 年版，第 74 页。

④ 来自榆林汉画像石博物馆笔者考察笔记。另参见李贵龙：《石头上的历史——陕北汉画像石考察》，西安，陕西师范大学出版社 2014 年版，第 182 页。

从题记中的“永元十二年”判断，该墓题记刻于汉和帝永元十二年(100年)。

绥德县五里店郭稚文画像石墓题记

该石于1957年由绥德县五里店征集，为墓门左右立柱画像石，现藏于西安碑林博物馆。右立柱石高145厘米，宽37厘米，左立柱石高150厘米，宽37厘米，两立柱石上均刻书体为篆隶书体结合的题记。右立柱石上阳刻题记，内容为：

“永元十五年三月十九日造作居。”

左立柱石上阳刻题记，内容为：

“圜阳西乡榆里郭稚文万岁室宅。”①

从题记中的“永元十五年”判断，该墓题记刻于汉和帝永元十五年(103年)。关于该墓题记书体问题，有学者把其界定为“阳文篆书题记”②，有学者认为“右石阳刻篆书一行十三字为纪年，左石阳刻篆书一行十三字为记名”等③。笔者认为左立柱上13个字，虽有隶变特征，但也可视为篆书；右立柱13个字，除“五”“九”“作”字较具篆书特征外，其余字从结构和笔画上看皆为隶书。总体上看，全篇26个字，形态、结构、笔画皆工整、方正、粗厚，是较典型的美术篆、隶书体结合样式。

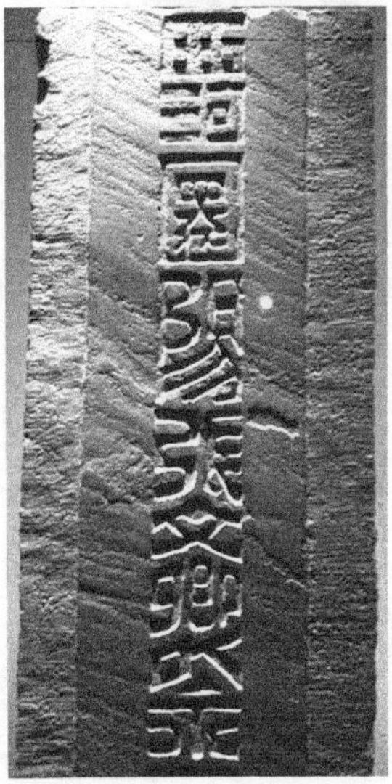

图3-12　张文卿画像石墓题记(局部)
(图片来源：陕西绥德汉画像石馆，自拍)

绥德县中角乡白家山村出土张文卿画像石墓题记

该石于1998年绥德县中角乡白家山村出土，为后室门中立柱，现藏于陕西绥德汉画像石馆。石高123厘米，宽20厘米，其上部阴刻题记，内容为：

“西河圜阳张文卿永元十六年十月万岁堂。”(图3-12)

---

① 来自榆林汉画像石博物馆笔者考察笔记。另参见杨爱国：《幽明两界：纪年汉代画像石研究》，西安，陕西人民美术出版社2006年版，第74页。

② 吴镇烽：《秦晋两省东汉画像石题记集释——兼论汉代圜阳、平周等县的地理位置》，《考古与文物》2006年第1期，第56页。

③ 徐玉立：《汉碑全集：一》，郑州，河南美术出版社2006年版，第241页。

下部阳刻篆书“张公寿室”①。

从题记中的“永元十六年”判断，该墓题记刻于汉和帝永元十六年(104 年)。该条题记中的篆书“张公寿室”，不少文献写为“张公之室”②，而榆林汉画像石博物馆释读为“张公寿堂”。笔者观察原石铭刻和查阅相关资料，觉得“张公”后面的第一个字可能是“寿”字，因为该字与一些汉印中的寿字写法接近，“之”字在篆书中未见此写法。第二个字也即是最后一个字可能是“室”字，因为该字在篆书中与“室”字写法接近，同时与这 4 个篆书上面的“西河圜阳张文卿永元十六年十月万岁堂”中的“堂”字，在形态、笔画方面也有一定的区别，所以笔者认为这 4 个篆书可能是“张公寿室”。

绥德县四十里铺征集任孝孙画像石墓题记

该石于 1974 年 10 月由绥德县四十里铺征集，为墓后室门中立柱，现藏于陕西绥德汉画像石馆。该石高 134 厘米，宽 12 厘米，其上阴刻题记，书体隶书。内容为：

“永元十六年三月廿五日甲申，西河太守掾任孝孙之室。”③

从题记中的“永元十六年”判断，该墓题记刻于汉和帝永元十六年(104 年)。

绥德县黄家塔出土汉墓群 6 号王圣序画像石墓题记

该石于 1984 年绥德县黄家塔汉墓群 6 号出土，为墓后室门中立柱，现藏于陕西绥德汉画像石馆。该石高 138 厘米，宽 15 厘米，其上阳刻题记，书体隶书。内容为：

“王圣序万岁室宅，永元十六年十二月一日祖下。”④

从题记中的“永元十六年”判断，该墓题记刻于汉和帝永元十六年(104 年)。

---

① 来自陕西绥德汉画像石博物馆藏笔者考察笔记。

② 参见李贵龙、王建勤：《绥德汉代画像石》，西安，陕西人民美术出版社，2001 版，第 192 页；杨爱国《幽明两界：纪年汉代画像石研究》，西安，陕西人民美术出版社，2006 版，第 79 页。

③ 来自陕西绥德汉画像石馆笔者考察笔记，另参见李贵龙、王建勤：《绥德汉代画像石》，西安，陕西人民美术出版社 2001 年版，第 192 页；李贵龙《石头上的历史——陕北汉画像石考察》，西安，陕西师范大学出版社 2014 年版，第 176 页。

④ 来自陕西绥德汉画像石馆笔者考察笔记。杨爱国：《幽明两界：纪年汉代画像石研究》，西安，陕西人民美术出版社 2006 年版，第 74、75 页；李贵龙：《石头上的历史——陕北汉画像石考察》，西安，陕西师范大学出版社 2014 年版，第 178 页。

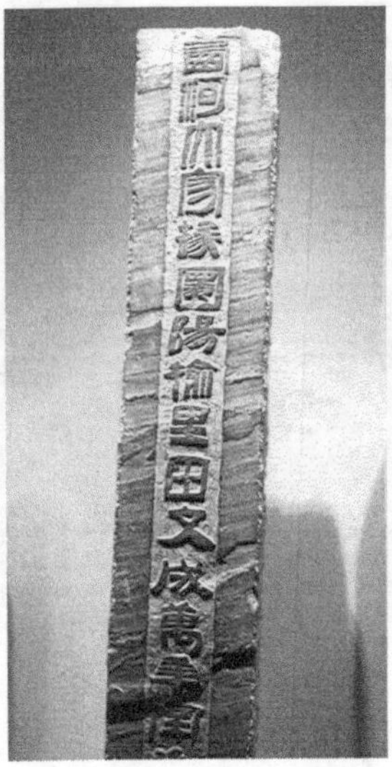
图 3-13 田文成画像石墓题记(局部)
(图片来源:陕西绥德汉画像石馆,自拍)

绥德县四十里铺镇征集田文成画像石墓题记

该石于 1980 年 5 月由绥德县四十里铺镇征集,为墓后室门中立柱,现藏于陕西绥德汉画像石馆。石高 134 厘米,宽 15 厘米,其上阳刻题记,书体为篆隶书体结合,内容为:

“西河大(太)守掾圜阳榆里田文成万年室,延平元年十月十七日葬。”①(图 3-13)

从题记中的“延平元年”判断,该墓题记刻于汉殇帝延平元年(106 年)。关于该墓题记书体问题,有学者认为该题记书体是“阳刻隶书一行二十五字”②。笔者认为应是篆隶书体结合,即“西河大(太)守”4 个字应属篆书,特别是“西”字具有大篆形态,“太”与“守”两字小篆形态较明显,“河”字很有意味,即三点水是篆书写法,“可”字是隶书写法,两者合起来构成了篆隶相间的形态,其余皆为通俗隶书。

米脂县城西官庄村出土汉墓群 4 号牛文明画像石墓题记

该石于 1971 年 4 月出土于米脂县城西官庄村汉墓群 4 号牛文明墓,为墓前室后壁正中立柱,现藏于西安碑林博物馆。石高 140 厘米,宽 29 厘米,其上阳刻题记,书体隶书。内容为:

“永初元年九月十六日牛文明,千万岁室,(宅)长利子孙。”③

从题记中的“永初元年”判断,该墓题记刻于汉安帝永初元年(107 年)。

榆林市榆阳区上盐湾镇陈兴庄村征集乐陵相任君画像石题记

该石由榆林汉画像石博物馆征集,征集时间不详,该石为墓室中柱,现藏于榆林汉画像石博物馆。该石尺寸不详,其上阳刻题记,书体隶书。内容为:

① 来自陕西绥德汉画像石馆笔者考察笔记。另参见李贵龙:《石头上的历史——陕北汉画像石考察》,西安,陕西师范大学出版社 2014 年版,第 176 页。

② 徐玉立:《汉碑全集:一》,郑州,河南美术出版社 2006 年版,第 263 页。

③ 参见陕西省博物馆、陕西省文管会写作小组:《米脂东汉画象(像)石墓发掘简报》,《文物》1972 年第 3 期,第 70 页。

“乐陵相任君官舍，永初三年三月十五日造作，以四月廿成，时更仓卒米石千”“□人民颠到（倒）相食，道径闭塞，故令不周，具（俱）慙（惭）负子道，不报零（灵）魂有识，原其不遝”①（图 3－14）。

从题记中的“永初三年”判断，该墓题记刻于汉安帝永初三年（109 年）。这两行文字为榆林汉画像石博物馆所识读，但其中的有些字未作解释，即“□人民颠到（倒）相食”之“到”是通假字，通“倒”，即“颠倒”。“具（俱）慙（惭）”之“具”是通假字，通“俱”，“慙”也是通假字，同“惭”，这里皆有惭愧之意。“零”即“灵”，把“灵魂”写刻为“零魂”，在汉代画像石题记中较常见。

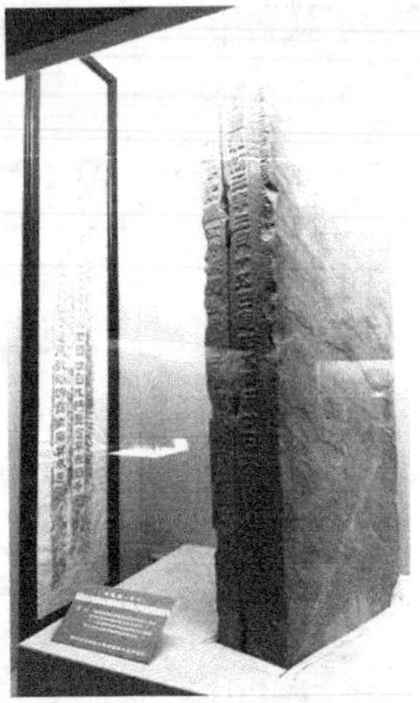

图 3－14　“乐陵相任君”画像石题记
（图片来源：榆林汉画像石博物馆，自拍）

清涧县贺家沟征集司马叔画像石墓题记

该石于 1972 年 7 月由清涧县贺家沟征集，为墓后室门中立柱，现藏于清涧县文化馆。石高 99 厘米，宽 14 厘米，其上刻阳文题记，书体隶书。内容为：

“永和三年四月廿日司马叔□□□□室宅。”②

从题记中的“永和三年”判断，该墓题记刻于汉顺帝永和三年（138 年）。

米脂县官庄小学出土牛季平画像石墓题记

该石于 1978 年 10 月出土于米脂县官庄小学牛季平墓，1981 年被米脂县博物馆征集。该石为后室门中立柱，现藏于米脂县博物馆。石高 112 厘米，宽 33.5 厘米，其上阴刻题记，书体隶书。内容为：

“永和四年九月十日癸酉，河内山阳尉西河平周寿贵里牛季平造作千万岁室宅。”③（图 3－15）

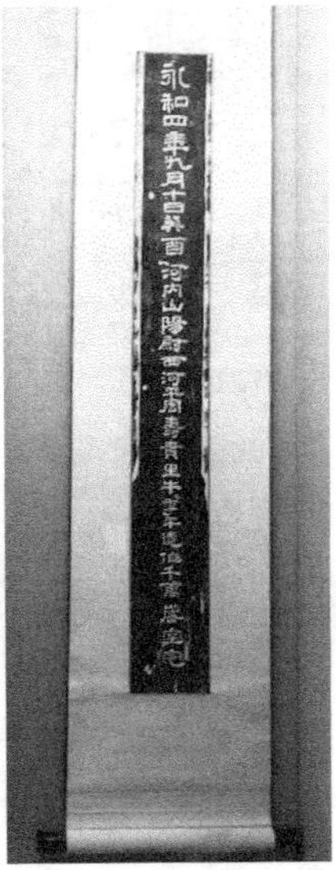

图 3－15　牛季平画像石墓题记拓片
（图片来源：榆林汉画像石博物馆，自拍）

① 来自榆林汉画像石博物馆藏笔者考察笔记。
② 参见李贵龙：《石头上的历史——陕北汉画像石考察》，西安，陕西师范大学出版社 2014 年版，第 182 页。
③ 来自米脂县博物馆笔者考察笔记。另参见李贵龙：《石头上的历史——陕北汉画像石考察》，西安，陕西师范大学出版社 2014 年版，第 181 页。

从题记中的“永和四年”判断，该墓题记刻于汉顺帝永和四年(139 年)。

二、晋西北汉代画像石墓室中的纪年题记

晋西北出土汉代画像石墓室纪年题记较突出的有 4 处，分别出现于离石县(现吕梁市离石区)和中阳县境内。

离石马茂庄西圩塌梁出土左元异画像石墓题记

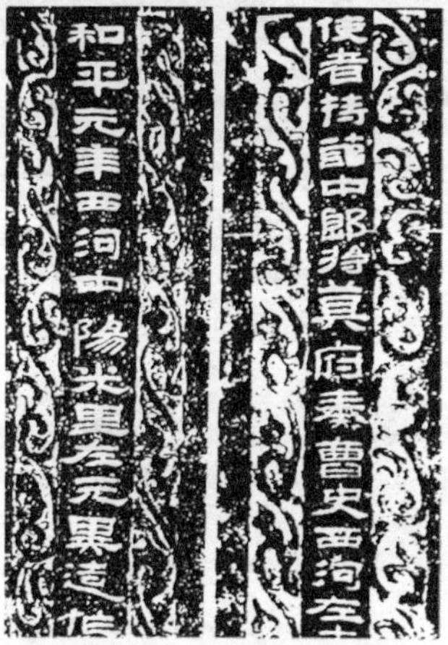

图 3-16　左元异画像石墓题记(局部)
(图片来源：2019 年 8 月 9 日《山西日报》)

该墓是 1919 年在原离石县(现吕梁市离石区)马茂庄西圩塌梁发现的一座汉代画像石墓。出土画像石 14 块，其中墓中两柱石上镌刻题记，现藏于加拿大多伦多安大略博物馆。

右柱石高 137 厘米，宽 19 厘米，雕刻有画像，隶书题记。内容为：“使者持节中郎将莫(幕)府奏曹史西河左表字元异之墓。”左柱石大小与图像和右柱石基本相同，隶书题记，内容为：“和平元年西河中阳光里左元异造作万年庐舍。”[①](图 3-16)

从题记中的“和平元年”判断，该墓题记刻于汉桓帝和平元年(150 年)。该题记中的“莫”是通假字，通“暮”，但“暮府”无此用法，应为“幕府”。古代将帅办公场所，从“使者持节中郎将”的表述看，左元异应是被当时朝廷任命镇守西河地区的将帅，所以“莫”字应为“幕”字。

中阳县道棠村出土沐叔孙画像石墓题记

该墓画像石 1986 年征集于中阳县道棠村。该石为墓中的柱石，现藏于中阳县文物管理所。石柱纵 122 厘米，横 14～19 厘米，正面阴刻题记，书体隶书。内容为：

“和平元年十月五日甲午故中郎将安集掾平定沐叔孙□舍。”[②]

---

① 参见《山西日报》2019 年 8 月 9 日；吴镇烽：《秦晋两省东汉画像石题记集释——兼论汉代圜阳、平周等县的地理位置》，《考古与文物》2006 年第 1 期，第 63 页；杨爱国：《幽明两界：纪年汉代画像石研究》，西安，陕西人民美术出版社 2006 年版，第 77 页。

② 参见《中国画像石全集》编辑委员会：《中国画像石全集：5》，济南，山东美术出版社；郑州，河南美术出版社 2000 年版，图版三一〇—三一二，第 84 页；杨爱国：《幽明两界：纪年汉代画像石研究》，西安，陕西人民美术出版社 2006 年版，第 77 页。

从题记中的“和平元年”判断，该墓题记刻于汉桓帝和平元年(150 年)。

离石孙显安墓题记

该墓于 1995 年被发掘，尺寸、馆藏待考。题记书体隶书。内容为：

“汉故华阴令西河土军千秋里孙大人显安万岁之宅兆，建宁四年十二月丁亥朔十日丙申造。”①

从题记中的“建宁四年”判断，该墓题记刻于汉灵帝建宁四年(171 年)。

离石马茂庄西山塬出土牛公产画像石题记

1992 年 12 月至 1993 年 4 月在离石县城西南马茂庄西山塬上，共发现 3 座东汉画像石墓，编号分别为 14、19 和 44 号，画像石馆藏待考。其中，14 号墓第 2 石为墓门左侧门框石上部边缘镌刻题记，书体隶书。内容为：“汉故西河圜阳守令平周牛公产万岁之宅兆。”(图 3 - 17)第 4 石为墓门左扇门扉石，右边缘残留有墨书题记，书体隶书。内容为：“熹平四年六月。”第 5 石为墓门右扇门扉石，石面右边缘残留有隶书墨迹：“[毂十土]□。”第 19 号墓一石柱面南镌刻题记，书体隶书。内容为：“……十二月廿七日庚申安错于斯。”②(图 3 - 18)

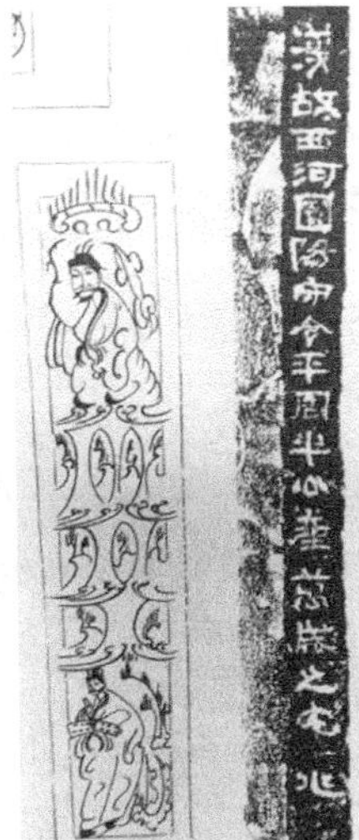

图 3 - 17　牛公产画像石图像与题记
(图片来源：山西省考古研究所等：《山西离石再次发现东汉画像石墓》，《文物》1996 年第 4 期)

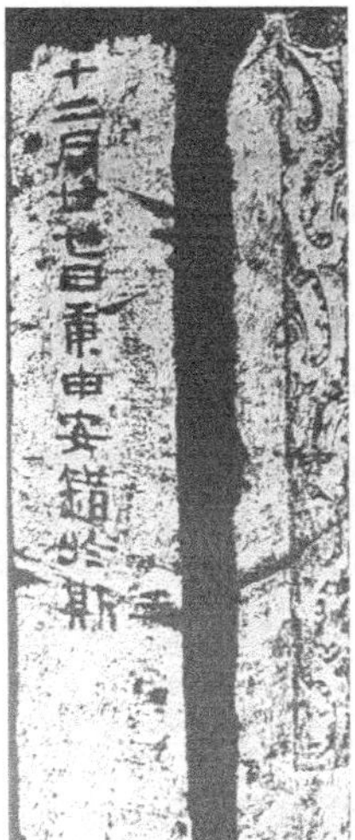

图 3 - 18　牛公产画像石题记
(图片来源：山西省考古研究所等：《山西离石再次发现东汉画像石墓》，《文物》1996 年第 4 期)

① 冯军平、郝慧芬：《离石汉代画像石题刻》，《山西档案》2012 年第 6 期，第 38 页。

② 参见山西省考古研究所、吕梁地区文物管理处、离石县文物管理所：《山西离石再次发现东汉画像石墓》，《文物》1996 年第 4 期，第 13 - 27 页。

从题记中的“熹平四年”判断，该墓题记刻于汉灵帝熹平四年(175 年)。离石县城西南马茂庄西山塬 14 号墓出土的第 5 石石面右边缘残留的两个墨书字迹，前一个为“毂”字下有一个“土”字，后一个不详。笔者认为前一个字可能是繁写的“鑿”字，即凿什么。翻看汉语词典，“凿”为凿子，即挖槽或打孔用的工具，打孔即挖掘和打榫眼等意思。该石为墓门右扇门扉石，需要挖槽或打孔即有榫眼方可安装，因此可以推测石面边缘上的两个墨书字迹可能是民间艺人已经书丹标注此处要凿孔或挖槽或凿榫眼，但尚未来得及或未凿出。19 号墓中的石柱面南的隶书题刻应为暂时安葬时间的铭记，“安错”的“错”字可能是民间艺人的书丹错误，应为“安厝”，意为停放灵柩待葬，或暂时草率掩埋以待正式安葬①，在《孝经·丧亲》中就有“卜其宅兆而安厝之”之说。所以，“安错于斯”应为暂时安葬此地的一种谦辞。

较而言之，晋西北地区汉代墓室画像石上的题记字数多寡、内容表达方式与陕北的基本相同，属于同一范式。虽然两者的题记字数都不多，但内容表达也言简意赅。两者与山东、苏北、皖北等地区汉代画像石上的题记内容也有一定的相似之处。例如上述徐无令乐君画像石等题记中的“万岁吉宅”“万岁室宅”“万岁堂”“万年室”“万岁神室”“千万岁室(宅)，长利子孙”等祝福语，与山东、苏北、皖北等地区的“人马甫大鱼皆食大(太)仓，长生久寿，不复老□”“此□室中人马皆食大(太)仓”等吉祥语之类表达，有着异曲同工之妙，总体上它们都属于汉代画像石题记中的吉祥语类。尤其呜咽泉村墓门左右立柱上的对联，对墓主人的气节、礼仪、宽和、孝道等儒家思想品德的颂扬和赞美，与山东嘉祥武梁祠众多简短而高度凝练的题榜内容思想很相似。即“儒家道德观念和社会理想是这些榜题内容的基础。这些榜题实际上可以被看成是一种政治宣言，写作者竭力强调儒家的理想道德，强调对有德儒生的任用”②。

---

① 笔者曾在安徽省颍上县杨湖镇郑台村等地区的农村中见过田野中有棺材放在地面，四周用高粱秆等围起来且糊上泥巴，待到大寒或第二年的大寒时节正式埋于地下。这个做法是因为死者家中先后有两位老人去世，后一位须超过一百天方能下葬于地下，否则便认为是不吉利。这个风俗现在仍然存在。

② [美]巫鸿:《武梁祠——中国古代画像艺术的思想性》，柳扬、岑河译，北京:生活·读书·新知三联书店 2006 版，第 119 页。

第四节 山东苍山元嘉元年画像题记

山东苍山元嘉元年画像石墓题记是很特殊的，也是当代学者讨论的重要话题之一。基于此，笔者专列一节展开考论。

该墓位于苍山县(现兰陵县)下庄西1.5千米处的城前村北土台上，发掘于1973年5月。墓中出土10块画像石，共12幅画像，其中在墓前室西横额画像石下的支柱上竖刻两方内容连贯的隶书题记，共15行328个字，现藏于苍山县博物馆。1975年《考古》第2期发表了由山东省博物馆、苍山县文化馆共同撰写的《山东苍山元嘉元年画象(像)石墓》发掘报告(简称《发掘报告》)，对该墓的时代、题记内容及其与图像对应关系进行了断代、释读、分析[①]。

《发掘报告》发表40多年来，先后有不少学者发表了关于该墓时代、题记文字释读、断句等问题讨论的文章[②]，同时在不少专著中对该题记也有不同的释读

① 参见山东省博物馆、苍山县文化馆：《山东苍山元嘉元年画象(像)石墓》，《考古》1975年第2期，第124-134页。

② 据笔者掌握的现有资料看，既有专题讨论的文献，也有不少著作中的间接论述。按照时间顺序，分别是：方鹏钧、张勋燎：《山东苍山元嘉元年画象(像)石题记的时代和有关问题的讨论》，《考古》1980年第3期。李发林：《苍山元嘉元年墓画像石的年代问题》，载《山东汉画像石研究》，济南，齐鲁书社1982年版(该文最早刊登于《山东大学文科论文集刊》1979年第1期)。李发林：《苍山元嘉元年画像石墓题记的简释》，载《山东汉画像石研究》，济南，齐鲁书社1982年版(1985年又以《山东苍山元嘉元年画像石墓题记试释》为题，发表于《中原文物》1985年第1期，两者内容基本一致)。王恩田：《苍山元嘉元年汉画像石墓考》，《四川文物》1989年第4期。刘道广：《苍山元嘉元年画像石墓题记注释》，《汉画研究》1991年创刊号。刘继才：《〈苍山元嘉元年汉画像石墓考〉读后浅见》，《四川文物》1994年第6期。孙机：《苍山元嘉元年画像石与题记》，载杨泓、孙机：《寻常的精致》，沈阳，辽宁教育出版社1996年版。王建中：《汉代画像石通论》，北京，紫禁城出版社2001年版。杨爱国：《山东苍山县城前村画像石墓二题》，《华夏考古》2004年第1期。[美]巫鸿：《超越"大限"——苍山石刻与墓葬叙事画像》，载巫鸿：《礼仪中的美术——巫鸿中国古代美术史文编》，郑岩、王睿、郑岩，等译，北京，生活·读书·新知三联书店2016年版。伊强：《〈苍山元嘉元年画像石题记〉字词考释三则》，原载《出土文献》第十一辑，上海，中西书局2017年10月。北京大学汉画研究所网站"学术信息"，2020年3月9日发布等。

或转述等[①]。综而观之，关于该墓的年代问题，大多数学者认为其建于东汉桓帝元嘉元年(151年)。关于题记问题，包括发掘报告在内的大部分学者主要从文字训诂学角度，对题记内容和一些文字含义、断句以及题记内容与图像的对应关系等问题展开讨论，其中争议较大的是题记中有些文字的含义和题记内容与画像的对应关系。

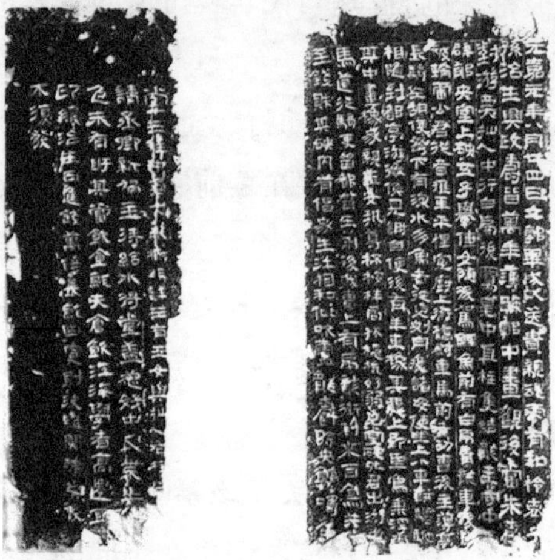

图3-19　苍山元嘉元年画像石墓题记拓片
(图片来源：胡新立先生提供)

发掘报告和此后学者们的释文、断句及对题记与图像关系等问题的讨论，各有其理由。也就是说，由于题记中有不少俗体字、错别字和磨损的字，加上原墓室已被西晋人改动[②]，用来建墓的画像石已偏离原有的位置等因素，释文、断句和文字内容与图像内容的对应判断有一定的难度，因此各位学者的不同解读与异议在所难免，无可厚非。

笔者在各位学者研究的基础上，依据原刻题记中的每一句话，特别是有些隶书的形态、结构和笔画，以及题记与图像内容的对应分析、理解，把该题记分为12段(图3-19)，断句如下[③]：

“元嘉元年八月廿四日，立郭(椁)毕成，以送贵亲。魂零(灵)有知，柃(怜)哀子孙。治生兴政，寿皆万年。

“薄(簿)疎(疏)郭(椁)中画，观后当：朱爵(雀)对游栗(与)[扌山](仙)人，

① 在这方面，信立祥先生在《汉代画像石综合研究》中间接地论述了该墓室顶部画像等内容(参见信立祥：《汉代画像石综合研究》，北京，文物出版社2000年版，第182页)；张道一先生著《画像石鉴赏》中对该题记内容作了断句解释(张道一：《画像石鉴赏》，重庆，重庆大学出版社，2009年版)。

② 参见方鹏钧、张勋燎：《山东苍山元嘉元年画象(像)石题记的时代和有关问题的讨论》，《考古》1980年第3期，第271-278页；李发林《苍山元嘉元年墓画像石的年代问题》，载《山东汉画像石研究》，济南，齐鲁书社1982年版，第68-76页；王恩田：《苍山元嘉元年汉画像石墓考》，《四川文物》1989年第4期，第3-10页；杨爱国：《山东苍山县城前村画像石墓二题》，《华夏考古》2004年第1期，第45-59页等。

③ “[　]”中的组合字是题记中电脑打不出来的字，“(　)”中的字是笔者释读的字。

中行白虎后凤皇(凰)。

“中直柱,隻(双)结龙,主(驻)守中□(霤)辟邪央(殃)。

“夹室上[石+央],五子轝(舆),伻(僮)女随后驾鲤鱼。前有白虎青龙车,后□(即)被(负)轮雷公君。从者推车,乎(狐)梩(狸)[宀+免](鵷)厨(雏)。

“上卫桥,尉车马,前者功曹后主薄,亭长骑佐胡便(使)弩。下有深水多鱼者,从儿刺舟渡诸母。

“使坐上,小车軿,驱驰相随到都亭,游徼侯(候)见谢自便。后有羊车橡其[麦+慧](槥),上即圣鸟乘浮云。

“其中画,橡(像)家亲,玉女执尊杯[木+安](案)柈(盘),局怵[木+急](稳)[木+亠+凡](重)好弱儿(貌)。

“堂[石+央]外,君出游,车马道(导)从骑吏留,都督在前后贱(贼)曹。上有虎龙衔利来,百鸟共持至钱财。

“其[石+央]内,有倡家,生(笙)汻(舞)相和仳(比)吹庐(芦)。龙爵(雀)除央(殃)[鸟+高](鹤)噣(啄)鱼。

“堂三柱,中□□,龙□非详(飞翔),左有玉女与[扌山](仙)人,右柱石□请丞卿,新妇主待给水将(浆)。

“堂盖恣(姿)好,中(瓜)叶,上□色,末有盱(鱼)。

“其当饮食就天仓,饮江海。学者高迁宜印绶,治生日进钱万倍。长就幽冥则[氵+史](诀)绝,闭旷(圹)之后不复发。”

题记第一段内容叙述的是该墓建造的时间、亲人哀思与寄托的美好愿望,最后一段内容是对死者的祝福与诀别思想的表达。这两部分内容在汉代画像石题记中多有类似的表达。第二至十段是对图像内容的描述。笔者认为,释读该题记要弄清原刻每一个文字,特别是要弄清其中不少错别字、草写字、缺笔字、多笔字和谐音字的形态、含义,以及每一句话的内容和前后关联,同时要紧密结合图像内容,方能较好地理解、释读、断句。完全从文字训诂学方面就文字解读文字未免失之偏颇。分析如下:

第一段中的“郭”应为“椁”,“零”应为“灵”,“柃”应为“怜”,这也是各位学者的共识。即这样的错别字在汉代画像石题记中也是较常见的写法。例如“郭”与“椁”的混淆写刻,像山东诸城凉台村孙琮墓画像石隶书题记中的“孙琮字威石之郭(椁)藏”[①],江苏徐州汉画像石艺术馆藏“永平十八年”墓门画像石隶书题记中的“石郭(椁)关好,牢坚”,江苏睢宁县古邳镇苗庄出土画像石椁墓隶书题记中的“李□乡石郭(椁),值万当千”[②]等,较常见。把“魂灵”写成“魂零”,也常见于汉代画像石和汉碑刻的写法。例如山东东阿铁头山芗他君祠堂画像石题记中的“起立石祠堂,冀二亲魂零有所依止”[③],山东嘉祥县满硐乡宋山村出土的许安国祠堂题记中的“雾隐藏魂零悲痛奈何”[④],刻于熹平四年(172年)的《故民吴仲山碑》中的“筑盖魂零有知”[⑤]等,亦较常见。

第二段中的“薄”应该是“簿”。“汉人竹字头与草字头不分,常将竹字头之字写作草字头,所以‘簿’字写作‘薄’。”[⑥]“踈”有学者解读为疏,粗也;“观”指楼观[⑦]。有学者把“观”解读为“馆”,即观与馆通用,意为宫室等[⑧]。“对游栗(与)[扌山](仙)人”中的“栗”,有学者疑为奂,大也等[⑨]。笔者认为“郭”为“椁”,“观”即“观”而非“馆”,“爵”为“雀”。“栗”字词典中未见此写法,可能是“与”字,即如有学者所说该字与《肩水金关汉简》等中的“舆”字形类似,同时从文意看“朱爵(雀)对游”与“[扌山]人”也是并列的关系[⑩]。“[扌山]”原刻字是提手旁一个山字,该字应为“仙”字,与下文出现的该字一样皆为异体字。“皇”应为“凰”字没什么异议。这里要特别提出的是“踈”字,古代同“疏”,结合前后句意综合理解,该字可能是意指相对空隙较大、不够紧密即疏松的布帛之类,因此“薄疏郭中

① 参见任日新:《山东诸城汉墓画像石》,《文物》1981年第10期,第15页。

② 参见武利华:《徐州汉画像石通论》,北京,文化艺术出版社2017年版,第347页。

③ 罗福颐:《芗他君石祠堂题字解释》,《故宫博物院院刊》1960年第2期,第178-181页;陈直:《汉芗他君石祠堂题字通考》,《西北大学学报(哲学社会科学版)》1979年第4期,第65页。

④ 济宁地区文物组、嘉祥县文管所:《山东嘉祥宋山1980年出土的汉画像石》,《文物》1982年第5期,第70页。

⑤ [宋]洪适:《隶释·隶续》卷第九,北京,中华书局1986年版,第100页。

⑥ 参见方鹏钧、张勋燎:《山东苍山元嘉元年画象(像)石题记的时代和有关问题的讨论》,《考古》1980年第3期,第273页。

⑦ 参见李发林:《苍山元嘉元年画像石墓题记的简释》,载《山东汉画像石研究》,济南,齐鲁书社1982年版,第96页。

⑧ 参见王恩田:《苍山元嘉元年汉画像石墓考》,《四川文物》1989年第4期,第4页。

⑨ 参见李发林:《苍山元嘉元年画像石墓题记的简释》,载《山东汉画像石研究》,济南,齐鲁书社1982年版,第96页。

⑩ 参见伊强:《〈苍山元嘉元年画像石题记〉字词考释三则》,原载《出土文献》第十一辑,上海,中西书局2017年10月。北京大学汉画研究所网站“学术信息”,2020年3月9日发布。

画”可能如学者所说“绵薄粗陋的墓室中有画”[①]。“观后当”应指该墓之主室后壁画像(《发掘报告》中的图像编号 12),但由于该墓已被改动,该石不知去向。“朱爵(雀)对游要(与)[扌山](仙)人,中行白虎后凤皇(凰)”,应指的是不知去向的该墓之主室后壁画像内容。

第三段中的“直”字,有学者认为是“早(殷)”字[②];多数学者把“隻”理解为“双”字;有学者把“主”理解为“驻”;多数学者把“中”与“辟”之间磨损的字理解为“霤”,也有的理解为“雷”,还有的理解为“室”;有学者把“辟邪央”理解为“辟耶(邪)”或“辟邪”等。笔者认为原刻“直”字应是民间石刻艺人的草写。“隻”字在刻于熹平四年(172 年)的《故民吴仲山碑》中也出现过,即“节度无隻”[③]等。但繁写“隻”字与繁写“雙”字的隶书写法有区别,即在《张迁碑》和《校官碑》等东汉碑刻中只见“雙”字而未见“隻”字写法。从该墓前室北中立柱正面雕刻的两条交织在一起的龙画像(图 3－20)(《发掘报告》中图像编号 10)看,其与“双结龙”是对应的,这个“隻”字应是书丹者和石刻艺人考虑行距空间的简写。“霤”字实际上已磨损,但多数学者均认为是“霤”即指中室。“辟邪央”应指的是此柱雕刻双龙有着辟除祸殃的功能,而非“中间立柱上有蟠结的交龙驻守,中室有辟邪”[④],因为该柱上未见有辟邪画像。

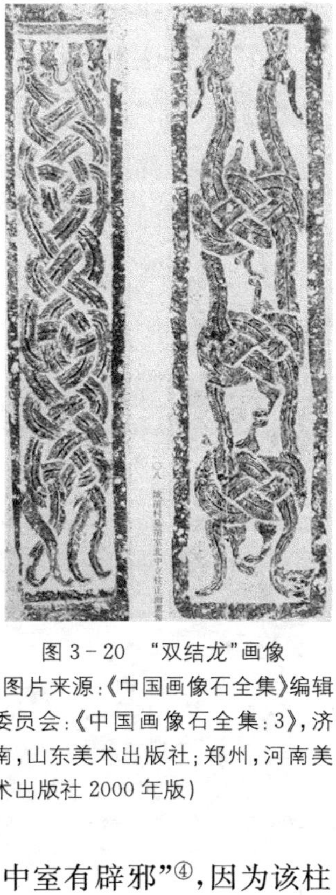

图 3－20 “双结龙”画像
(图片来源:《中国画像石全集》编辑委员会:《中国画像石全集:3》,济南,山东美术出版社;郑州,河南美术出版社 2000 年版)

第四段中的“夹室上[石＋央]”,其中的“[石＋央]”字原刻为石字旁加一个央字,学者们对其解释为“石”“梁”“央”“块”“上方”字等。“侟”字的解释有“僮”

① 参见张道一:《画像石鉴赏》,重庆,重庆大学出版社 2009 年版,第 12 页。

② 参见王恩田:《苍山元嘉元年汉画像石墓考》,《四川文物》1989 年第 4 期,第 3 页。

③ [宋]洪适:《隶释·隶续》卷第九,北京,中华书局 1986 年版,第 100 页。

④ 李发林:《苍山元嘉元年画像石墓题记的简释》,载《山东汉画像石研究》,济南,齐鲁书社 1982 年版,第 96 页。

"使""车"等。"平"的解释有"乎""平""狐"等。"梩"字的解释有"梩""狸"等。"[宀+免]"字原刻字为宝盖头里面一个免字,该字有"庖""冤""宛""鹓"等解释。"厨"字的解释有"厨""雏"等。笔者认为"夹室上[石+央]"中的"夹室"指该墓的耳室,"[石+央]"字原刻是石字旁一个央,可能是书丹者或石刻艺人的造字或误刻,即"[石+央]"字的央左边多了一竖,在《玉篇》中"[石+央]"意为"石也",所以该字指耳室上方的石头较合适,因为该句话后面的语句都是描述图像内容的。"轝"同"舆",意即车。"侟"字应为"僮"字,可能也是书丹者或石刻艺人的简写简刻。原刻"即"字已被磨损,仅有左边部分可识,依据题记中另一个完整的"即"判断,应该为"即"。"被"字有学者解释为"负",即雷公"肩负或背负着车轮"①,较为合适。"从者推车"应指的是图像中墓主随行者推车。"平(狐)梩(狸)[宀+免](鹓)厨(雏)"中的"平"应为"狐"字,"梩"应为"狸","[宀+免]"应为"鹓","厨"应为"雏"。这句话应指图像中的狐狸即九尾狐、鹓雏即凤凰等艺术形象,其中的"平""梩""[宀+免]""厨"字均可能是书丹者的误写或石刻艺人的误刻。

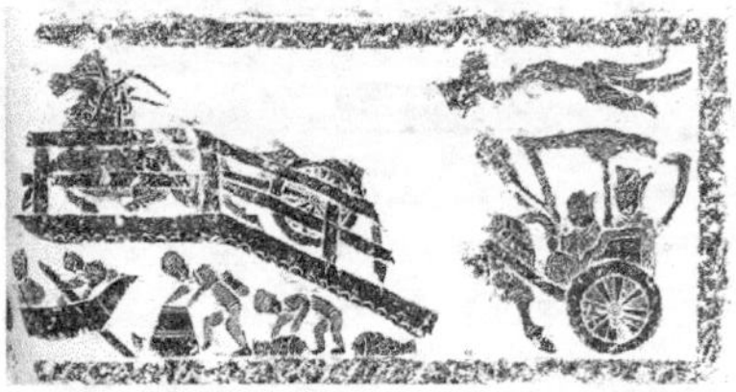

图 3-21 "上卫桥"(局部)
(图片来源:《中国画像石全集:3》,济南,山东美术出版社;郑州,河南美术出版社2000年版)

第五段中的"上卫桥"(图 3-21)还是"上渭桥",学者多有讨论,笔者遵照原刻字,不再赘述。"尉车马,前者功曹后主薄,亭长骑佐胡"中的车马、官衔和胡人的称呼在汉代画像石题记中都有出现,亦不再述。原刻"便"字,从该墓前室西壁横额即门楣正面画像(《发掘报告》编号 9)内容看应为"使"字,即左上角刻一胡人骑马回身弯弓射箭,可能暗指墓主人生前的战功,该字亦应是书丹者误写或石刻艺人误刻。"下有深水多鱼者",从图像中桥下刻有鱼和捕鱼者操作捕鱼器捕鱼推测,应表示"水深"和"鱼多"的创意。"从儿刺舟渡诸母",该句话是指随行人员划船、诸母乘坐其中的场景。

① 李发林:《苍山元嘉元年画像石墓题记的简释》,载《山东汉画像石研究》,济南,齐鲁书社 1982 年版,第 96 页。

第六段中的"使坐上，小车軿，驱驰相随到都亭"，这两句话结合图像看，下面的深水、捕鱼、诸母乘船、拱桥上面的车马人物上桥、过桥是个连续的过程，即乘船、上岸、坐上小軿车、过桥，一路相随到达都亭。"游徼侯(候)见谢自便"，即游徼在此等候迎接，双方相谢之后各自行事。"后有羊车橡其[麦＋慧](槥)，上即圣鸟乘浮云"，这两句结合前室东壁横额即门楣正面画像(《发掘报告》编号 7)内容看，与前室西壁横额即门楣正面画像(《发掘报告》编号 9)内容是前后连接在一起的，其中"羊车橡其[麦＋慧](槥)"一句，有学者认为"'橡'借作'像'"，"如释作用橡木做其棺具，亦可通"，"[麦＋慧](槥)，棺具也"，意思是"后面一辆羊车，象征他的棺材"等①。有学者认为"题记中清清楚楚载明，画象(像)中的羊车实际上是载墓主至墓地的槥车"②。"[麦＋慧]"原刻为左边麦字右边一个慧，这种写法可能是书丹者或石刻艺人造出的字。解读为"槥"较为合适，因为本身这个"槥"字就有小棺材之意，同时图像中雕刻的羊车后面往外伸出的长方块形的部分可能就是它。"上即圣鸟乘浮云"这句话，即指该幅画像上部的 8 只鸟和云纹交织在一起的形象。

第七段："其中画"应指前室东壁画像(《发掘报告》编号 8)中的内容(图 3－22)。"橡(像)家亲"，应指图像中段的坐在中间桌子后面的主人。"玉女执尊杯[木＋安](案)柈(盘)"，应指两旁的侍女执着尊、杯、案、盘之类的生活用具，其中的"[木＋安]"原石刻为木字旁加一个安字，应为"案"；"柈"应为"柈"，同"盘"字。"局怷[木＋急](稳)[木＋亠＋凡](重)好弱儿(貌)"中，原刻字[木＋急]为木字旁加一个急字，应为"稳"字；原刻字[木＋亠＋凡]为木字旁加一个亢字的"几"

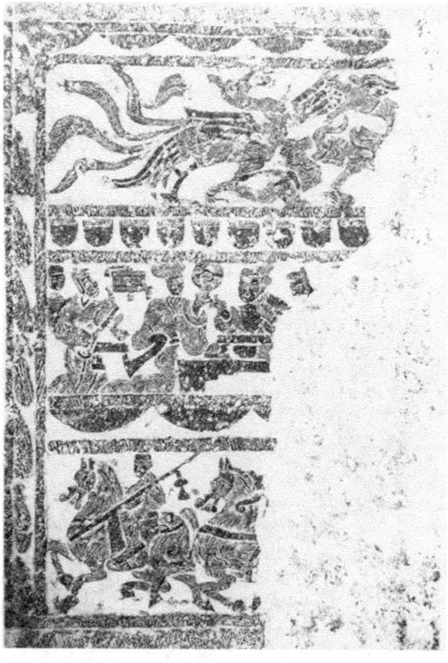

图 3－22　前室东壁画像
(图片来源：《中国画像石全集》编辑委员会：《中国画像石全集：3》，济南，山东美术出版社；郑州，河南美术出版社 2000 年版)

① 参见李发林：《苍山元嘉元年画像石墓题记的简释》，载《山东汉画像石研究》，济南，齐鲁书社 1982 年版，第 98 页。

② 参见邢义田：《汉代画像内容与榜题的关系》，《故宫文物月刊》1996 年第 5 期，第 71 页。

里多一横，该字应为“重”字；“儿”应为“貌”字。该句话应指玉女们在主人面前拘束而又稳重，且有好的相貌。这段话中的“橡”“[木＋安]”“柈”“[木＋急]”“[木＋亠＋凡]”“儿”字，都应为书丹者或石刻艺人写或刻的错别字或造字。

第八段：“堂[石＋央]外”，应指墓室厅堂之外的石头上雕刻有图像。“君出游，车马道（导）从骑吏留，都督在前后贱（贼）曹”，应该描述的是该墓门楣正面石头上的画像（《发掘报告》编号1）内容。从画像内容看，该石雕刻上下两层画像，下层雕刻的车马出行和一人躬身迎接的场景，即墓主出游、前有两骑引导，都督乘的车后面贼曹乘车跟随。“上有虎龙衔利来，百鸟共持至钱财”，指的是该石上层画像内容，即雕刻的龙、虎与鸟。其中的“道”应为“导”，即骑吏引导，“贱”应为“贼”字，“持”字原刻已残缺，从上下文语境判断为“持”较合适，即百鸟共持至钱财是一种美好的愿望。

第九段：“其[石＋央]内”，应指墓室中央，因该段描述的图像位于前室南横额即墓门楣石背面（《发掘报告》编号5）。“有倡家”即奏乐、歌舞的倡优，这是学者们无异议的。“生（笙）汻（舞）相和仳（比）吹庐（芦）”，其中的“生”应为黄管吹奏乐器“笙”，而非“声”[①]，即从画面上看，左边三人在吹奏，第三个人吹奏的显然是笙这种乐器。“汻”字可能是书丹者的误写或石刻艺人的造字，即画面的中间有三个人在起舞，一个人似在表演球技，右边的四个人正在观看，理解为“舞”字应该较合适，也即是说音乐与舞蹈相和。“仳（比）吹庐”，应指的是在房屋里的演奏表演（图3-23）。“龙爵（雀）除央（殃）[鸟＋高]（鹤）噣（啄）鱼”，其中的[鸟＋高]，原刻字为鸟字旁加一个高，这句话应指的是该幅画像的上格中雕刻的龙、雀、鹤、鱼等艺术形

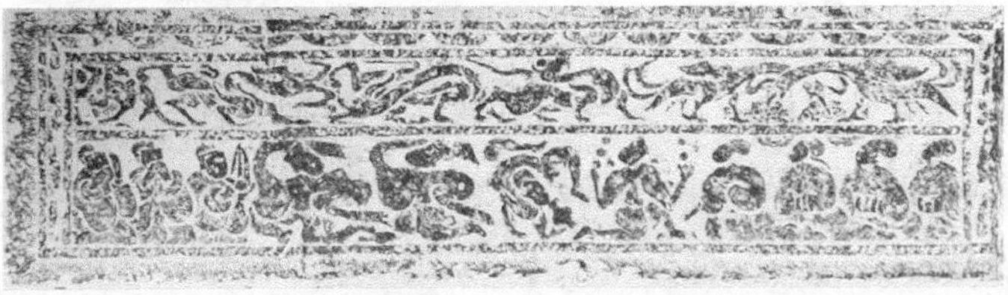

图3-23　前室南横额即墓门楣石背面画像

[图片来源：山东省博物馆、苍山县文化馆：《山东苍山元嘉元年画象（像）石墓》，《考古》1975年第2期]

① 参见王恩田：《苍山元嘉元年汉画像石墓考》，《四川文物》1989年第4期，第3页。

象。"除央(殃)",应指龙与雀有辟邪之意。"[鸟十高](鹤)噣(啄)鱼"的表述,可能有生殖的思想,即鹤象征男性,鱼象征女性,有着美好愿望。

第十段:"堂三柱"应指的是墓门左立柱、中立柱和右立柱。"中□□,龙□非详(飞翔)",应指的是中立柱上的画像,但"中"和"龙"字后面的字磨损不可辨,从现存图像推测中立柱的背面刻有一只张开嘴巴行走的虎形象;"中□□"也可能是"中白虎"。中立柱正面刻画的是四条交织在一起、似作飞翔的龙形象,"龙□非详(飞翔)"应指此画像,"非详"应为同音别字。"左有玉女与[扌山](仙)人",应指的是墓门左立柱正面画像,即该画像上部分为西王母,下部分为两个仙人画像。"右柱石□请丞卿",应指的是墓门右立柱正面画像即三位男性人物,其中的"石"字由于被磨损,大部分文献未对之进行解读,从字形和前面的"右石柱"判断应为"石"。"新妇主待给水将(浆)",应是前室东壁画像(《发掘报告》编号 8)内容的一部分,即第七段图像内容的后面部分,其中的原刻文字"待"应为接待之意;"将"应为"浆"字,应为同音别字。

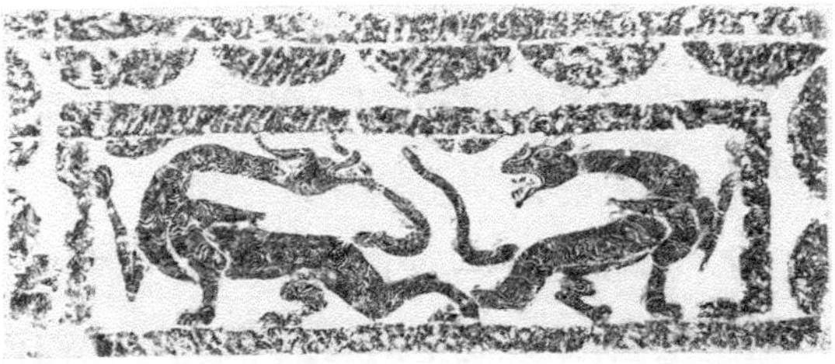

图 3-24　墓后室顶部画像即西主室顶画像
(图片来源:《中国画像石全集:3》,济南,山东美术出版社;郑州,河南美术出版社 2000 年版)

第十一段:"堂盖恣(姿)好",应指的是该墓后室顶部画像即西主室顶画像(《发掘报告》编号 11),其上刻有龙虎相斗的图像(图 3-24)。"中(瓜)叶,上□色,末有盱(鱼)",应指画像上的瓜叶、鱼等装饰纹样,其中的"瓜"字原刻是异体字,应为书丹者或石刻艺人的草写;"色"字原刻字形又像"包"字,因此有些学者认为是"包"。笔者认为,"色"字在《史晨碑》和《张迁碑》中均有此写法。"包"与"色"字的写法,在《马王堆帛书》中两者相同,但在汉碑中未见两者一致的写法。

第十二段:"旷"应为"圹",这也是汉代画像石题记中常见的别字。该段是对死者的祝福,类似的话语在汉代画像石题记中亦有。如在上述不少画像石题记中出现的"此中人马皆食大(太)仓""人马甫大鱼皆食大(太)仓""此藏中车马□□龙蛇马牛皆食大(太)仓",以及"生日甚少,死日甚多,恶诸君长,决不复见,何乎"等,即如此。同时,该段比较容易辨识,内容明确,也是学者们无异议的,此不赘言。

该墓题记的文体也是学者们讨论的问题之一。有学者认为该墓的“整篇题记是一篇韵文，每句长短不等，有三言、四言和七言三种句法。序言为四言，结语和其余部分为三、七言混合结构。其用韵规律是：四言的隔句押韵；七言的每句用韵；三言的，如果是单独一句则末字不入韵，如果是两句连续出现，则第二句末字必入韵。每段一韵或转韵。掌握上述特点，是正确解决题记释文和整个断句问题的关键”，并对该题记中有些文字进行了解释，对全文进行了分段①。有学者认为该墓“题铭并非诗词歌赋，而是叙事散文”，除开头的“寿皆万年”以前有六言四句外，不存在那种整齐的“三、七言混合结构”等②。也有学者认为，由于该篇题记没有墓主及其亲属姓名、官职及其品德赞美等内容，除开头与结尾段的“套话”外，主要描述的是画像内容，似乎不合乎汉代画像石上长篇题记的一般写法。因此，有学者推测“此题记或许不是墓主家属所为。而是修墓的画工、刻石工中好事者主动为之。‘以送亲贵’的话也可以认为不是墓主家属的口气”③。笔者认为，从文字训诂学角度看，该篇题记算得上是一篇韵文，而非叙述散文。从民间美术的角度看，该篇题记尤其是中间描述图像的部分，可能是该墓的画像创作“粉本”，以“画诀”的形式呈现。“画诀”是民间艺人们在长期的艺术创作实践中积累的绘画经验，是为了方便记忆与创作而形成的一种语言“粉本”，常常以顺口溜的方式呈现。也就是说，从该题记的句式看，每一段前面基本是三言，后面基本为七言，不仅押韵而且顺口，也合乎民间绘画的“粉本”和“画诀”的一般特征。因此，笔者认为该墓题记和画像应该都是事先制作好的“粉本”，民间画师、书丹者和石刻艺人在制作该墓画像、题记过程中，一起刻出了这样一套图文并茂的完整的“粉本”。如果说“是修墓的画工、刻石工中好事者主动为之”，那么制作画像石本身费工费时，耗财很大，似乎没必要。

综上所述，在出土汉代画像石隶书题记中，苍山元嘉元年画像石隶书题记

① 参见方鹏钧、张勋燎：《山东苍山元嘉元年画象（像）石题记的时代和有关问题的讨论》，《考古》1980年第3期，第271－278页。

② 参见王恩田：《苍山元嘉元年汉画像石墓考》，《四川文物》1989年第4期，第3－10页。

③ 李发林：《苍山元嘉元年画像石墓题记的简释》，载《山东汉画像石研究》，济南，齐鲁书社1982年版，第100页。

不仅篇幅较长，而且是唯一一篇较详细描述图像的题记。相较嘉祥宋山出土永寿三年许安国画像石祠堂等隶书题记对图像内容的概括性描述，苍山元嘉元年的隶书题记更显珍贵，即从其对图像内容的描述，不仅可以窥探出汉代民间画师、书丹者和石刻艺人雕刻画像石和书刻题记文字的艺术表现思想、方式、方法，而且反映出了东汉时期人们“事死如事生”的美好理想与愿望，因此对该题记的释读、理解、断句是很有价值意义的。但由于该题记的书丹者或石刻艺人的误写或误刻，产生了不少错别字或造字，加之有些字被磨损等原因，对其释读、断句和内容理解都产生了一定的困难。所以，对其研究不仅要从文字训诂学角度，而且要从隶书的书写方式、方法和图像内容等方面入手，深入分析、解读和断句，尤其不能望文生义，否则对文字理解的偏差会影响到对整篇题记的释读，无法正确理解题记内容与图像的对应关系，以及汉代画像石题榜的书丹者和石刻艺人艺术创作的思想创意。

第五节 汉代画像石墓室出土的墓志与招魂辞

在中国丧葬礼俗中，墓志是汉魏以来出现的一种重要的祔葬品，现存传世和近代以来古代墓葬发掘出土的墓志铭刻数量很多。据赵超先生 20 年前估计，历代各类墓志的存留数字将超过万件[①]，时至今日应该更多。关于墓志的起源、发展、铭文内容、格式和墓志形制等问题，赵超、赖非等不少当代学者都作过深入探讨[②]，此不赘述。在中国古代的丧葬礼俗中，先秦和秦汉之间曾经流行招魂复魄之术，即“当时凡死者刚亡，都要招魂，欲求重生。不得重生，才真正进行丧礼”，其方式为“复者一人，以爵弁服，簪裳于衣，左何之，扱领于带”，登上屋顶，长声而呼，招魂三次等。关于招魂的文献记载和方式等，亦有不少学者讨论

① 参见赵超：《中国古代石刻概论》，北京，文物出版社 1997 年版，第 33 页。

② 参见赖非：《墓志起源辨析》，载赖非：《赖非美术考古文集》，济南，齐鲁书社 2014 年版，第 98－104 页。

过①,在此亦不重复。本节主要就汉代画像石墓室出土的4处墓志铭刻,以及1处招魂辞内容和一些文字写刻等问题进行简单考述。

目前,学界常常提及的汉代画像石墓室中出土的4处墓志铭刻,分别是江苏邳州青龙山燕子埠乡尤村出土的彭城相缪宇和缪纡墓志铭刻、河南南阳许阿瞿墓志铭刻、四川芦山县沫东乡石羊村出土的王晖石棺墓志铭刻。

彭城相缪宇墓发现于1980年冬,1982年春天南京博物院和邳县(今邳州市)文化馆共同进行了调查与发掘,现藏于徐州汉画像石艺术馆。墓志铭刻于该墓室东壁横额右侧屋檐下,即后室门口上方,高28厘米,宽51厘米,厚16厘米,全文隶书11行。可识读的内容为:

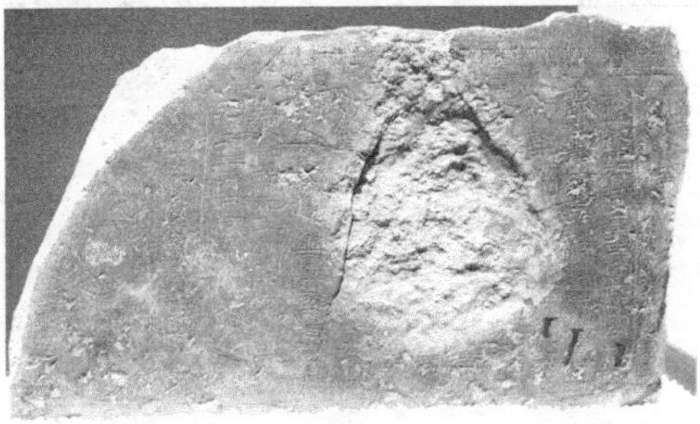

图3-25　彭城相缪宇墓志铭刻
(图片来源:徐州汉画像石艺术馆,自拍)

"故彭城相行长史事吕长缪宇,字叔(异),岩岩缪君,礼性纯淑,信心坚明,□□□修京氏(易)经□□□,恭俭□让,恩惠□□□告,□远近敬芗,少秉里□□府召,退辟闾守,执念闾巷,□□相□,□贤知命,复遇坐席,要舞黑绋,君以和平元年七月七日物故,元嘉元年三月廿日葬。"②(图3-25)

从墓志中的"和平元年"和"元嘉元年",可知该墓志铭刻于汉桓帝和平元年至元嘉元年(150—151年)间。关于该墓志铭的识读,仁者见仁,智者见智。1984年第8期《文物》发表的南京博物院、邳县文化馆撰写的《东汉彭城相缪宇墓》认为墓志铭11行,可识读者80字左右。武利华先生认为每行字数不等,首行16字,末段7字,其余大都为9字。实际上内容识读基本一致。

缪纡墓志铭刻1982年春出土于邳州青龙山燕子埠乡尤村。南京博物馆和邳县文化馆考古人员在清理邳县(今邳州市)燕子埠乡青龙山缪宇墓期间,发现

① 参见李如森:《汉代丧葬礼俗》,沈阳,沈阳出版社2003年版,第1页。

② 来自徐州汉画像石艺术馆笔者考察笔记。另参见武利华:《徐州汉画像石通论》,北京,文化艺术出版社2017年版,第348页。南京博物院、邳县文化馆:《东汉彭城相缪宇墓》,《文物》1984年第8期,第28页。

了被镶砌于石桥上的这方墓志铭刻。据周晓陆先生读考，该墓志共隶书 17 行，每行 10～20 字不等，共应有 256 字，完全缺失 24 字，尚存（含可辨残字）232 字。内容为：

“缪君者讳纡字季高。幼声州署郡仕，周竟徐州从事、[武]原长行事，民四假望。殁年七十一，永寿元年太□在乙未、十二月丙寅遭疾终，卒至丙申十月□□成葬。夫周迄于乙巳，夫人亦七十一，七有[闰]□丁巳，不起假疾，其十一月藏。有四子焉。□□□学问，竟轨往德，时已更[迁]，□□□仪，或黄或白。缪君性清俭[醇]，□□□舍，棺赆掩身，衣服因故，□□□□之物，亦不得葬，丁宁夫人，勿[有]□□，瓦为藏器，不□雕文，遂令顺□，安郭（椁）无珍。造立此冢，明堂之（辛），石[也]家室，天地相望，君逆胥霸，亡者多灵，□神之旌□，子孙永奉，恐五世后，有□□□，不忘春秋之义。改讳辟尊字，可□□才，不宜同名也。时黄汉之世，武原[县]属彭城，君父关内侯，冢在（垚）□，[比]南吉位造迫，故徙于兹。”[①]（图 3－26）

图 3－26　缪纡墓志铭刻
（图片来源：李银德、陈永清：《东汉永寿元年徐州从事墓志》，《文物》1994 年第 8 期）

1994 年第 8 期《文物》上发表的《东汉永寿元年徐州从事墓志》文中，把该墓志铭年代定为永寿元年（155 年）[②]。后周晓陆先生进一步读考，认为该墓志铭镌刻时间为汉桓帝延熹八年（165 年）。该墓志铭中有不少磨损字、别字或书丹者的造字，周晓陆先生也作了相应的解释，其中例如“永寿元年太□在乙未”中的缺字应为“岁”字等。除此，也有些字周晓陆先生未解释。例如墓志中的“不□雕文”中的缺字应为“饰”字，即从前面的赞美“缪君性清俭[醇]”等句意看，缪纡的遗嘱是死后一切从简，而不雕文镂画。“安郭（椁）无珍”中的“郭”应为“椁”。“明堂之

① 参见周晓陆：《缪纡墓志读考》，《文物》1995 年第 4 期，第 83－87 页。
② 参见李银德、陈永清：《东汉永寿元年徐州从事墓志》，《文物》1994 年第 8 期，第 93－95 页。

(辛)”中的“辛”原刻下面多一横，该字的隶书写法在《曹全碑》《乙瑛碑》《衡方碑》等东汉碑刻中均常见。“冢在(垚)□”中的“垚”，原刻为土字旁加一个主字，可能是书丹者的艺术化写法；这个“□”即缺字可能是“山”字，即“垚”本意为高山，从上下文看，“冢在高山”较为合适。

许阿瞿墓志铭刻出土于1973年南阳市东关李相公庄。该墓出土的画像石图像分上下两组，上组坐于榻上的儿童右上方镌刻隶书榜题“许阿瞿”，现藏于南阳汉画馆。图像右边镌刻隶书墓志铭刻6行，共136字，可识读的120字。内容为：

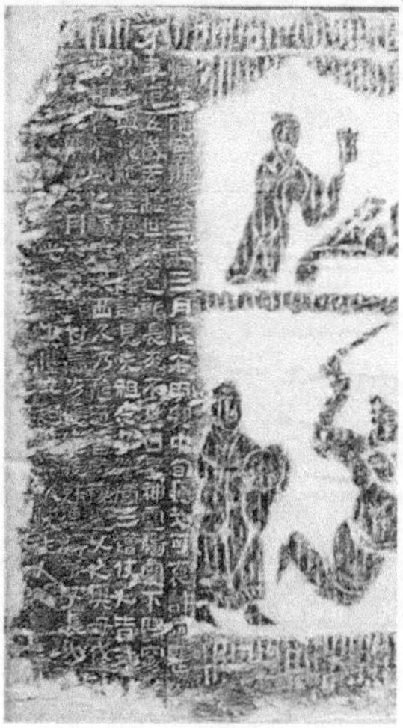

图3-27　许阿瞿墓志铭刻拓片(局部)
(图片来源：2018年3月12日中国汉画学会主办“中国汉画大展”，自拍)

“惟汉建宁，号政三年，三月戊午，甲寅中旬，痛哉可哀，许阿瞿身，年甫五岁，去离世荣。遂就长夜，不见日星，神零(灵)独处，下归窈冥，永与家绝，岂复望颜。谒见先祖，念子营营，三增仗火，皆往吊亲，瞿不识之，啼泣东西，久乃随逐(逝)，当时复迁。父之与母，感□□□，□壬五月，不□晚甘。羸劣瘦□，投财连篇，冀子长哉，□□□□，□□□此，□□土尘，立起□埽，以快往人。”[①](图3-27)

从墓志铭中的“惟汉建宁”“号政三年”，可知该墓志铭刻于汉灵帝建宁三年(170年)。其中的“神零”应为“神灵”。关于“投财连篇”的用法，不少文献中认为“连篇”为“联翩”。笔者认为，该墓志是许阿瞿父母等对他的悼词，从“投财”和“冀子长哉”推测，许阿瞿父母本意应是在墓中多投财物随葬，希望他在阴间长寿，所以“连篇”应更合适。

王晖石棺墓志铭刻出土于芦山县沫东乡石羊村。隶书墓志铭镌刻于石棺首左门上，内容为：

“故上计史王晖伯昭，以建安拾(十)六岁在辛卯九月下旬卒，其拾(十)七年

① 来自南阳汉画馆笔者考察笔记。另参见，南阳市博物馆：《南阳发现东汉许阿瞿墓志画像石》，《文物》1974年第8期，第73页。

六月甲戌葬，呜呼[忄十哀](哀)哉。”①(图 3－28)

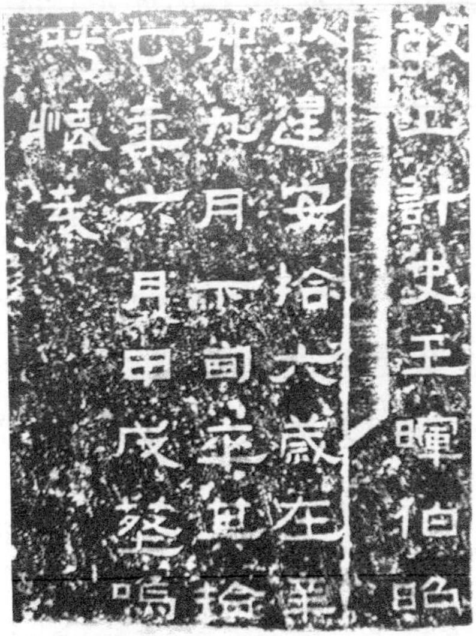

图 3－28　王晖石棺墓志铭刻
(图片来源:《中国画像石全集》编辑委员会:《中国画像石全集:7》,郑州,河南美术出版社;济南,山东美术出版社 2000 年版)

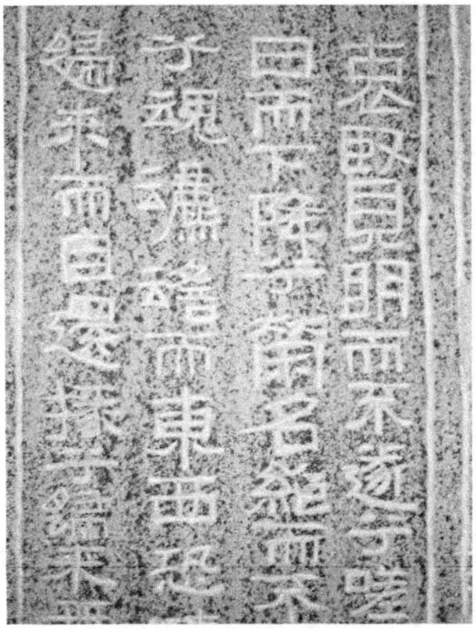

图 3－29　田鲂墓招魂辞(局部)
(图片来源:陕西绥德汉画像石馆,自拍)

从墓志铭中的“建安拾(十)六岁”“拾(十)七年六月”，可知该墓志铭刻应刻于汉献帝建安十六、十七年间(211—212 年)。墓志中铭文中的“拾”同“十”，(哀)原刻为[忄十哀]，即同“哀”。

上文已述，在陕北绥德县四十里铺镇出土的田鲂墓中有 1 处招魂辞，与该墓题记同位于墓后室门中立柱上。即上段阴刻隶书题记，下段阴刻隶书 4 行招魂辞。内容为：

“哀贤明而不遂兮，嗟痛淑雅之夭年。去白日而下降兮，荣名绝而不信(伸)。精浮游而狸(?)獐兮，魂穗(?)瑶而东西。恐精灵而迷惑兮，歌归来而自还。掾兮归来无妄行，卒遭毒气遇匈(凶)殃。”②(图 3－29)

从田鲂墓题记中的“永元四年”，可知该招魂辞刻于汉和帝永元四年(92

① 参见《中国画像石全集》编辑委员会:《中国画像石全集:7》,郑州,河南美术出版社;济南,山东美术出版社 2000 年版,图版九一,第 30 页。

② 来自陕西绥德汉画像石馆笔者考察笔记。另参见榆林地区文管会、绥德县博物馆:《陕西绥德县四十里铺画像石墓调查简报》,《考古与文物》2002 年第 3 期,第 19－26 页。

年）。

原刻题记中的“西河大守”之“大”是通假字，通“太”，即太守。“营”应为“茔”，即坟地、坟墓。但《陕西绥德县四十里铺画像石墓调查简报》简称《简报》等不少文献上直接写为“茔”[①]，似有疏忽。这个“营”字可能是民间书丹者或石刻艺人的写刻之误。

田鲂墓招魂辞中的第二、三句，《简报》识读为“嗟痛淑雅之失(?)年”“云日日而下降兮”。有学者识读为“嗟痛□睢之天年”“吉日而下降兮”。也有学者解读为“嗟痛淑雅之夭年”“去白日而下降兮”等[②]。笔者赞同后者，原石写刻即如此。第四句“荣名绝而不信”之“信”字，《简报》认为是“申”，笔者认为从语境看该字释读为“伸”更合适。第五句“精浮游而狸獐兮”之“狸”，原刻为[犭＋量]字，这个字应是民间书丹者或石刻艺人的写刻之误，从语境和其后的“獐”字看，该字应为“狸”。第六句“魂穮(?)瑶而东西”之“穮(?)”字，原刻为[云＋麃]字，这个字亦应是民间书丹者或石刻艺人的写刻之误，这个字可能是个“穮”字，即书丹者或石刻艺人把“禾”字写刻成了“云”字。最后一句“卒遭毒气遇匃(凶)殃”之“匃”，应为“凶”字。

田鲂墓出现的招魂辞在国内出土汉代画像石刻中非常罕见，其招魂辞中对墓主人的品德赞颂，与汉代画像石题记、彭城相缪宇墓志铭刻和缪纡墓志铭刻等对墓主的赞颂，有一定的相似性，折射出了汉代画像石刻功能具有一定的普遍性。

① 参见榆林地区文管会、绥德县博物馆：《陕西绥德县四十里铺画像石墓调查简报》，《考古与文物》2002年第3期，第23页。

② 裘锡圭：《读〈陕西绥德县四十里铺画像石墓调查简报〉小记》，《考古与文物》2003年第5期，第63页。

第四章

汉代画像石上的无纪年题榜及其产生原因考释

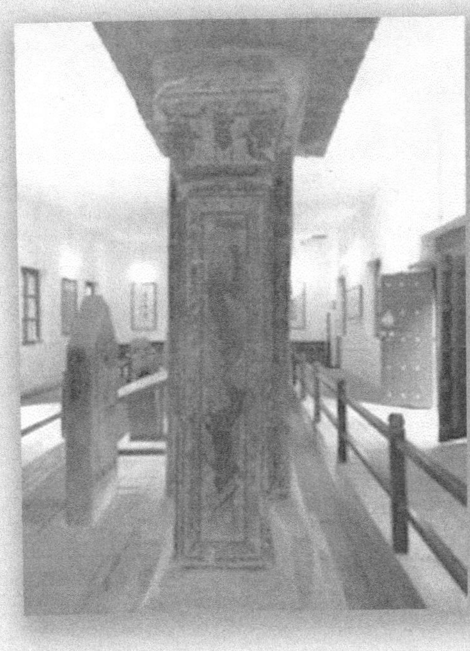

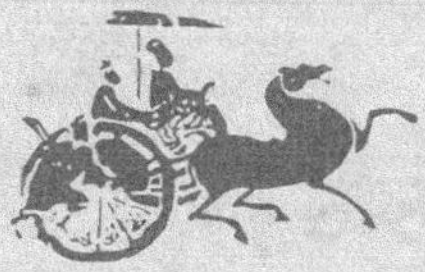

汉代画像石上也有不少无纪年的题榜，主要出现在山东、江苏、安徽、河南、四川、贵州、陕西和山西省。其中，山东、江苏、河南、四川省发现较多。关于汉代画像石上的无纪年题榜，以往的文献中介绍不多，其中介绍较多的是王建中先生在《汉代画像石通论》中，简单列举了河南南阳杨官寺汉墓、唐河县针织厂汉墓、登封县（现登封市）少室山庙阙、密县打虎亭一号汉墓，山东金乡鱼山一和二号汉墓、沂南北寨汉墓，四川绵阳、雅安崖墓，陕北绥德、米脂、清涧县汉墓和贵州金沙县后山乡汉墓等出土的汉代画像石上的无纪年题榜，共 34 处[①]。由于汉代画像石上的题记中没有确切的时间记载，学者们大都根据墓室出土钱币、陶瓷器和图像雕刻技法、特点与风格等进行比较，研判大致时间。无纪年的题榜与纪年题榜一样，起到的标示、记载、记事、祝福等功能也是较清晰的。同时，有些字由于被风化、磨损，或书丹者和民间石刻艺人的写刻失误、臆造，或使用通假字、别字等原因，也存在着不少需要辨别之处。本章按照地域和相近地域出土数量多寡，选择列举主要的汉代墓地画像石阙和墓地祠堂、墓室画像石上的无纪年隶书题榜，并就其中有些题记文字进行简单考释。篆书题榜详见附录一。

① 参见王建中：《汉代画像石通论》，北京，紫禁城出版社 2001 年版，第 453、454 页。

第一节　鲁苏豫汉代画像石上的无纪年题榜

目前，笔者搜集和考察所见山东、河南、苏北等省和地区出土汉代画像石上无纪年的题榜，主要出现在墓地祠堂和墓室画像石上。

一、山东汉代画像石墓祠墓室无纪年题榜

山东省出土汉代墓地祠堂和墓室画像石上的无纪年题榜，主要出现于兖州市（现济宁市兖州区）、嘉祥县、长清县（现济南市长清区）、诸城市、费县、安丘市、邹城市、泰安县、平阴县和沂南县等地区出土的一些画像石上。

济宁市兖州区出土老子、孙武画像石榜题

该石 1981 年出土于当时的济宁市兖州县农机学校。墓为双室画像石墓，画像石现藏于兖州博物馆。该石纵 65 厘米，横 243 厘米，画像为线刻，分为左、中、右 3 幅图，雕刻有人物、凤鸟、蟾蜍、云纹等形象。其中，左图中雕刻老子画像，立于中央，头后镌刻隶书榜题："老子。"右图中雕刻孙武画像，立于画像右边，头后镌刻隶书榜题："孙武。"①（图 4－1）

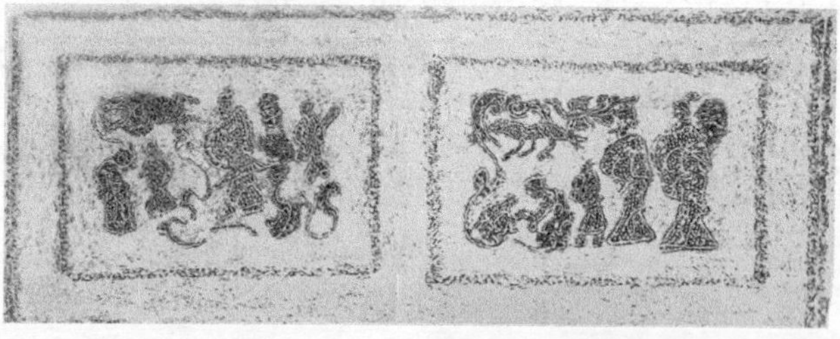

图 4－1　老子、孙武画像与榜题
（图片来源：《中国画像石全集》编辑委员会：《中国画像石全集：2》，济南，山东美术出版社；郑州，河南美术出版社 2000 年版）

① 参见《中国画像石全集》编辑委员会：《中国画像石全集：2》，济南，山东美术出版社；郑州，河南美术出版社 2000 年版，图版一八，第 6 页。

该石无纪年时间，据文献记载，该石大约刻于西汉元帝至平帝时期（公元前48年到公元5年）。

滕州西户口村出土小石祠西壁画像榜题

该石1958年出土于滕州桑村镇西户口村，现藏于滕州汉画像石馆。石纵82厘米，横81厘米，画像四周有边栏，图像5层，分别雕刻有西王母、侍者、建筑、九尾狐、双人头兽、墓主和吹箫等画像。其中，第1层西王母头左侧镌刻隶书榜题："田（西）王母。"第5层图像又分3格，左格为"武阳尉"和"良卯丞"等①。

该石上的"田（西）王母"之"田"字，应为"西"字，应为书丹者或石刻艺人的写刻之误。

嘉祥县五老洼出土画像石题榜

1981年初，嘉祥县城关五老洼满庄东队社员拉山土时发现一座古墓，经过有关部门清理，共出土了15块汉代画像石，其中第3石上刻有隶书榜题，现藏于山东博物馆（图4-2）。该石图像分3层，第1层楼阁图中楼的左柱上阴刻隶书"丁年"二字。楼下雕刻一官员，身上镌刻隶书榜题："故太守。"（图4-3）门外各雕刻一阙，阙下雕刻二人，右边两人身上，一刻"丁卯"，一刻"十一月"②。

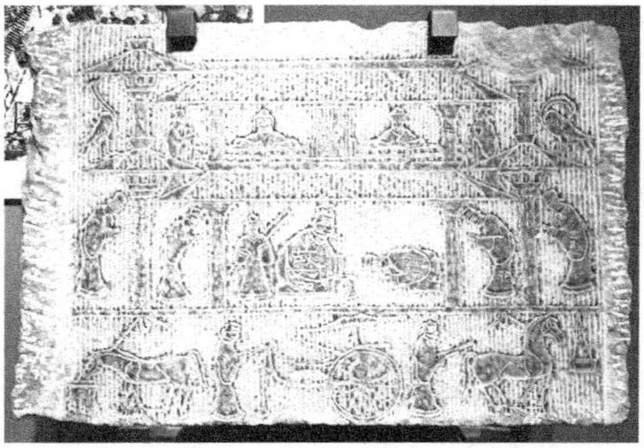

图4-2　五老洼画像石第3石画像与榜题

（图片来源：山东博物馆，自拍）

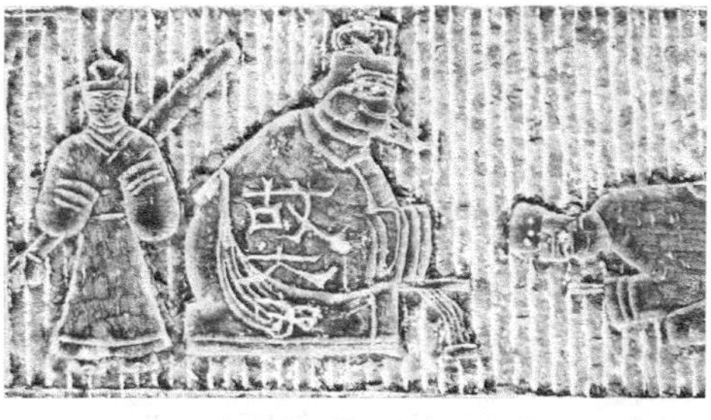

图4-3　五老洼画像石第3石画像与榜题"故太守"

（图片来源：山东博物馆，自拍）

关于该块画像石年代问题，发掘报告认为这批画像石属于孺子婴及汉明帝时期的可能性较大。关于题刻文字问题，发掘报告认为这种刻法可能是"故太守""丁卯年""十一月"之误③。

---

① 参见《山东石刻分类全集》编辑委员会：《山东石刻分类全集：五·汉代画像石（一）》，青岛，青岛出版社2013年版，第271页。

② 来自山东博物馆笔者考察笔记。另参见朱锡禄：《嘉祥五老洼发现一批汉画像石》，《文物》1982年第5期，第71、72页。

③ 参见朱锡禄：《嘉祥五老洼发现一批汉画像石》，《文物》1982年第5期，第71-74页。

笔者认为，从该块画像石图像内容看，“故太守”“丁卯”“十一月”在图像中的位置布局应该不是误刻，可能是民间画师等艺人的一种艺术化表现手法。即是说，该块石面共有上中下3层图像，最上面的一层应是“故太守”与其夫人端坐于厅屋的场景，最下一层应是“故太守”的车马维护或准备出行的场景。中间一层是墓主“故太守”接见宾客或下属拜谒的景象，也是3幅图像中的中心点或主题。那么，在墓主身体上镌刻“故太守”三字，显然起到了标示其身份、官爵的榜题作用，两位拜谒者身体上分别雕刻的“丁卯”和“十一月”，与“故太守”前后成一条横线展开，应该是记载“故太守”于某某“丁卯(年)”“十一月”去世，或墓葬建造完成时间的题记。

微山县两城乡出土胡将军画像石榜题

该石画像已残缺，现藏于微山县文物管理所。图像分两层，其中下层雕刻胡人步骑出山狩猎，居中者形象高大，脑后镌刻隶书榜题：“胡将军。”[①]

该石无纪年时间，据文献记载，该石刻于东汉中期(89—146年)。

长清县孝里铺孝堂山画像石祠堂榜题

该祠现存济南长清区孝里铺孝堂山上，在该祠东西壁和后壁分别刻有隶书榜题：“相”“令”“周公”“胡王”“大王车”“孔子”“三千石”[②]。

该祠堂无确切的建造时间，依据“平原湿阴邵善君，以永建四年四月廿日来过此祠，叩头谢贤明”的参观题记，可以肯定该祠的建造时间应在东汉顺帝永建四年(129年)之前的某个时段。但大致在哪个时段，学界也有不同的说法，其中夏超雄先生从该祠画像内容、雕刻技法风格，与嘉祥五老洼、肥城栾镇村墓室画像石雕刻的胡汉交战图、周公辅成王及伏羲女娲手持规矩等图像类似性比较，以及参考后两者的明确纪年，认为“孝堂山石祠的年代和五老洼、栾镇村墓年代接近，大体在公元67—83年间，或其前后”[③]。尽管如此，这也是推测时间，所以笔者把其列入无纪年范围。同时，该祠西山墙外刻有隶书《胡长仁感孝颂》和唐

① 《山东石刻分类全集》编辑委员会：《山东石刻分类全集：五·汉代画像石(一)》，青岛，青岛出版社2013年版，第77页。

② 参见夏超雄《孝堂山石祠画像、年代及主人试探》，《文物》1984年第8期，第34-39页；罗哲文：《孝堂山郭氏墓石祠》，《文物》1961年第4、5期，第47-49页。

③ 来自长清县孝里铺孝堂山画像石祠堂笔者考察笔记。另参见夏超雄：《孝堂山石祠画像、年代及主人试探》，《文物》1984年第8期，第34-39页。

代杨杰的隶书赞辞，将在后文讨论。

诸城县(现诸城市)凉台村出土孙琮画像石墓题记

该墓1967年春发现于诸城县凉台村西，共出土13块画像石，其中有1块画像石图像为“宴饮、上计图”(也有学者认为是“讲学图”)，现藏于诸城市博物馆。该石残纵73.5～112厘米，横75厘米，题记镌刻在该墓画像石图像左上方，书体隶书。内容为：

“密都鄉(乡)安持里，孙琮字威石之郭(椁)藏。”[①](图4-4)

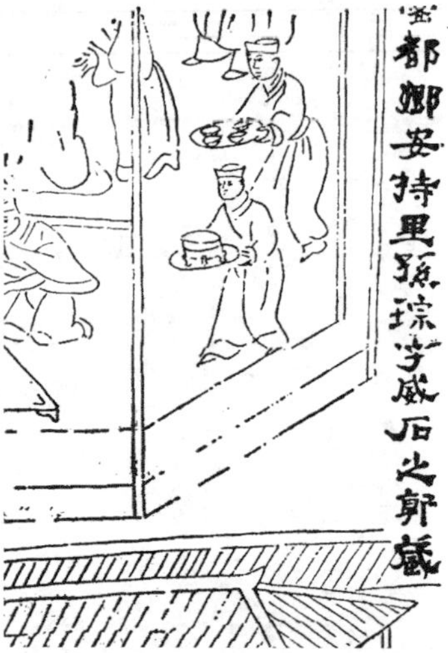

图4-4　孙琮画像石墓画像与题记(图片来源：任日新：《山东诸城汉墓画像石》，《文物》1981年第10期)

题记中的“鄉”应为“乡”的繁体字，“郭”应为“椁”。关于该墓画像石年代问题，王恩田先生依据题铭中墓主籍贯，以及汉阳太守的设置，从历史地理的角度推定其相对年代，认为“孙琮墓相对年代应在东汉永平到东汉末(公元74—220年)之间”[②]。笔者认为，王恩田先生只是推断时间，实际上该墓画像石题记无具体年代，墓内也未发现其他可资断代的遗物，故列入无纪年范围。

嘉祥县纸坊镇敬老院出土画像石榜题

1983年3月嘉祥县纸坊镇敬老院职工修建花园时发现一座古墓，出土了23块汉代画像石。其中现藏嘉祥县武氏祠文物保管所(武氏墓群石刻博物馆)中有4块画像石上镌刻有隶书榜题。第1石中层“孔子见老子”图像，石纵111厘米，横45厘米，分别刻有隶书榜题“孔子”与“老子”。第2石中层“周公辅成王”图像，石纵111厘米，横50厘米，分别刻有隶书榜题“成王”“周公”“召公”。第3石中层“吴王”图像，石纵103厘米，横50厘米，刻有隶书题榜“吴王”，下层“太子”图像刻有隶书榜题“太子”，即成王(图4-5)。第4石上层“楚王”图像，

① 参见任日新：《山东诸城汉墓画像石》，《文物》1981年第10期，第15页。

② 王恩田：《诸城凉台孙琮画像石墓考》，《文物》1985年第3期，第93页。

石纵 103 厘米,横 47 厘米,刻有隶书榜题"楚王"①。

据发掘报告记载,嘉祥县纸坊镇敬老院出土的 23 块画像石,有的已经被盗掘时破坏,较为完整的只有 15 块。据学者考证,这座画像石墓"是后人拆取汉代祠堂的画像石,改用来修墓的。一、二、三、四石可能是祠堂门两边的立石。这四石或分属于两个小祠堂。第十四石为房檐石。由宋山和以往情况看,汉代这一带流行小祠堂制度。到魏晋时又有人拆掉汉代祠堂修建坟墓,故纸坊画像石墓的时代也应属魏晋",但画像石及其榜题隶书应属于东汉时期②。

图 4-5　纸坊镇敬老院画像石第 3 石画像与榜题(图片来源:《中国画像石全集》编辑委员会:《中国画像石全集:2》,济南,山东美术出版社;郑州,河南美术出版社 2000 年版)

博兴县出土画像石题榜

博兴县博物馆藏有不少征集的博兴县历年出土的汉代画像石,其中该县湖滨镇相公村出土有 15 块画像石,编号 13、14 石上刻有题榜文字。第 13 石图像内容为尧舜故事,画面分上下两层。上层画像中自右向左人物前上方雕刻隶书榜题 4 处,内容为:"尧二女""帝尧""尧母""舜后弟"。

编号 14 石上画面分左右两部分,右边图像残缺,仅有一站立拥彗执棒人物,图像左上方镌刻有两处内容相同的题记,书体隶书。内容为:

"此上人马皆当食天仓,饮江河。"③

博兴县博物馆藏的这 15 块画像石均无纪年时间,从题记内容表述等方面看,应为东汉时期。

---

① 参见嘉祥县文管所:《山东嘉祥纸坊画像石墓》,《文物》1986 年第 5 期,第 31-41 页;《中国画像石全集》编辑委员会:《中国画像石全集:2》,济南,山东美术出版社;郑州,河南美术出版社 2000 年版,图版一一二、一一三、一一四、一一五,第 40-41 页。

② 参见嘉祥县文管所:《山东嘉祥纸坊画像石墓》,《文物》1986 年第 5 期,第 31-41 页。

③ 参见杨勇、张淑敏:《博兴县博物馆藏汉代画像石》,《海岱考古》第十一辑(2019),第 90-101 页。北京大学汉画研究所网站信息,2020 年 3 月 16 日发布。

费县城北刘家疃村出土画像石题榜

该墓发现于1966年，原地封存，发掘资料未公布，墓葬发现之初，名为潘家疃汉墓，现改名为刘家疃汉画像石墓。2016年6月山东省博物馆联合费县博物馆对该墓进行二次清理。该墓共出土36块画像石，主要分布在前室、中室和后室画像石。其中，在前室东壁南立柱画像，即第14幅“女娲执矩”与“戴日抱月”画像中间镌刻题记5行，书体隶书。内容为：

“行□□□□日也，□戴日抱月，此上下皆□□圣人也。”①(图4-6)

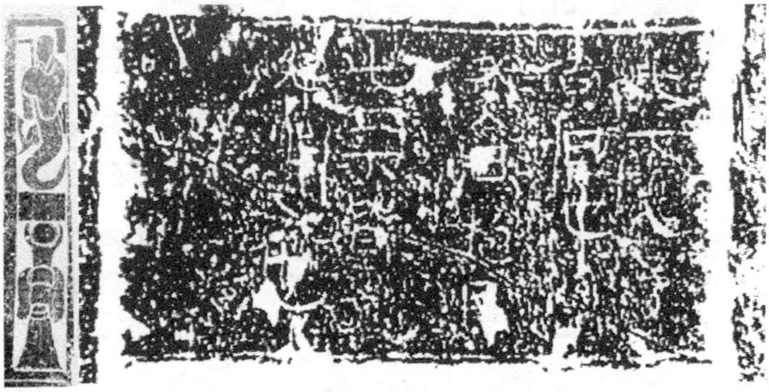

图4-6　刘家疃村画像石画像与题记

(图片来源:《中国画像石全集》编辑委员会:《中国画像石全集:3》，济南，山东美术出版社;郑州，河南美术出版社2000年版)

该墓有些画像上刻有隶书榜题，但多漫漶不清，其中前室北壁上部画像第9幅画像的隶书榜题可辨者有“此老子也”。前室南壁上部画像第15幅画像的隶书榜题可辨者有“秦王”“周公□成王”“此怛己也”等。

该墓无纪年时间，《山东费县刘家疃汉画像石墓发掘简报》综合墓室结构和画像特点，认为该墓的时代应为东汉晚期②。

安丘市王封村出土画像石题记

该墓1954年发现于安丘市王封村，原地封存。画像石拓本纵84厘米，横161厘米，图像共有3层，上层为“车骑出行”，下层为“乐舞百戏”，中层为“拜谒图”。题记1行竖刻于中层右边，书体隶书。内容为：

---

① 参见《中国画像石全集》编辑委员会:《中国画像石全集:3》，济南，山东美术出版社;郑州，河南美术出版社2000年版，图版八三，第28页。

② 来自费县城北刘家疃墓笔者考察笔记。另参见于秋伟、潘振华、李宁等:《山东费县刘家疃汉画像石墓发掘简报》，《文物》2018年第9期，第74-93页。

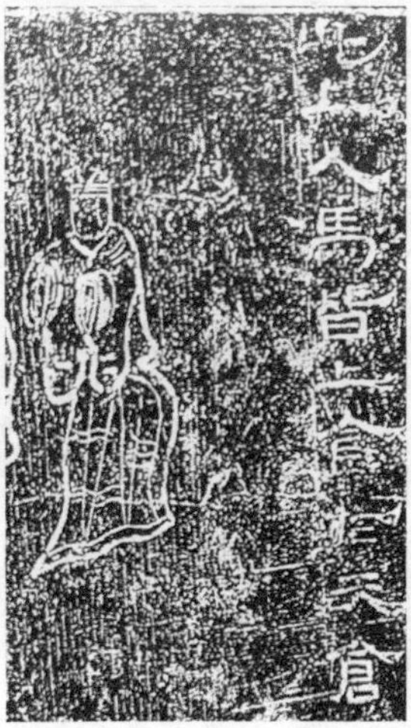

图 4-7　安丘市王封村画像石画像与题记
（图片来源：《中国画像石全集：3》，济南，山东美术出版社；郑州，河南美术出版社 2000 年版）

"此上人马皆上食于天仓。"（图 4-7）

该墓出土画像石无纪年时间，从题记内容表述等方面看，应为东汉时期。

此外，《中国画像石全集：3》图版一四七中认为题记内容为"此上人马皆食于天仓"[①]。笔者认为，仔细观察可见"皆"与"食"之间还有一个"上"字，应为"此上人马皆上食于天仓"，有关这类墓葬用语见下文讨论。

邹城市面粉厂出土孔门弟子画像石榜题

1993 年 5 月邹城市面粉厂扩建时发现一座古墓，其中东壁上层石块为画像石，现藏于邹城孟庙。该石纵 45 厘米，横 245 厘米，图像分上下两格，上格雕刻 24 个人物，皆有榜题，书体隶书。内容左起依次为："县成""梁鳣""琴牢""□枢""叔仲""痍苞""颜侨""公孙□""百□""任不"、"□父"（第 12 与第 13 人物榜题待辨识）、"□雕"（第 15 与第 16 人榜题待辨识）、"商瞿""孔（忠）"、"乙（攸）"（第 20 与 21 人榜题待辨识）、"公冶长""颜幸""上□"[②]（图 4-8）。

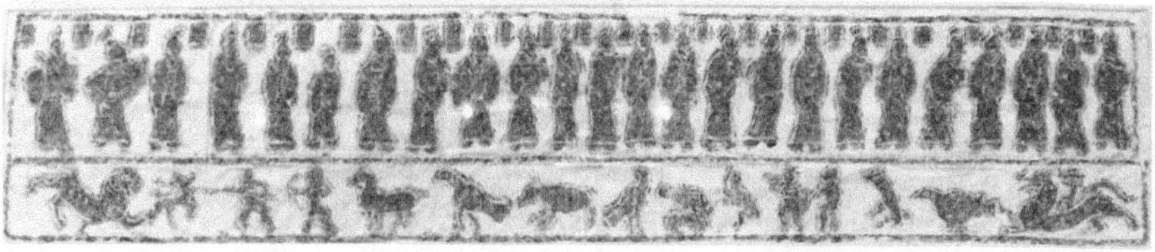

图 4-8　邹城市面粉厂孔子弟子画像与榜题拓片
（图片来源：2017 年 6 月 22 日临沂市博物馆、沂南北寨汉画像石博物馆举办"汉画像石上的孔子拓片展"，自拍）

该石无纪年时间，刘培桂等先生界定为东汉晚期，胡新立先生界定为东汉

① 参见《中国画像石全集》编辑委员会：《中国画像石全集：3》，济南，山东美术出版社；郑州，河南美术出版社 2000 年版，图版一四七，第 50 页。

② 参见刘培桂、郑建芳、王彦：《邹城出土东汉画像石》，《文物》1994 年第 6 期，第 32－36 页；胡新立：《邹城汉画像石》，北京，文物出版社 2008 年版，图版一五六、一五八，第 57、58 页。

中期(89—146 年)。榜题最后"上□"的第二个字,刘培桂等先生释读为"聿"下面加一个口字。胡新立先生识读为"上书"。笔者认为这个字应为"书"。从字体形态上看,这个"聿"下面一个口字可能是民间石刻艺人少刻了一横,或年长久远漫漶不清。但该处画像石上众多人物均刻有榜题,这在出土汉代画像石中是少见的。

邹城市郭里镇独山村出土东王公画像石榜题

该石 1974 年发掘于邹城市郭里镇独山村,现藏于邹城孟庙。石纵 76 厘米,横 64 厘米,画像为"东王公、车马画像"。画面分两层,上层为东王公画像,在东王公画像右上角阴刻隶书榜题:"东王父。"①

该石无纪年时间,胡新立先生认为刻于东汉晚期(147—189 年)。

泰安市大汶口出土画像石墓门前室西壁横额榜题

1960 年 6 月山东泰安市大汶口公社(现为大汶口镇)在汶河建造拦水坝时发现一座汉代画像石墓,出土画像石 9 块,现藏于泰安市博物馆。其中,第 2 石图像中段刻有故事名称的隶书榜题"此丁兰父"等(图 4-9)。第 6 石东前室墓门门楣图像中刻有隶书榜题:"孔子。"

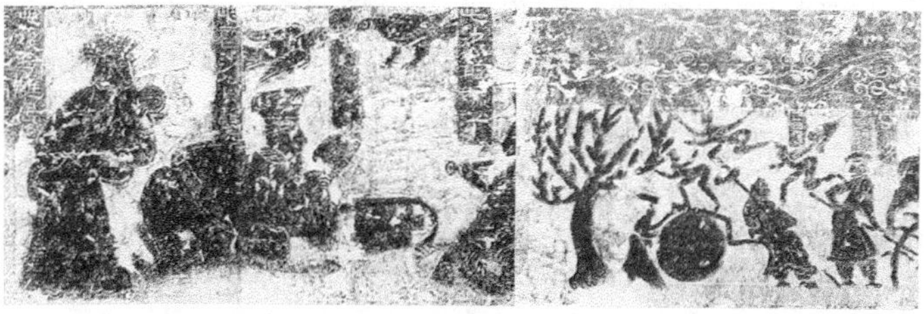

图 4-9　大汶口画像石墓门前室西壁横额画像与榜题
(图片来源:《中国画像石全集》编辑委员会:《中国画像石全集:1》,济南,山东美术出版社;郑州,河南美术出版社 2000 年版)

该墓画像石无纪年时间,一般认为刻于东汉晚期。关于第 2 石图像与榜题问题,程继林先生认为"似为'邢渠哺父'故事",榜题"此丁兰父""或为误刻"。右段图像沙公前妇子孝敬后母故事,"此段画像表现的内容与春秋时鲁国人闵子骞事后母至孝的故事相似,但榜题为晋沙公、沙公前妇子及后母"②。王恩田

① 胡新立:《邹城汉画像石》,北京,文物出版社 2008 年版,图版六六,第 23 页。
② 参见程继林:《泰安大汶口汉画像石墓》,《文物》1989 年第 1 期,第 48-58 页。

先生认为第2石右段图像自右而左分别为“丽姬计杀申生”“赵苟哺父”和“孝子丁兰”故事。“丽姬计杀申生”图像中间一席地而坐者，榜题为“此晋浅（献）公贝（被）离（丽）算”，右边一人跪向坐者，榜题“此浅（献）公前妇子”，一妇女榜题“此后母离（丽）居（姬）（也）”。“此晋浅（献）公贝（被）离（丽）算”中的“浅”应为“献”，“贝”应为“被”，“离”应为“丽”，即该榜题应为“此晋献公被丽算”，此句意思是说晋献公被丽姬暗算。“此浅（献）公前妇子”中的前妇指晋献公前妻齐姜，前妇子指齐姜所生献公之子申生。“此后母离（丽）居（姬）（也）”中的“居”通“姬”等，所以“据榜题和这组画像的内容，可确知系历史上著名的丽姬计杀申生的故事”。大汶口汉画像石第2石榜题两条，右刻“孝子赵苟”，左刻应为“赵苟哺父”等①。笔者认为，王恩田先生的考证释读是合理的，即汉代画像石题榜文字有不少是通假字、谐音字、误刻字和民间石刻艺人等的臆造字等，对其解读不应仅仅停留于字面，不仅要分析每个字的笔法、结构和形态以及上下文语境，也要借助文献、图像深入考证，方能较准确地解读。

平阴县东阿镇孟庄村出土画像石榜题

该墓1967年发现于平阴县东阿镇孟庄村，1986年5至7月济南市文化局文物处联合平阴县博物馆筹建处等进行了清理，编号为M1。画像石分别雕刻在墓门及各室过梁、横额、石柱等处。在Z 10即中室北侧柱上均刻人物图像，其中西面有6人，3人一组，拱手相对跽坐，空白处镌刻榜题6则，书体隶书。内容从左向右分别为：

“小使□（囡）”“韦君故吏”“从吏”“韦君”“故吏”“君故吏”。

此外，在中室顶部东侧的壁板下端、中西侧室顶部西侧的壁板下，皆刻隶书“尹多石”三字②。

该墓画像石无纪年时间，一般认为刻于东汉晚期。关于该处榜题中的“小使□”的第三个字，发掘报告识读为“口”字里面一个“也”。笔者认为从字的形态上看应是“囡”字，即“小使囡”，用以表明人物身份。“尹多石”三字也可能是工匠姓名。

---

① 王恩田：《泰安大汶口汉画像石历史故事考》，《文物》1992年第12期，第73－78页。

② 参见济南市文化局文物处、平阴县博物馆：《山东平阴孟庄东汉画像石墓》，《文物》2002年第2期，第38－52页。

沂南县北寨村出土画像石榜题

该墓1954年出土，位于沂南县北寨村，该墓是迄今保存完好的大型汉代画像石墓，现为沂南北寨汉画像石墓博物馆。其中，在1号墓的中室四壁、门两旁的图像中镌刻有榜题，书体隶书。内容依次为：

“晋灵公”“仓颉”“齐桓公”“卫姬”“御者”“令（蔺）相如”“孟奔”“管叔”“苏武”“敖也”“铁□”“齐侍郎”[①]（图4－10）。

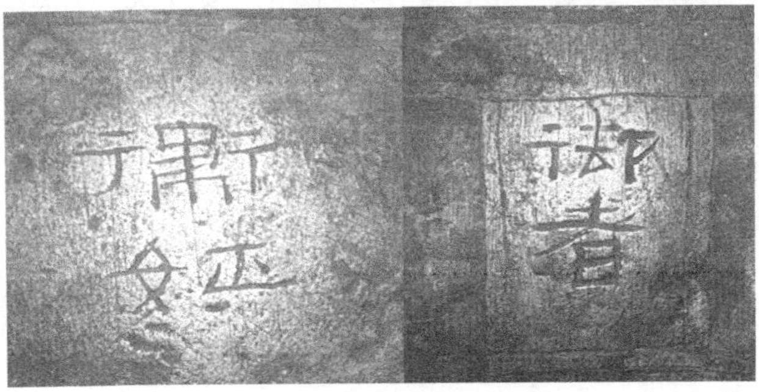

图4－10　沂南县北寨村画像石榜题“卫姬”“御者”
（图片来源：沂南北寨汉画像石墓博物馆，自拍）

该墓无纪年时间，一般认为画像石刻于东汉晚期。榜题中的“令相如”应为“蔺相如”。

临沂市博物馆藏“人马禽守（兽）”画像石题记

临沂市博物馆藏有2块镌刻有题记的画像石，其一石长114厘米，宽88厘米，画面长109.5厘米、宽29厘米，栏边内雕刻人物、异兽等。石面中间空白处题记16个字，书体隶书。内容为：

“人马禽守（兽）百鸟皆食太仓饮于梁河之下。”

其一石长108厘米、宽30厘米，画面长108厘米、宽30厘米，栏边内雕刻九头人面兽、人物和异兽等。石面中间空白处题记17个字，书体隶书。内容为：

“人马禽守（兽）百鸟皆食于太仓饮于梁河之下。”（图4－11）

---

① 来自沂南北寨汉画像石墓博物馆笔者考察笔记。另参见华东文物工作队山东组：《山东沂南汉画像石墓》，《文物参考资料》1954年第8期，第42页；南京博物院、山东省文物管理处：《沂南古画像石墓发掘报告》，北京，文化部文物管理局1956年版，第23页；赖非：《山东汉代画像石榜题》，《美术研究》1994年第2期，第24页。

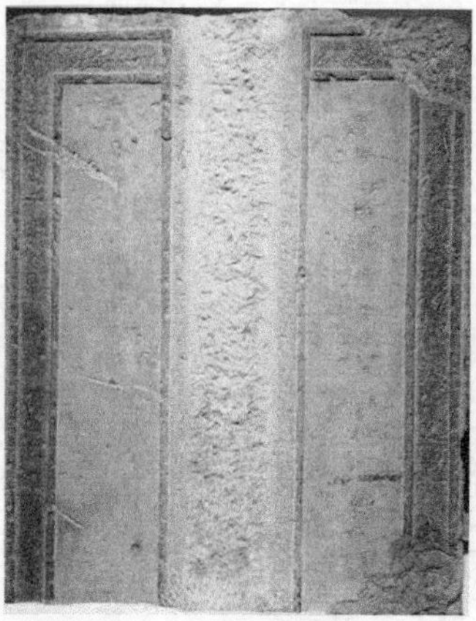

图 4－11　临沂市博物馆藏“人马禽守(兽)”画像石题记
(图片来源:临沂市博物馆,自拍)

这两块画像石均无纪年时间,一般认为刻于东汉时期。在这两条题记中,从前一个“禽”字推测,下一个“守”字应为“兽”字。笔者认为,这是书丹者等民间艺人写的别字①。

临沂市出土画像石题榜

该石出土于山东临沂,出土时间、地点和馆藏不详,仅见拓片。拓本纵 67 厘米,横 135.5 厘米,雕刻有历史故事、车马出行等图像。画像左侧竖刻隶书题记 1 行:“此上人马食大(太)仓。”图像中的隶书榜题自左至右为“孔子”和“老子”②。

该石无纪年,从图像和题榜风格看,应刻于东汉时期。

二、苏北汉代画像石墓祠墓室无纪年题榜

苏北出土汉代画像石墓祠上和墓室中的无纪年题榜,主要出现于苏北的徐州市区及睢宁县、铜山县和宿迁市内泗阳县、泗洪县境内出土的一些画像石上。

铜山县汉王乡东沿村出土画像石祠堂“丁巳立石”题记

该石为铜山县汉王乡东沿村出土画像石之第 3 石,现藏于徐州汉画像石艺术馆。其上题记有月日时间,但具体年号已风化残缺,武利华先生推测可能刻于汉光武帝建武中元二年(57 年)。题记位于祠堂前立面,共 5 行,每行字数不等,共计 35 字左右,书体隶书。内容为:

“□□□年九月十八日丁巳立石室,直(值)钱七千,天命有结,始知命不怅,君之厚祖重宗者也。”③(图 4－12)

① 来自临沂市博物馆笔者考察笔记。

② 参见傅惜华:《汉代画象(像)全集》二编,巴黎大学北京汉学研究所图谱丛刊之一,1951 年版,第 219 页。

③ 来自徐州汉画像石艺术馆笔者考察笔记。另参见武利华:《徐州汉画像石通论》,北京,文化艺术出版社 2017 年版,第 335、336 页。

题记中的"直"是通假字,应为"值"字。

睢宁县古邳镇苗庄出土画像石题记

该墓为画像石墓,椁顶有3块盖板,其中一块刻有题记,书体隶书。内容为:

"李□乡石郭(椁),值万当千。"[①]

该墓无纪年时间,据学者研究,该题记大约刻于王莽时期。题记中的"郭"应为"椁"。

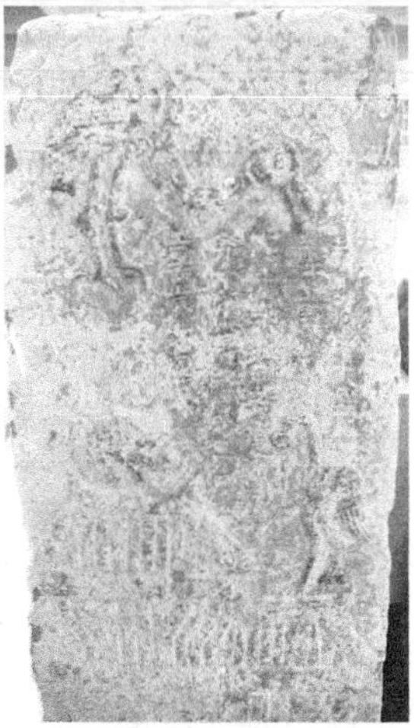

图4-12　汉王乡东沿村画像石祠堂"丁巳立石"题记(图片来源:徐州汉画像石艺术馆,自拍)

泗洪县重岗乡出土画像石题榜

该墓1984年3月发掘清理,为汉代画像石墓。其中,西壁"宴饮图"左边框刻有题记,隐约可见4行题记,每行约20字,书体隶书,但已漫漶不清。东壁角抵图中刻有隶书榜题:"徒长。"东室东壁"迎接图"边框右外侧刻有隶书题记,但已漫漶[②]。

该墓无纪年时间,发掘报告认为刻于西汉末年王莽时期。

泗洪县曹庙乡出土画像石题记

1984年春,泗洪县图书馆在该县曹庙乡进行文物普查时征集了刻于东汉时期的画像石30块,有画像内容的共17块。其中,第5块为横额,画面分上下两格,上格"听琴图"中的15位女宾头侧均刻有空白榜额,唯有右起第8格内刻有一个隶书"令"字。

第8块为门柱石,该石图像左边缘刻有题记14个字,书体隶书。内容为:

"此人马、禽狩(兽)、鸡犬皆食太仓,饮大湖。"[③]

该石无纪年时间,据学者研究,刻于东汉晚期。题记中的"狩"是通假字,应为"兽"。

① 参见武利华:《徐州汉画像石通论》,北京,文化艺术出版社2017年版,第347页。

② 参见南京博物院、泗洪县图书馆:《江苏泗洪重岗汉画象(像)石墓》,《考古》1986年第7期,第614-622页。

③ 参见尹增淮、江枫:《江苏泗洪曹庙出土的东汉画像石》,《文物》2010年第6期,第66-74页。

泗洪县曹庙裴墩画像石题榜

1974 年底南京博物院在泗洪县曹庙裴墩搜集了一批东汉画像石，有门额、石柱、横额等 11 块，其中较完整的有 9 块。第 8 块石横额刻石上画面右上角有一方形榜题刻隶书二字："大狩。"第 9 石横额下格画面共刻 12 个人物，皆有榜题表明身份。画面以隶书"令"字为中心，其右旁共刻 8 人均有榜题，书体隶书。内容依次为"铃夏""主簿""门下千""小史""书佐"等。

其左共刻 13 个人物，均有榜题，书体隶书。内容依次为"骑吏""功曹""五白""贼曹""游徼""主记""门下吏""行亭掾"①等。

该墓无纪年时间，据学者研究，刻于东汉时期。该墓第 8 块石横额石上的"大狩"之"狩"字是通假字，应为"守"，"大"也是通假字，与"太"相通。第 9 石横上的额榜题均为标明人物身份。

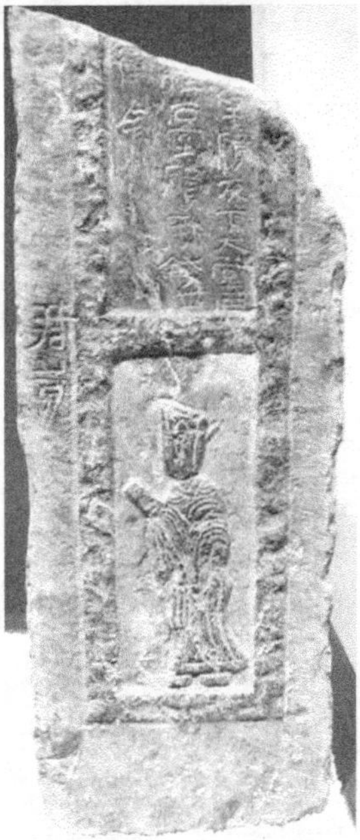

图 4 - 13　茅村蔡丘祠堂画像石画像与题记
(图片来源：徐州汉画像石艺术馆，自拍)

铜山县茅村蔡丘出土祠堂画像石题记

该石为祠堂右壁残石，现藏于徐州汉画像石艺术馆。在正面门吏图像上方刻有题记 3 行，但残缺已不连贯，书体隶书。内容为：

"……宰殒及下大堂用；……作石室，碽用钱卅；……律令。"②(图 4 - 13)

此外，该题记左下刻有 2 个隶书字："君吉。"这 2 个字可能是祝福语。

该石无纪年时间，据学者研究，刻于东汉时期。

铜山县大庙镇大庙村出土画像石题记

该墓 1995 年 3 月发现于铜山县大庙镇大庙村。发掘简报认为该墓为魏晋时期人利用汉代画像石祠堂材料改建的墓葬，时间为上限曹魏，下限西晋时期。

① 参见尤振尧：《江苏泗洪曹庙东汉画像石》，《文物》1986 年第 4 期，第 43、45 页。

② 来自徐州汉画像石艺术馆笔者考察笔记。另参见武利华：《徐州汉画像石通论》，北京，文化艺术出版社 2017 年版，第 343 页。

该墓共出土画像石 8 块，10 幅画像，此外还有 11 块石头雕刻有简单的几何图案。

第 1 石东壁内侧石板主体画面分为上下两层，上层为“人物建筑图”，下层为“泗水捞鼎图”。画面边框右上部镌刻题记，书体隶书。内容为：

“此□室中人马皆食大(太)仓。”

第 2 石前室西壁画面左侧边框外有铭刻，但已漫漶不清，可辨识的仅有“高象”二字。西壁南面画面边框右侧竖刻题记 1 行，书体隶书。内容为：

“起石室立坟直(值)五万二千，《孝经》曰：‘卜其宅兆，而安厝之，为家庙以鬼神食享之’。”①

该石无纪年时间，该墓画像石及题记年代为魏晋时期，指的是墓葬而非画像石及题记雕刻时间。魏晋时期的人利用汉代画像石进行再葬墓现象不少，但画像石及其图像和题榜一般为东汉时期的雕刻作品。该墓 3 处文字题刻中，“大”是通假字，通“太”，应为“太仓”。“高象”二字具体意思不明。“直”是通假字，通“值”字，用以标明造墓价格。

铜山县伊庄出土祠堂画像石题记

该石为一块画像石祠堂后壁刻石，已残，现藏于徐州汉画像石艺术馆。石高 60 厘米，宽 46 厘米，厚 21 厘米，雕刻有人物抚琴、车马出行图，题记刻于该石建图像下方，年月日残缺，书体隶书。可辨识的内容为：

“□□□□□□□□□□□□□□□□□皆如礼，孝子丧亲，表思明情，哀者作也。父母失年，哭不哀其声，叨乎若绝不还；服美不安，去怜觜(嘴)，闻乐不乐，意不听承。广顺经大人治世，小人治名。众史(复)命在天，子无随没之寿，王无附(死)之臣。卜其宅兆，务使亲者安，乃昔日之以

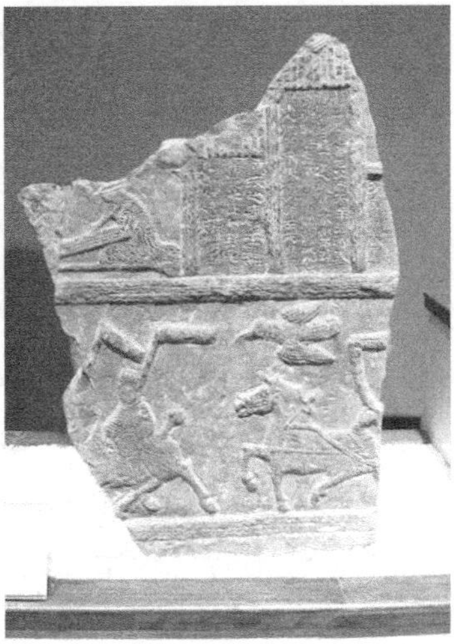

图 4－14　伊庄祠堂画像石画像与题记
(图片来源：徐州汉画像石艺术馆，自拍)

① 参见徐州博物馆：《江苏徐州大庙晋汉画像石墓》，《文物》2003 年第 4 期，第 61－70 页；武利华：《徐州汉画像石通论》，北京，文化艺术出版社 2017 年版，第 338、339 页。

如生也。"[①](图 4-14)

该石无纪年时间，据学者研究，刻于东汉时期。题记中的"去怜觜"之"觜"，通"嘴"。"众史(复)命在天"之"复"原刻字迹模糊，但从字形和笔画态势看，应为"复"字。"王无附(死)之臣"之"死"原刻字迹也模糊，但从字形和笔画态势看，也应为"死"字，且上下文语境也较合适。

铜山县吕梁出土祠堂画像石题记

该石为 2006 年铜山县吕梁发现的一块祠堂后壁石，题记位于画面中间，竖刻 1 行，书体隶书。可辨识的内容为：

"作石室，直(值)泉(钱)五千。"[②]

该石无纪年时间，据学者研究，刻于东汉时期。该条题记中的"直"是通假字，应为"值"。"泉"即"钱"，钱币的古称。

下邳县(现属邳州)出土画像石祠堂题记

该石已残缺，在该石图像左上方刻有题记 2 行，因石头残缺，左右行文字不能连读，书体隶书。可识读的内容为：

"故下邳终郭乡东石谏议三……；传后子孙敬祖先孝顺□门……"[③]

该石无纪年时间，据学者研究，刻于东汉时期。

三、河南汉代画像石墓室无纪年题榜

河南省出土的汉代画像石墓室无纪年题榜，主要出现于南阳市区及唐河县、方城县和许昌市襄城县境内出土的一些画像石上。

唐河县南关针织厂出土画像石榜题

1971 年秋唐河县南关外针织厂在扩建工程中发现一座画像石墓，1972 年 6、7 月间河南省博物馆等部门进行了挖掘，出土了大批画像石。其中，在该墓北

① 来自徐州汉画像石艺术馆笔者考察笔记。另参见武利华：《徐州汉画像石通论》，北京，文化艺术出版社 2017 年版，第 339、340 页。

② 参见武利华：《徐州汉画像石通论》，北京，文化艺术出版社 2017 年版，第 342 页。

③ 参见武利华：《徐州汉画像石通论》，北京，文化艺术出版社 2017 年版，第 342 页。

主室顶门柱一端镌刻有隶书文字："下男（梁）三。"[①]（图 4－15）

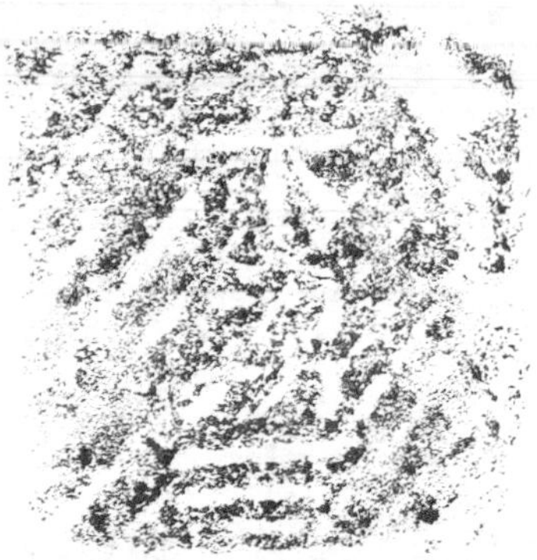

图 4－15　唐河县南关针织厂画像石榜题
（图片来源：周到、李京华：《唐河针织厂汉画像石墓的发掘》，《文物》1973 年第 6 期）

该石无纪年时间，发掘报告认为刻于西汉晚期。关于该墓画像石上的"下男（梁）三"识读问题，发掘报告等认为是"'下男（?）三'三字。其意不解"[②]。王建中先生识读为"下第三"[③]。笔者认为，从中间的字的形态上看像"男"，但"下男三"似乎讲不通。"下第三"似能讲通。然而，从该墓的鸟瞰图看，南北两主室门由三根立柱、两条门楣构成，三根立柱也是南北主室的顶梁柱[④]。那么，北主室顶门柱上刻"下梁三"字样应该是指两主室大梁下的三根柱石。因此，这三个字应为"下梁三"，应该是民间石刻艺人用来标注该墓南北主室顶梁柱石摆放位置的文字符号。

南阳市杨官寺村出土画像石榜题

1962 年南阳杨官寺村村民进行水利建设时发现了这座保存较好的画像石墓，出土了顶盖石、墙壁石、支柱、门额、门扉等大小石材 351 块，画像石 14 块，画像 14 幅。该墓墓门中柱石正面画像中刻有隶书文字："柏乐""山"。北主室南扇门正面画像中两柱间刻有似为隶书的"楚""上"，下残缺；该石下部残存的画像中刻有一条弯曲的河，刻有隶书"水"字；在河的中部对称的两根柱子之间刻有几个隶书文字，似为"四、八、日、月、火"5 个字；在左柱上端残存能辨识的隶书有"死""奎父""人水或入水"5 个字。

墓内盖顶石和墙壁上镌刻有文字，书体隶书。可识读内容为：

"雉陈""仇史甲""宋威甲""宋文甲""胡方""宋威""威甲"[⑤]。

① 参见周到、李京华：《唐河针织厂汉画像石墓的发掘》，《文物》1973 年第 6 期，第 27 页；韩玉祥、李陈广：《南阳汉代画像石墓》，郑州，河南美术出版社 1998 年版，第 48 页。

② 参见周到、李京华：《唐河针织厂汉画像石墓的发掘》，《文物》1973 年第 6 期，第 27 页。

③ 王建中：《汉代画像石通论》，北京，紫禁城出版社 2001 年版，第 453 页。

④ 韩玉祥、李陈广：《南阳汉代画像石墓》，郑州，河南美术出版社 1998 年版，第 63 页。

⑤ 参见河南省文化局文物工作队：《河南南阳杨官寺汉画象（像）石墓发掘报告》，《考古学报》1963 年第 1 期，第 118 页；韩玉祥、李陈广：《南阳汉代画像石墓》，郑州，河南美术出版社 1998 年版，第 43、44 页。

该墓无纪年时间，发掘报告认为刻于东汉早期或中期。南阳市杨官寺村画像石墓出土的画像石图像和题榜文字都残损较严重，发掘文献所记多为推测。笔者认为墓门中柱石正面画像从其上残存的马、人物动作看，榜题“柏乐”应为“伯乐”，即标注人物身份，该画面可能表现的是伯乐相马故事。北主室南扇门正面画像残缺为房屋和有船与河流形象的两块，有房屋、河流等形象的榜题“水”字，可能是标注画面中的河流。船的上方两根柱子之间残存有“四、八、日、月、火”5个字，可能是墓葬时间；左柱子上端残存的“死”“奎父”“人水或入水”5个字应是题记中残存的字，其中的“奎父”可能是“夸父”。《山海经·海外北经》中有“夸父逐日”神话故事，说其翻山越岭，在追日过程中因口渴而喝干了黄河和渭河水等。据画面上的河流形象和榜题“人水或入水”字样，这个画面雕刻的可能是“夸父逐日”神话故事。墓内盖顶石和墙壁上的字应该都是石工等人的姓名。关于这些工匠的姓名问题将在下文讨论。

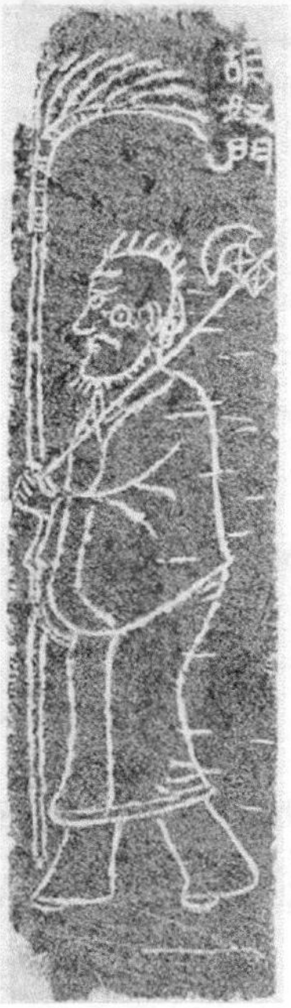

图4-16 “胡奴门”画像与榜题
（图片来源：《中国画像石全集》编辑委员会：《中国画像石全集：6》，郑州，河南美术出版社；济南，山东美术出版社2000年版）

南阳市卧龙区蒲山镇蒲山村2号墓出土画像石榜题

该墓墓门镌刻隶书榜题：“下平四。”①

该石无纪年时间，据学者研究，刻于东汉早期。该处画像石上的“下平四”3个字，可能也是民间石刻艺人用来标注该墓南北主室顶梁柱石摆放位置的文字符号。

方城县杨集乡余庄村出土“胡奴门”画像石榜题

该石1934年出土于方城县杨集乡余庄村，该石为墓门石柱，现藏于方城县博物馆。石高126厘米，长43厘米，画面上一右手拥慧、左手执钺的胡人画像上方镌刻隶书榜题：“胡奴门。”②（图4-16）

该石无纪年时间，一般认为刻于东汉时期。

① 参见韩玉祥、李陈广：《南阳汉代画像石墓》，郑州，河南美术出版社1998年版，第167页。
② 参见《中国画像石全集》编辑委员会：《中国画像石全集：6》，郑州，河南美术出版社；济南，山东美术出版社2000年版，图版四三，第17页。

襄城县七里店砖厂出土画像石榜题

该石于1985年6月在襄城县七里店砖厂一墓中被发现，墓内并列4个石室，墓壁石有10块，上刻装饰性花纹。该石为墓前堵门石，上刻隶书榜题："东□长史。"[①]该石无纪年时间，据学者研究，刻于东汉时期。

南阳市独山西坡出土画像石题记

该墓左侧室南门柱上方刻有题记，书体隶书。内容为：

"为后子孙□。"[②]

该墓无纪年时间，据学者研究，刻于魏晋时期。该墓画像石上的5个字，也有学者认为是"为俊子孙□"，或"为孝子孙□"[③]。笔者认为，该题记应该是警示语或祝福语，解释"为后子孙□"应该更合适些。

上述所列是较常见的一些无纪年题榜，实际上汉代画像石上的无纪年题榜也是很多的，限于篇幅，有些较少文字的不再列举。

第二节 川渝汉代画像石上的无纪年题榜

四川、重庆和贵州地区出土的汉代墓室画像石上的无纪年题榜也有不少，其中，四川地区出现的较多，重庆和贵州地区出现的较突出的各有1例。在此，仅谈四川和重庆地区出土的汉代画像石上的无纪年题榜。

一、四川汉代画像石崖墓无纪年题榜

四川省出土汉代画像崖墓无纪年题榜，主要出现于新津县、郫县（现郫都区）、合江县、乐山市、简阳县（现简阳市）和合川县（现合川区）境内出土的一些

① 参见黄留春、张照：《河南襄城县发现汉画像石》，《文物》1988年第5期，第54页。
② 参见韩玉祥、李陈广：《南阳汉代画像石墓》，郑州，河南美术出版社1998年版，第209页。
③ 参见曾宪波：《南阳汉代画像石墓志题记题刻和现存汉代碑刻的初步研究》，《南阳理工学院学报》2013年第5卷第2期，第127页。

崖墓中。

新津县出土崖墓"孔子问礼"画像榜题

该画像为石函一侧，出土于新津县，原石函已毁。画像共有 7 人，自右至左可分 3 个部分，均有文字榜题。右边雕刻两人握手谈话，人物头上方分别刻隶书榜题："东海(叶)太守""即墨少君"。中间部分雕刻"孔子问礼图"，3 人头上方分别刻隶书榜题："□子""孔子""老子"。左边雕刻相对的 2 人，应为神农与仓颉，人物头上方分别刻隶书榜题："神农""仓颉"(图 4 - 17)。

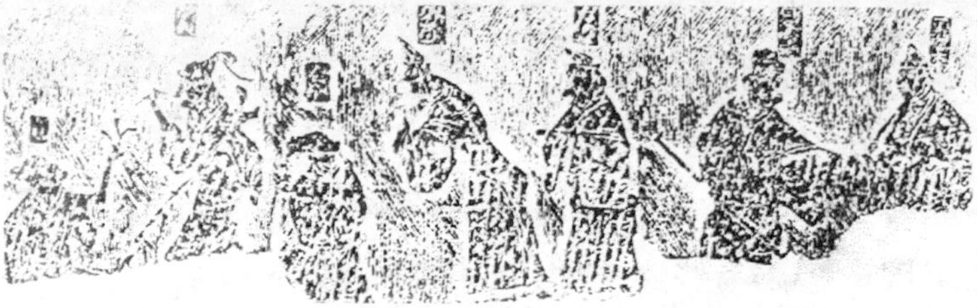

图 4 - 17　新津县出土崖墓"孔子问礼"画像与榜题
(图片来源：高文：《四川汉代画像石》，成都，巴蜀书社 1987 年版)

该画像无纪年时间，应刻于东汉时期。同时，该画像也是新津县出土汉代石函中刻有榜题的一具①。

长宁县飞泉保民村出土"七个洞"4 号崖墓题记

该墓外的崖壁画像紧邻墓门右侧仅镌刻有隶书"士"字，也可能是个"熹"字。再右为一单阙画像，阙内一人物下方刻有题记，书体隶书。内容为：

"赵是(氏)天门。"②

该墓无纪年时间，据学者研究，刻于东汉时期。题记中的"赵是"可能是"赵氏"。

长宁县飞泉保民村出土"七个洞"7 号崖墓题记

该处 6 号崖墓画像题记已漫漶不清。7 号墓外左侧镌刻题记，书体隶书。内容为："黄是(氏)作此冢，门□究苦知者谓我直(值)不知者奴。"

---

① 参见高文：《四川汉代画像石》，成都，巴蜀书社 1987 年版，第 77 页。

② 参见四川大学考古专业 1978 级实习队、长宁县文化馆：《四川长宁"七个洞"东汉纪年画像崖墓》，《考古与文物》1985 年第 5 期，第 43 页；罗二虎：《长宁七个洞崖墓群汉画像研究》，《考古学报》2005 年第 3 期，第 282 页。

其上有一条鱼，鱼上方刻一“李”字[①]。

该墓无纪年时间，发掘报告认为刻于东汉时期。题记中的“黄是”可能是“黄氏”，“直”是通假字，通“值”。

新津县出土崖墓赵买、赵椽题记

该墓墓门各刻题记1行，书体隶书。

右方内容为：“南常赵买字未定。”

左方内容为：“贤孺赵椽字元公。”[②]（图4－18）

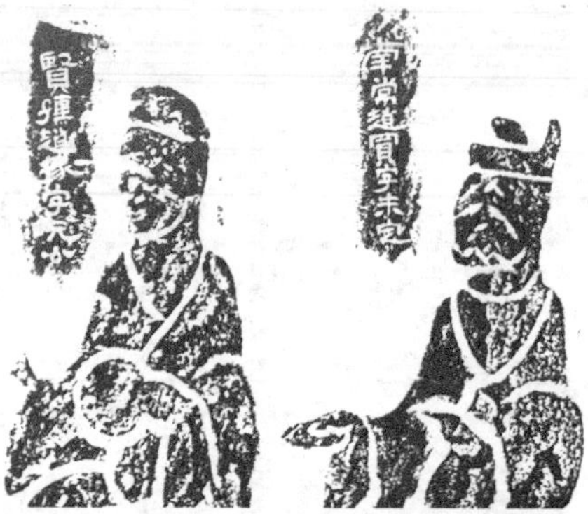

图4－18　新津县出土崖墓赵买、赵椽画像与题记

（图片来源：《中国画像石全集》编辑委员会：《中国画像石全集：7》，郑州，河南美术出版社；济南，山东美术出版社2000年版）

该墓无纪年时间，一般认为刻于东汉时期。

新津县出土崖墓赵夫人题记

该墓墓门刻有题记，书体隶书。内容为：

“孝妇赵夫人字义文。”[③]

该墓无纪年时间，一般认为刻于东汉时期。

郫县太平乡出土杨耿伯画像石题记

该条题记也称郫县娃娃坟画像石墓门题记，1978年出土于郫县太平乡一座东汉晚期砖室墓。该墓中有左右两扇雕刻画像的石墓门，现藏于四川博物院。其中右扇门上层雕刻车马出行图，下层刻铺首衔环，中间镌刻题记。

在马的头部上方镌刻隶书榜题：“家产黑驹。”

在车马出行图和铺首衔环画像中间竖刻题记13行，共53个字，书体隶书。内容为：

“故县侯守丞，杨卿耿伯，櫍（质）性清洁。丁时窈窕，才量休赫。牧伯张君，

① 参见四川大学考古专业1978级实习队、长宁县文化馆：《四川长宁“七个洞”东汉纪年画像崖墓》，《考古与文物》1985年第5期，第43页；罗二虎：《长宁七个洞崖墓群汉画像研究》，《考古学报》2005年第3期，第293页。

② 参见《中国画像石全集》编辑委员会：《中国画像石全集：7》，郑州，河南美术出版社；济南，山东美术出版社2000年版，图版二二，第7页。

③ 参见《中国画像石全集》编辑委员会：《中国画像石全集：7》，郑州，河南美术出版社；济南，山东美术出版社2000年版，图版二三，第7页。

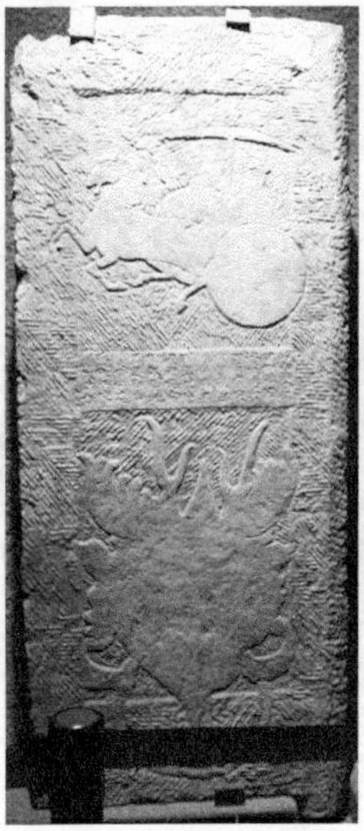

图 4－19　杨耿伯画像与题记
（图片来源：四川博物院，自拍）

开示坐席。顾视忘宦，位不副德。年过知命，遭疾掩忽。痛哉于嗟，谁不辟世。”[①]（图 4－19、图 4－20）

该题记没有明确纪年，依据墓葬形制及随葬器物等推测，一般认为该墓葬时代为东汉晚期。关于“家产黑驹”，不少文献上认为其属于题记。笔者认为其也是一种榜题，即其被镌刻在马头的上方，用以标注马图像名称，同时含有吉祥寓意。中部的铭刻为题记，除第 1 行为五言外，其余皆为四言韵文，其中第 3 行原刻字“樌（质）性清洁”中的“樌”，为“质”。第 8 行“顾视忘宦”中的“视”“宦”两个字，有的文献上解读为“顾思忘臣”[②]，笔者认为原刻文字应为“顾视忘宦”，遵照原刻文字理解其含义应该更好。该题记记述了杨耿伯的性情、才气、为官为人之品德、去世时间和感慨，言辞间充满了敬佩之情，其文应为杨耿伯的故吏或门生所写。

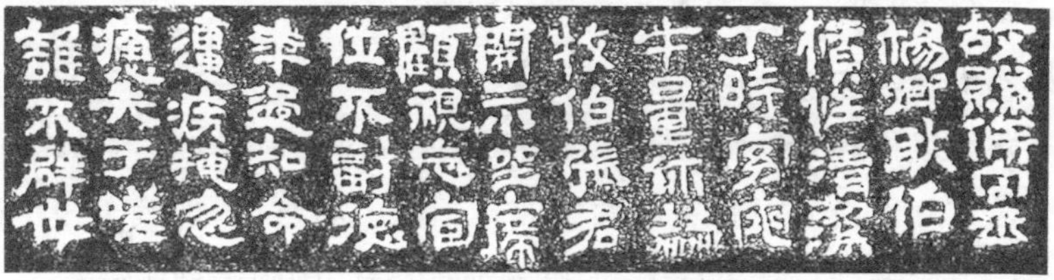

图 4－20　杨耿伯画像石题记
（图片来源：刘雨茂、荣远大：《成都出土历代墓铭券文图录综释》，北京，文物出版社 2012 年版）

合江县胜利乡出土砖室墓合江 2 号画像石棺题记

该石棺一侧镌刻题记，书体隶书。内容为：

① 来自四川博物院笔者考察笔记。另参见高文：《四川汉代画像石》，成都，巴蜀书社 1987 年版，第 77 页。刘雨茂、荣远大：《成都出土历代墓铭券文图录综释：上》，北京，文物出版社 2012 年版，第 7 页。

② 《中国画像石全集》编辑委员会：《中国画像石全集：7》，郑州，河南美术出版社；济南，山东美术出版社 2000 年版，图版五六，第 17 页；谢凌：《四川地区现存主要铭文石刻及其艺术特色》，《四川文物》2000 年第 4 期，第 23 页。

"东海太守良(阆)中李少□(君)。"[①]

该墓无纪年时间,一般认为刻于东汉时期。该处题记"东海太守良中李少□"中的"良中",笔者认为应该是"阆中",即当时的军事重镇名称。这个错别字应该是因当时的书丹者或石刻艺人写刻水平较低而产生的别字。"李少"后面的一个字,从字形上看好像是个"君"字,可能是对东海太守阆中"李少"的尊称,也可能就是人名"李少君"3 个字。

乐山市凌云山麻浩大地湾出土尹武孙墓榜题

该墓蹶张画像下横刻隶书榜题 4 字,内容为:

"尹武孙墓。"[②]

该墓无纪年时间,一般认为刻于东汉时期。

中江塔梁子出土崖墓壁画墨书题榜

该崖墓共 9 座,于 2002 年 9 至 11 月发掘,这是崖墓中首次发现的壁画和墨书题榜,分别位于 M3 彩绘壁画第一、五、七幅画中,内容为墓主人身份、官职、家世等。其中,墨书隶书榜题分别有"□人""兵库"等。

墨书题记 13 行,约 200 字,书体隶书。内容为:

"先祖南阳尉□□,土乡长□里汉太鸿胪文君子宾/子宾子中黄门侍郎文君真坐与诏,外亲内亲相检厉见怨/□□诸上敚颠诸□□□□□□绝肌则骨当□□□/父即鸿胪,拥十万众,平羌有功,赦死西徙,处此州郡县乡卒。"[③]

该墓无纪年时间,发掘简报认为刻于东汉中晚期。

简阳县鬼头山出土崖墓画像石棺榜题

该墓位于简阳县城西 45 千米处的董家埂乡深洞村,1986 年 4 月被该村村民发现。该墓石棺上雕刻有画像和榜题文字,其中 3 号棺后档画像中刻有隶书榜题,内容为:"伏希""女絓""兹武""九"。

① 参见《中国画像石全集》编辑委员会:《中国画像石全集:7》,郑州,河南美术出版社;济南,山东美术出版社 2000 年版,图版一七六,第 55 页。

② 参见《中国画像石全集》编辑委员会:《中国画像石全集:7》,郑州,河南美术出版社;济南,山东美术出版社 2000 年版,第 8 页。

③ 参见四川省文物考古研究所、德阳市文物考古研究所、中江县文物保护管理所:《四川中江塔梁子崖墓发掘简报》,《文物》2004 年第 9 期,第 4-33 页;王子今、高大伦:《中江塔梁子崖墓壁画榜题考论》,《文物》2004 年第 9 期,第 64 页。

3 号棺左壁画像中刻有隶书榜题，内容为："先人博""先人骑""日月""柱铢""白雉""离利"（图 4-21）。

图 4-21　简阳县鬼头山崖墓画像石 3 号棺榜题拓片
（图片来源：内江市文管所、简阳县文化馆：《四川简阳县鬼头山东汉崖墓》，《文物》1991 年第 3 期）

3 号棺右壁画像中刻有隶书榜题，内容为："大苍""天门""大□""白虎"。

中部画像为单檐式双阙，上方刻隶书榜题。内容为："天门。"①

该墓无纪年时间，发掘简报认为刻于东汉晚期。该处崖墓出土 3 号石棺榜题中的"伏希""女絓""兹武""九"，分别应为"伏羲""女娲""玄武""鸠（鸟）"。关于"天门"二字，发掘报告《四川简阳县鬼头山东汉崖墓》中说："把双阙之间的门称为'天门'，可能与当时道家升仙思想有关。"笔者认为，这个"天门"可能表示的是死者的灵魂已经进入了天界的意思，特别是阙门中间雕刻一个头戴冠、身穿长袍，正面侧立拱手之人，应该表现的是墓主进入天界的形象。而干栏式房屋建筑和榜题"大苍"之"大"是通假字，即"太仓"，应该表示的是天上粮仓的形象，含有祝福之意。

合川县沙坪出土东汉画像石榜题

该墓前室东壁与券顶的 5 条石材上分别镌刻隶书榜题，内容为："三五""三尺九寸""四尺二寸"②。

该墓无纪年时间，发掘报告认为约刻于东汉晚期。关于该处榜题的作用，笔者认为应是标示尺寸的文字，即民间石刻艺人在建造画像石墓室过程中对画

① 参见内江市文管所、简阳县文化馆：《四川简阳县鬼头山东汉崖墓》，《文物》1991 年第 3 期，第 20-25 页。

② 参见重庆市博物馆、合川县文化馆田野考古工作小组：《合川东汉画象（像）石墓》，《文物》1977 年第 2 期，第 65 页。

像石材的尺寸标注。

上述列举的仅是其中的一部分，实际上四川画像崖墓中无纪年的题榜很多。例如新津县宝质山崖墓的"张是(氏)冢志"；乐山王进纪崖墓的"王进纪□□□"；乐山虎头湾武阳赵国华崖墓的"武阳赵国华"；乐山肖坝黄颖崖墓的"十五年二月卅出神益黄颖"；乐山虎头湾邓景达崖墓的"邓景达冢"；乐山柿子湾崖墓"政泉三光"；乐山柿子湾崖墓王诚兴墓的"王诚兴墓"；乐山柿子湾崖墓王中冢的"王中冢"等[①]。另据学者研究，诸如此类的有很多，即这些崖墓中遗留的大量的由两个字或三个字构成的姓名文字，有"尹、王、邓、赵、刘、杨、昊、朱、黄、张、佐、陈、郑、孙、范、颜、祝、周、姚、徐等 20 个姓氏的 51 个造墓者和死者姓名"，其中大部分没有具体镌刻时间，而只是记录墓主姓名或官职，或记录造墓者姓名等[②]，这是四川画像崖墓题榜艺术的显著特征。

二、重庆忠县邓家沱遗址出土画像石阙上的无纪年题刻

2001 至 2003 年重庆市文化局三峡办委托郑州大学历史学院考古系，对忠县邓家沱遗址进行考古发掘，发现了该石阙，现存基座、阙顶等 9 个构件。该阙阙身两侧、斗石、枋子等处雕刻有龙、虎、神人等画像，阙身正面上下部、左阙阙身正面和背面镌刻题榜文字。

关于该阙文字释读和书体也有不同意见。主持发掘者认为右阙阙身正面上部文字漫漶不清，下部尚存篆隶书体结合铭文"君神道阙门"，左阙阙身正面不仅存篆书"故绵竹□"(图 4－22)，左阙阙身背面左上方有榜题"□宽"，右阙斗石背面上部正中

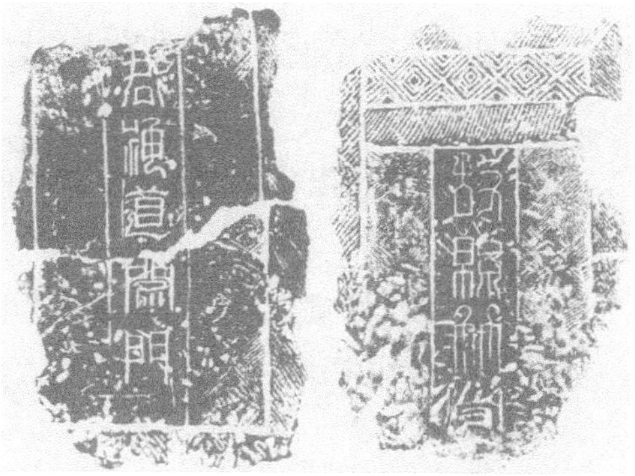

图 4－22　忠县邓家沱画像石阙题刻
(图片来源：李锋：《重庆忠县邓家沱石阙的初步认识》，《文物》2007 年第 1 期)

① 参见谢凌：《四川地区现存主要铭文石刻及其艺术特色》，《四川文物》2000 年第 4 期，第 20 页。
② 参见周俊麒：《乐山东汉崖墓石刻文字考》，《四川文物》2001 年第 4 期，第 91 页。

刻隶书榜题“凤凰”，右阙斗石右侧面雕刻一只三足乌，背部上方仅存榜题“三”字，左阙斗石右侧面雕刻的一匹马的上部有榜题“天马”2 个字等[①]。该见解发表后有些学者进行了讨论[②]，例如有学者认为该阙右阙身正面尚存题记内容为“□□□长丘□君神道阙门”，左阙阙身正面尚存题记内容为“故绵竹令□□□□□□□□”。关于书体，有学者说阙身正面文字为篆书，其中个别字为隶书，除阙身之外其他地方出现的文字应为隶书等[③]。关于该阙题记内容学者们已作了释读，不再多言，但笔者通过观察该阙图像与文字照片，认为阙身正面题记文字书体应为篆隶相间，榜题文字书体为隶书，更合适些。

第三节　陕北晋西北汉代画像石墓出土的无纪年题记

陕北和晋西北地区出土的汉代画像石墓室中的无纪年题记不多。首先，书体有隶书、篆隶书结合、墨书隶书等类型，其艺术特点将在下文讨论；其次，陕北地区出土的汉代墓室画像石上也有一些无纪年的篆书铭刻，亦将在下文讨论。

一、陕北汉代画像石墓室出土的无纪年题榜

陕北地区出土汉代墓室画像石上的无纪年题榜不多，笔者所见仅有 1 处榜题、2 处题记。

米脂县银州镇官庄村出土画像石“牛君”狩猎图榜题

该石于 1972 年在米脂县银州镇官庄村出土，为墓室横楣石，原石现藏于米

① 参见李锋：《重庆忠县邓家沱石阙的初步认识》，《文物》2007 年第 1 期，第 69－77 页。

② 参见孙华：《重庆忠县邓家沱阙的几个问题》，《文物》2008 年第 4 期，第 73－81 页；杨晓春《关于重庆忠县邓家沱石阙铭与墓主的推断》，《中国国家博物馆馆刊》2013 年第 2 期，第 25－32 页；罗二虎：《重庆忠县邓家沱汉代石阙再讨论》，《四川大学学报（哲学社会科学版）》2016 年第 4 期总第 205 期，第 5－14 页。

③ 参见罗二虎：《重庆忠县邓家沱汉代石阙再讨论》，《四川大学学报（哲学社会科学版）》2016 年第 4 期总第 205 期，第 6、7 页。

脂县博物馆。在"'牛君'狩猎图"中，骑马的墓主人画像头上镌刻隶书榜题："牛君。"[①]（图 4－23）

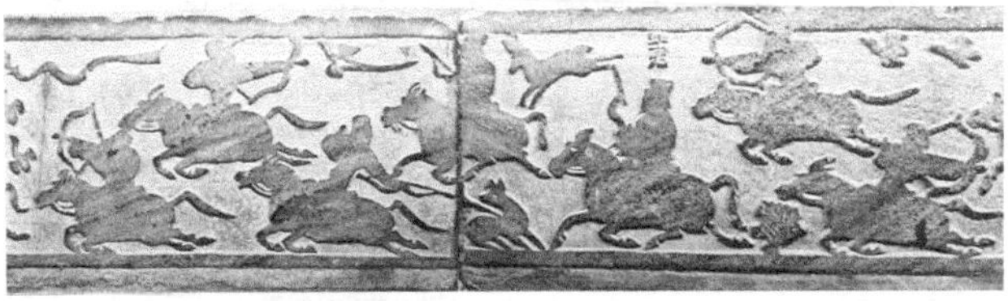

图 4－23　银州镇官庄村出土画像石"牛君"狩猎画像与榜题拓片
（图片来源：榆林汉画像石博物馆拓片，自拍）

该石无纪年时间，一般认为刻于东汉时期。

绥德县辛店乡呜咽泉村出土画像石墓门左右立柱题记

两方立柱石于 1986 年 3 月在绥德县辛店乡呜咽泉村出土，为墓前室南壁左右门柱，现藏于陕西绥德汉画像石馆。书体为阳刻篆隶书体结合，左立柱上镌刻内容为：

"览樊姬，观烈女，崇礼让，遵大雅，贵□□（组绶），富支子。"

右立柱内容为：

"惟居上，宽和贵，齐殷勤，同恩爱，述神道，熹苗裔。"[②]（图 4－24）

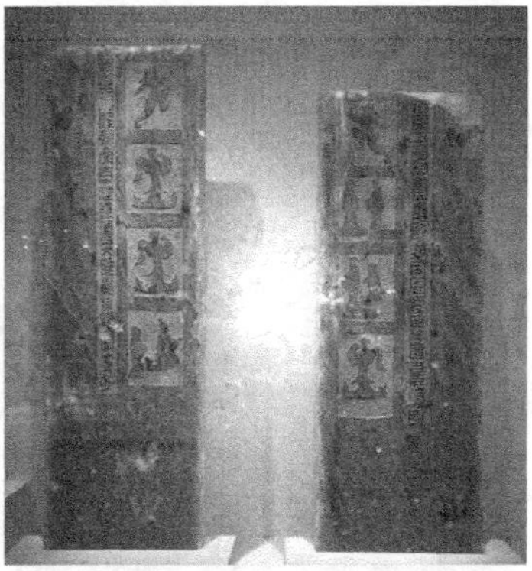

图 4－24　呜咽泉村画像石墓门左右立柱画像与题记
（图片来源：陕西绥德汉画像石馆，自拍）

两方立柱石题记无纪年时间，一般认为刻于东汉时期。该墓门左立柱题记文字字口较清晰，仅有"贵"字后两个字残损，难以辨认。有不少文献对"贵"字后两个字未释读[③]；有学者认为"贵"字后面的两个字是"组绶"，指"古代帝王、诸侯、大夫、士佩玉谓

① 来自榆林汉画像石博物馆、米脂县博物馆笔者考察笔记。

② 来自陕西绥德汉画像石馆笔者考察笔记。另参见《中国画像石全集》编辑委员会：《中国画像石全集：5》，济南，山东美术出版社；郑州，河南美术出版社 2000 年版，图版一八八、一八九，第 50 页；李贵龙：《石头上的历史——陕北汉画像石考察》，西安，陕西师范大学出版社 2014 年版，第 178 页。

③ 参见《中国画像石全集》编辑委员会：《中国画像石全集：5》，济南，山东美术出版社；郑州，河南美术出版社 2000 版，图版一八八、一八九，第 50 页。

饰，系玉的丝带称组绶”①。笔者认为，从这左右两条题记的内容、语境方面判断，全篇引经据典，强调的是如何德才兼备和子孙富贵等儒家思想；从字的形态、结构上看，把这两个残缺的字解释为“组绶”也较合理。

关于左右门柱上题记书体问题，有的文献界定为“篆书题刻”②，有学者认为这两条题记字体是“减地篆书”③等。笔者认为，把整篇字体界定为篆书不太合适，因为虽然这些字体有篆书的形态、笔法特点，特别是左立柱上的“姬”“女”“富”字，篆书特点较明显，但“大”字具有楷隶特征，“支”字具有行隶笔意，“子”字是隶书，富有装饰意味，其他字实际上是美术隶书；右立柱上的字，虽然都有些篆书笔意，但美术隶书的形态、结构、笔法特征很明显：这两条题记书体应为篆隶书结合。

绥德县出土郭仲理与郭季妃画像石墓门扉题记

1920年前后在绥德县出土，现藏于北京大学。前者为一块墓室横额石，高34厘米，宽160厘米。画面栏外雕刻云气纹样，栏内左右雕刻车骑出行图，正中阴刻铭文：“故雁门阴馆丞西河圜阳郭仲理之椁。”（图4-25）后者为墓门左右门扉，高123厘米，宽48厘米，两扇门扉分别雕刻朱雀、铺首衔环等图像，其中右门扉的边框上阴刻铭文：“西河圜阳郭季妃之椁。”④

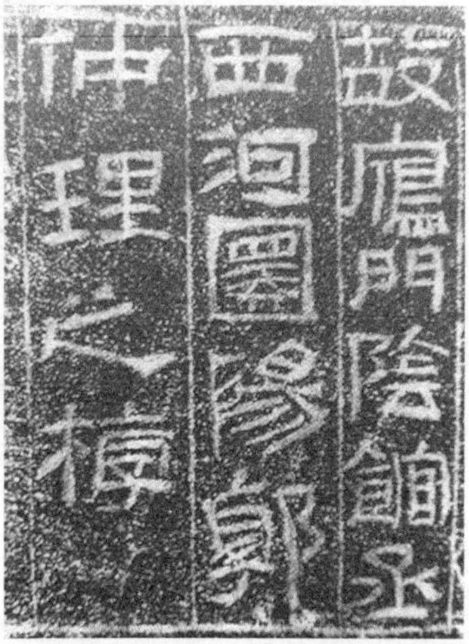

图4-25　郭仲理画像石墓门题记拓片（图片来源：彭兴林：《中国历代名碑释要：上》，济南，山东美术出版社2011年版）

两块画像石均无纪年时间，一般认为刻于东汉时期。从书写方式看，书体为篆隶书体结合。

① 吴镇烽：《秦晋两省东汉画像石题记集释——兼论汉代圜阳、平周等县的地理位置》，《考古与文物》2006年第1期，第61页。

② 《中国画像石全集》编辑委员会：《中国画像石全集：5》，济南，山东美术出版社；郑州，河南美术出版社2000年版，图版一八九，第50页。

③ 吴镇烽：《秦晋两省东汉画像石题记集释——兼论汉代圜阳、平周等县的地理位置》，《考古与文物》2006第1期，第61页。

④ 参见彭兴林：《中国历代名碑释要：上》，济南，山东美术出版社2011年版，第301页。

二、晋西北汉代画像石墓室出土的无纪年题记

晋西北地区出土汉代画像石墓室无纪年隶书题记也不多，主要出土于离石县(现吕梁市离石区)境内，笔者所见仅有 2 处。

离石石盘村汉代画像石墓出土墨书题记

1997 年 4 月该村农民建窑时发现了该墓。共出土画像石 19 块，分别为门楣 1 块、门框 2 块、门扉 2 块、前室四壁立石 8 块、前室横额 4 块、石柱 2 块。部分画像石上残留有墨书题记，书体隶书。分别为：

7 号石，即前室南壁西侧竖框石，右下角墨书：“石东柱。”

8 号石，即前室南壁东侧竖框石，右下方墨书：“西东柱。”

16 号石，即前室东壁南侧竖框石，下图左边框墨书：“马头牛蹄之名浮□。”(图 4－26)

18 号石，即前室东壁门道隔柱，正面墨书：“西河大(太)守□□□”①。

该墓无纪年时间，发掘报告认为约刻于东汉桓帝、灵帝时期。此外，18 号石题记中的“大”是通假字，应为“太”。

图 4－26　石盘村 16 号石墨书题记(局部)
(图片来源：王金元：《山西离石石盘汉代画像石墓》，《文物》2005 年第 2 期)

离石交口镇吴执墓题记

1980 年该墓发掘于离石县交口镇，共出土汉代画像石 9 块，其中 1 根柱石上镌刻题记，书体隶书。内容为：

“汉河东椽(掾)丞西河平定长乐里吴执仲超万世宅兆。”②

该墓无纪年时间，据学者研究，刻于东汉时期。该题记中的“椽”应为“掾”，

---

① 参见王金元：《山西离石石盘汉代画像石墓》，《文物》2005 年第 2 期，第 42－51 页。
② 参见冯军平、郝慧芬：《离石汉代画像石题刻》，《山西档案》2012 年第 6 期，第 37 页。

即掾丞,汉代属官的泛称。把"掾"字写刻成"椽"字,可能是书丹者的误写,或者是石刻艺人的误刻。

第四节　汉代画像石上无纪年题榜产生的原因

汉代画像石阙、墓地祠堂和墓室画像石上的无纪年题榜产生的原因应是多方面的。有些本身就没有镌刻墓主亡故或墓葬时间;有很多可能镌刻了纪年文字,但因年长久远,石头暴露于外,历经风吹雨打,纪年文字被剥蚀掉了,或因后代人们用汉代画像石进行再葬过程中石头被修改,或人为的破坏导致石头断裂损毁等而使纪年文字丢失。因此,汉代画像石上无纪年题榜的产生不是无故的。关于汉代画像石阙上的铭文缺失原因,第一章中已间接提及。本节主要就汉代画像石祠堂和墓室画像石上的无纪年题榜产生的原因,进行简单讨论。

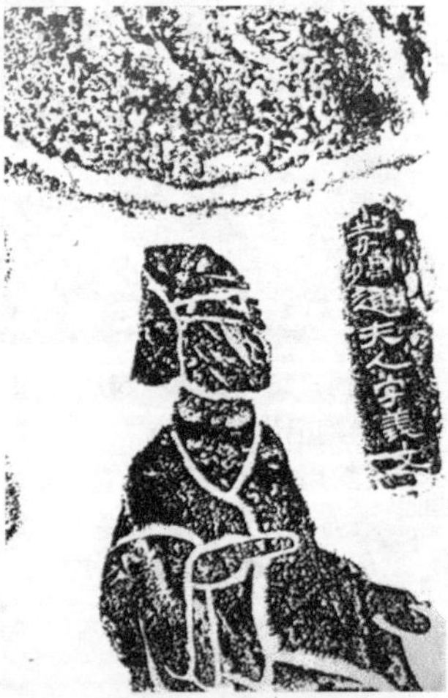

图 4－27　新津县崖墓"孝妇赵夫人字义文"画像与题记
(图片来源:图片来源:《中国画像石全集》编辑委员会:《中国画像石全集:7》,郑州,河南美术出版社;济南,山东美术出版社 2000 年版)

首先,有些汉代墓地祠堂和墓室画像石上的题记中,可能本来就没镌刻纪年时间,仅仅镌刻了姓名、车马名称、吉祥语或某些记事文字。例如上述唐河县南关针织厂汉墓出土画像石上的"下男(梁)三",南阳市卧龙区蒲山镇蒲山村 2 号汉墓出土画像石上的"下平四",方城县杨集乡余庄村出土胡奴门画像石上的"胡奴门",新津县崖墓赵夫人像画像石上的"孝妇赵夫人字义文"(图 4－27),乐山市凌云山出土麻浩大地湾尹武孙墓的"尹武孙墓",定远县壩王庄汉墓出土画像石上的"大吉利",合川县沙坪公社出土东汉画像石上的"三五""三尺九寸""四尺二寸"等,都是较显著的例证。

其次,有些汉代墓地祠堂和墓室画像石上镌刻的墓主亡葬时间,或建墓的具体时间被破坏,也不无可能。从上述一些纪年画像石题记中的语言表述，可以见出自汉代起，画像石阙、祠堂和墓室被破坏的现象已较严重。例如上文所述山东肥城栾镇村出土的张文思为父造祠堂后壁画像石题记中的“勿败□”；滕州出土的东汉永元三年(91年)的画像残石题记，最后提到“传于后世，敬白士大夫，愿毋毁伤，愿毋毁伤”；东阿铁头山出土的芗他君祠堂画像石题记中的“惟观者诸君，愿勿贩伤，寿得万年，家富昌”；嘉祥宋山出土的许安国祠堂题记，其中的“唯诸观者，深加哀怜，寿如金石，子孙万年。牧马牛羊诸僮，皆良家子，来入堂宅，但观耳，无得琢画，令人寿，无为贼祸，乱及孙子，明语贤仁四海士，唯省此书，无忽矣”等(图 4－28)：都可说明有些汉代画像石上镌刻的纪年时间被破坏是有可能的。

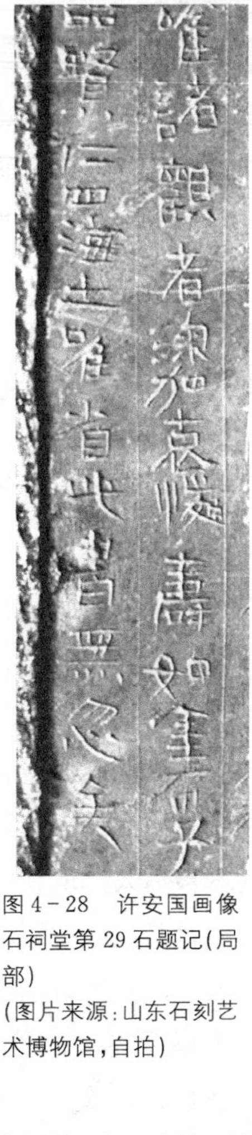

图 4－28　许安国画像石祠堂第 29 石题记(局部)
(图片来源：山东石刻艺术博物馆，自拍)

再次，近现代以来不少墓葬发掘报告显示，东汉晚期、魏晋和唐宋时期都有利用汉代画像石阙、祠堂和墓室画像石等前人的墓葬材料，改建或者直接拿来再葬的现象。即有的主要使用原来地面上的汉代画像石阙、祠堂的建筑材料进行“再建画像石墓”；有的是直接利用汉代画像石墓进行“再葬画像石墓”①。前者的“墓葬结构和画像石位置没有变动”，但后者因为重建而使“画面内容与墓室结构布局无关”。例如，1986 年徐州铜山县东沿村发现的一座汉代画像石墓，11 块画像石均为东汉早期的平顶小祠堂画像石，其中一块刻有“元和三年”题记，1992 年底在该墓东约 1 千米处又发现了 6 块风格不一致的画像石，其中第 6 块刻有“建武十八年”题记，这两处均为祠堂画像石改建的画像石墓②。1997 年徐州博物馆在贾汪佛山发现的一座画像石墓，“这座墓葬的前室部分与南北朝时期的砖室墓相似，后部分是汉代画像石墓的完全再利用”③。1978 年秋季，在山东嘉祥县满洞乡宋山村北宋山斜坡上发现的古墓中，出土了 9 块汉

① 参见王建中：《汉代画像石通论》，北京，紫禁城出版社 2001 年版，第 355 页。

② 参见王黎琳、李银德：《徐州发现东汉画像石》，《文物》1996 年第 4 期，第 31 页；武利华：《徐州汉画像石通论》，北京，文化艺术出版社 2017 年版，第 149 页。

③ 参见武利华：《徐州汉画像石通论》，北京，文化艺术出版社 2017 年版，第 153 页。

代画像石，"此古墓不是汉墓，墓内的汉画像石是后人利用来修墓的"，"此墓画像石，原非出于一墓。各石的雕刻方法虽大体相同，但画面的布局、人物的刻画却又略有不同"，"看来，这些画像石是来自几个不同的东汉墓"[①]。1983 年 3 月嘉祥县纸坊镇敬老院出土画像石，"它们在墓中位置错乱，推测也和宋山墓葬情况相同，是后人拆取汉代祠堂的画像石，改用来修墓的。一、二、三、四石可能是祠堂门两边的立石。这四石或分属于两个小祠堂。第十四石为房檐石。由宋山和以往情况看，汉代这一代流行小祠堂制度。到魏晋时又有人拆掉汉代祠堂修建坟墓"等[②]。再如山东苍山县元嘉元年画像石墓的题记对该墓中画像内容的描述较详细，也是很珍贵的隶书题记，但该墓为西晋人利用汉代墓室画像石材进行的再葬墓，上文已述，不再重复。尤其是上文所述山东省邹城市北龙河村南发现的北宋时期墓葬四座，在 1 号墓中清理出 20 余枚钱币，主要有北宋时期的"皇宋通宝""熙宁元宝"，在北侧木棺头部还发现一件青釉碗，其时代风格为北宋时期。清理出土的汉代画像石 5 块，其中的一块是东汉汉安元年文通祠堂画像石材料，但在该石的两端侧面出现了较宽的凿痕，经考证为北宋建墓时加工所致等[③]，足见北宋人利用汉代画像石等墓地建筑石材改建墓室情况。因此，早在十多年前，"据不完全统计，已发现的后世利用汉画像石的墓葬有二十座左右，以魏晋时期最多"[④]。这些被后人拆取利用的汉代画像石，不仅被改变了在原来建筑的配置位置、图像顺序，而且其中镌刻有明确纪年的文字也会减少或损坏，或被错乱配置，使本来组合成套的画像，且镌刻有纪年的文字孤立了，而成为无纪年的画像石题榜。

最后，在历史上，盗墓现象屡禁不绝，同时洪水冲刷等自然原因，以及开荒、工程建设等人为因素，使得有些汉代画像石阙、墓地祠堂和墓室画像石被盗掘或被破坏，或画像石被遗弃等，而导致纪年文字丢失。这方面情况不少墓葬发掘报告都提到过。汉代画像石被盗掘，或被洪水冲刷，或挖掘出的画像石被遗弃荒郊野外，任凭风雨剥蚀，或被人用来架桥修路，铺地建房等，久而久之，其上镌刻的纪年文字被磨灭、毁坏。例如出土的纪年和无纪年画像石上的题榜文字，绝大部分是残缺不全的，即可作为佐证。

① 参见嘉祥县武氏祠文管所：《山东嘉祥宋山发现汉画像石》，《文物》1979 年第 9 期，第 6 页。
② 参见嘉祥县文管所：《山东嘉祥纸坊画像石墓》，《文物》1986 年第 5 期，第 39 页。
③ 参见胡新立：《邹城新发现汉安元年文通祠堂题记及图像释读》，《文物》2017 年第 1 期，第 76－85 页。
④ 南阳市文物工作队：《南阳市药材市场画像石墓发掘简报》，《中原文物》1994 年第 1 期，第 16 页。

第五章

汉代画像石上题榜的异同性与空榜无题榜现象

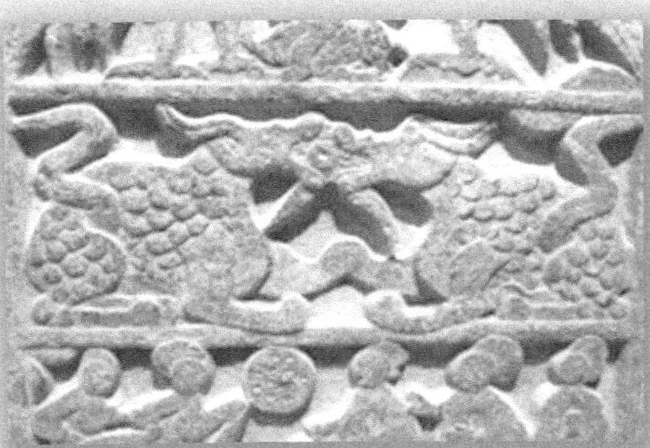

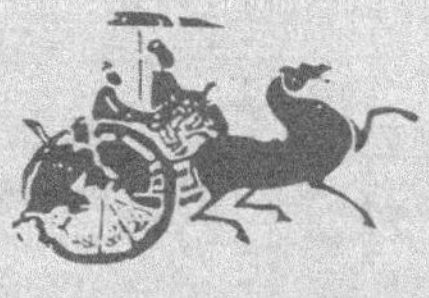

汉代画像石上的文字，有着标明人物、动植物和事物名称，描述和说明画像内容、制作经过与原因，记录有关事件，赞美墓主人与历史人物，寄托美好愿望等作用，反映出了汉代画像石题榜功能的普遍性。但汉代画像石上的题榜，也展现出了一定的地域性特征，特别是各地发现的题记内容的差异性较明显，较显著地表现在文字数量、信息载量、费用和吉祥语表达等方面。汉代画像石上的题榜异同性，与汉代丧葬礼俗和地域性丧葬礼俗文化等关系密切。在汉代墓地祠堂和墓室画像石上也存在不少有榜无题的空榜和无题榜之现象。这两种现象产生的原因是多方面的，不能一概而论，应具体问题具体分析。本章在前四章列举和考释的基础上，就各地出土的汉代画像石墓阙和墓祠、墓室画像石上的隶书题榜内容、功能的异同性问题，以及空榜与无题榜现象展开讨论。

第一节　汉代画像石上的题榜内容与功能的异同

全国范围内出土汉代画像石上的隶书榜题，在内容与艺术形式等方面具有一定的相同性。上文列举的山东、苏北、河南、四川、陕北和晋西北等地区出土的不少纪年和无纪年画像石上，民间石刻艺人在一些人物、车马、动植物、建筑物和历史故事等艺术形象旁边镌刻榜题，诸如“尧”“夏禹”“汤王”“汤妃”“周公”“胡王”“孔子”“晋灵公”“仓颉”“齐桓公”“苏武”“乐老君”“诸离忌”“主簿”“胡奴

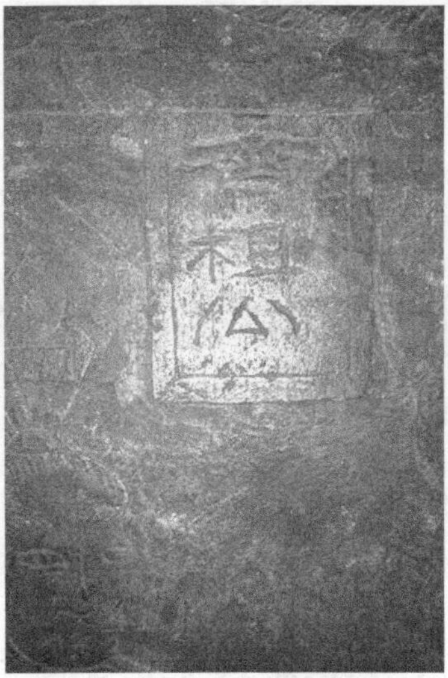

图 5-1 “齐桓公”榜题
(图片来源:沂南北寨汉画像石墓博物馆,自拍)

门”“福德羊”“麒麟”“青龙”“白虎”“朱鸟”“玄武”“大王车”“门下车”“天门”“大苍”“牛君”等(图 5-1),主要用以标示人物姓名、身份、官阶,祥禽瑞兽、植物、车马、建筑物等名称,神人、仙人、墓主等所处天界或阴间等空间位置,以及画像石阙、祠堂和墓室所有者。尤其是像“青龙”“白虎”“朱鸟”“玄武”“大(太)仓”“大(太)苍”“天仓”等榜题,在不少地区出土的汉代画像石上常能见到。例如镌刻“大(太)仓”“大(太)苍”“天仓”榜题(图 5-2),目的是祝福死者在阴间或天界像生前一样仓廪充实,有享不尽的荣华富贵。特别是像“天仓”,应该不是“大(太)仓”“大(太)苍”的错别字,而应该是汉代人的天象星宿崇拜和生死观念的一种表现。因为中国古代人对日月星辰有着自然崇拜的心理,“天仓”被认为是星官之一即“胃宿”,也就是《史记·天官书》中说的“胃为天仓”,也指天庭和天上囤积粮食的仓库。例如上述无纪年题榜中的山东安丘市王封村发现的画像石上的“此上人马皆上食于天仓”,其中的“此上人马”,指的是画像中的墓主和马匹,“上食于天仓”应该是祝愿墓主和马匹上升至天庭,享受天库的粮食。所以,在汉代人迷信死后升天成仙等话语环境中,在画像石阙、墓地祠堂和墓室画像石等丧葬建筑材料上镌刻这类题榜文字,有着希望死者在天界、仙界能有享受不尽的“太仓”“大(太)苍”“天仓”的美好愿望。由此也可以看出,汉代画像石上的纪年和无纪年榜题,既有其共性与个性的统一性,也反映出了汉代各地

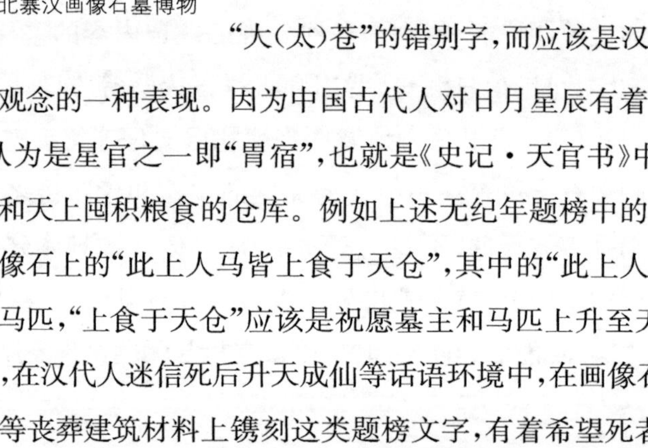

图 5-2 简阳县鬼头山崖墓画像石 3 号棺榜题
(图片来源:内江市文管所、简阳县文化馆:《四川简阳县鬼头山东汉崖墓》,《文物》1991 年第 3 期)

民间画师和石刻艺人们艺术创作思想和艺术表现手法的相同、相似性。

但汉代画像石上的榜题也展现出了一定的地域性差别。从全国范围内出土的纪年和无纪年榜题的数量比较看，山东、苏北和四川大部分地区出土的汉代画像石上，往往一处或一幅图像中就有多条榜题。上文列举的墓地祠堂画像石纪年榜题中，例如山东微山县两城山出土的永和二年食堂侧壁画像石，画面上刻有“蜚鸟”等 6 条榜题；江苏铜山县汉王乡东沿村出土画像石之第 1、2 石上，分别刻有“力士”等 8 条榜题；邳州青龙山燕子埠乡尤村出土彭城相缪宇墓室东壁横额、东壁南侧图像中分别刻有“(守)(门)隶”“守閤(阁)隶”等 8 条榜题。在无纪年题榜中，例如上文列举的山东长清县孝里铺孝堂山祠堂东西壁和后壁，分别刻有“相”“令”“周公”“胡王”等 7 条榜题；邹城市面粉厂出土的画像石图像上格雕刻有“县成”等 24 个人物榜题；平阴县东阿镇孟庄村出土画像石墓中室北侧柱子上人物图像，空白处刻有“小使□(図)”“韦君故吏”等 6 条榜题；沂南县北寨村画像石墓中室四壁门两旁的图像中，分别镌刻有“晋灵公”等 12 条榜题；嘉祥县纸坊镇敬老院出土画像石上分别刻有“孔子”“老子”等 8 条榜题；江苏泗洪县曹庙裴墩搜集的一批画像石中，第 9 石横额下格画面雕刻的 12 人均有榜题表明身份，其左共刻 13 人共有“骑吏”“功曹”等 8 条榜题；四川简阳县鬼头山崖墓出土画像石棺上，分别刻有“伏□(羲)”等 14 条榜题等等。相较而言，河南、皖北地区画像石上榜题很少，北京、浙江、重庆、贵州等地区出土的画像石上笔者未见有榜题。

汉代画像石上也出现了一些特殊性的榜题，突出的是山东嘉祥武氏祠堂画像石、四川画像崖墓和陕北、晋西北地区出土画像石题记内容表达方式，即这 4 个地区镌刻的题记内容既可作为榜题，也可看作题记；既具有解释画像内容和记载墓葬时间的作用，也对画像中的人物等名称起到了标明作用。例如上文列举的嘉祥武氏祠堂画像石，诸如伏羲画像旁边镌刻的“伏戏(羲)仓精，初造[王]业，画卦结绳，以理海内”，祝融画像榜题“祝诵(融)氏无所[造]为，未有耆欲，刑罚未施”等此类表达；四川不少画像崖墓题记中，诸如“杨得彩藏”“吴升墓”“吴遂墓”、“家产黑驹”(图 5－3)、“东海太守良(阆)中李少□”“尹武孙墓”，以及众多的题记用 4～10 个字左右，仅仅简单地铭记墓主、墓名或墓葬时间等。尤其是陕北和晋西北地区出土的画像石上，诸如上述陕北的“西河太守行长史事离

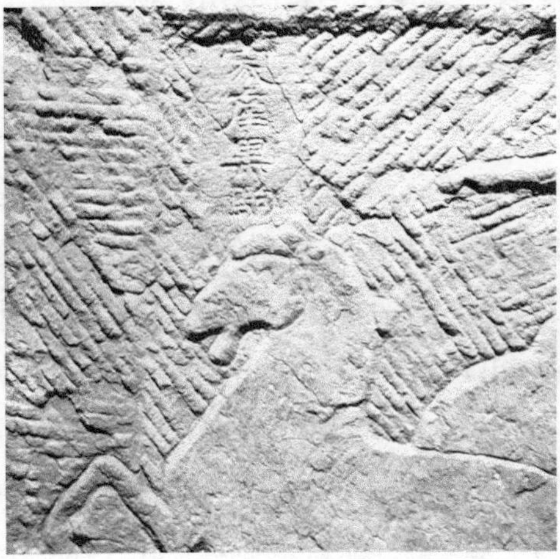

图 5－3　杨耿伯墓画像与“家产黑驹”榜题
（图片来源：四川博物院，自拍）

石守长杨君孟元舍永元八年三月二十一日作”“西河圜阳张文卿永元十六年十月万岁宅”“张公寿室”；晋西北的“和平元年西河中阳光里左元异造作万年庐舍”“使者持节中郎将莫府奏曹史西河左表字元异之墓”“和平元年十月五日甲午故中郎将安集掾平定沐叔孙□舍”，以及“汉故西河圜阳守令平周牛公产万岁之宅兆”等，既标示出了墓主的姓名、官职，也记录了墓葬时间等。实际上这两个地区的汉代画像石铭刻绝大部分是一种简短的题记，但一定程度上也具有榜题作用。但较而言之，这两个地区又不像山东、苏北和四川等地区出土的众多画像石榜题，直接在艺术形象旁边清晰地标注人物、动植物、祥禽瑞兽、车马和建筑物的名称、官阶等。由此可见汉代画像石上榜题文字表达的独特性艺术表现。

从全国范围来看，在出土汉代画像石中，纪年和无纪年题记思想内容的共性特征是很明显的。赖非先生曾把山东汉代画像石上的题榜内容粗略地归为五类：“(1) 描述、阐释故事的内容；(2) 说明墓、阙、堂及其画像雕作的原因和经过；(3) 记录有关事件；(4) 标明墓、阙、堂主人；(5) 吉利语、颂词。”并说“将画像内容与题记内容比较来看，题记虽然缘于画像，但真正与画像内容有直接关系的，唯有用来描述、阐释故事内容的那一部分。(2)(3)(4)(5)类是画像内容的‘画外音’，因而史料价值更大”①。笔者认为，这五类内容不仅是山东汉代画像石上的题记内容体现，在全国其他地区出土汉代画像石上的题记内容也都有不同程度的体现。也就是说，就前四章中列举的题记内容而言，无论是众多的短篇题记，还是少数长篇题记，有的较详细或概括性地描述了画像内容，有的对历史故事等作了简明扼要的解释；有的既点明了墓主及其官职，也记录了墓葬时间等；有的用以说明死者亲属关于建造画像石阙、祠堂和墓室等原因与经过；

① 赖非：《山东汉代画像石榜题》，《美术研究》1994 年第 2 期（总第 74 期），第 23－24 页。

有的借此记录家族情况和有关事件以及表达对死者的哀思之情；有的表达对死者生前人品、事迹的赞美、褒扬；有的寄予了美好的愿望即颂词等。尽管各地区存在一定的语言表达方式的区别，但总体上反映出了汉代大部分地区的人们通过在画像石这种丧葬礼俗品上镌刻题记方式，来表达“贵生重死”的思想，反映出了人们渴望生存、抗拒死亡的群体心态。

全国各地区出土汉代画像石题记思想内容的区别尤其明显。首先，从各地出土汉代画像石题榜文字字数比较看，山东大部分地区出土的汉代画像石题记，不仅文字数量多，而且内容很丰富，这是全国其他地区出土的汉代画像石题记所不具备的。也就是说，目前笔者所见山东很多地区，在不少汉代画像石上字数少者有几十字，多者达 606 字。特别像苍山元嘉元年画像石墓题记和文通、芗他君、许安国祠堂画像石上的这些长篇题记，均为罕见珍贵的题记文字。尤具特色的是嘉祥武氏祠堂画像石和画像石阙题记，据学者统计，其榜题与题记文字总数达 1 168 字，其中榜题文字约 1 069 字①，这是全国和山东其他地区都无法相比的。从题记思想内容上看，山东地区出土的汉代画像石上大部分题记都有一个较全面的记事内容，即不仅有描述、阐释故事内容的，说明画像石阙、祠堂、墓室及其画像雕作的原因和时间、经过以及表达哀思之情的，而且大部分较详细地记录了有关事件和不同程度地镌刻有吉利语、颂词等。例如上述山东苍山元嘉元年画像石题记的大部分文字是对该墓画像内容的较详细描述，文通祠堂画像石题记是对文通家族情况的叙述（图 5－4），芗他君祠堂画像石题记是对祠堂制作情况的说明，许安国祠堂画像石题记是对许安国生前事迹的记载等。尤其是苍山元嘉

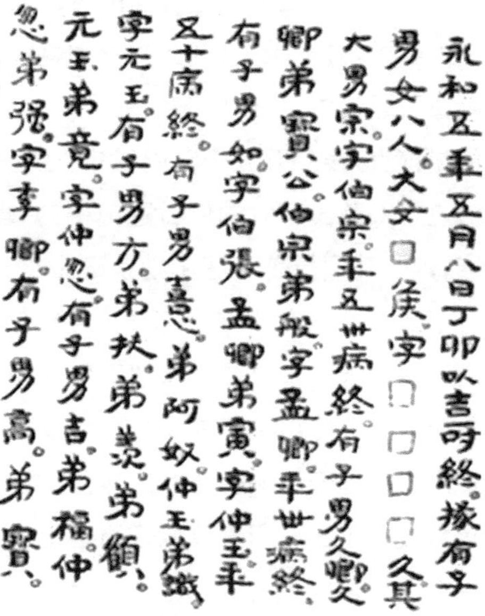
永和五年五月八日丁卯以害奇終。掾有子
男女八人。大女□侯。字□□□□久其
大男宗。字伯宗。年五十病終。有子男久卿。
卿弟實。公伯宗弟般。字孟卿。年卅病終。
有子男如。字伯張。孟卿弟寅。字仲玉。年
五十病終。有子男憙。弟阿奴。仲玉弟識。
字元玉。有子男方。弟扶。弟羨。弟顧。
元玉弟竟。字仲忽。有子男吉。弟福。仲
忽弟強。字季卿。有子男高。弟實。

图 5－4　文通画像石祠堂题记句读抄本（局部）
（图片来源：胡新立先生提供）

① 参见欧阳摩一：《论汉画像石文字榜题和题记》，《东南文化》2008 年第 1 期总第 201 期，第 63 页。

元年画像石题记中用了大部分篇幅描述画像内容,许安国祠堂画像石题记中关于图像内容的概括等,都是其他省区没有的现象。而在苏北、皖北、河南、四川、重庆和陕北、晋西北等地区,除江苏邳州市青龙山燕子埠乡尤村出土彭城相缪宇墓志铭、邳州市燕子埠乡缪纡墓志铭,以及河南南阳许阿瞿墓志铭等外,大部分题记字数少,内容较简单。虽然苏北、皖北出土的汉代画像石上有些题记内容和表达方式与山东地区的基本相似,但数量较少。河南出土的除浚县姚厂村墓出土画像石题记和许阿瞿墓志铭,较为详细地记载了墓葬原因等外,大部分仅简单地说明墓葬时间、墓主情况等。四川出土的画像崖墓中,除中江塔梁子崖墓壁画墨书题记较详细地说明了其祖父等为官、迁徙、建功立业等生前事迹外,绝大部分题记亦仅仅说明了墓葬时间,记载了墓主姓名等,其中还有不少仅刻几个字用以标示或说明某姓的墓葬等。陕北和晋西北地区出土的题记内容,基本是用简短的文字记载墓主姓名、生前的官阶和墓葬时间以及吉祥语等等。由此可见汉代画像石题记内容的地域性差别较大。

其次,墓阙、祠堂和墓室建造费用的说明,也是出土汉代画像石题记思想内容地域性区别之一。这方面的突出表现,是在山东、苏北、皖北出土的画像石题记内容中,有不少关于阙、祠堂和墓室制作费用说明,其中出现最多的是在祠堂画像石题记中,且以山东的最多。上文列举的诸如滕州出土食堂画像石题记中的"直(直)钱二万五千"、肥城市栾镇村张文思为父造祠堂画像石题记中的"石值三千"、戴氏享堂画像石题记中的"戴□孔道建石宣(室)五千,郭苞二千五百五,戴□戴□伍著承超阳勋蒴卿张年并九千五百"、枣庄市齐村镇王山头朱作纪母画像石题记中的"钱一千司(石)室成□□□□□为钱三万五千□□"、微山县两城山出土建于汉顺帝永建五年的小食堂画像石题记中的"五千□□□"、微山县两城乡陈庄出土王成母(立)食堂画像石题记中的"直(值)钱五千"、微山县两城山出土建于汉顺帝永和二年的小食堂画像石题记中的"财弗(费)直(值)万"、鱼台县出土文叔阳食堂画像石题记中的"直(值)钱万七"、曲阜市徐家村墓出土画像石题记中的"使工五万,又食九万,共直(值)钱□□万"等,都是较显著的例证。而在四川、重庆、北京和陕北、晋西北等地区笔者未见有此类内容。

再次,各地区出土汉代画像石题记内容的区别,也表现在吉祥语表达方面。在各地区出土的不少汉代画像石题记中出现不少吉祥语,但各地的语言表达却不尽相同。例如“此中人马皆食大(太)仓”之类的吉祥语表达,主要出现在山东大部分地区和苏北、皖北地区。上文列举的山东地区有纪年的,诸如嘉祥县满硐乡宋山许安国祠堂题记中的“阳遂富贵,此中人马皆食大(太)仓,饮其江海”(图 5－5)、济宁出土的祠堂后壁画像石(残石)上的“此中人马皆食大(太)仓”、枣庄市齐村镇王山头出土的朱作纪母祠堂画像石题记中的“以□□□马有□者,皆食□大好□”、泗水县星村镇南陈庄墓出土画像石题记中的“人马甫大鱼皆食大(太)仓”、曲阜市徐家村墓出土画像石题记中的“马牛皆食大(太)仓”、邹城汉安元年文通祠堂题记中的“此中人马皆食大(太)仓”,皖北宿州市褚兰镇宝光寺出土邓季皇祠堂题记中的“上人马皆食”等。山东地区无纪年的,诸如安丘市王封村发现的画像石题记中“此上人马皆上食于天仓”、临沂市博物馆藏的“人马禽守(兽)百鸟皆食太仓饮于梁河之下”等两条画像石题记,苏北无纪年的铜山县大庙镇大庙村画像石题记中“此□室中人马皆食大仓”等等,都是较典型性的。而在四川、陕北和晋西北出土汉代画像石题记中吉祥语则有另一种表达。较具代表性的,例如四川长宁县飞泉公社保民村 3、4 号崖墓画像题记中的“□用宜子孙万世恩”、长宁县飞泉保民 1 号崖墓题记中的“此冢宜子孙”等,绥德县四十里铺徐无令乐君画像石题记中的“万岁吉宅”、绥德县五里店郭稚文墓画像石题记中的“郭稚文万岁室宅”、绥德县黄家塔王圣序墓画像石题记中的“王圣序万岁室宅”、绥德县中角乡白家山村张文卿墓画像石题记中的“万岁宅”、绥德县四十里铺田文成墓画像石题记中的“田文成万年室”、米脂县城西官庄村牛文明墓画像石题记中的“千万岁室”、米脂县官庄小学牛季平墓画像石题记中的“千万岁室宅”(图 5－6),以及山西离石县城西南马茂庄西山塬出土画像石题记中的“牛公产万岁之宅兆”等等。尽管四川、陕北和晋西北地区的,同样都是表达对死者“生命”永存的希望或渴望之情,但与山东大部分地区和苏北、皖北地区的语言表达方式的区别还是较明显的。事实上,即使同一区域的汉代画像石题记中,有些吉祥语的表达方式也是有区别的。例如上

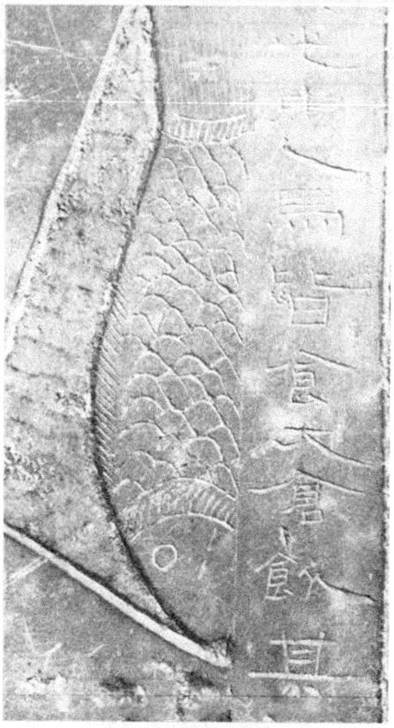

图 5－5　许安国祠堂第 28 石画像与题记(局部)
(图片来源:山东石刻艺术博物馆,自拍)

述山东莒县东莞镇东莞村古墓出土孙熹阙题记中的“千秋万岁”、泗水县星村镇南陈庄墓出土画像石题记中的“长生永寿，不复老□”、邹城市峄山镇北龙河村出土的汉安元年文通祠堂画像石题记第 31 行中的“常受吉福，永永无极，万岁无央”、苍山县（现兰陵县）下庄西城前村北土台出土的苍山元嘉元年“学者高迁宜印绶”等不同的表达，从中可以看出即使是在同一区域，汉代画像石上题记内容的表达方式也是不完全相同的。与此同时，这种区别也能反映出即使是在同一区域同一工匠集体的制作题记过程中，也可能由于死者或死者亲属的要求不同等原因，导致题记内容出现差别。

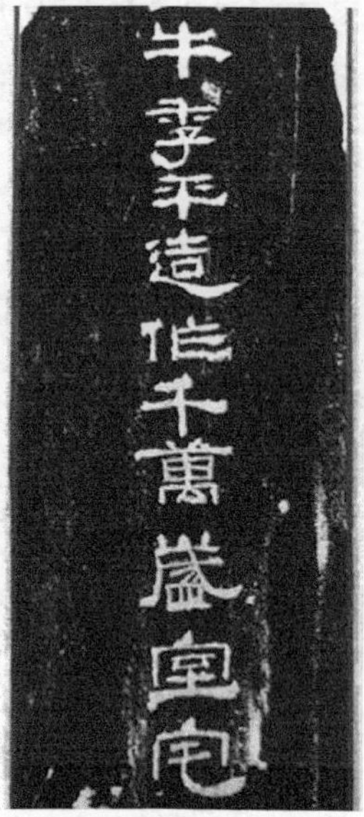

图 5－6　牛季平墓画像石题记拓片（局部）
（图片来源：榆林汉画像石博物馆，自拍）

关于汉代画像石题记思想内容的地域差异问题也有不同的讨论。有学者认为“这种现象与画像石繁兴程度成正比。画像石发展水平越高，越是繁兴，长篇题记发现得越多，文字也越长，内容涉及的面也越广。两汉时的大山东地区，经济发达，文教昌盛，走在全国最前列，所以长篇题记集中于该地区也就不奇怪了”[①]。这种说法有一定的道理，但笔者认为不管是榜题还是题记，这种地域差异现象与画像石繁兴程度不完全等同。比如河南南阳、四川乐山等地也是画像石较繁盛的地区，但题榜和文字数量及思想内容相对较少、较简单等。即使是在山东地区，长篇题记也是屈指可数，其中大部分内容较简单，百字以下的题记很常见。因此，笔者认为汉代画像石上的题榜内容，特别是题记思想内容的差异与当时各地的民间丧葬礼俗、历史文化艺术的传承性、生活方式、宗教思想、不同地域的人对画像石的认识、地理环境、石材差异和民间艺人的创作思想等都有一定的关系，其中各地不同的民间丧葬礼俗的影响是重要方面。丧葬礼俗是人类创造、享用和传承的生活文化，也是人类的一种特殊社会文化现象和人类对社会生活的一种理解。“百里不同俗，十里不同音”，“一方水土养一方人”。各地区各民族不同的乡音、乡情、风俗、习惯、土地、环境，导

① 参见欧阳摩一：《论汉画像石文字榜题和题记》，《东南文化》2008 年第 1 期总第 201 期，第 63 页。

致了各地区各民族不同丧葬礼俗文化的产生、发展与演变，既使各地区各民族的丧葬礼俗文化呈现出了一定的相似性或相同性，也存在较大的差异性。就相似性或相同性而言，上述各地出土的汉代画像石题榜与思想内容的产生，实际上是两汉时期“东至乐浪，西达敦煌”①的“举孝廉”制度、厚葬社会风气和升仙迷信思想的产物。就差异性而言，它们不同程度地受到各地区各民族的传统丧葬礼俗文化的影响也是必然的，是不可否认的事实。比如，总体上看山东地区出土汉代画像石上的题记不仅字数较多，而且不少内容较详细丰富，这与山东作为儒家思想的发源地，代代传承的对生死礼仪的重视，以及当时的人们争相跻身于社会上层的功利观等不无关系。实例无须多举，事实上仅嘉祥武氏家族墓地那种有序而严谨的布局设计，石阙和祠堂上的画像与文字紧密结合、相得益彰的匠心独运（图 5－7），由家族集体向往的虚幻世界到武梁的现世隐退场景，由历史的儒家道德说教图画到拥有高尚社会道德的武梁画像的刻画等，足以代表汉代山东地区对丧葬礼俗文化的高度重视和地域文化艺术的特殊性。除此，较为特殊的还有在与山东接壤的苏北、皖北地区出土的不少画像石题记中，对建造画像石阙、祠堂和墓地等丧葬费用的记载，以及较多地把其镌刻于墓地石阙和祠堂题记中的方式，显然有着利用丧葬礼俗行为尽可能地把自己的“孝道”“孝行”“孝义”等公之于众的思想意图。因为在一处墓地中，画像石阙与祠堂是置于地面的丧葬建筑，在其上镌刻费值是世人显而易见的。尽管当时存在着一些“生不能致其爱敬，死以奢侈相高”的现象，但“虽无哀戚之心，而厚葬重币者，则称以为孝，显名立于世，光荣著于俗”②。反观四川、重庆、

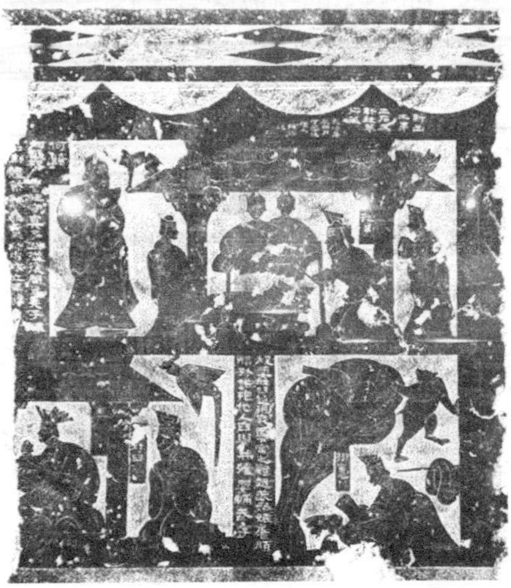

图 5－7　武氏祠画像《孔子击磬图》与题记拓片
（图片来源：鲁迅博物馆，自拍）

① ［南朝宋］范晔：《后汉书》，北京，中华书局 2007 年版，第 481 页。
② 王利器：《盐铁论校注》，北京，中华书局 1992 年版，第 354 页。

陕北和晋西北等地区，则无此做法。所以，也有学者说“画像石的使用还受到地域文化的限制，并不是所有产石的地区都用画像石来建造墓阙、祠堂和墓室，这表明画像石的使用有一个人们接受不接受的问题，而接受不接受除了个人喜好之外，更多的可能是受地域文化，尤其当地的丧葬礼俗的影响。因此，画像石只有在既产石材、人们又乐于使用它来为丧葬礼俗服务的地区才能发展起来，也只有在这里才能培养出大量的石刻艺人来，而这些石刻艺人不仅为画像石的大量使用提供了技术保障，同时，他们为了生存的需要还可能对画像石的大量使用，和画像艺术的发展起到很大的促进作用”①。笔者认为，作为汉代画像石艺术组成部分的榜题与题记艺术亦是如此。

第二节　汉代画像石上的空榜与无题榜之现象

在出土汉代墓地画像石阙、祠堂和墓室画像石上，除上文所列众多纪年无纪年的题榜内容外，在山东和苏北等地区出土汉代墓地祠堂和墓室画像石上，也出现了不少有榜无字的现象，即在有些图像旁边仅仅镌刻长方形的空格，但是没有文字的空榜，这方面的例证较多。例如山东沂南县北寨村 1 号汉代画像石墓中，第 5 幅图像中“画上凡有人的地方都有榜，但未题名”；第 6 幅图像中雕刻的祭祀人物“致祭的人的上面，都有榜，但未题名”；第 41 幅图像中雕刻的眉骨突起的人物“下有榜，未刻字”，下格雕刻两个人物图像，“两人头上均有榜，未刻字”；第 43 幅图像中上格画像中雕刻两人，“两人头上均有榜，未刻字”，下格画像中刻两人，“两人头上均有榜，未刻字”；第 47 幅图像下格中刻两人与凤鸟，“两人头右及凤鸟之右均有榜，未刻字”；第 48 幅图像上格中刻两人，“两人头上均有榜，未刻字”，下格中“两人头上均有榜，未刻字”；第 49 幅图像上格中雕刻两人，“两人头后均有榜，未刻字”，下格中雕刻两人，“两人头后均有榜，未刻

① 杨爱国：《幽冥两界：纪年汉代画像石研究》，西安，陕西人民美术出版社 2006 年版，第 133 页。

字”,“两个散斗中间有榜,未刻字”等①。其中,较突出的有一幅《迎宾图》,雕刻19位人物,但5个榜题未刻字(图5-8)。嘉祥县满洞乡宋山村北出土的无纪年汉代画像石(雕刻年代与武氏祠大致相同),在第1石第4层图像中的曲辕轺车前镌刻一榜题,但无字;第2石第4层图像中空白处有2块无字题榜;第3石第4层图像空白处有2个无字题榜等②。阳谷县寿张乡八里庙村出土的无纪年汉代画像石,其中第1、13画像中均有未刻字的榜题,虽然第12画像中刻有榜题二字,但不可识读③。平阴县东阿镇孟庄村出土的无纪年画像石墓,也是山东地区出现无字空榜较多的:在该墓室过梁前室北梁北侧图像空白处刻有5榜,均为空榜;中室东梁西侧图像空旷处刻有6榜,亦均为空榜;此外前室西北柱东大面柱身第5层图像空白处刻有无字榜题,南大面柱身第5层图像空白处刻有无字榜题,西大面柱身第4、5层图像空白处刻有无字榜题,北大面柱身第3、4层图像空白处亦刻有无字榜题④。1974年底南京博物院在泗洪县曹庙裴墩搜集的一批无纪年的东汉画像石,其中第5石(画五)为墓壁刻石,3格画像中的下格画面中刻6人,每人之间均有未题字的榜额;第6石为墓壁刻石,4格画像中的第2格亭长画像左上方有一未刻字的榜额⑤。尤其显著的是嘉祥武氏祠堂左石室17石上的16幅画像中的榜题皆为空榜。即第1幅壁上石画像西共3层,其

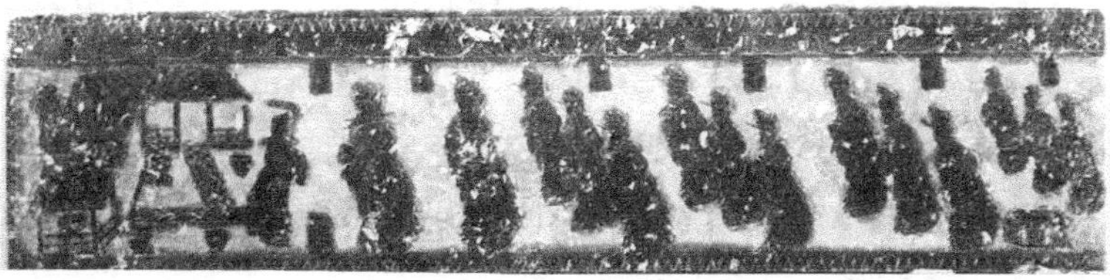

图5-8 《迎宾图》与榜题拓片
(图片来源:2017年6月22日临沂市博物馆、沂南北寨汉画像石墓博物馆举办“汉画像石上的孔子拓片展”,自拍)

① 参见南京博物院、山东省文物管理处:《沂南古画像石墓发掘报告》,北京,文化部文物管理局1956年版,第13、23、25页。
② 参见嘉祥县武氏祠文管所:《山东嘉祥宋山发现汉画像石》,《文物》1979年第9期,第1、2页。
③ 参见聊城地区博物馆:《山东阳谷县八里庙汉画像石墓》,《文物》1989年第8期,第48-56页。
④ 参见济南市文化局文物处、平阴县博物馆:《山东平阴孟庄东汉画像石墓》,《文物》2002年第2期,第38-52页。
⑤ 参见尤振尧:《江苏泗洪曹县庙东汉画像石》,《文物》1986年第4期,第40、43页。

中第2、3层各有1个空榜。第3幅东壁上石画像共3层，其中第3层有1个榜题残泐，有2个空榜。第5、6幅画像各有4个空榜。第7幅画像第2层画像中有2个空榜，第3层画像中有1个空榜。第8幅画像第2、3层画像中各有1空榜。第9幅画像第1层中有1空榜，第2层中有4个空榜，第10幅画像第2层车骑出行图中有1个榜题。第11幅画像第2层两则节义故事各有1个空榜。第14幅画像第2层有3个空榜。第15幅画像第2层有1个空榜，第3层有3个空榜，第4层有1个空榜。第16幅画像第2层中有3个空榜，第3层有1个空榜等①。

对于汉代墓地画像石阙、祠堂和墓室画像石上出现的空榜现象，学界也有不同的解释。有学者认为汉代民间画师、石刻工匠受雇于他人，“这些人能雕会画，但一般没有文化，尤其是在贫富差别悬殊的东汉社会里。工匠属贫民阶层，他们的绘画是出于生计，而不是闲情逸致。汉画中出现的题记，是由他人代笔书丹。字写好了，工匠们便刻，无人书写，自然就无人刻，所以现在我们看到很多榜是空着的”②。也有学者说“有少数榜题可能因时间紧等原因，而有榜无题，即‘榜’内没有刻上文字，如沂南汉画像石墓等”③。

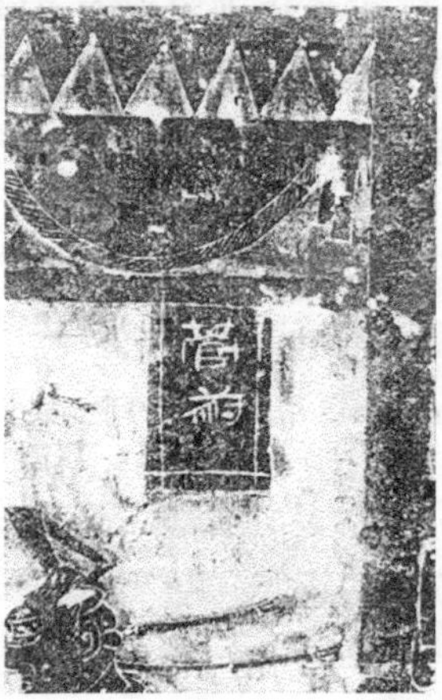

图5－9　《管叔》画像与榜题拓片
(图片来源：2017年6月22日临沂市博物馆、沂南北寨汉画像石墓博物馆举办“汉画像石上的孔子拓片展”，自拍)

汉代墓地画像石阙、祠堂和墓室画像石上的题榜文字由他人代笔书丹，写好后再由工匠们雕刻，无人书写就无法雕刻文字，这种可能是存在的。也就是说，特别是不少汉代墓地祠堂和墓室画像石上镌刻的那些字体端正、波磔笔画鲜明的典型性隶书，非民间画师或石刻工匠而能为之，由他人代笔书丹，毫无疑义。但也不能一概而论，即从上述沂南县北寨村1号汉代画像石墓中分别雕刻的诸如“齐桓公”“卫姬”“御者”“齐侍郎”“苏武”“管叔”等榜题(图5－9)，以及上

① 参见蒋英炬、吴文祺：《汉代武氏墓群石刻研究》，济南，山东美术出版社1995年版，第99－105页。
② 赖非：《山东汉代画像石榜题》，《美术研究》1994年第2期(总第74期)，第28页。
③ 欧阳摩一：《论汉画像石文字榜题和题记》，《东南文化》2008年第1期(总第201期)，第62页。

述列举的一些无字的空榜来看，又难以说明“无人书写，自然就无人刻”的原因。因为两者同处于一个墓室中，墓门、前室、中室、后室雕刻的几十幅画像和制作意图是较完整的有机联系的系统，同时从隶书艺术风格上看应为同一人书丹。再如嘉祥武氏祠，右石室画像中可谓满布榜题，但左石室的17石上的16幅画像中的榜题却都是空榜。因为武氏祠堂画像制作有着内在的密切联系的思想，而非孤立的，隶书艺术风格也是统一的，由此推测，书丹者不可能厚此薄彼地只写某些榜题而空出某些榜题。因此，笔者认为汉代墓地祠堂和墓室画像石上出现空榜现象的原因应是多方面的。即可能有些榜题没找到书者书丹，石刻艺人无法刻出；也可能空榜处本来有书丹文字，由于下葬时间紧迫，石刻艺人来不及雕刻而出现空榜；或者因图像、榜题较多而忘记了雕刻等，都是其中原因。例如从陕西榆林市、绥德县等地区出土汉代画像石图像上残留的墨迹，以及四川中江塔梁子崖墓壁画墨书题榜残留的墨迹现象，都可推测因时间紧迫来不及雕刻的可能性。

在大量的出土汉代墓地画像石阙、墓地祠堂和墓室画像石上，镌刻有题记与榜题文字的只是极少部分，即我们常见的绝大部分出土画像石上只有图像，而无题榜文字。为何绝大部分只有图像，而没有镌刻题榜？关于这个问题，学界也有不同的解释。有学者说：“为什么画像有些有榜题，有些没有？一个尝试性的解释是：因为汉代的画像有一定的格套，不同的内容会依一定的格式化的方式呈现，因此观者只要熟悉这些格套，不需要文字榜题的帮助，就能够了解画像的内容。凡是较常见的内容，较为大家所熟悉的，就较不需要榜题。”“凡是大家较不熟悉的，或是不以榜题帮助，无法明确传达画像特定意义的，就需要标以文字加强说明。”[①]也有学者认为：“大量无榜题的画像石主要是由没有留下姓名的固守家园的石刻艺人雕刻的。这样推测的理由是，画像石的使用受到原材料的限制，当地或附近必须产可供雕刻的石材，才能有雕刻画像石的可能，才能有靠其为生的可能，才能产生画像石这样的丧葬文化产品。”[②]

大量出土汉代墓地画像石阙、祠堂和墓室画像石上无题榜的现象，诚如有学者所说，“稍微仔细分析，就可以发现这些问题并不容易回答”[③]。笔者认为，

---

① 邢义田：《画为心声：画像石、画像砖与壁画》，北京，中华书局2011年版。

② 杨爱国：《幽冥两界：纪年汉代画像石研究》，西安，陕西人民美术出版社2006年版，第133页。

③ 邢义田：《画为心声：画像石、画像砖与壁画》，北京，中华书局2011年版。

汉代画像石图像雕刻和题榜文字镌刻都有一定的程式化特征，即汉代民间画师、石刻艺人们在继承前人绘画、雕刻、书写等艺术理论与实践经验基础上，经过长期的艺术创作实践与理论总结，在人物等艺术形象的雕刻和题榜文字的镌刻等方面，都形成了一定的艺术设计思想和艺术表现手法。例如人物、动植物、车马、建筑等图像，呈现出的概括性、象征性等表现手法；在石面上的空间布局等方面，呈现出的分格雕刻不同的场景和在同一画面上容纳不同的场景；画面艺术形象展现出的满、密、直观等特点(图 5－10)；在艺术形象旁边或左右上方镌刻榜题，以及在画面中或画面边框外等处镌刻题记等：都是汉代民间画师、石刻艺人们的程式化思维方式的表现。也就是说，汉代画像石的艺术形象组合和题榜文字的位置设计有一定的较为固定的模式，民间画师和民间石刻艺人们的艺术创作方式有一定的相似性等特征。但这种程式化并非完全固定的“格套”，因为在汉代画像石上不存在两个一模一样的图像。例如 1977 年和 1978 年嘉祥齐山村和宋山村出土的《孔子见老子》画像，把人物等艺术形象拉长进行夸张表现；陕西榆林市、绥德县、米脂县等地的民间画师和石刻艺人依据不同的石材和审美趣味等，采用“剪纸拼贴”方法，即先把艺术形象剪出然后在石面上依据一定的要求拼贴刻画出一定的故事场景，并灵活采用阳刻、阴刻等多种方法雕刻图像，以及各地区画像石题榜文字分别采用单刀、双刀或单双刀并举等手法镌刻等：不仅体现出了汉代民间画师、石刻艺人们的多样化思维方式、艺术创作方法，而且使图像和题榜文字呈现出了多样化的视觉样式。

当然，说汉代画像石图像制作有固定的“格套”，“观者只要熟悉这些格套，

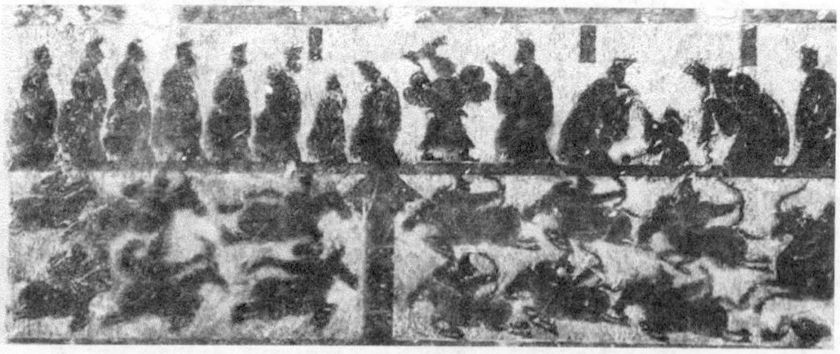

图 5－10　嘉祥出土《孔子见老子、骑射》画像与榜题拓片
(图片来源：2017 年 6 月 22 日临沂市博物馆、沂南北寨汉画像石墓博物馆举办“汉画像石上的孔子拓片展”，自拍)

不需要文字榜题的帮助，就能够了解画像的内容。凡是常见的内容，为大家所熟悉的，就不需要榜题”，也有一定的依据。比如像西王母这样一位汉代人信仰中的女神，可谓家喻户晓，在很多汉代画像石、墓室壁画等汉画艺术作品中，其艺术形象旁边确实未见另刻榜题文字说明等。说“凡是不熟悉的，或是不以榜题帮助，无法明确传达画像特定意义的，就需要标以文字加强说明”，也有一定的理由。像上文列举的众多纪年无纪年画像中的人物、动植物、车马、建筑等，有些是不为人们所熟悉的而在旁边加上榜题文字即可说明。比较突出的，例如山东嘉祥武氏祠堂中，除左石室的 17 石上的 16 幅画像中的空榜外，其他的诸如祥瑞图像、古代帝王图像、烈女图像、孝子图像、义士图像、忠臣图像、刺客图像等旁边，自始至终都有榜题，而且加上了简短的内容解释，其原因也有观众对内容不熟悉而加强说明等。

但情况也并非完全如此，实际上从出土的汉代画像石上的榜题看，它们不仅出现在大家“较不熟悉的”艺术形象旁边，也出现在人们“常见的内容，大家所熟悉的”的诸如西王母(图 5－11)、孔子、老子等艺术形象旁边。例如孔子的艺术形象在汉代画像石、墓室壁画等汉画艺术作品中是常见的，按说这样一位较常见、大家较熟悉的人物形象可以不需要镌刻榜题帮助的，但上文已列举的山东泰安县大汶口出土画像石第 6 石图像中就镌刻有榜题“孔子”。孔子见老子画像内容也是大家熟悉的，但上文已列举的山东嘉祥县纸坊镇敬老院出土画像石第 1 石中层，孔子见老子图像就分别镌刻有榜题“孔子”与“老子”等。此外，不少汉代画像石、墓室壁画等汉画作品中出现的青龙、白虎、朱雀、玄武，也是人们熟悉的艺术形象，但在江苏邳州青龙山燕子埠乡尤村出土的彭城相缪宇墓画像石图像中，其中的第 4 格图像中刻有榜题“□(虎)”“玄武”“朱鸟”和“青龙”等，这些被称为汉代“四神”或“四灵”的图像旁边出现榜题文字等，足以说明即使是人们常见的、熟悉的艺术形象也会出现榜题文字，所以不应一概而论。

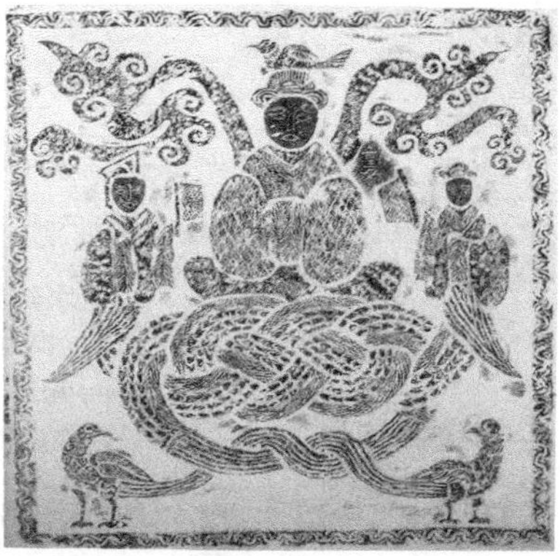

图 5－11　微山县两城镇出土《西王母》画像与榜题
(图片来源：张道一：《汉画故事》，重庆，重庆大学出版社 2006 年版)

汉代画像石和石刻艺人的产生，与能雕刻画像的石材的产生，及一定地域中人们对画像石的接受与使用等丧葬礼俗文化有密切关系；同时一定地域中画像石的盛行必然会产生以其为生的，甚至数量众多的石刻艺人；这些说法都是无可异议的。但说“大量无榜题的画像石主要是由没有留下姓名的固守家园的石刻艺人制作的”，也未必如此。即是说，从上文列举的众多出土汉代画像石上的纪年无纪年题记内容看，其中镌刻有民间画师和石刻艺人姓名的，或加籍贯的民间画师和石刻艺人姓名的，是极少的一部分，绝大部分题记内容中并未出现他们的姓名，因此大量的无榜题的画像石制作与民间画师和石刻艺人是否留下姓名没有因果关系。

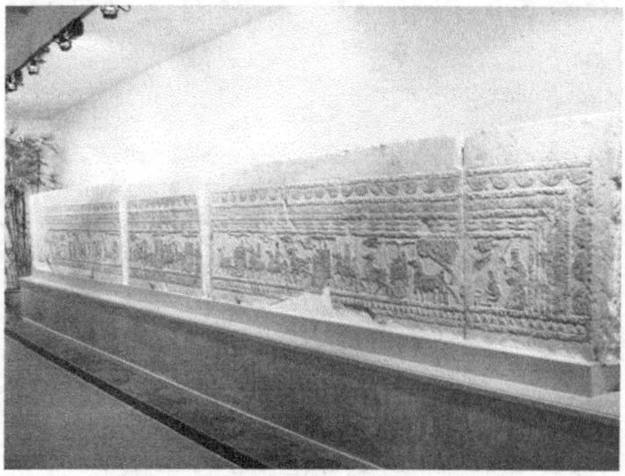

图 5－12 《车马出行图》画像石
(图片来源：徐州汉画像石艺术馆，自拍)

在出土汉代墓地画像石墓阙和墓祠、墓室画像石上，无题榜的原因应是多方面的，学者们的讨论都是基于一定认识的推测。笔者推究揣测，大量出土汉代画像石上的无榜题现象，与以图像为主、文字为辅的艺术创作思想有关。从目前全国范围内出土汉代画像石墓阙和墓祠、墓室画像石看，图像是主要部分，即展示于观者眼前的是刻画阙主、祠主、墓主生前的事迹和生活场景，以及借以赞美其生前忠孝节义悌之品德、死后升仙之愿望和在阴间继续享受荣华富贵之理想的大量图像，这是汉代墓阙和墓祠、墓室建筑石材上出现的画像之所以被命名为画像石的重要基础(图 5－12)。从榜题与题记在图像中的位置看，榜题主要位于艺术形象的左右上方等处，这也是当时乃至今日民间年画等绘画创作的一种程式化表现。题记的位置设计较为多样化，乍一看起来似乎不少题记在画面上的位置设计杂乱无章，但仔细观察，大部分还是经过民间画师和石刻艺人的思考的，而非随意安排。换句话说，在上述列举的众多汉代画像石上纪年和无纪年的题榜中，除有些石阙上的题记处于正面等主要石面上外，大部分或位于图像外的边框上，或位于画面中间和上下方，或单独地位于墓中石柱上等，所占空间比例较小，可以看出民间画师和石刻艺人尽可能地突出图像位置的创作意图。虽然上述山东邹城市峄山镇北龙河村出土的文通、东阿县铁头山出土的芗他君、嘉祥县满硐乡宋山村出土的许安国祠堂画像石上的长篇题记占据了石面的较大空间，但图像依然是主体部分；虽然山东嘉祥武氏祠堂画像石上几乎每一幅图像都配有文字，似乎图像与文字平分秋色，但仔细观察，文字依然是处于图像边缘或画像的角落。可以见出，雕刻神人、仙人、祥禽瑞兽、植物图案、历史故事和现实生活等图像，来表达阙主、祠主、墓主的升仙思想和美好愿望，把图像作为媒介来传达他们的忠孝节义悌思想观念，用图像来承载他们生前的显赫地位与政绩等，成为民间画师和石刻艺人们艺术创作的重要思想、方法。同时，用图像艺术诉诸人们的视觉，让消费者和其他观众看图、读图，比用抽象的文字表达更有情趣，更能艺术化地表达阙主、祠主、墓主及其亲属的诉求，借助画像石这种丧葬礼俗品实现社会影响，光宗耀祖，蒙荫子孙。因此，榜题与题记文字实际上仅仅是用来标示、说明某些人物、动植物、车马、建筑等姓名、官阶、名称，以及起到记载、说明阙主、祠主、墓主生前的事迹等作用。有则不多，无之不妨，视情况而定，应该是大量汉代画像石图像无题榜的重要原因之一。

在汉代画像石图像中的某些人物、动植物、车马、建筑等旁边雕刻榜题，有些可能是为了强调图像的中心思想，或突出主要艺术形象的重要性。即是说，在汉代画像石上不是所有艺术形象旁边都雕刻了榜题，即使是同一墓室的画像，或同一幅画像上的不同艺术形象旁边也不是全部雕刻榜题，这在汉代画像石上也是常见的现象。但在有些艺术形象上方或旁边加上榜题，可能有着强调某种人物、动物、车马、建筑等艺术形象的思想意图。例如上述不少地区出土的“孔子见老子”画像榜题（图5－13），应是强调孔子身体力行的虚心好学的儒家思想。长清

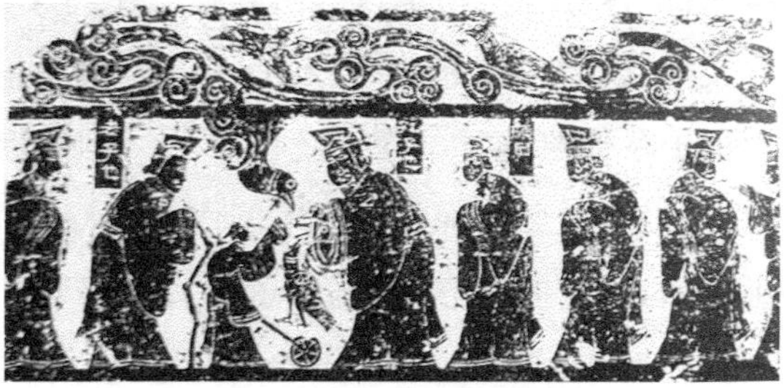

图 5－13 《孔子见老子》画像与榜题拓片
（图片来源：自拍）

县孝堂山祠堂画像石上雕刻的榜题“相”“令”“周公”“孔子”，应是意在强调忠孝等儒家思想；“胡王”“大王车”“三千石”应该强调的是祠主的官秩。山东邹城市面粉厂出土的“孔子弟子”画像中孔子的 24 位学生都刻有榜题，可能是为了较

全面突出这些学生的形象或取得的成就，中心思想是为了强调儒家思想。尤其是山东嘉祥武氏祠堂上的榜题，用简短的文字高度地概括出祥瑞图像、古代帝王图像、烈女图像、孝子图像、义士图像、忠臣图像、刺客图像等内容，实际上强调的既是武梁等墓主人的升仙思想，也强调了祠主的忠君情怀等理想与抱负。江苏邳州青龙山燕子埠乡尤村出土彭城相缪宇墓画像石上的榜题，尤其是“福德羊”“骐驎(麒麟)”“□(虎)”“玄武”“朱鸟”“青龙”榜题，应该是为了强调吉祥如意的美好愿望。四川郫县太平乡杨耿伯墓门画像中，特别在马的头部上方镌刻榜题“家产黑驹”，应该是着重强调黑驹的重要性。四川简阳县鬼头山崖墓出土画像石棺上的“伏希(羲)”“女絓(娲)”“兹(玄)武”“九(鸠)”“先人博”“先人骑”“日月”“柱铢”“白雉”“离利”“大苍”“天门”“大□”“白虎”等众多榜题，显然表达的是墓主的升仙愿望。特别是3号棺右壁画像中部的单檐式双阙上方镌刻的榜题“天门”，很可能强调的是死者的灵魂已经进入了天界的意思。相反，有些次要的艺术形象不镌刻榜题也是可能的。即是说，今天我们从山东沂南县北寨村等一些保存较完好的画像石墓葬中，可以推测出汉代民间画师和石刻艺人制作画像石墓阙、庙阙和墓地祠堂、墓室画像石，应该都有一个主次分明的较完整的蓝图，他们把主要画像和主要人物等艺术形象加上榜题以助说明，而省略次要的画像或人物等艺术形象榜题。

大量出土汉代墓地画像石阙、祠堂和墓室画像石上的无榜题现象，也可能与图像的“粉本”制作有一定的关系。汉代画像石图像制作与题榜文字的镌刻应该都有一定的“粉本”，即由画师或在绢、纸上，或直接在石面上画好图像或写好文字，或请人写好文字，然后由石刻艺人们雕刻出来。上述山东东阿县铁头山出土芗他君祠堂画像石题记中的“画师高平代盛、邵强生”，以及其他题记中出现的画师，可能都是“粉本”制作者。特别是山东嘉祥武氏祠堂画像上雕刻的由神仙世界、三皇五帝、忠臣孝子、贞女烈妇、游侠义士到祠主生活等较完整的图像叙事与文字说教，很显然是有“意在笔先”的“粉本”的，而非民间画师和石刻艺人口耳相传、默记于心的腹稿所致。因此，从画像榜题角度而言，如果“粉本”上本无画像榜题，那么民间石刻艺人制作出来的画像石上的图像可能就不会有榜题。从题记角度来说，画像石上的绝大部分题记是“画外音”，民间画师和民间石刻艺人们也可能会根据死者或死者家属的要求，有的另加题记，有的则没有，而使画像石上出现了无题榜之现象。

第六章

汉代画像石上的隶书类型与艺术特点

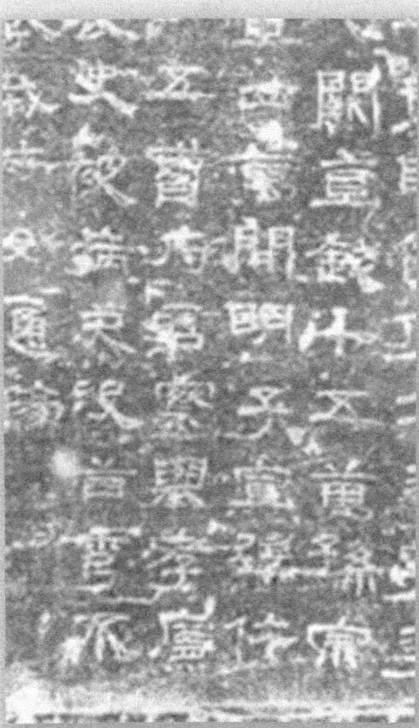

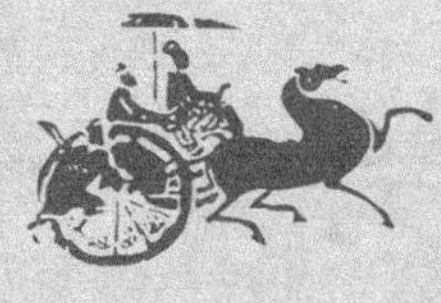

前面五章对出土汉代画像石墓阙、墓祠和墓室画像石上较典型的题记与榜题,进行了内容列举,对部分题记文字进行了考辨,讨论了题记与榜题内容和功能的异同性、空榜与无题榜之现象。本章主要讨论汉代画像石阙、墓地祠堂和墓室画像石上体现题榜内容的书体——隶书艺术。

在汉代画像石墓阙、墓祠和墓室画像石上,体现题榜内容的隶书艺术是学界关注的重要对象之一。特别是20世纪以来,在众多的有关汉代画像石等研究文献中,有的间接性地进行了介绍,有的就全国范围内的题榜进行了概括性研究,有的就山东、四川、陕北和晋西北等地域性隶书艺术特色进行深入分析。汉代画像石上题榜隶书有典型隶书、通俗隶书、草书隶书、行书隶书和美术隶书等类型,对汉代画像石上的题榜隶书类型的界定是相对的。汉代画像石墓阙、墓祠和墓室画像石上的题榜隶书各具艺术特色,体现出了不同的艺术风格。本章在前贤研究的基础上,主要就隶书类型、艺术特色展开讨论。其中,陕北和晋西北汉代墓室画像石题记书体类型多样,装饰图案化设计较独特,故单列一节讨论。

第一节 汉代画像石上的隶书类型

汉代画像石墓阙、墓祠和墓室画像石上的题榜书体有篆书和隶书两大类,篆书很少，隶书最多。关于汉代画像石上的隶书类型问题，当代学者有不少讨论。有学者认为“汉代书坛上至少存在着两种字体的七大类型作品，即典型篆书类型、美术篆书类型、通俗隶书类型、典型隶书类型、行书隶书类型、章草隶书类型、美术隶书类型”，并阐述了河南南阳、山东嘉祥和陕北等地区出土的一些汉代画像石题记篆隶书特征①。有学者把汉代画像石上的题榜隶书分为成熟八分（今隶）、通俗隶书和美术隶书及其他书体等类型，列举了山东、陕北、晋西北、河南、四川等地区出土的一些较典型的汉代画像石题刻，并就各类书体的用笔、形态和风格等进行了论述②。有学者从东汉中后期隶书碑铭的风格方面进行分类，认为四川渠县冯使君神道铭文和沈府君神道铭文，属于挺劲流丽、清劲秀逸类。北京西郊石景山发现的汉故幽州书佐秦君之神道阙铭文、四川成都金牛区圣灯乡猛追村出土王君平阙铭文、河南南阳出土的许阿瞿画像榜题与墓志铭、山东曲阜出土的阳三老石祠堂画像石题记、山东鱼台县出土的文叔阳食堂画像题记、山东苍山县元嘉元年画像石墓题记、山东东阿县芗他君祠堂画像石题记、山东嘉祥县宋山出土画像石题记和嘉祥武氏祠堂画像题榜，以及四川乐山、麻浩等地区的东汉崖墓题榜隶书等，属于质朴无华、雄沉浑厚类③。也有学者把四川乐山崖墓隶书风格归为“浑厚类”“纵横类”“方正类”等。认为“浑厚类”，其特点是以圆为主，方整雄浑，结构整齐，布局规范，波磔不明显，以气韵取胜。其代表作为麻浩 99 号墓邓景达冢和阳嘉三年石刻。“纵横类”，其特点为方笔、圆笔兼用，笔势放纵，结体开张，用笔简劲多变，重笔长波，尾有时长挑，全篇布局疏密不一，但多取纵势，字体大小不一等。代表性的有肖坝崖墓王升题记隶书等。“方正类”，其特点主用方笔，气势硬朗严谨，结构整齐，古朴茂盛，点画波尾明朗，但不放纵，布局均匀，字体大小一致，缺乏灵活性。其代表作为肖坝一号颜威山墓和麻浩一号尹武孙墓④（图 6－1）。等等。当代学者的不同类型划分与艺术特点分析各有其理论依据，为本书研究提供了参考。

在出土汉代画像石墓阙、墓祠和墓室画像石上，题榜中的隶书形态多种多

① 参见赖非：《赖非美术考古文集》，济南，齐鲁书社 2014 年版，第 30－35 页。

② 参见欧阳摩一：《论画像石上的隶书艺术》，《中国书法》2005 年第 12 期，第 40－51 页。

③ 参见黄惇：《秦汉魏晋南北朝书法史》，南京，江苏美术出版社 2008 年版，第 86－95 页。

④ 参见周俊麒：《乐山东汉崖墓石刻文字考》，《四川文物》2001 年第 4 期，第 59 页。

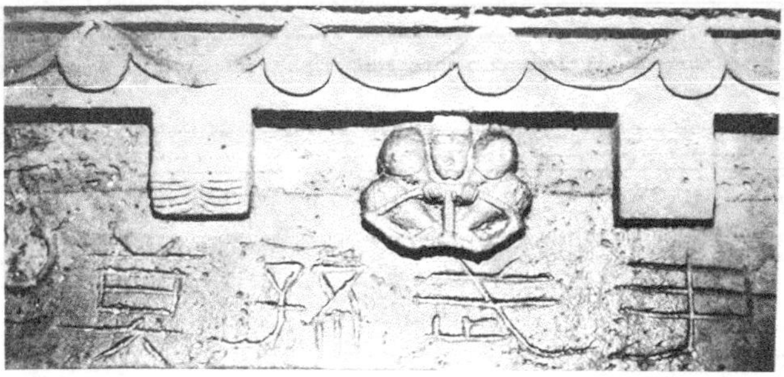

图 6-1 "尹武孙墓"画像与题记
(图片来源:《中国画像石全集:7》,郑州,河南美术出版社;济南,山东美术出版社 2000 年版)

样,即典型隶书、通俗隶书、草书隶书、行书隶书和美术隶书等都有体现。所谓典型隶书也称标准隶书或称八分书,一般指波挑笔画鲜明、蚕头雁尾、笔画均匀、波势工整、形体方正的一种成熟隶书。诸如东汉时期的《乙瑛碑》《曹全碑》《史晨碑》《张迁碑》等众多碑刻隶书,字形左右开张、结构严谨,笔画精致、波磔分明、蚕头雁尾,章法较工整、行列有序等,即为标准隶书或曰八分书。汉代画像石上的题榜隶书中,这类隶书数量不多,据学者研究,在汉代画像石上约"百分之二十五左右为今隶(八分)"①。所谓通俗隶书也称俗体隶书,一般是指无波挑的和在当时社会上广泛应用的一种实用书体。其特点是笔画不尚修饰,无波挑或波挑不明确,露锋居多,结体无成法,体现出朴实、简捷、稚拙、率性等书写风格。这类隶书在两汉时期广泛地存在与应用。即"不仅在隶书发展期,存在着与初具波挑的隶书不同的无波挑隶书","即使隶书的鼎盛期,也同样存在着与波挑分明的典型隶书大相径庭的无波挑隶书","据不完全统计,近年来出土的这类资料足有 300 余种。广泛地分布于山东、河南、河北、陕西、山西、湖南、湖北、浙江、安徽、江苏、四川等地"②。通俗隶书在汉代画像石、画像砖和墓室壁画上,以及漆器、铜器、陶器等器物上最为常见。从目前出土的汉代画像石阙、墓祠和墓室画像石上的题榜隶书看,无波挑、朴实无华、写法较简单和较率性的出现最多。即除一些典型隶书和美术隶书外,绝大部分题榜内容是用通俗隶书

① 欧阳摩一:《论画像石上的隶书艺术》,《中国书法》2005 年第 12 期,第 40 页。

② 参见赖非:《赖非美术考古文集》,济南,齐鲁书社 2014 年版,第 34、35 页。

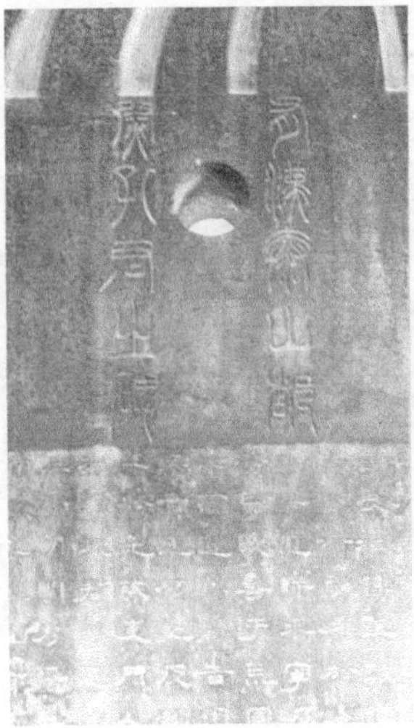

图 6－2 《孔宙碑》(局部)
(图片来源:曲阜汉魏碑刻陈列馆,自拍)

图 6－3 郭元通画像石墓题记(局部)
(图片来源:榆林汉画像石博物馆,自拍)

写刻的。据学者研究,汉代画像石上题榜隶书中“约百分之七十为民间通俗隶书”①。所谓草书隶书即指章草隶书,也就是带有草书意味的隶书。这方面较为典型的也不少,像东汉时期的《曹全碑》、《孔宙碑》(图 6－2)、《杨孟文》《李孟初》等碑刻隶书都具有一定的草书意味。在汉代画像石题榜隶书中,上文列举的四川渠县北新兴乡赵家坪冯使君神道铭文、渠县水口乡汉亭村燕家场沈府君神道铭文、临沂市博物馆藏的两条汉代画像石题记文字等,都可视为草书隶书。所谓行书隶书是隶书的行书写法,这类隶书比典型隶书等字体书写速度快,存在着一定的连带笔画。在汉代画像石题榜隶书中,上述山东东阿县铁头山出土的芗他君祠堂画像石题记隶书、嘉祥县满铜乡宋山村出土的许安国祠堂画像石题记隶书较具代表性,这也是不少学者的共识。所谓美术隶书即指笔画横平竖直、粗细基本相同、富有装饰意味、类似于今天黑体美术字的一种隶书类型。在汉代画像石题榜隶书中,这类隶书在陕北地区出土的汉代墓室画像石上出现最多。诸如上文列举的陕北的榆林市、绥德县、米脂县、清涧县、子洲县境内出土的墓室画像石题记(图 6－3)中,有不少书体为美术隶书等。

对汉代画像石墓阙、墓祠和墓室画像石上的隶书类型划分,是个仁者见仁、智者见智的话题。即是说,在两汉时期无论是典型篆书类型、美术篆书类型,还是典型隶书类型、通俗隶书类型、草书隶书类型、行书隶书类型、美术隶书类型等,它们之间在笔

① 欧阳摩一:《论画像石上的隶书艺术》,《中国书法》2005 年第 12 期,第 40 页。

画、笔意、结构、形态等方面，是一个你中有我、我中有你的错综复杂的关系，在实际生活中各种书体笔画运用，常常是两种、三种或多种并存并用。例如河南南阳唐河县湖阳镇新店村出土的、建造于王莽天凤五年（18 年）的“汉郁平大尹冯君孺久画像石墓”，其中雕刻有“郁平大尹□□□□冯孺□□无□□□”“郁平大尹冯君孺久车库”“郁平大尹冯君孺久中大门”“郁平大尹冯君孺久始建国天凤五年十月十七日癸巳葬千岁不发”“郁平大尹冯君孺久藏阁”，以及墓室内的“北方”“南方”“东方”和“西方内门”等 9 处题榜，文字皆为小篆书体①。但隶变特征也较明显，其中的“建国天凤五年十月十七日癸巳”“岁”“不”字，隶书的形态、笔画都很明显。尤其像“癸”字右上方的捺笔波脚，无论是用笔的力度，还是形状等，都是较典型的隶书笔画。其次上文列举的陕北绥德县四十里铺出土的徐无令乐君画像石题记、绥德县五里店征集的郭稚文画像石题记、绥德县白家山出土的张文卿画像石题记、绥德县四十里铺出土的田文成画像石题记等，其书写方法皆为篆隶书结合。其中，张文卿画像石题记上部为隶书字体，下部阳刻“张公寿室”4 个篆字。田文成画像石题记中的“西河太守”4 个字也是篆书字体，并且都不同程度地具有美术篆书、美术隶书等特征。因此，笔者认为，总体上汉代画像石上的题榜隶书可分为典型隶书、通俗隶书和美术隶书三大类。草书、隶书出现得不多，行书隶书实际上也就是通俗隶书。也就是说，从上述列举的全国范围内出土的汉代画像石上题榜隶书艺术水平看，绝大部分题榜隶书笔画较草率，间架结构不够规范，书写艺术水平不高。虽然有不少题记中出现了书写速度较快和具有连带笔画的行书隶，但整篇题记大部分内容是用通俗隶书写刻的。特别是大部分题记文字章法布局自由任意，率性而成，不工整，无秩序，竖成行，横不成列等是普遍存在的现象，鲜明地体现出了两汉特别是东汉时期民间俗体隶书艺术特点。所以，对汉代画像石阙、墓祠和墓室画像石题榜隶书类型划分，不可能泾渭分明，只能相对地界定。

① 韩玉祥、李陈广：《南阳汉代画像石墓》，郑州，河南美术出版社 1998 年版，第 80 页。

第二节　鲁苏皖豫川京汉代画像石上的隶书艺术

目前，就笔者掌握的资料看，在全国范围内出土的不少汉代画像石墓阙、墓祠和墓室画像石上，典型隶书、通俗隶书、草书隶书、行书隶书和美术隶书等都有不同程度的体现，但各地出土的汉代画像石墓阙、墓祠和墓室画像石上的隶书类型与艺术特点，既有一定的相似性，也有一定的区别，体现出了不同的艺术风格。本节重点选择山东、苏北、皖北、河南、四川和北京地区的进行概括讨论，陕北和晋西北地区的将在下一节论述。

山东地区出土的汉代画像石墓阙、祠堂和墓室画像石题榜隶书中有不少典型隶书。上述山东滕州堌城出土"永元十一年"画像石题记隶书、梁山县城关镇馍馍台墓表残石题榜隶书、肥城市栾镇村张文思为父造石祠堂题记隶书、枣庄市桑村西户口出土祠堂画像石题记隶书、曲阜阳三老石堂画像石题记隶书、微山县两城山出土"永和二年"食堂侧壁画像石题榜隶书、微山县两城出土"永和六年"桓孨食堂后壁画像石题记隶书等，较具代表性。综合来看，这些墓地祠堂和墓室画像石上的题记隶书，字形左右开张、结构较严谨、笔画较精致、波磔较清晰，主笔蚕头雁尾较明确，章法较工整、行列较有序，较鲜明地体现出了标准隶书或说八分书艺术特点。

山东地区出土的汉代画像石墓阙、墓祠和墓室画像石题榜隶书中，通俗隶书最多，上文列举的山东出土的汉代画像石墓阙、墓祠和墓室画像石上的题榜隶书，绝大多数艺术水平不高，为一般民间书丹者和民间石刻艺人所写刻。但值得商榷的是，嘉祥武氏墓地画像石西阙和祠堂画像上的题榜隶书，有学者把其列为通俗隶书类型[①]，有学者认为其"不似典型汉碑作品那样注意表现笔意之美，而刻工使用简率的侧锋单刀占有很大的比例"，"《武氏祠画像石题记》和四川、山东、河南等地区出土的黄肠石刻字、封门石刻字，甚至洛阳等地出土的大

---

① 参见赖非:《赖非美术考古文集》,济南,齐鲁书社 2014 年版,第 34 页。

量汉代刑徒墓砖也可视为此系统”,“此类作品多用假借字,别字错字也多见,当属文化水平较低的书手刻手所为”,这类简率或趋于简易的作品“却因实用的目的而使之产生许多近似后世楷书的审美特征”等①。学者们对其的归类与艺术分析各有认识理由,不便妄议。但笔者认为,该处画像石西阙和祠堂画像石上的题榜隶书艺术水平还是较高的,尤其是西阙上的题记隶书,无论是字的结体、笔画的穿插关系,还是用笔力度、章法布局等方面,均高于一般通俗隶书艺术水平,或可视为典型隶书类型。事实上,关于嘉祥武氏墓地画像石西阙(图 6 - 4)和祠堂画像石上的题榜隶书艺术,早在北宋的赵明诚和清代的黄易、方朔、潘钟瑞、王昶等学者,就给予了其很高的评价。例如赵明诚评价说:“武氏有数墓,皆在今济州任城县。墓前有石室,四壁刻古圣贤画像,小字八分书题记姓名,往往为赞于其上,文辞古雅,字画遒劲可喜,故尽录之,以资博览。”②方朔说:“汉隶小者甚少,小而精且多者尤不易觏。此数石室之字不下九百,有法皆全,无美不备。”潘钟瑞说:“汉隶小者流传最少,似此笔画竖劲,虽巨碑亦罕比伦。舍画取书,精华具在,浑然古色,尤便临摹,洵宝玩也。”③当代亦有学者评价其“笔势刚健,书力雄劲,形态潇洒飞逸,气韵盎然。字取横势,粗细相间,起笔藏锋,收笔回锋,波尾常现大挑,折角圆和,结构严密,很注意笔画的穿插与避让关系,章法布局生动”④等。所以,该处墓地画像石阙和祠堂画像石上的隶书艺术不应一概而论。

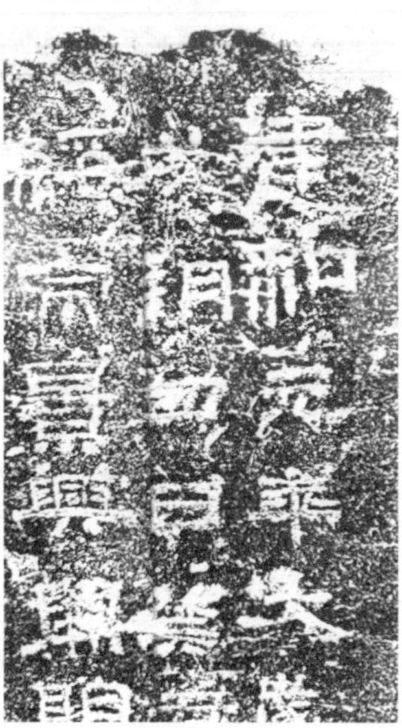

图 6 - 4　嘉祥武氏墓地画像石西阙隶书(局部)拓片
(图片来源:自拍)

山东地区出土的汉代画像石墓阙、墓祠和墓室画像石上的隶书中,草书隶书较为显著的例子是上述临沂市博物馆藏的两条汉代画像石题记隶书。虽然

① 参见黄惇:《秦汉魏晋南北朝书法史》,南京,江苏美术出版社 2008 年版,第 101、102 页。
② 金文明:《金石录校证》,桂林,广西师范大学出版社 2005 年版,第 331 页。
③ 参见车吉心:《齐鲁文化大辞典》,济南,山东教育出版社 1989 年版,第 202 页。
④ 参见刘运峰、刘璁:《汉武梁祠画像题字集联》,天津,天津人民美术出版社 2014 年版。

这两条题记隶书字体大小不一，左右宽窄差别较大，但可以看出书丹者意在强调字的大小变化。从用笔上看，波磔分明，主笔、掠笔（撇画）、磔笔（捺画）自然，八分书特点显著。尤其是其中的“人”“禽”“百”“食”“太”“仓”“饮”“于”“之”字，字形较大，皆大幅度地左右开张，笔画尽情地自由挥洒，可以看出书丹者意在强调恢宏之气势（图 6－5）。其与四川渠县北新兴乡赵家坪出土冯焕阙铭文和该县水口乡汉亭村燕家场出土沈府君神道铭文艺术风格相似，也可视为较典型隶书类型。行书隶书较具代表性的是东阿县西南铁头山出土的芗他君祠堂画像石题记隶书和嘉祥县满硐乡宋山村出土的许安国祠堂画像石题记隶书。从这两篇长篇题记隶书的用笔速度和整体气势上看，行书笔意很明显。例如两篇题记中“走之底”的写法，前者中的“追”“还”“廷”“数”“道”“逾”“这”“路”等字，后者中的“这”“道”“边”“随”“勉”“恩”“遭”“遗”“造”“追”等字（图 6－6），连带笔画就很突出。除此，两篇题记中尚有不少字的“心”字底的写法等，连笔书写即“行”的特点也是很明显的。诚如学者所说，“隶书的连带笔画就是行书隶的典型笔画。行书隶与规整的隶书相比，不如规整的隶书规整，与章草隶相比，不像章草笔画那样连带得有规律。行书隶类型不同于其他隶书类型，它表现的是‘行’的特征，甘肃等地出土的东汉简牍中即有很多行书隶作品，早年出土的《春秋公羊传》砖、1980 年山东嘉祥宋山出土的《许安国祠堂题记》

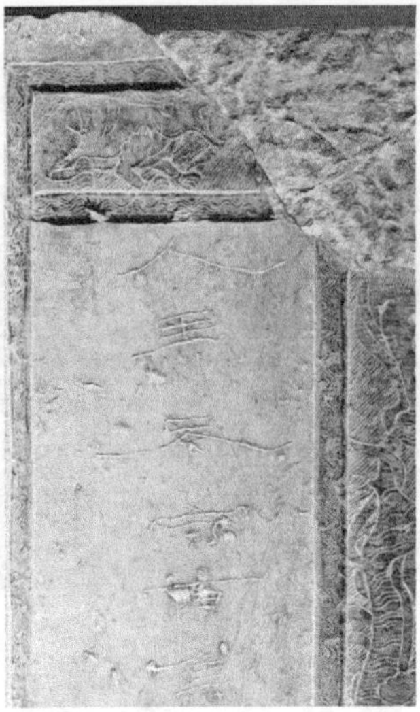

图 6－5　临沂市博物馆藏“人马禽守(兽)”画像石题记(局部)
(图片来源:临沂市博物馆,自拍)

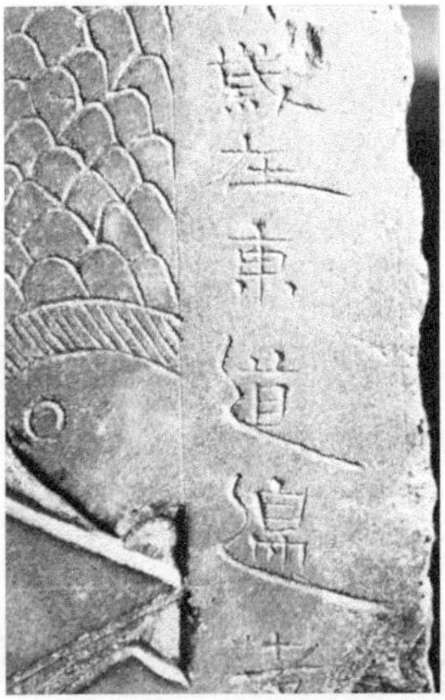

图 6－6　许安国画像石祠堂第 29 石右边题记(局部)
(图片来源:山东石刻艺术博物馆,自拍)

(永寿三年,157 年),也是这样的作品”①。

苏北和皖北地区出土的汉代墓地祠堂和墓室画像石题记隶书中,苏北邳州青龙山燕子埠乡尤村彭城相缪宇墓画像石榜题与墓志隶书,皖北亳州董园 2 号墓题记隶书等较具典型隶书特征。例如前者,虽然部分文字已剥落不清,但从残存的文字看,字体端正,结构严谨,藏锋圆起,回锋上挑,主笔蚕头雁尾,线条浑厚均匀,磔笔突出,章法布局工整有序等,有《乙瑛碑》隶书之风范。这两个地区出土的众多汉代画像石题榜通俗隶书中,也有不少艺术水平较高者。例如上述苏北铜山县伊庄出土祠堂画像石无纪年的题记隶书,大部分字结体较端正,线条较浑厚有力,波磔较分明,蚕头雁尾笔意较明确。徐州汉画像石艺术馆征集的东汉“永元十六年”画像石隶书,整体捺笔采用双钩书写,波磔分明,气势开张,大有草书隶书之笔意(图 6－7)。综而观之,苏北和皖北地区出土汉代画像石上的通俗隶书艺术与山东等其他地区的水平基本相似。

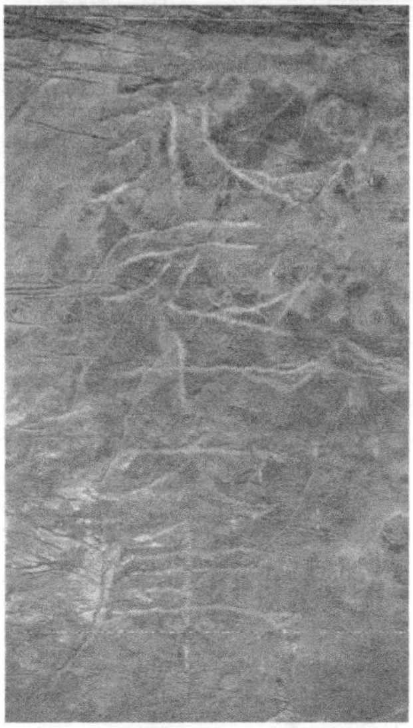

图 6－7 东汉“永元十六年”画像石隶书
(图片来源:徐州汉画像石艺术馆,自拍)

河南地区出土的汉代画像石墓阙和墓室画像石题榜隶书中,较具代表性的典型隶书,当推嵩山太室石阙铭文、嵩山少室石阙铭文和嵩山启母石阙铭文。尽管这三阙铭文都已残损,但仍可见其书写水平之高。“三阙上的铭文更是早为历代金石学家所宝重。阙铭记载了建阙的因由和经过,文字遒劲而流畅。字体有的采用秦统一后的小篆,还有介于篆隶之间的书体,是研究我国书法、文字演变的宝贵资料。”②特别是嵩山太室石阙隶书铭文,字体左右开张,呈扁方,笔画粗细匀整,章法规整,法度严谨,隶中有篆,线条圆润劲挺,风格雄健等,体现出了东汉时期的成熟隶书面貌。河南地区出土的汉代画像石墓阙和墓室画像石题榜隶书中通俗隶书也是最多的,与山东、苏北、皖北等地区通俗隶书艺术基

① 参见赖非:《赖非美术考古文集》,济南,齐鲁书社 2014 年版,第 32、33 页。
② 吕品:《登封汉代三阙》,《文物》1979 年第 8 期,第 92 页。

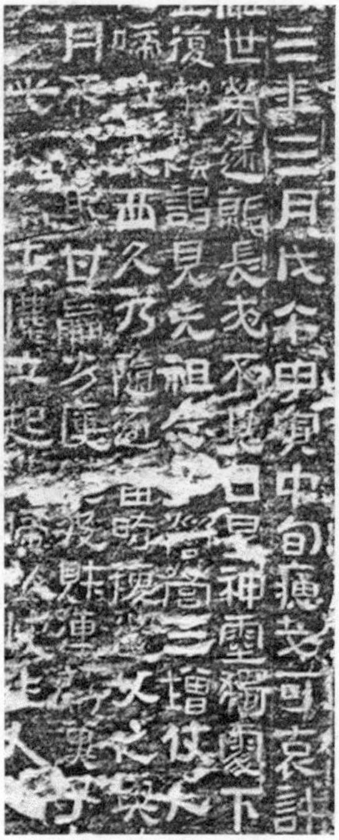
图 6－8　南阳许阿瞿画像石墓志隶书(局部)拓片(图片来源：自拍)

本相似，体现出了汉代民间通俗隶书书写艺术的一般特点。但相对而言，通俗隶书中也有艺术性较高者，其中具有代表性的是学者们常提常引的南阳市东关李相公庄出土的许阿瞿画像石墓榜题与墓志隶书。发掘报告说其“志文为四言韵文，语句流畅，与许多所谓‘名家’的汉赋，有着不同的文风。书法为隶书，但字体在秀丽中有着方重遒劲的特点。某些字颇近乎魏碑，与常见的汉代名碑八分书有明显的不同。这块画像石刻显然是出于民间工匠之手”①。笔者认为，虽然许阿瞿墓画像石榜题与墓志隶书为民间书丹者和民间工匠所写刻，但总体上其字结体较方正，线条浑厚，书写较自然、稚拙，有一气呵成之势。其中，有些字的起笔也能方圆并用，笔画粗细穿插也较灵活，有一定的蚕头雁尾之笔意，超出了一般通俗隶书艺术水平(图 6－8)。诚如学者所说，“刻工较为粗率，但刀法统一，气势贯畅。《许阿瞿》结字方整，波挑不扬而内敛，部分字颇似后世北魏石刻，可窥这类波挑不显的汉隶石刻，其趋于简易的特征具有强盛的生命力，对后世刻石文字的影响是显见的”②。

四川地区出土的汉代画像石墓阙和墓室题榜隶书很多，字体多样，雕刻技艺精湛，体现出了实用与审美相结合的特点。从笔者目前搜集到的该地区出土的汉代画像石阙和墓室题榜隶书作品等资料看，其中艺术水平较高的典型隶书较多。较具代表性的，诸如成都金牛区圣灯乡猛追村出土的王文康阙铭文、成都金牛区圣灯乡猛追村出土的王君平阙铭文、芦山县沫东乡石羊村出土的王晖石棺墓志铭隶书、新都县北出土的王稚子二石阙铭文、渠县北新兴乡赵家坪出土的冯使君神道铭文、渠县水口乡汉亭村燕家场出土的沈府君神道铭文、雅安高颐阙铭文等等。成都金牛区圣灯乡猛追村出土的王文康阙铭文，字形或长或

① 南阳市博物馆：《南阳发现东汉许阿瞿墓志画像石》，《文物》1974 年第 8 期(总 219 号)，第 75 页。
② 参见黄惇：《秦汉魏晋南北朝书法史》，南京，江苏美术出版社 2008 年版，第 96 页；赖非：《赖非美术考古文集》，济南，齐鲁书社 2014 年版，第 96 页。

扁或方正，结体庄重沉着，中锋用笔为主，起收笔方圆并用；章法布局有行无列，疏密交错，纵横参差，率意自然[①]。该村出土的王君平阙铭文，“此铭结字奇宕古拙，字形方正，波磔沉着富变化。简朴之处已开东晋《好大王碑》之先声”[②]。芦山县沫东乡石羊村出土的王晖石棺墓志铭隶书，字形方正，多呈左轻右重之势，主笔较舒展，波挑灵动，用笔方圆并举，章法规整而宽松，这也是被学者们常引常提的典型案例。尤其是新都县北出土的王稚子二石阙铭文鲜明地体现出了东汉发展成熟的标准隶书的特点。宋代洪适在《隶释》中说王稚子二石阙铭文与渠县的沈府君神道铭文、冯使君神道铭文“皆是八分书，张怀瓘所谓作威投戟腾气扬波者也”[③]。清代康有为评价说：“盖和帝以前书皆有篆意，若东汉分书，莫古于《王稚子阙》矣。”[④]

四川地区出土的汉代画像石墓阙和墓室题榜隶书中，也有草书隶书。突出的当数渠县北新兴乡赵家坪出土的冯使君神道铭文、渠县水口乡汉亭村燕家场出土的沈府君神道铭文。从这两处题记隶书字体、用笔、线条和气势方面看，尽管两者都有造作之嫌，但书丹者意在强化笔画长度和波挑之美感，尽显挺秀、潇洒、飘逸之风格。例如前者题记隶书大小有 4、5 寸(1 寸约等于 3.3 厘米)，分左右两行排列，右行 9 字，左行 11 字。虽然字体大小和字数不等，间距不一，但首尾对齐，总体上给人以匀称、整饬之感。其中“郎”字末竖拉长，既有如《石门颂》中的“命”字垂笔的延宕之美，又能补上密下疏之不足。其余的 19 个字，横画尽量拉长，竖画尽量缩短，以扁取势，作为主笔的波磔写得很长，带有波意的横画中段略向上拱，收笔有略向右上挑出之感，其中的“书”“侍”“南”“京”“君”等字均如此。此外，凡是磔笔都向右下取纵势，飘逸而生动，书丹者似乎力图将因扁势而产生的紧缩之感向外分散，其中的“故”“豫”“史”“使”“道”等字即如此。可以看出，该画像石阙隶书兼具汉隶石刻与简牍之妙，充满率真、灵动和浪漫抒情性，为四川汉代碑刻隶书的代表性作品之一[⑤]。后者东西两阙正面阴刻隶书，字形较大，横向夸张，扁中

① 参见高文：《中国汉阙》，北京，文物出版社 1994 年版，第 47 页。
② 参见黄惇：《秦汉魏晋南北朝书法史》，南京，江苏美术出版社 2008 年版，第 94 页.
③ 参见[宋]洪适：《隶释・隶续》，北京，中华书局 1986 年版，第 145 页。
④ [清]康有为：《广艺舟双楫(外一种)》，北京，中国人民大学出版社 2010 年版，第 42 页。
⑤ 参见侯忠明：《东汉〈冯焕阙〉及其隶书艺术考略》，《考古艺术》2009 年第 1 期，第 116－119 页。

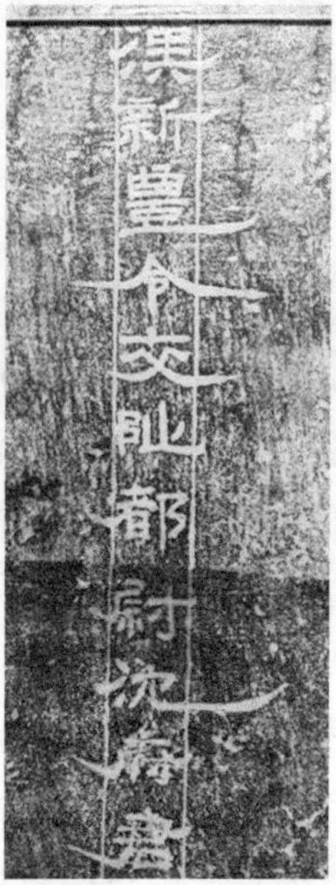
图6-9　沈府君墓阙题记(局部)拓片
(图片来源:四川博物院,自拍)

取势,与整个神道的建筑风格和谐搭配,气势恢宏。掠笔(撇画)和磔笔(捺画)都很长,其中的“汉”“新”“交”“屯”“沈”“道”“丰”“令”字的波磔即如此。尤其是“沈”“道”“丰”“令”的波磔,长度分别超过了3、4寸。“都”“尉”“府”“君”“左”的掠笔均出锋向上挑,“令”“交”的掠笔与波磔都很长,极尽舒展之能事(图6-9)。从书写和刻工看,该石阙铭文没有冯焕阙铭精细,但用笔的提按明显,为典型的八分书[①]。康有为曾评价说冯使君神道铭文和沈府君神道铭文与《孔宙碑》《曹全碑》“是一家眷属,皆以风神逸宕胜”。“《冯君神道》《沈君神道》亦此派也,布白疏,磔笔长”,“《冯府君》《沈府君》《杨孟文》《李孟初》,隶中之草也”[②]。

与山东、苏北、皖北、河南等地区一样,四川地区出土的汉代画像石墓阙和墓室题榜隶书中,绝大部分也是通俗隶书。尽管不少文字和章法布局等艺术水平也较高,有着灵活多变的艺术特点,但总体上体现着汉代民间实用文字的面貌和一般民间书刻艺术的特性。其中,有些鲜明地体现出了民间美术的装饰艺术手法。例如上述乐山肖坝黄沙湾16号崖墓正面墓门横额题刻的28个隶书字,其中第一个字“泉”,高29厘米,宽13厘米,占据了非常突出的面积。笔者认为,这应是民间书丹者或石刻艺人意在强调“泉”字在全文的引领作用。乐山柿子湾26号崖墓前室左壁镌刻隶书榜题“吴升墓、吴遂墓”6个字,其中的“升”字竖画下拉很长,“遂”字的走之底向右延伸到“吴”字的下方,“墓”字的下面一横向右延伸等,实际上是一种民间艺人的装饰艺术表现手法(图6-10)。青神县瑞丰乡黄桷村大芸坳山76号崖墓左侧拱身镌刻隶书合体文“日、月、人”等,也是一种装饰性较强的美术隶书形态。重庆市和贵州金沙县出土的汉代画像崖墓和墓室中的题榜隶书,总体上为通俗隶书类型,其书写方式和章法等体现了一般民间书写特点,此处不赘述。

① 参见侯忠明:《渠县汉阙之沈府君阙研究三题》,《达县师范高等专科学校学报(社会科学版)》2003年9月第13卷第3期,第11-15页。

② 参见[清]康有为:《广艺舟双楫(外一种)》,北京,中国人民大学出版社2010年版,第41、42页。

对于北京地区出土的汉故幽州书佐秦君之神道阙铭文的艺术水平，学界也有不同的看法。有学者认为其“书法雄伟，浑穆宏深，体在篆隶间”，阳文额题“字径在 3～4 寸间，大小参错，或方或扁，融化一体，了无痕迹。其用笔强劲刚健，方峻遒厚，表现出一种阳刚美的极致”。阴刻 7 行 140 余字的题记，“其书率意自然，朴拙有古意”。正面 1 行隶书“书法高浑雄深，朴厚醇古，用笔圆凝苍润，既质且华，可与西汉刻石中的《群臣上寿刻石》《鲁孝王刻石》并驾媲美”，“幽州书佐秦君阙的书法，于东汉前期那种由古隶向成熟隶书演进的中间阶段的书风，具有典型的代表”[①]。也有学者认为汉故幽州书佐秦君之神道阙额题，“阳刻阙文中有四字为波磔分明之书，然因书手刻手具不佳而产生方硬的生拙之感。其结字或中心高举，或中心低沉，在不协调的结构中，产生出一种大朴不雕的拙趣。从工艺加工的角度说，此刻显然不是佳作”[②]。

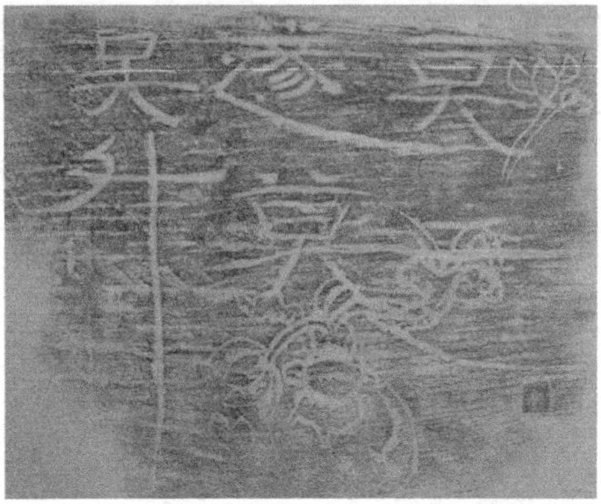

图 6－10　乐山柿子湾 26 号崖墓“吴升墓、吴遂墓”题记
（图片来源：百度网络）

笔者认为，汉故幽州书佐秦君之神道阙额题中的“故”“佐”“之”“道”4 个字的波磔较突出，但算不上汉隶中的上乘之作，在通俗隶书中其艺术水平可视为较高者（图 6－11）。即总体上看，该阙书体在篆隶之间，字体较方整，用笔较遒劲，线条较壮实。特别是额题 11 个字，尽管有生硬之感，但字的大小布局、点画、用笔和刀法，体现出了隶书的古拙与童趣，富有

图 6－11　汉故幽州书佐秦君之神道隶书
（图片来源：首都博物馆，自拍）

① 参见高文：《中国汉阙》，北京，文物出版社 1994 年版，第 39、40 页。

② 参见黄惇：《秦汉魏晋南北朝书法史》，南京，江苏美术出版社 2008 年版，第 94 页；赖非：《赖非美术考古文集》，济南，齐鲁书社 2014 年版，第 94 页。

装饰意味，也可视为美术隶书。

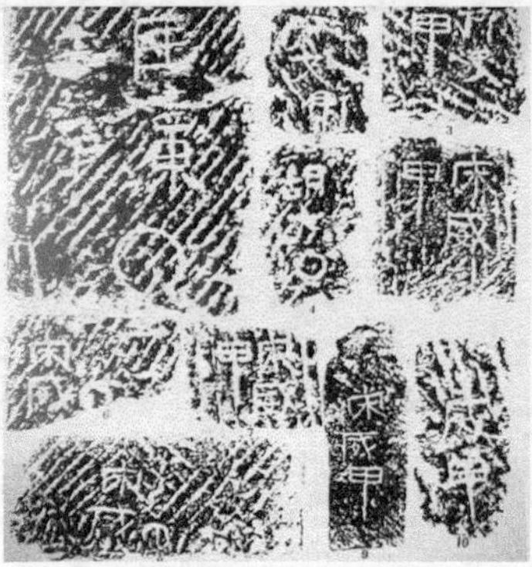

图 6－12　南阳市杨官寺村画像石隶书榜题
［图片来源：河南省文化局文物工作队：《河南南阳杨官寺汉画象（像）石墓发掘报告》，《考古学报》1963 年第 1 期］

综上所述，汉代画像石墓阙、墓祠和墓室画像石上题榜隶书艺术类型多样，各类隶书体现出了有波挑与无波挑、简易与率性、稚拙与天真、夸张与浪漫和挺俊流丽、清劲秀逸、质朴无华、雄沉浑厚，以及极富装饰性等艺术特点与风格，可谓争奇斗艳，展现出了鲜明的地域特点与风格。各个隶书类型中的书写水平差异也反映出了书丹者和民间石刻艺人高、中、低的创作水平。也就是说，那些典型隶书、通俗隶书、行书隶书和草书隶书等类型中艺术水平较高的作品，应该是文化程度和书写艺术水平较高的书丹者和民间石刻艺人所为，通俗隶书中的大部分作品应该是文化程度和书写艺术水平一般或较低的书丹者和民间石刻艺人写刻。例如上述列举的诸如淮北市出土的墓门画像石题记隶书“建初四年”，南阳市杨官寺村出土的画像石榜题隶书“雉陈”“仇史甲”“宋威甲”“宋文甲”“胡方”“宋威”“威甲”（图 6－12），南阳市卧龙区蒲山镇蒲山村 2 号墓出土的画像石榜题隶书“下平四”，合川县沙坪公社出土的东汉画像石上的“三五”“三尺九寸”“四尺二寸”，离石石盘村汉代画像石墓出土的墨书题记“石东柱”“西东柱”等，这些仅雕刻时间、尺寸、工匠姓名和用途等的文字，很显然是书写水平较低的民间石刻艺人的随手刻画。所以，总体上看，尽管汉代画像石墓阙、墓祠和墓室画像石上题榜隶书艺术不乏精彩者，但不可否认的是，它们展现出的是两汉时期民间以实用为主的一般书写水平和艺术风貌。

第三节　陕北晋西北汉代画像石隶书装饰图案化设计

上文已间接论述，陕北地区出土的汉代画像石题记中的书体类型较多，既有篆书、篆隶结合的类型，也有通俗隶书、美术隶书等类型，晋西北地区出土的汉代画像石题记书体主要为隶书，较为单一。陕北和晋西北地区汉代墓室画像石题记中通俗隶书的形态、笔法、结构和章法布局等，与山东、苏北、皖北、河南、四川和北京等地区的基本相似，反映出了东汉时期通俗隶书艺术的普及性。但陕北地区汉代画像石上出现的篆隶书结合、美术隶书，特别是装饰图案化艺术特点是全国其他地区所少见的。

陕北汉代画像石上的题记书体类型呈现出多样化特征，既有篆书、篆隶结合，也有通俗隶书、美术隶书等，既反映出了汉代篆、隶文字发展与使用的普遍性，也反映出了该地区汉代画像石题记书体运用与写刻艺术的特殊性。

在中国文字发展史上，隶书是在篆书基础上发展而来的，至东汉时期出现了发展高峰，成为官方与民间通用的实用字体和书法艺术的重要表现对象。但篆书文字并未消失，即是说尽管从汉武帝时期至东汉晚期，篆书退出了实用文字的主流地位，但其在一定场合中依然存在。较为显著的是小篆"在西汉依然是通行文字之一，多用于高级的官方文书和重要仪典，如天子策命诸侯王、诏书、枢铭、金石刻辞、官铸铜器上的铭文，碑额、印章、宫殿瓦当，等等。这种习惯，在以后也一直保持了下去"①。因此，两汉时期篆书不仅在一定场合中继续使用，而且也是书法艺术表现的对象之一。所以，上述徐无令乐君、郭稚文（图6-13）、张文卿、田文成、辛店乡呜咽泉村画像石墓门左右立柱等题记文字，书丹者把篆、隶书结合起来的艺术创作方式，不仅合情合理，而且也是汉代篆、隶书发展演变的表现。

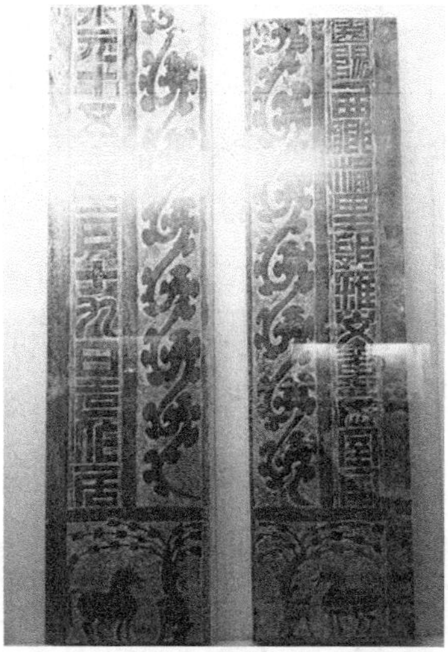
图6-13　郭稚文画像石墓题记拓片
（图片来源：榆林汉画像石博物馆，自拍）

陕北汉代画像石上的通俗隶书，较鲜明地展示出了汉代画像石上题榜书体运用的普遍性。在全国范围内出土的汉代画像石上，大部分题榜是用通俗隶书

① 黄惇：《秦汉魏晋南北朝书法史》，南京：江苏美术出版社2008版，第41页。

写刻的。这类隶书结体较自由，无波挑或波挑不够明确，书写水平很普通，在两汉特别是东汉时期的使用很广泛。诚如有学者所说，“这类隶书的笔画朴实、简捷、径直、通俗，是一种以实用为主的隶书。由于它写法便捷，作风通俗，所以我们称之为‘通俗隶书类型’”，在当时社会上普遍使用[①]。上述陕北汉代画像石中，比较突出的有田鲂、杨孟元、田文成、任孝孙和牛季平等画像石上隶书题刻，都是结体较自由、无波挑和波挑不明显的较典型的通俗隶书类型，其与国内其他地区汉代画像石上题刻的通俗隶书没有较大的区别。也就是说，尽管由于各地区书丹者的隶书书写水平、艺术表现方法和艺术风格等存在一定的差异，但总体上看这类通俗性的隶书形态不够规整，无波挑或少有波挑，点画用笔不精致，只能说是为表现题记或榜题的内容而写刻出的字，称不上“书法”艺术。

用中规中矩的美术篆隶书结合和美术隶书写刻题记，是陕北汉代画像石上隶书写刻的特殊性之一。“篆书时代有美术篆书，隶书时代有美术隶书。汉代的美术隶书作品虽然数量不多，却是汉代书坛上独立存在的一种类型。它有自己鲜明的典型笔画形态特征和用笔规律，与隶书的其他各类型均有区别”，“东汉时期有陕西米脂县《官庄村汉墓题刻》文字，也是横笔粗，竖笔细，笔画方，棱角峻”，“此外，东汉永元十五年(103 年)《郭稚文墓画像题字》，‘书法方正’，皆与今之美术字相似，是隶书追求形式装饰的结果，为隶书的美术类型”[②]。所以，郭稚文、王得元、郭元通、王圣序和张文卿等画像石上的篆隶结合和隶书书体，绝大部分字体笔画横平竖直，形态较方正，上下左右整齐划一，线条粗壮厚实，点画单一，无波磔，棱角峻峭，类似于当今黑体美术字。尤为突出的是郭元通和王圣序墓画像石上的隶书写刻，全篇文字大小、上下排列、笔画粗细等均工整有序，俨如用规尺刻画而出。这在全国其他地区汉代画像石上是少见的现象，较显著地体现了书丹者和石刻艺人追求书刻艺术形式美的思想艺匠。

规矩之中有变化是陕北汉代画像石隶书写刻的另一特殊性。即是说，上述美术篆隶书结合和美术隶书并非完全刻板，而是有着灵活变化的艺术表现手法。例如郭稚文墓画像石上左右题记，全篇上下文字形态、结构、笔画，皆工整

① 参见赖非：《赖非美术考古文集》，济南：齐鲁书社 2014 年版，第 35 页。
② 赖非：《赖非美术考古文集》，济南：齐鲁书社 2014 年版，第 35 页。

方正，而“永元十五年三月十九日造作居”中“九”字写法，显然能从中看出作者有着“破”图案化而使章法活跃的意图。郭元通墓画像石题记“永元十二年……”中的“十二”两个字因为本身笔画少，而被刻意加粗横画以使上下协调一致。王圣序墓画像石题记中的“十六”“十二”“一”字，在整篇字的排列布局中被纵向压缩，这样既避免了这些字的笔画少、按照常规写刻出来笔画稀松不协调的弊端，又使整篇字上下排列紧凑整齐而不呆板；“室宅”两个字采用篆书写法，把宝盖头两边的竖画下拉到底，以使上下协调。特别是最后的“下”字所处空间较大，点画显得很活跃，可以看出书丹者和石刻艺人的目的是使整篇字活跃起来(图 6－14)。辛店乡鸣咽泉村出土画像石墓门左右立柱上篆隶结合的题记中，左立柱上的“支”与“子”字的写法与郭稚文画像石题记上的“九”字安排基本相同，即作者亦有意识地破除全篇文字图案化意图，而不至于使全篇文字呆板无生气，可见书丹者和民间石刻艺人灵活运用的艺术表现手法。

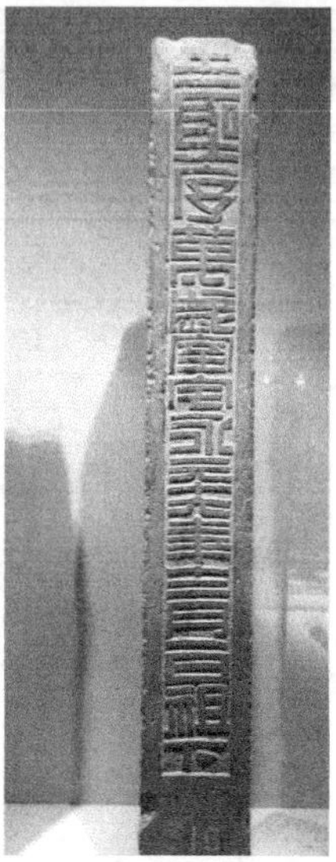

图 6－14　王圣序画像石墓题记
(图片来源：陕西绥德汉画像石馆，自拍)

文图一体化设计也是陕北汉代画像石上的书体写刻艺术特殊性的重要表现。在陕北汉代画像石上，无论是美术篆隶书结合、美术隶书，还是通俗性隶书，其形态、笔画、结构，章法布局和字体大小排列穿插等，都不同程度地体现出了装饰图案化设计。例如上述郭元通、王得元、郭稚文、王圣序、杨孟元(图 6－15)等墓画像石题记美术隶书，不仅皆字形方正、端庄，线条宽厚、粗犷，笔画横平竖直、转角峻利，而且章法布局上下排列规整，边框线条宽粗有序等，展示出了鲜明的装饰图案化设计。即使像田鲂、田文成、牛季平、任孝孙等画像石上的通俗隶书类，也都有一定的装饰图案化意味。陕北汉代画像石上的装饰图案化设计，与图像的装饰图案化设计是融为一体的。也就是说，从陕北汉代画像石图像可以窥见，当时的民间画师制作“粉本”时力求装饰化，民间石刻艺人因地制宜

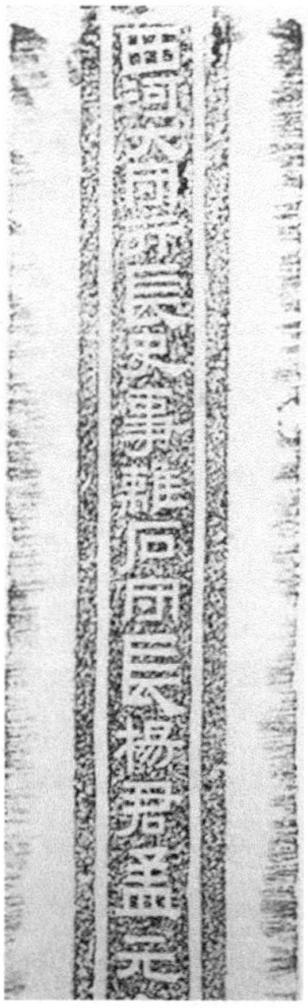

图 6－15　杨孟元画像石墓题记(局部)拓片
(图片来源：榆林汉画像石博物馆，自拍)

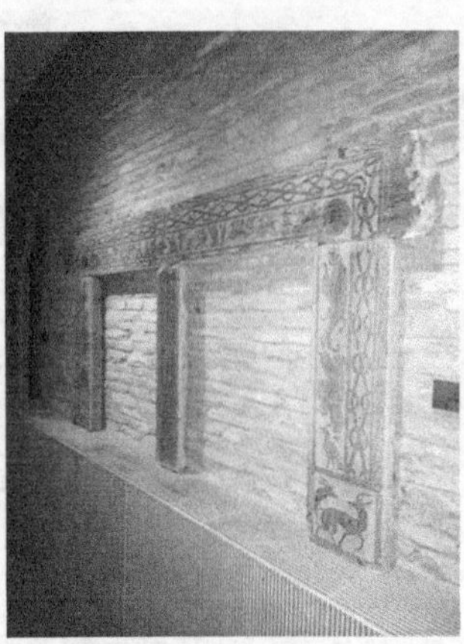

图 6－16　田鲂墓画像石设计
(图片来源：陕西绥德汉画像石馆，自拍)

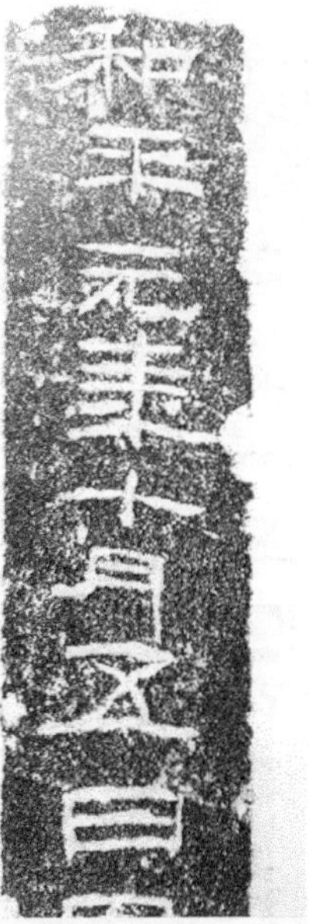

图 6－17　沐叔孙画像石墓题记(局部)
(图片来源：《中国画像石全集：5》，济南，山东美术出版社；郑州，河南美术出版社 2000 年版)

地采用深剔的阳刻、阴刻等方法进行精雕细刻，制作出的神话传说、历史故事、现实生活图景，以及人物、车马、动植物、边框装饰等图像，均体现出了装饰化特点，其中工整细腻的边框图案尤具特色。例如包括上述画像石墓在内的不少墓室门柱、门楣上，在主题图像的外侧雕刻了不少二方连续的蔓草状流云纹和几何纹样，且有不少同类的装饰设计如出一辙，显然为同一模板制作的图案。而上述大多数题记恰好被设计在门柱、门楣上，或位于画像、图案中间或两边，与画像、图案融为一体，构成了一幅幅精细工丽、图文和谐的装饰画(图 6－16)。较而言之，除晋西北地区的与之相似外，四川、重庆、河南、山东、苏北等地区的汉代画像石上的题记篆、隶书艺术，仅是用来再现题记思想内容的手段，与图像及其装饰图案设计相去甚远。

晋西北地区出土的汉代画像石上的题记隶书，有不少是典型隶书，即体现出了字形较端庄，波磔较明显，笔画较流畅，章法较规整等艺术特点。其中，山西离石马茂庄西圪堝梁出土的左元异墓画像石题记隶书、沐叔孙墓画像石隶书(图 6－17)、牛公产画像石题记隶书、孙显安墓题记隶书等较具典型性。例如有学者评价左元异墓画像石题记隶书"柔美华丽，形质高雅，呈现出超凡脱俗的风格……"，"其书法艺术水准，超越了著名的《乙瑛碑》《礼器碑》《史晨碑》等名碑"。牛公产画像石题记隶书"雄劲古雅，严谨沉稳，法度森严……"，从风格上看"表现出作者对劲健刚强书风的追求，属汉代隶书中一流之作。可与同时代《嵩山太室石阙铭》《衡方碑》《张迁碑》等相媲美"。吴执墓题记篆隶书兼融，"篆字结构，隶书运笔；吸收了篆字的特点，又在隶体中创新"。孙显安墓题记隶书“展示出泼辣野逸、雄强恣肆的‘草隶’风格”，“其风格类似汉简，又比之规矩；形若《曹全碑》，而又比之放肆”，“呈现出民间书法粗率不羁而又不失规矩的风格”等①。笔者认为，这种评价也不过分。即从总体上看，该地区出土的汉代画像石题记隶书，在字形、用笔、气势和章法等方面都体现出了较高的艺术水平，可以推测其书丹者具有较高文化艺术水平和扎实的书写功底，显然不是一般民间写手。

晋西北地区出土的汉代画像石题记隶书，在文字数量多寡、雕刻工艺和在墓室中所处位置等方面，与陕北地区的基本相似。尤其是两者的题记位置基本都被安排在墓室中柱上，雕刻工艺都不同程度地体现出一定的装饰图案化特点，与图像雕刻风格相协调的艺术表现手法很相近。两者相似的主要原因在于两者的地缘关系，即在秦汉时期两地属于上郡和西河郡的辖区，“在全国范围内，这两省的汉画像石是相互联系的一个独立的区域类型”②。由此也可窥探出，两地在当时的丧葬风俗和文化艺术等方面具有相近性，以及两地民间石刻艺人相互交流，相互影响，或同一民间工匠团体在两地活动等。

综上所述，陕北和晋西北出土汉代画像石上的题记文字数量不多，但题记书体对研究陕北和晋西北地区出土汉代画像石的断代，对研究汉代陕北和晋西北地区篆书、隶书等文字演变、书写艺术水平等都有着重要的文献参考价值，同时也反映出了汉代特别是东汉时期篆书、隶书在全国范围内应用的普遍性。特别是陕北地区出土的汉代画像石题记书体类型较集中、较丰富多样，不同书体不同程度地体现出了装饰图案化设计特点，这既是其与图像装饰图案化的一致性设计，也是书丹者和石刻艺人追求篆隶书形式美的表现，是全国范围内出土汉代画像石题记隶书中的独特现象。

① 参见《吕梁汉画像石铭文超越汉代名碑》，《山西日报》2019年8月9日。

② 参见信立祥、蒋英矩：《陕西、山西汉画像石综述》，载《中国画像石全集》编辑委员会：《中国画像石全集：5》，济南，山东美术出版社；郑州，河南美术出版社2000年版。

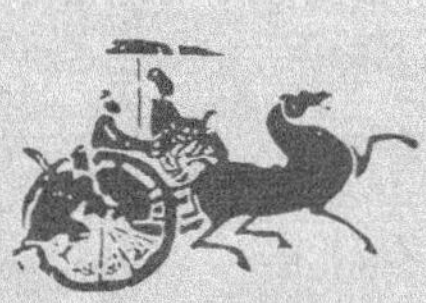

第七章

汉代画像石墓碑及其隶书艺术

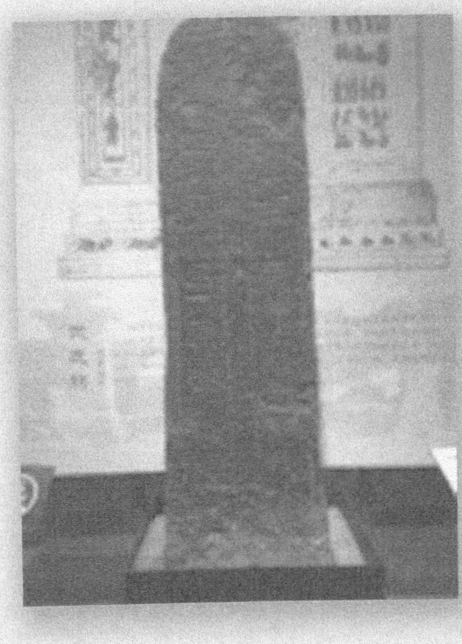

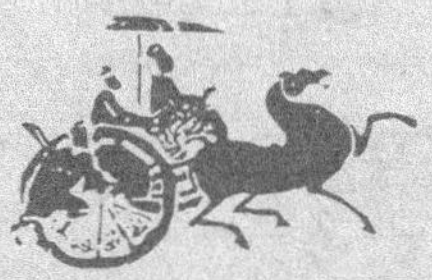

中国古代的碑刻有墓碑、神道碑、功德碑、记事碑、纪念碑、造像碑、题名碑、宗教碑、书画碑和经典性的书籍刻碑等多种类型。其中，汉代画像石墓碑是较显著的一类。所谓汉代画像石墓碑是学者们因其上雕刻的图像、图案而给予的说法，其图像、图案既有装饰美化功能，也有日月光辉照耀之象征和祥瑞等寓意。但对有些汉代画像石墓碑的真伪与年代、碑额书体类型和其是否应该列入汉代画像石范畴等问题，学界存在不同认识。本章讨论的是汉代画像石墓碑类，主要从隶书艺术特点与风格方面对画像石墓碑进行简单考述，从图像、文字功能和隶书书写艺术角度，讨论画像石墓碑与画像石的共通性①。

第一节　汉代画像石墓碑及其隶书艺术

关于中国古代墓碑产生的时间问题，学界也有不同的说法。清代叶昌炽在《语石》中说：“欧阳公《集古录》石刻无西汉文字，公于《宋文帝神道碑》跋云：‘余家《集古》所录，三代以来钟鼎彝盘铭刻备有，至后汉以后始有碑文；欲求前汉时碑碣，卒不可得。是则，冢墓碑自后汉以来始有也。’”②当代也有不少学者认同

① 该章主要内容已发表在《美育学刊》上，此处略有改动。参见拙文《汉代画像石碑略论》，《美育学刊》2019年第10卷第1期，第53－60页。

② 参见[清]叶昌炽：《语石》，上海，上海书店出版社1986年版，第9页。

此说。但唐代封演在《封氏闻见记》中说："前汉碑甚少，后汉蔡邕、崔瑗之徒，多为人立碑。魏、晋之后，其流寖盛。"①尽管封氏所说"前汉碑甚少"，但也说明了墓碑较早产生于西汉时期。特别是清代以来，《麃孝禹碑》《孟孝琚碑》等众多汉代画像石质墓碑的出世，进一步证明了画像石墓碑在西汉末年即已产生。

汉代画像石墓碑是两汉特别是东汉时期产生的大量碑刻之一种。即在汉代大量的碑刻中，有些石质墓碑上不仅镌刻有篆、隶书额题和隶书碑文，而且雕刻有图像、图案等，一般称其为汉代画像石墓碑或画像石碑。汉代画像石墓碑等碑刻名称是依据碑主姓名或墓碑额题名称命名的，但历代不同学者往往对同一方画像石碑等又给予不同的称谓。例如《麃孝禹碑》又有《麃孝禹画像石碑》等称谓，《王孝渊碑》又称《永建三年残碑》，《孟孝琚碑》又有《孟琁残碑》《孟广宗碑》等称谓，《汉故雁门太守鲜于君碑》也称《雁门太守鲜于璜碑》《鲜于璜碑》等，《梧台里石社碑》又有《梧台里石社碑碑额》《梧台里石社碑画像》等称谓，《汉故领校巴郡太守樊府君碑》也称《樊敏碑》或《巴郡太守樊敏碑》，《郭泰碑》又称《郭泰碑阴画像》，《汉故益州太守高君之碑》又称《高颐碑》，等等。笔者认为，按照画像石墓碑主人姓名或墓碑额题命名应该更合适些。本章列举的汉代画像石墓碑名称，主要是依据其额题全称和学界的一般说法等给予的名称。

两汉时期制作的画像石墓碑有多少，未见有确切统计。目前，笔者搜集和考察的众多纪年无纪年汉碑中雕刻图像的有 16 块。按照纪年无纪年时间顺序列表如下（如表 7－1 所示）：

表 7－1　两汉时期画像石墓碑

时间	名称	形制、图像与书体	备注
西汉河平三年（前 26 年）	《麃孝禹碑》	碑高 148 厘米，宽 45 厘米，圆首，有界格。碑额上刻相向二鹤鸟（或为朱雀）图像，右边一鹤鸟（或为朱雀）漶漶，屋形花纹。隶书 2 行 15 字	现藏于山东博物馆

① 参见赵贞信：《封氏闻见记校注》，北京，中华书局 2005 年版，第 57 页。

续表

时间	名称	形制、图像与书体	备注
东汉永建元年（126年）	《汉故黄君之碑》（拓片）	拓片通高58厘米，宽30厘米，圆形碑首，有座和穿孔。碑额线刻一人头像（可能是神兽之类），从人头像两边耳朵分别画线至中间碑面的上面界格，似乎是人物的肩部和胸部，人头上线刻的圆形和其中两边的半圆、横弧线等似乎是人物之冠，两肩部似为碑的穿孔，人物胸部横刻"汉故黄君之碑"。碑正面四周用宽线条画出正方形，内雕刻篆隶书体碑文。碑文7行，不少字已剥泐难辨	拓片现藏于北京图书馆
东汉永建三年（128年）	《王孝渊碑》	碑高255厘米，上宽91厘米，下宽96厘米。碑的正面上部、背面及两侧均有雕刻图像，正面向着墓室图像下方铭刻隶书碑文13行，大部分已漫泐，只有首尾几行可辨识	现藏于四川博物院
桓帝永寿二年（156年）	《孟孝琚碑》	碑高133厘米，宽96厘米；碑额、碑文上部残缺。碑侧雕刻有青龙、白虎图像，底下雕刻玄武形象。残存隶书15行，每行21字，每行上缺7字	现嵌于凤池书院（今昭通第三中学）墙壁
东汉桓帝延熹八年（165年）	《汉故雁门太守鲜于君碑》	碑高244厘米，宽83厘米，有碑额、穿孔。碑阳额旁阴刻青龙、白虎，碑阴穿上阴刻朱雀，碑阳额上有"凸"字形单线界框，框六角雕刻有卷云纹，框内剔地阴刻小篆"汉故雁门太守鲜于君碑"。碑文阴刻隶书，碑阳16行，满行35字，碑阴15行，满行25字，两面共827字，除个别字泐损外，其余皆清晰完好	现藏于天津市历史博物馆
东汉灵帝建宁元年（168年）	《衡方碑》	碑高240厘米，宽110厘米，厚25厘米。圆首碑，有穿，刻有云龙纹。额题与碑文均为隶书写刻，23行，每行36字	山东泰安市岱庙碑廊
东汉建宁二年（169年）	《郭泰碑》（拓片）	拓本纵61.5厘米，横68厘米，具体碑的形制待考。碑右部画像题材为"人事类百戏之属"（拓本纵63.5厘米，横74厘米），碑文传为东汉蔡邕大书家所书隶书12行，共463字	文献记载
东汉熹平二年（173年）	《汉朐忍令景君碑》	碑断为两截，碑高182厘米，宽81厘米，晕首无额，有界格。碑额从左到右雕刻朱雀、一妇人作半开门状、玉兔。碑正面左右雕刻青龙、白虎，碑正面文字四周雕刻云纹图案。隶书碑文13行，满行30字	2004年3月吉林省文物考古研究所在重庆市云阳县旧县坪发掘出土

续表

时间	名称	形制、图像与书体	备注
东汉熹平五年（176年）	《梧台里石社碑》	原碑已毁坏，现仅存碑额。该碑碑额拓片高63.5厘米，横57.5厘米。碑阴拓片高62.5厘米，横57.5厘米。碑额篆书“梧台里石社碑”6个字，碑阴及两侧均有画像	现藏于山东博物馆
东汉灵帝光和六年（183年）	《白石神君碑》	碑高180厘米，宽109厘米，厚15厘米，有碑额。额题：“白石神君碑。”碑首雕刻青龙图像。碑文隶书16行，每行35字	现藏于河北省元氏县封龙山南麓封龙书院
东汉灵帝光和六年（183年）	《王舍人碑》（拓片）	今存碑首、碑身下半截和龟趺坐，碑首圆雕龙形。额题篆书，碑文隶书13行，现存180多字	1982年出土于山东平度县（今平度市）灰卜乡侯家村
东汉灵帝中平三年（186年）	《张迁碑》	碑首圆形，雕刻有龙纹装饰，有穿。额题篆书，碑文隶书16行，每行42字不等	现藏于山东泰安市岱庙碑廊
汉献帝初平元年（190年）	《藤县初平元年画像石碑》（残碑）	据《滕州金石志》记载，该碑清代光绪年间藤县董家村出土。该碑上下已残，仅存中段，两侧刻有龟、龙、马、鹿等画像，平面浅浮雕。隶书碑文16行，首行有“苍龙庚午孟春之月”，第6行有“永寿元年”日期，但大部分已漫漶难识	文献记载
东汉献帝建安十年（205年）	《汉故领校巴郡太守樊府君碑》	碑高293厘米，宽120厘米，厚28厘米，上方微削，圆顶，有圭首、龟趺。圭首作二螭龙首向右抵于碑肩，略似螭拱状；碑下龟趺首偏向右凿背壳为深槽用以置碑。碑首稍微偏右镌刻篆书题额两行：“汉故领校巴郡太守樊府君碑”12字，每行6字，其下有圆形穿孔，穿孔下碑文隶书共计570字，共18行，每行29字，末行低镌刻13字“建安十年三月上旬石工刘□□书”15字	1957年8月四川省芦山县城南沫东乡出土，现四川省芦山县原地保存，四川博物院藏有拓片
东汉时期	《薄书石碑》	残碑，据推测高157厘米，宽71.5厘米，厚9.5厘米。碑面雕刻一拱手而立的人像。现存隶书碑文12行，242个字	1966年四川郫县二门桥出土，现藏于四川博物院
东汉时期	《汉故益州太守高君之碑》（拓片）	碑首完整。碑首偏左铭刻“汉故益州太守高君之碑”10个字。碑额两旁各有一螭画像，左边尚有一龙画像，无年月。碑身文字剥落过甚，文字清晰者为后人重剜，隶书18行，行约16、17字	文献记载

除上述汉代画像石墓碑外，尚有一些碑身偏上部位刻有“穿”，但碑首雕刻“晕纹”和“圭形”的墓碑。前者是在半圆形的碑首上雕刻有三道以上的晕纹。较为典型的样式，有立于东汉桓帝延熹七年（164 年）的《孔宙碑》（图 7－1）、立于 东汉建宁四年（171 年）的《孔彪碑》，立于东汉熹平三年（174 年）的《营陵置社碑》等。后者碑首碑身雕刻成“圭”形。较为典型的样式，有立于东汉汉安二年（143 年）的《景君碑》、立于东汉桓帝延熹元年（158 年）的《郑固碑》、立于延熹四年（161 年）的《行事渡君碑》、立于永康元年（167 年）的《武荣碑》、立于东汉熹平二年（173 年）的《鲁峻碑》等。从造型艺术角度而言，这两类既是一种雕刻艺术，也可视为画像石墓碑范畴。从汉代的丧葬礼俗文化方面看，汉代人对天地、生死等很迷信，人死后在墓碑上雕刻文字以记事、记功颂德或寄托美好的愿望；在墓室中镶嵌画像石或在墓碑上雕刻图像，既装饰美化幽冥世界，也用以表达美好的思想愿望，这是汉代丧葬礼俗观念的重要艺术表现方式。所以，在墓碑上“其穿外有晕，其晕缭绕或即自穿中出，或别从穿外起”等，都有特殊的含义或象征意义。即“穿”象征着日月，“晕纹”象征着日月之气，日月之光环，有着在半圆的天穹下，日月照耀，“君父之功美如日月照耀，永垂天地之间”的思想观念。把石质墓碑雕刻成“圭形”，意在取“圭”之祥瑞等①。但限于篇幅，这部分不作讨论。

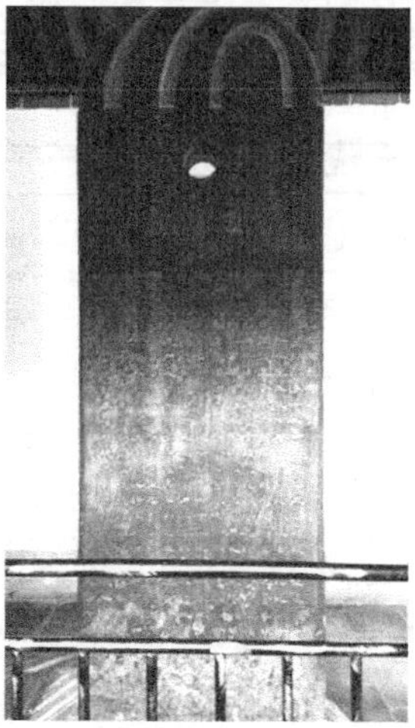

图 7－1 《孔宙碑》
（图片来源：曲阜汉魏碑刻陈列馆，自拍）

也有些文献记载和存世的汉代石质墓碑，其上只有文字而无图像，但它们是立于汉代画像石墓前的。例如《武梁碑》《武开明碑》《武斑碑》《武荣碑》（图 7－2），尽管其上只有文字而无图像，但

图 7－2 《武荣碑》碑文
（图片来源：济宁市博物馆，自拍）

① 参见《山东石刻分类全集》编辑委员会：《山东石刻分类全集：第 1 卷・秦汉碑刻、概论》，青岛：青岛出版社 2013 年版，第 4、5 页。

它们是立于嘉祥武氏墓地的墓碑，“这些碑刻是记载和研究武氏家族成员及石刻画像的重要资料”①。再如《鲁峻碑》亦无图像，但鲁峻墓是汉代画像石墓。据宋代赵明诚在《金石录》中记载：郦道元《水经注》引戴延之的《西征记》曰：“‘焦氏山北金乡山，有汉司隶校尉鲁恭（峻）冢。冢前有石祠，四壁皆青石隐起。自书契以来忠臣、孝子、贞妇，孔子及七十二弟子形象，像边皆刻石记之。’今墓与石室尚存，惟此碑为人辇置任城县学矣。余尝得石室所刻画像，与延之所记合。”②从一定意义上说，这类墓碑也能列入汉代画像石墓碑研究范围。但限于篇幅，本书亦不作讨论。

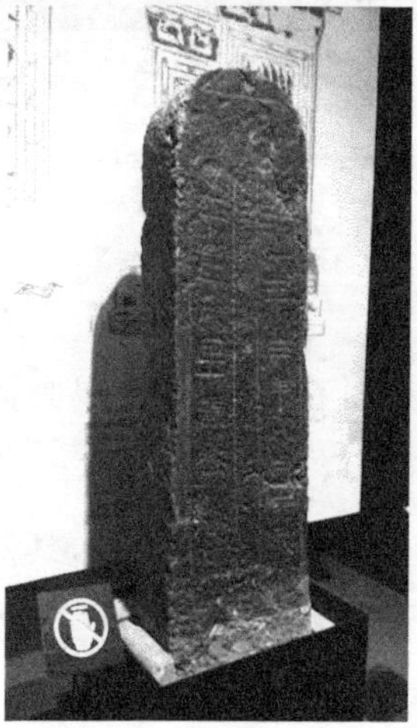

图 7-3 《麃孝禹碑》
（图片来源：山东博物馆，自拍）

表 7-1 列举的汉代画像石墓碑及其隶书艺术均被不少专家学者提及或考证、讨论过，其中对于《麃孝禹碑》《汉故黄君之碑》《白石神君碑》的真伪，《孟孝琚碑》《犀浦薄书残石》的年代问题，有些画像石墓碑上的书体类型和画像石墓碑是否应该被列入汉代画像石范畴等，学界的异议较显著。

《麃孝禹碑》是目前所见最早的墓碑实物图（7-3），出土于山东泗水。由于该碑时代较早，与东汉时期的石质墓碑有不少差异，因此清代李文田、康有为、陆增祥都认为其是赝品。例如康有为在《广艺舟双楫》中说，《麃孝禹碑》亦为隶，“顺德李文田以为伪作无疑也”，又说“《麃孝禹碑》殆是赝品，字体古今，真可一望而知”③。陆增祥在《八琼室金石祛伪》中说，“右麃孝禹阙，上锐下方，似圭形。分书两行，左右各有直界，中空三寸许，上有画鹤，盖赝鼎也”，但“并未说明任何理由”④，可能只是猜测。赖非等先生认为该碑为真品无疑。笔者也认为从书法与图像方面看，该碑隶书细劲流畅，朴拙自然，“河平三年八月丁亥平邑成

① 参见蒋英炬、吴文祺：《汉代武氏墓群石刻研究》（修订本），北京，人民美术出版社 2014 年版，第 47 页。
② 参见金文明：《金石录校证》，桂林，广西师范大学出版社 2005 年版，第 277 页。
③ 参见赖非：《汉碑的起源、发展与分布》，载《赖非美术考古文集》，济南，齐鲁书社 2014 年版，第 97 页。
④ 参见徐森玉：《西汉石刻文字初探》，《文物》1964 年第 5 期，第 7 页。

里鹿孝禹"2行15个字，大小间隔排列不够工整，其上的鹤鸟（或为朱雀）也雕刻得简单稚拙，体现了西汉时期的隶书与画像艺术的基本特点，该碑应该不是伪刻。同时，该碑上铭刻的"河平三年"为西汉成帝河平三年，也能进一步证明汉代画像石碑早在西汉即已产生。

《汉故黄君之碑》原碑出土地和现藏哪里均不详，目前所见的仅是现存北京图书馆的该碑拓片印刷品（图7－4）。关于该碑（拓片）真伪问题，当代有学者认为横题的碑额、碑名和首行抬头等不合乎汉代墓碑形制，拼凑的碑文、书体风格与时代不符合以及该碑的著录流传情况等方面均存在疑问，并说"现存《汉故黄君之碑》应该不会是东汉人的原刻，当是后人伪刻"[①]等。确实，在以往有关汉碑文献中未见有关该碑记载，尤其是该碑（拓片）篆、隶夹杂的书法拼凑等都很明显，作伪的嫌疑较大。笔者猜测，该碑（拓片）也可能因年久损坏，大部分字迹不清或字迹被剥泐掉了，而被后人从额题到碑文改动补刻过，只不过补刻者的水平不高。如果说该碑是后人完全作伪，那么作伪者的技术不至于如此低劣。作伪者也应该懂得汉代碑刻的一般形制等。因为在历史上后代伪刻前代石质墓碑的情况也是很多的，一般也都是尽可能接近原碑以欺世盗名，或牟取暴利等，因此该碑（拓片）可能不是后人完全的伪刻。

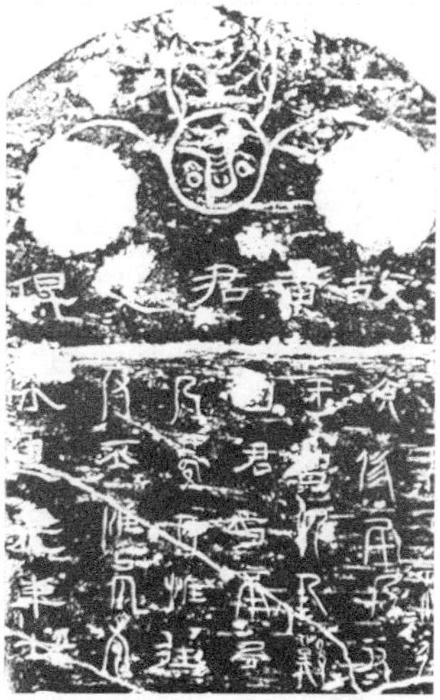

图7－4 《汉故黄君之碑》
（图片来源：《北京图书馆藏中国历代石刻拓本汇编》，中州古籍出版社1989年版）

《孟孝琚碑》碑额和碑文上部均已残缺，碑文中仅有首行"丙申月"和文末"十月癸卯""十一曰乙卯"时间，具体年代不详，因而不同学者对其产生时间持有不同的看法。例如"高文先生考证此碑镌立于东汉永元八年（96年）。谢崇岷先生考为桓帝永寿二年（156年）立"[②]。马子云、施安昌先生认为"此书法是在东汉后期"[③]。彭兴林先生说"罗振玉考为西汉河平四年"，且引证史料认为"予

① 参见刘秀梅：《东汉〈黄君墓碑〉拓片考疑》，《文博》2012年第2期，第41－43页。
② 徐玉立：《汉碑全集：三》，郑州，河南美术出版社2006年版，第833页。
③ 马子云、施安昌：《碑帖鉴定》，桂林，广西师范大学出版社1993年版，第83页。

依长术考之”,汉代有“六值丙申”,分别在汉景帝中元五年、汉昭帝始元二年、汉成帝河平四年、光武帝建武十二年、汉和帝永元八年、汉桓帝永寿二年。“考中元五年十月癸巳朔十一日得癸卯,而十一月为壬戌朔,是月不得乙卯。始元二年十月戊辰朔,是月不得癸卯。建武十二年十月壬辰朔,十二日得癸卯,而十一月为辛酉朔,是月不得乙卯。永元八年十月为癸卯朔,十一月为癸酉朔,是月不得乙卯。永寿二年十月乙卯朔,是月不得癸卯。惟河平四年十月庚辰朔,二十四日得癸卯。十一月庚戌朔,初六日得乙卯。与碑中所叙甲子吻合,则此碑河平四年所立也。”[①]在没有确切纪年的情况下,彭先生的这种推算也较为合理。笔者认为,从隶书艺术角度看,不仅“此碑书法结字匀称,宽博深茂,古朴而存典雅之气”[②],而且其中如“改”“四”“名”“和”“仁”等不少字体形态、笔法等,都很接近刻于东汉永寿二年(156年)、堪称汉隶极品的《礼器碑》的字体、笔法。虽然有不少字的结体等显得稚拙,章法不如《礼器碑》工整有序,总体风格上远逊于《礼器碑》等,但其体现出的东汉中期以后成熟隶书的风貌还是很明显的,远超西汉末年东汉初年隶书定型与发展时期的水平。至于其与《礼器碑》的差别应该与书丹者有极大关系,也就是说,《礼器碑》的书丹者显然是高水平的书家,《孟孝琚碑》的书丹者应是一般写手,两者书写水平存在高低差别是必然的(图 7-5)。同时,也可能存在《孟孝琚碑》书丹者或民间石刻匠人对《礼器碑》的学习或模仿等因素。据此推测该碑可能镌立于东汉桓帝永寿二年,或稍晚于《礼器碑》。

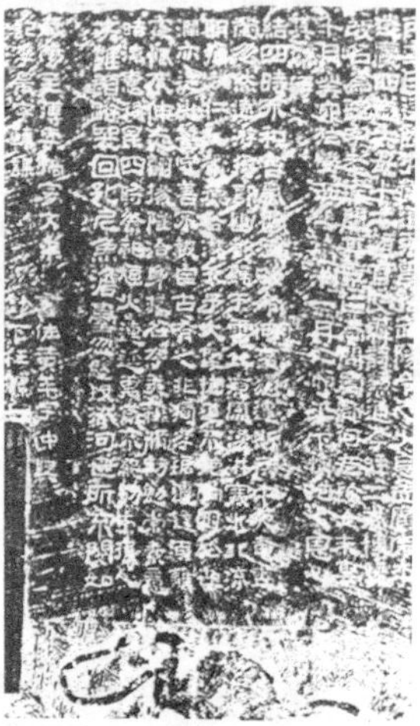

图 7-5 《孟孝琚碑》
(图片来源:《北京图书馆藏中国历代石刻拓本汇编》,中州古籍出版社 1989 年版)

《白石神君碑》的真伪等说法的主要原因,是该碑末行刻有“燕元玺三年正

---

① 参见彭兴林:《中国历代名碑释要:上》,济南,山东美术出版社 2011 年版,第 33 页。《北京图书馆藏中国历代石刻拓本汇编》也把此碑定为“西汉河平四年(前 25 年)十一月六日刻”(参见北京图书馆金石组:《北京图书馆藏中国历代石刻拓本汇编:第一册·秦汉部分》,郑州,中州古籍出版社 1989 年版,15 页)。

② 徐玉立:《汉碑全集:三》,郑州,河南美术出版社 2006 年版,第 833 页。

月十日，主簿程疪家门，传白石将军教，吾祠今日为火所烧”的文字。据此，清代吴玉搢等人认为此碑“虽有光和纪年，或后人用旧文再刻者耳”，或魏晋以后的“慕容时所刻”。翁方纲、钱大昕等人则认为“是碑为汉刻，无可疑者”，“要为汉刻无疑矣”，等等。从书法角度看，该碑隶书艺术水平是很高的，与嘉祥武氏家族墓地的《武荣碑》相近，很明晰地体现出了东汉成熟隶书的艺术特点与风格，有一定的价值和历史影响，该碑应该为汉代人所刻。当然，对该碑真伪存在异议也是正常的，毕竟碑末铭刻有“燕元玺三年”文字，很容易引起怀疑和讨论。但也正如有学者所说，就该碑的书法艺术价值和影响而言，“它对后世影响还是很大的，我们应对此碑的书法价值给予正确的评价，不可人云亦云随声附和地一味贬低”[①]。学界对额题“白石神君碑”书体有着“额阳文篆书”“篆额”“篆书”“额阳文隶书”等说法[②]。该碑额题为阳刻文字是肯定的，但判断其为篆书或隶书都似有不妥。例如“白石神”3 个字显然为带有篆书笔意的隶书字体，“君碑”二字篆书笔意很明显，实际上这 5 个字是篆、隶书体结合的额题，这种写法也是很常见的，因此说其为篆、隶书体结合的额题应该更为合适些(图 7－6)。

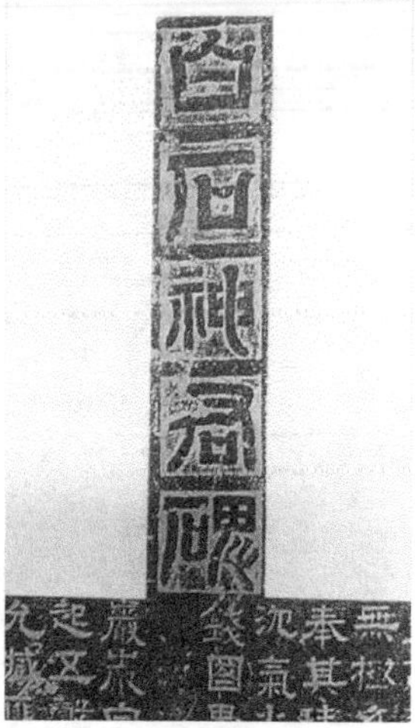

图 7－6 《白石神君碑》
(图片来源:《北京图书馆藏中国历代石刻拓本汇编》，中州古籍出版社 1989 年版)

《薄书石碑》(图 7－7)与《王孝渊碑》同出一墓，但无明确纪年。有学者认为该碑是王孝渊墓室中“利用一块刻有文字的旧碑改作的”左扇墓门，该碑可能早建于王孝渊墓即永建三年，也可能是建于三国蜀汉或稍后时期；从书法方面看，“墓门残碑书法比较工整，略似东汉孔宙碑”，“这块墓门残碑也是东汉时期的碑，这是没有多大问题的”[③]。也有学者认为该碑“这些文字同王孝渊没有任何直接关系”，时间“大概可局限在后汉时期来考察。总的说来，盛行刻碑文风气，

① 参见李檣:《秦汉刻石选译》，北京，文物出版社 2009 年版，第 359、360 页。

② 持这些说法的文献和学者不少。例如有北京图书馆金石组:《北京图书馆藏中国历代石刻拓本汇编》，郑州，中州古籍出版社 1989 年版，175 页；彭兴林:《中国历代名碑释要:上》，济南，山东美术出版社 2011 年版，254 页；王建中:《汉代画像石通论》，北京，紫禁城出版社 2001 年版，第 261 页；李檣:《秦汉刻石选译》，北京，文物出版社，2009 年版，第 359、360 页等等。

③ 参见谢雁翔:《四川郫县犀浦出土的东汉残碑》，《文物》1974 年第 4 期，第 67－71 页。

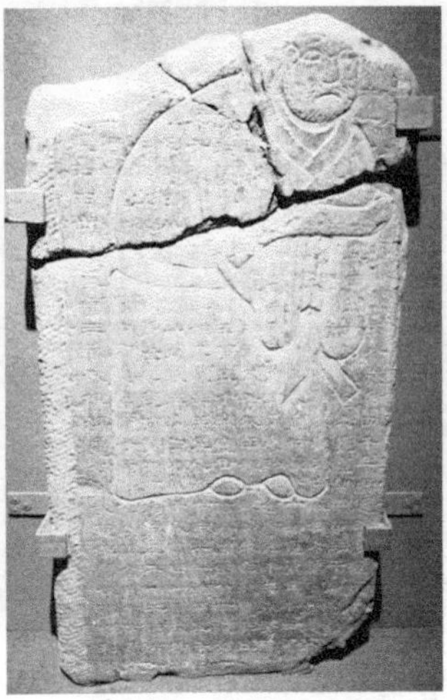

图 7-7 《薄书石碑》
（图片来源：四川博物院，自拍）

是在进入后汉时期之后。从各种赞颂，追文到经典、禁令等文献，均曾广泛地采用石刻形式”，“在这种颂扬碑刻之中，也曾有将该碑人物像刻在石碑上的。因而可以认为，残碑上的线刻图像，就是王孝渊其人”[①]。

笔者认为，从该碑的隶书章法上看，其与《孔宙碑》、《华山庙碑》、《衡方碑》、《曹全碑》、《史晨碑》（图 7-8）和《汉故雁门太守鲜于君碑》等，都属于竖行间距疏朗、横行间距紧密适中和整体布局工整、严谨一路；从字的结体、用笔特点与风格看，其字的结体也趋于方正，起笔收笔方圆并举。特别是字的横画和捺笔等主笔有一定的流丽之感，与《孔宙碑》《曹全碑》流丽疏宕一类相似，但整体风格较敦实、厚道，又与《孔宙碑》《曹全碑》的流丽秀气有一定的距离，倒是与《史晨碑》隶书的沉古遒厚之气有所接近。据此，从该碑与出土于永建三年的王孝渊墓室和隶书的章法布局、字的结体、笔法等水平，可以判断《薄书石碑》可能刻于《王孝渊碑》同时代或在《孔宙碑》[②]《史晨碑》[③]和《曹全碑》[④]等碑刻之后，即东汉晚期。

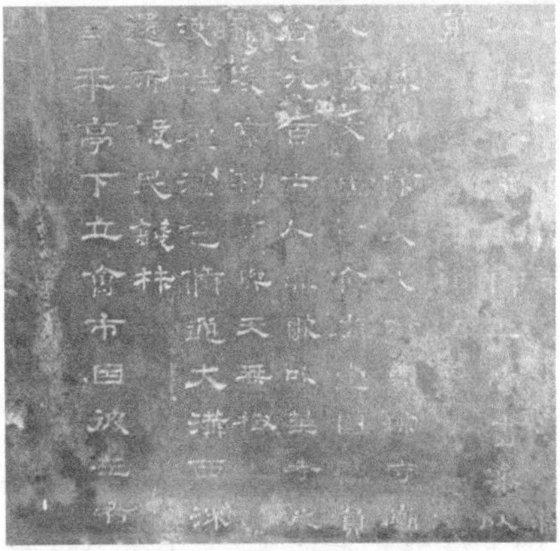

图 7-8 《史晨碑》（局部）
（图片来源：曲阜汉魏碑刻陈列馆，自拍）

《藤县初平元年画像石碑》（残碑），大部分文字已漫漶，仅有少数可辨别。内容为：

---

① 参见[日]好并隆司：《关于四川郫县犀浦出土的东汉残碑》，郝雁高译，《四川文物》（季刊）（总第二期）1984 年 4 月 30 日，第 60-63 页。

② 立于东汉桓帝延熹七年，公元 164 年。

③ 立于东汉灵帝建宁二年，公元 169 年。

④ 立于东汉灵帝中平二年，公元 185 年。

“仓龙庚午孟春之月百□死□□□□□/公子百氏为谛封□□鲁至于文□□□/行尉□□韦典牧文收恶□之□功德□□□/□□□□□歌颂东郡□□坐罪□充□信兆/□□□□□和二子□□安□灾□作迹□□/□永寿元年□各□□□□□子午□□□子□/出□□□□之□□□郡太守□□□□□□□下□/□□□□□墓伯□视和我王□□至□不足□□□/太守□元圣□□王得□□此□□□□措之□□□/车百徂皆地震□刻石作封上□□□□□□□□□□□/割夺□□□师之灭□□□□□□□则思□□成□/□春秋之时郑言□□使□万□□□受天□宗□/□□□初九之载□□□□□□恤焕□□□□□心/□□□宗□太守□□□□功□□□□柏□颂□/□□□□□□□□□□□□□董子狩不□□□□□/□□□□□□□□□□□□□□□□□□决□□□□。”①

关于该残石的年代问题，《山东石刻分类全集》第1卷之“秦汉碑刻”中写明为“永寿元年残石”，时间界定为“东汉永寿元年(155年)”②。李发林、杨爱国与李慧先生均认为是初平元年(190年)。笔者认为，从后者所据的文献看，该残石图像与文字刻于初平元年(190年)的可能性很大。

汉代画像石墓碑上的隶书艺术各具体色，除前面提到的《鹿孝禹碑》《衡方碑》《汉故黄君之碑》《孟孝琚碑》《白石神君碑》《薄书石碑》《王孝渊碑》的隶书艺术特点与风格外，《汉故雁门太守鲜于君碑》以方笔为主，结字严谨、方正，用笔凝重、内敛，线条浑厚，浑朴苍劲，章法整齐有序。该碑立于汉桓帝延熹八年(165年)，比《衡方碑》早3年，比《张迁碑》早21年，可谓开汉碑方笔之先河。《汉朐忍令景君碑》隶书结体宽舒茂密，方劲古朴，被誉为西南汉碑之冠。《王舍人碑》字体方正，用笔沉稳，为典型的端庄一路隶书。《汉故领校巴郡太守樊府君碑》字体方整古朴、大方，用笔多圆，隶中寓篆意，线条浑圆等。实际上该碑“实为汉隶方正古朴一路的代表之一，历来受到金石学家的推重”(图7-9)。总

① 参见李发林：《略谈汉画像石的雕刻技法及其分期》，《考古》1965年第4期，第202页；李慧：《滕州纪年汉代画像石》，载朱存明：《图像的表征：中国汉画学会第十五届年会论文集》，北京，文化艺术出版社2019年版，第60页。

② 《山东石刻分类全集》编辑委员会：《山东石刻分类全集：第1卷·秦汉碑刻》，青岛，青岛出版社2013年版，第36页。

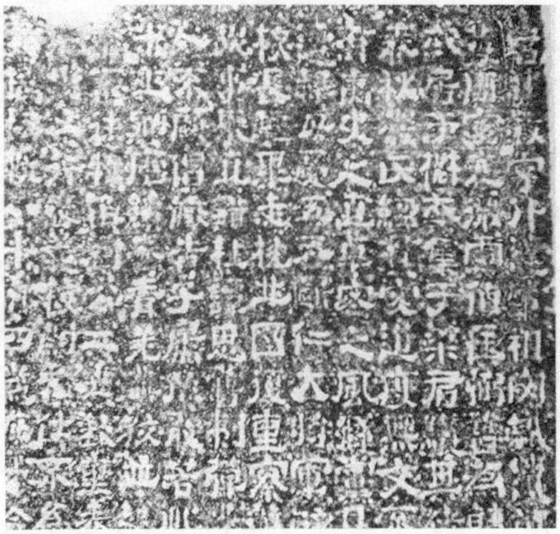

图 7-9 《汉故领校巴郡太守樊府君碑》碑文拓片(局部)
(图片来源:四川博物院,自拍)

体而言,其古拙天然的书法风貌近似《郙阁颂》《衡方碑》《西狭颂》;其点画拙重浑厚、波磔分明的用笔近于《西狭颂》,但更为圆润。该碑虽为隶体,但篆意楷法兼备,体现了隶书向楷书过渡的趋势。从字形结构上看,此碑已有取纵势之倾向,笔圆字方,庄严雄健,独具一格。因此,清代人评其"书法遒劲古逸""华艳",但又"体格甚高,有《郙阁》意"。"石质粗而锋芒多杀,无从定其笔法之高下,而一种古穆之气,终不可磨灭"等①。《汉故益州太守高君之碑》字体端庄浑厚,波磔清晰,线条劲健。《张迁碑》隶书有篆书笔意,方笔为主而不失宽厚,转角方圆并举,运笔遒劲稳重,古朴、厚重、率真、典雅又有民间质朴风格,历来被金石家、书法家重视、研究摹写,评价甚高,被誉为汉隶中的神品。以上都可谓汉代碑刻隶书艺术中的经典之作。

第二节 汉代画像石墓碑与画像石的共通性

对于汉代画像石墓碑是否应被列入汉代画像石范围,当代学界也有不同的说法。有学者不但把其列入汉代画像石研究范围,而且直接冠名为画像石碑,并认为《麃孝禹碑》上"所刻鹤鸟画像在西汉一代十分罕见,可谓目前已知的最早的碑首画像石"②(图 7-10)。有学者把《麃孝禹碑》《王孝渊碑》《汉故雁门太守鲜于君碑》《汉故领校巴郡太守樊府君碑》画像等列入纪年汉代画像石之列③。

① 参见刘运峰、刘璁:《汉樊敏碑集联》,天津,天津人民美术出版社,2014 年版。
② 参见王建中:《汉代画像石通论》,北京,紫禁城出版社 2001 年版,第 107 页。
③ 参见蒋英炬、杨爱国:《汉代画像石与画像砖》,北京,文物出版社 2001 年版,第 36-41 页。

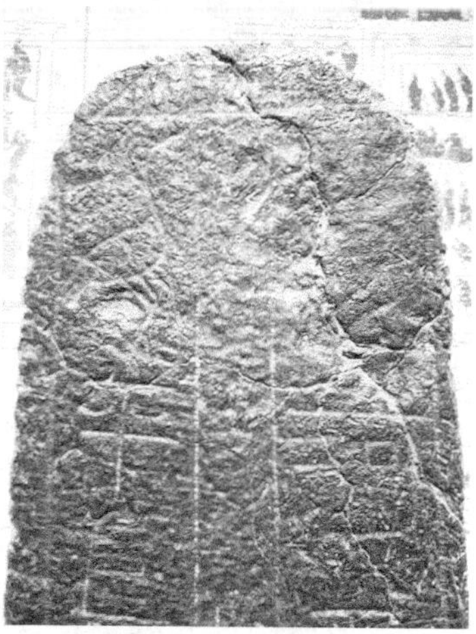
图 7－10 《麃孝禹碑》碑额
（图片来源：山东博物馆，自拍）

有学者认为“汉碑集中分布的九个小区，与汉代画像石重点出土的地区，多是同一的、重合的”，“这一状况说明，汉代墓碑与墓内画像石，存在着非常密切的关系。很多有碑的墓主，身份高贵，生前居室雕梁画栋，死后墓室也雕刻画像。如山东平度《王舍人碑》，碑主王舍人的墓，即是画像石墓”①。也有学者说，“以前人们（包括笔者在内）把山东平邑西汉成帝河平三年（前 26 年）麃孝禹碑也算作纪年汉代画像石之列，仔细考究起来似有不妥。除了因为该碑非建筑外，更主要的是其主体是文字，两只小鸟不过是碑额上的装饰而已。同理，天津武清东汉桓帝延熹八年（165 年）雁门太守鲜于璜碑上的青龙、白虎和朱雀也只是碑额的装饰，不宜将其列入画像石。尽管如此，在研究汉代画像石的时代特点时，仍然可以把它们以及摩崖画像作为有用的参考资料”②。学者们的不同看法各有其理由，无可厚非。

笔者认为，作为汉代石质墓碑之一种的画像石墓碑和作为石阙、祠堂和墓室建筑材料与装饰的画像石，两者在制作工艺方法、艺术形式等方面有一定的区别。何谓墓碑？东汉时期的刘熙解释说：“碑，被也，此本葬时所设也，施辘卢（轳）以绳被其上，引以下棺也。臣子追述君父之功，美以书其上。后人因焉，故建于道陌之头，显见之处，名其文，谓之碑也。”③唐代封寅也说：“丰碑恒楹，天下诸侯葬时下棺之柱，其上有孔，以贯纤索，悬棺而下，取其安审，事毕因闭圹中，臣子或书君父勋伐于碑上。后又立之于隧口，故谓之神道碑，言神灵之道也。”④由此可知，汉代画像石墓碑等最先就是一种丧葬用品，有着“事毕因闭圹中”，后来置于墓室外显要之处，用以记述墓主生平或追述墓主之功绩等功能。汉代画像石墓碑等一般形制是由碑首、碑身、穿孔、底座、额题、碑阳碑阴文字和图像等

① 赖非：《汉碑的起源、发展与分布》，载《赖非美术考古文集》，济南，齐鲁书社 2014 年版，第 96 页。
② 杨爱国：《幽明两界：纪年汉代画像石研究》，西安，陕西人民美术出版社 2006 年版，第 4 页。
③ ［汉］刘熙：《释名》，北京，中华书局 2016 年版，第 93 页。
④ 赵贞信：《封氏闻见记校注》，北京，中华书局 2005 年版，第 57 页。

部分组成，其中碑文是主要部分。画像石一般是指附属于墓地石阙、祠堂和地下墓室等丧葬建筑物上的雕刻装饰图像，是我国古代为丧葬服务的一种独特的艺术形式。因为是雕刻在石材表上面的画，故称为画像石。事实上，东汉时期的人们就已把雕刻在这种丧葬石材上的图像，直接称为“画”或“画像”了[①]，图像是画像石的重要部分。但两者又都是在两汉时期厚葬等社会风气中产生的，都是为丧葬服务的独特的艺术形式。因此，两者在图像、文字功能与书写艺术等方面都有一定的共通性。

图像方面。上文列举的《廌孝禹碑》上雕刻的两只相向对称的鹤鸟，《汉故黄君之碑》(拓片)上雕刻的人头像，《孟孝琚碑》上雕刻的青龙、白虎和玄武形象，《汉故雁门太守鲜于君碑》上雕刻的青龙、白虎、朱雀和卷云纹(图 7-11)，《白石神君碑》上雕刻的青龙图像，《汉故领校巴郡太守樊府君碑》上雕刻的二螭龙、龟趺，《薄书石碑》上雕刻的一拱手而立的人像，《汉故益州太守高君之碑》上雕刻的螭、龙画像等，都相对比较简单，应该是作为墓碑的装饰出现的。但《王孝渊碑》《朐忍令景君碑》《梧台里石社碑》《郭泰碑》上雕刻的图像，显然不仅仅为了装饰，而是与画像石上的雕刻图像一样，既有着装饰美化幽冥世界的功能，也有着借此表达人们希望死后升仙等理想与愿望、寄托生者对死者哀思之情的思想意图。例如，《王孝渊碑》正面向着墓室，上部雕刻有朱雀、男女像和跪地的

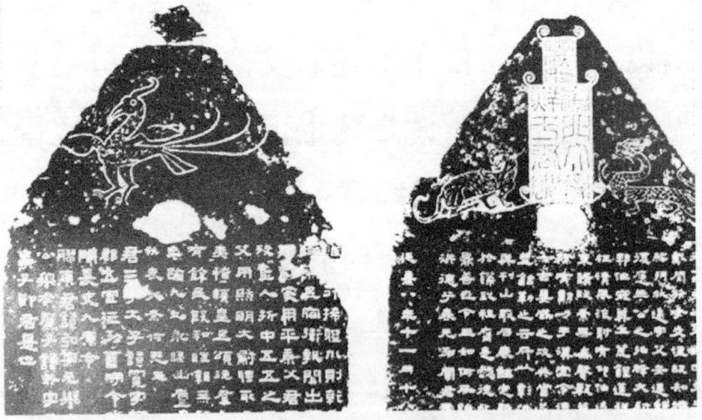

图 7-11 《汉故雁门太守鲜于君碑》碑额
(图片来源:孙宝文:《鲜于璜碑》，上海，上海辞书出版社 2018 年版)

① 参见蒋英炬、杨爱国:《汉代画像石与画像砖》，北京，文物出版社 2001 年版，第 2 页；山东省博物馆、苍山县文化馆:《山东苍山元嘉元年画象(像)石墓》，《考古》1975 年第 2 期，第 126-127 页。

女像，下面镌刻隶书碑文。背面向着墓外，上部雕刻有伏羲、女娲、蟾蜍画像，下部雕刻有朱雀、玄武、牛首、鹿、圭、璧、璜图像。该碑两侧各雕刻有龙、虎画像。从该碑的图像与文字比例看，显然图像占据了整个碑的大部分面积，文字仅占据碑的正面下部一小部分面积。从画像内容看，该碑的正面下半部分的男女像和跪地女像应该表达的是墓主人生前的生活情景，上半部分一只较大的展翅欲飞的朱雀应该是表达灵魂升仙过程。碑的背面上部的伏羲、女娲、蟾蜍形象应该是象征着仙界；下部的朱雀、玄武、牛首、鹿、圭、璧、璜和两边的龙、虎形象，应该是表达驱邪避祸、祈福纳祥等思想观念。不难看出该碑正面、背面和侧面图像展示出了一幅现实生活——死后灵魂升天—仙界—吉祥如意等完整画面。这种完整的图像表达在众多的墓祠和墓室画像石上也是常见的图像范式，因此这通石碑与其说是画像墓碑，不如说是画像石（图 7－12）。《朐忍令景君碑》碑额正中间雕刻一妇人半开门露出半个身体，两边雕刻朱雀与玉兔，碑两侧雕刻青龙、白虎，碑正面文字四周雕刻云气纹（图 7－13）。朱雀、玉兔、青龙、白虎和云气纹这些艺术形象在画像石上可谓比比皆是。尤其是妇人作半开门状图像，在不少地区出土的汉代墓祠和墓室画像石上都有类似画像，这类画像“也就是通常所说的‘启门图’，在川渝地区发现的数量很多，计有 22 处，另在鲁苏地区也有 3 处发现”，“这是汉代画像中一类十分重要的题材，它不但可以揭示出墓主人希望

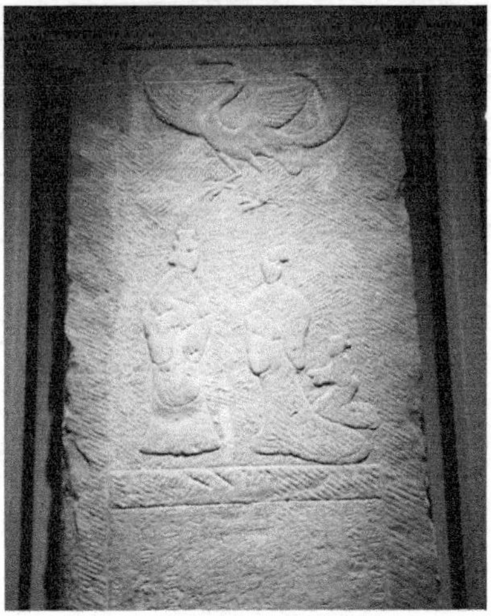
图 7－12 《王孝渊碑》（局部）
（图片来源：四川博物院，自拍）

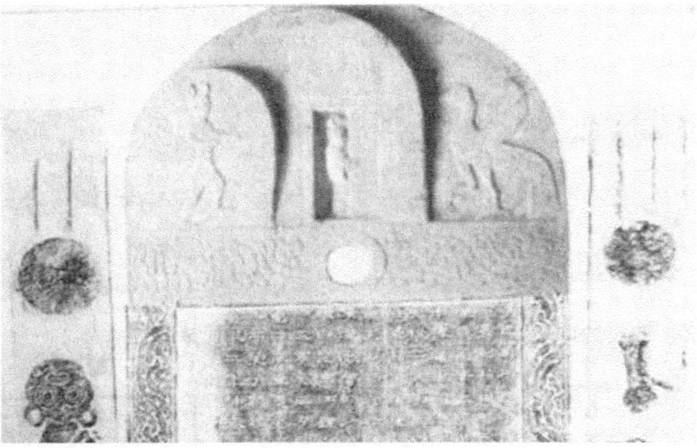
图 7－13 《朐忍令景君碑》碑额
（图片来源：徐玉立：《汉碑全集：五》，郑州，河南美术出版社 2006 年版）

升仙的愿望，还能勾勒出汉代人们想象和实践中的某种升仙程式”①。关于《梧台里石社碑》和《郭泰碑》的画像，傅惜华先生等认为前者碑阳面画像题材为“人事类建筑装饰之属”，碑阴画像题材为“神话类神仙灵异之属”；后者原石左部画像题材为“人事类渔猎之属”，右部画像题材为“人事类百戏之属”②等。实际上这些画像题材内容在汉代墓地祠堂和墓室画像石上都是极为常见的。

文字功能方面。在汉代画像石上，位于一些画像旁边或左右上方的榜题文字，主要用以标示人物、车马、动植物和建筑物等名称、官阶等。位于画像之外的大部分题记文字，主要用以记述死者的姓名、生前事迹、下葬时间、祠堂或墓室制作缘起与过程、费用，以及生者对死者的美好祝愿等。而上文列举的《麃孝禹碑》“河平三年八月丁亥平邑成里麃孝禹”③、《汉故黄君之碑》碑额“汉故黄君之碑”、《张迁碑》碑额“汉故谷城长荡阴令张君表颂”、《汉故雁门太守鲜于君碑》碑额“汉故雁门太守鲜于君碑”、《梧台里石社碑》碑额“梧台里石社碑”、《白石神君碑》碑额“白石神君碑”、《汉故领校巴郡太守樊府君碑》碑额“汉故领校巴郡太守樊府君碑”和《汉故益州太守高君之碑》碑首“汉故益州太守高君之碑”，虽然是汉碑的一般制作方式，有着认知、点题的作用，但它们也是一种榜题形式。除《梧台里石社碑》外的各碑碑文内容大都是为记载、追述死者生前事迹，或歌功颂德等而作的，这实际上就是题记。

书写艺术方面。上文所列各画像石墓碑的篆书、隶书碑额与隶书碑文，虽然书写水平高低不一，但它们都可被视为两汉篆书、隶书艺术发展水平的代表性作品。即是说，从上述现存较清晰的画像石墓碑碑文隶书水平来看，除《张迁碑》《汉故雁门太守鲜于君碑》等经典性碑刻外，其他像《薄书石碑》（图 7 - 14）等也都可谓两汉时期的典型隶书，或说标准的八分书。尽管汉代画像石墓阙、墓祠和墓室画像石上的隶书的写刻者，绝大部分是民间书丹者和石刻艺人，隶书水平体现的是汉代民间书写特点与书风，总体艺术水平与上述汉代画像石墓碑

① 参见罗二虎：《东汉墓“仙人半开门”图像解析》，《考古》2014 年第 9 期，第 75 - 85 页。

② 参见傅惜华、陈志农等：《山东汉画像石汇编》，济南，山东画报出版社 2012 年版，第 231、232、336、337 页。

③ 据文献记载，汉代山东平邑西汉县，属代境，此有麃氏族，名孝禹不可考，或即麃邑公之后裔等。参见彭兴林：《中国历代名碑释要：上》，济南，山东美术出版社 2011 年版，第 29、30 页。

上的隶书艺术水平不可比肩，但如上所述，在出土的不少画像石墓阙、墓祠和墓室画像石上，也有不少典型的、艺术水平较高的篆书、隶书，虽然书写水平参差不齐，但一定程度上也反映出了汉代篆书、隶书艺术的发展脉络。其中，特别是第六章中所述各地出土汉代画像石上的一些典型隶书、草书隶书等，也都堪称汉隶中的上乘之作，为两汉时期篆书、隶书艺术发展的重要镜像。尤其是两者文字设计的功能有着异曲同工之妙。即汉代画像石墓碑的主要功能是通过文字手段为墓主人歌功颂德、记事或表达生者对死者的哀思怀念等，文字是主要的视觉元素。汉代画像石墓阙、墓祠和墓室画像石上的题榜文字设计的目的，也是既有着标示人物、车马、墓室等名称、官阶的作用，也有着图像解读、歌功颂德和表达哀思等功能（图 7－15）。所以，把汉代画像石墓碑列入汉代画像石范围也是合适的。

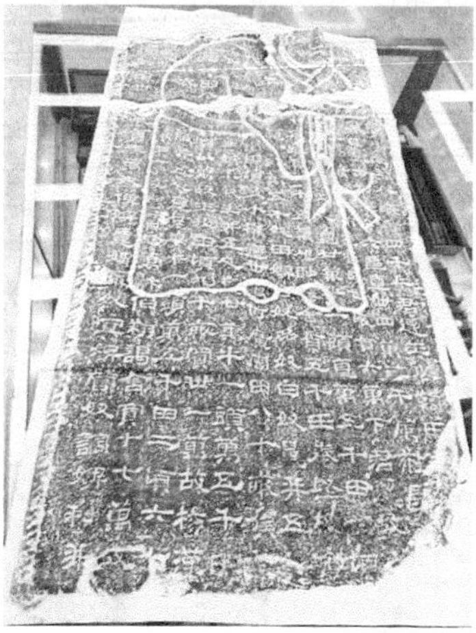

图 7－14 《薄书石碑》拓片
（图片来源：四川博物院，自拍）

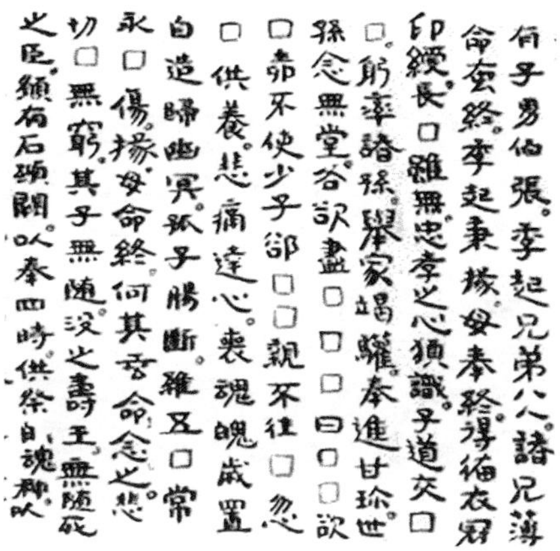

有子男伯張。李起兄弟八人。諸兄薄
命奄終。李起秉掾。母奉終得循衣冠
印綬。長□雖無忠孝之心猶識。子道交□
□。躬率諸孫。舉家竭驩。奉進甘珍。世
孫念無堂谷。訢盡□□曰□□訢
□帝不使少子卻□□親不往□忽
□供養。悲痛達心。喪魂魄歲置
自造歸幽冥。孤子腸斷。雖五□常
永□傷。掾母命終。何其吝命念之悲
切□無窮。其子無隨沒之壽王。無隨死
之臣。須有石頭闕。以奉四時供祭。白魂魄以

图 7－15 文通画像石祠堂题记句读抄本（局部）
（图片来源：胡新立先生提供）

综上所述，上文列举的关于汉代画像石墓碑的真伪与年代问题的不同讨论是学术研究的正常现象，也是学术发展的表现。汉代画像石墓碑是大量的汉代碑刻之一种，其材料、制作工艺、丧葬性质和作为碑文与图像载体、信息传播的媒介等功能，与其他汉碑是一致的，不同的是汉代画像石墓碑上既有刻铭，也雕刻有图像。虽然汉代画像石墓碑上雕刻的青龙、白虎、朱雀、玄武、人物、云纹装饰等图像都较简单，但它们既体现出了汉代墓碑的一般装饰程式化特征，也是汉代画像石墓阙、墓祠和墓室画像石上常见的图像题材、艺术形象。虽然汉代画像石墓碑以文字为主，汉代画像石墓阙、墓祠和墓室画像石图像是其主要部分，但两者的性质、功能等是基本一致的，有着

异曲同工之妙，把汉代画像石墓碑列入汉代画像石范围是合适的，而且也可以扩大汉代画像石研究范围，能进一步窥探出两汉时期丧葬文化艺术的多样化发展情况。

第八章

汉代画像石与画像石墓碑上的隶书写刻者

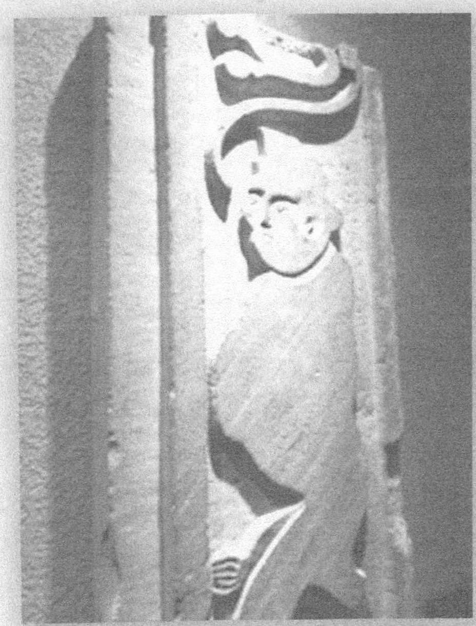

汉代画像石墓阙、墓祠、墓室题榜和画像石墓碑文字制作过程，一般要经过阙文、题榜内容和碑文内容的撰写、善书能写者书丹和石刻艺人镌刻等过程。榜题文字内容可能都是依据“粉本”上的文字内容写刻的。也即是说，汉代画像石图像制作是有一定的“粉本”依据的，民间画师制作“粉本”时在艺术形象左右上方或旁边加上标签似的榜题，主要目的是标注或说明某种艺术形象或故事情节。民间石刻艺人依据“粉本”在石面上镌刻出图像，或请人书写榜题内容然后进行镌刻。题记是“画外音”，特别是上文所列长篇题记内容，可能是民间画师书丹书写，也可能是请他人代笔书写。当然，也不能一概而论，即也有不少汉代画像石上的题记文字，可能是由文字书写水平较高的民间石刻艺人写出的。汉代画像石墓碑的制作也是有一定“粉本”的，但其文字书丹者应为文化艺术水平较高的书家，而非民间艺人所为。由于汉代画像石上的题榜和墓碑内容中绝大部分没有镌刻书丹者姓名，即使镌刻的个别书丹者，在书法史上亦未见记载，因此，大部分学者主要依据隶书艺术水平和出现的极少数石刻工匠人名进行推测。笔者推测，书丹者应该有三类：有些书家参与书丹、一般书者参与书写和石刻艺人写刻。也就是说，汉代画像石墓阙、墓祠和墓室画像石上的一些典型隶书，特别是画像石墓碑上的篆隶书水平，一般书者和石刻艺人难以达此高度，可能是当时的一些书家所为；汉代画像石墓阙、墓祠和墓室画像石上的大部分题榜隶书，应该是一般书者参与书写的；有的可能是民间画师或石刻艺人直接进行写与刻的①。

第一节　书家与一般写手参与书丹

对于汉代画像石墓阙、墓祠和墓室画像石上题榜隶书艺术的书丹问题，学界也有不少相关讨论，但不少学者认为其是民间作品，由民间书家和石刻艺人所为。例如有学者认为“汉画题记因是民间作品，书刻比较随意，故用笔、结体不像汉碑那样精到。但仍可看出，书者对以蚕头燕尾为特征的隶书笔画的意象追求，例如孝堂山石室题记、桓孨食堂题记、次和题记、孙琮题记、大汶口题记皆如此”，“通俗隶书笔画不加修饰，无波挑，是汉代基本的、实用性隶书体。它是由篆书直接演化而来，大量地存在于民间、存在于文化下层人士的笔记手札中”②。有学者认为“汉代画像石题记、榜题书法是汉代隶书风貌独出、富有特色的书体”，“彼时隶法基本已臻完备，复在笔法、结体、布局上拓展出新境界，较之庄重的碑版刻石，多了几分任恣性，如果把汉碑隶书比作彬彬有礼者立于长辈面前，神态持重，画像石的题记、榜题则如傍晚独步郊外的潇洒青年，无所顾忌，玲珑体态显示出高度审美品格”。汉画像石上的隶书“由于当时民间书家与刻工所为，制作的过程中，没有过多地去考虑书法艺术上的技巧，整个榜题往往呈现出简率、淳真的性情之美”③。也有学者说“山东苏北地区的画像石榜题文字皆为汉隶。画像石出自民间工匠之手，其榜题亦为民间作品，反映的是两汉民间书法的面貌”④。

---

① 本章主要内容已在2016年第2期《南京艺术学院学报・美术与设计》上发表过，但当时对该部分内容认识不够充分，这几年来经过笔者不断地深入考察和对文献的研读，对该部分内容有了新的认识，故本章内容、观点有所改变(参见撰文《也论汉画像石题榜隶书艺术》，《南京艺术学院学报・美术与设计》2016年第2期，第77－80页)。

② 参见赖非：《山东汉代画像石榜题》，《美术研究》1994年第2期，第28页。

③ 参见江继甚：《汉画像题榜艺术》，载《中国汉画学会第九届年会论文集：上》，北京，中国社会出版社2004年版，第532、547页。

④ 参见王滢：《山东江苏汉画像石榜题研究》，载《中国汉画学会第九届年会论文集：上》，北京，中国社会出版社2004年版，第342页。

学者的不同看法，各有其观察、领悟的理由。笔者依据现有资料和实地考察综合分析研究，认为汉代画像石墓阙、墓祠和墓室画像石上的隶书书丹与镌刻，有三种可能性：有些书家参与书丹、一般书者参与书写和石刻艺人写刻。本节先讨论前两者。

有些书家参与汉画像石墓阙、墓祠和墓室画像石题榜隶书书丹的可能性，可以从隶书艺术水平、书家和墓主等关系方面理解。上文已有所述及，汉代画像石上的题榜隶书艺术有高中低水平之分，高者书丹的隶书用笔、字的结构和章法布局精致、严谨、古朴、苍劲等，体现出了较高的艺术性和鲜明的地域风格特征。例如上举山东滕州堌城出土的永元十一年画像石题记隶书、梁山县城关镇馍馍台墓表残石题榜隶书、肥城市栾镇村张文思为父造石祠堂题记隶书、枣庄市桑村西户口出土的祠堂画像石题记隶书、曲阜阳三老石堂画像石题记隶书、微山县两城山出土的永和二年食堂侧壁画像石题榜隶书、微山县两城出土的永和六年桓孨食堂后壁画像石题记隶书、嘉祥武氏家族墓地画像石西阙和祠堂上的题榜隶书、江苏邳州青龙山燕子埠乡尤村出土的彭城相缪宇墓画像石墓志铭、河南嵩山太室石阙铭文、四川成都金牛区圣灯乡猛追村出土的王文康阙铭文、成都金牛区圣灯乡猛追村出土的王君平阙铭文、芦山县沫东乡石羊村出土的王晖石棺墓志铭隶书、新都县北王稚子二石阙铭文、渠县北新兴乡赵家坪冯使君神道铭文、渠县水口乡汉亭村燕家场沈府君神道铭文、雅安高颐阙铭文，以及陕北、晋西北等地区出土的不少汉代画像石上的隶书题刻，都体现出了较高水平的艺术特点与风格。例如晋西北的左元异墓、牛公产墓、吴执墓等隶书题刻，无论是字形、结构、用笔，还是篆书、隶书笔法的娴熟运用等，都可见专业书家的水平（图 8－1）。尽管汉代画像石墓阙、墓祠和墓室画像石题榜文字中，有的仅仅刻出石刻匠人的姓名而未刻出书丹者的姓氏，但从隶书艺术水平上是可以看出书丹者的高低水平的。例如武梁祠画像题榜隶书艺术水平是很高的，无论是用笔的气势、用笔的力度、字体的形态、气韵、笔画的粗细、起笔藏锋与收笔回锋、波挑与折角圆和结构严

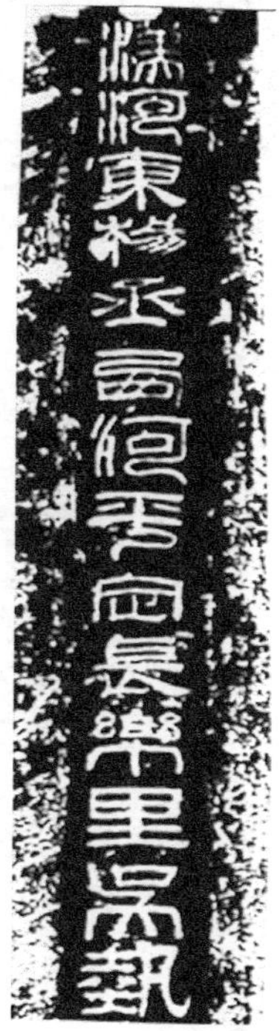

图 8－1　吴执墓隶书题刻(局部)
(图片来源：2019 年 8 月 9 日《山西日报》)

密性，以及字与字之间的穿插与避让的处理和章法布局等，都可谓小而精、无法不备。也因此早在北宋的赵明诚、南宋的洪适，清代的黄易、翁方纲、方朔、潘钟瑞和王昶等学者就对其艺术特点与风格给予了很高的评价，当代学术界、书法界亦有不少学者和书法家等对其推崇。虽然目前所见仅在《武斑碑》碑文最后出现了"纪伯允书此碑"的记载，而未见书法史上有关纪伯允的情况记载，但该碑的隶书艺术水平是很高的。同时，从该碑上残存的隶书看，其风格与武梁祠画像石题榜隶书风格很相近。由此推测，武梁祠画像石题榜隶书与《武斑碑》隶书可能为纪伯允一人所书，而非一般书手或卫改等工匠所为，纪伯允应是东汉时期的书家。所以，从这个角度看，汉代画像石墓阙、墓祠和墓室画像石题榜隶书中，一些典型隶书艺术水平，一般书者和石刻艺人难以达此高度。

汉代画像石墓碑隶书的书丹者显然不是民间艺人，大部分应为当时的书家。即从上文列举的汉代画像石墓碑额题篆书和碑文隶书水平看，总体上书写水平很高，一定程度上代表了两汉篆书艺术发展水平，尤其是隶书足以代表其在东汉时期成熟发展的面貌。也就是说，像《张迁碑》碑文隶书作为东汉经典隶书的代表不必多言，其他像《薄书石碑》《汉故雁门太守鲜于君碑》《汉故领校巴郡太守樊府君碑》等碑文隶书，实际上都可视为东汉的经典之作。由此也可看出，上述汉代画像石墓碑额题篆书和碑文隶书的书丹者，非普通的民间写手和民间画师、民间石刻艺人，而是一些文化水平较高的能被誉为书家的人，或者是政府部门中那些能书善写的文吏，或者是碑主生前的一些书写水平较高的故吏门生等人。

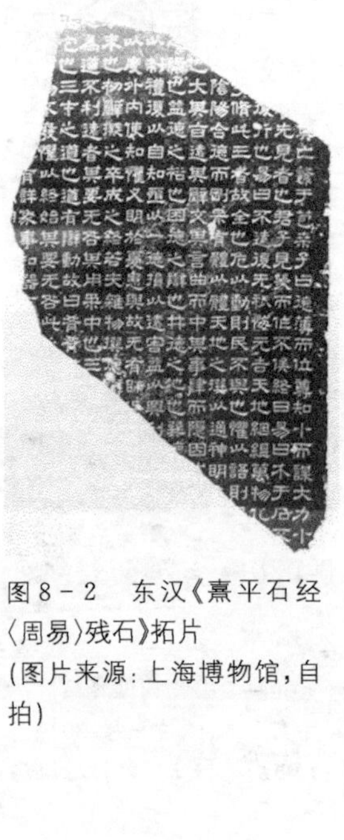

图8－2　东汉《熹平石经〈周易〉残石》拓片
(图片来源：上海博物馆，自拍)

隶书是在篆书基础上发展起来的，经过秦与西汉人对笔画、结体等不断改进，至东汉时期逐渐发展到鼎盛时期(图8－2)。在此时期不仅人们对隶书等书写艺术的审美认识有了很大的提高，而且出现了众多喜书善书的书家。康有为说："盖汉人极讲书法，羊欣称萧何题前殿额，覃思三月，观者如流水。"西汉"史游工散隶；王尊能史书；谷永工笔札；陈遵性善隶书，与人尺牍，主皆藏去以为荣。此皆著于汉史者，可见前汉风尚，已笃好之。降逮后汉，好书尤盛。曹喜、杜度、崔瑗、蔡邕、刘德昇之徒，并擅精能，各创新制。至灵帝好书，开鸿都之观，善书之人鳞集，万流仰风，争工笔札。当是时，中郎为之魁，张芝、师宜官、钟繇、梁鹄、胡昭、邯郸淳、卫觊、韦诞、皇象之徒，各以古文、草、隶名家”①。实际上，这些名家有的任职于朝廷、中央机构、州郡等地方政府，平时既誊写文书、为宫殿宗庙赋诗丹青书壁，也为皇帝、大臣、同僚立碑撰文和为中央机构、地方州府厅堂作画题字；既为皇帝、大臣和国家歌功颂德，也自我追求艺术，满足雅趣雅赏的精神。例如，崔瑗“高于文辞，尤善书、记、箴、铭，所著赋、碑、铭、箴、颂、七苏、南阳文学官志、叹辞、移社文、悔祈、草书埶、七言，凡五十七篇”②，曾写“《张平子碑》多用隶法”③。蔡邕“工书画，善鼓琴”“灵帝诏邕画赤泉侯五代将相于省（喜、震、叔、节、赐、彪）。兼命为赞及书，邕书画与赞皆擅名于代，时称三美”④。熹平四年，“奏求正定六经文字。灵帝许之，邕乃自书（册）[丹]于碑，使工镌刻立于太学门外。于是后儒晚学，咸取正焉。及碑始立，其观视及摹写者，车乘日千余两（辆），填塞街陌”⑤等。这些见于记载的书家有时参与汉代画像石题榜，尤其是参与一些身世显赫的官员的墓地画像石碑书丹，不无可能性。因为从画像石墓阙和墓祠、墓室画像石主人看，例如武梁、武开明、武斑和武荣等大部分墓主人，生前或为太守、州书佐、督邮、县令、主簿、掾隶、功曹等有一定官阶品级和一定身份的人物（图 8－3），或是有名望的豪强地主阶层，或他们虽然死去，但由于当时“蒙荫子孙制度”庇佑，使其家族依然拥有较高爵位或保持豪强望族地位等，在他们生前由其本人，或死后由其家人、亲戚、朋友、学生等专门聘请，或由民间石刻艺人团体专门聘请书

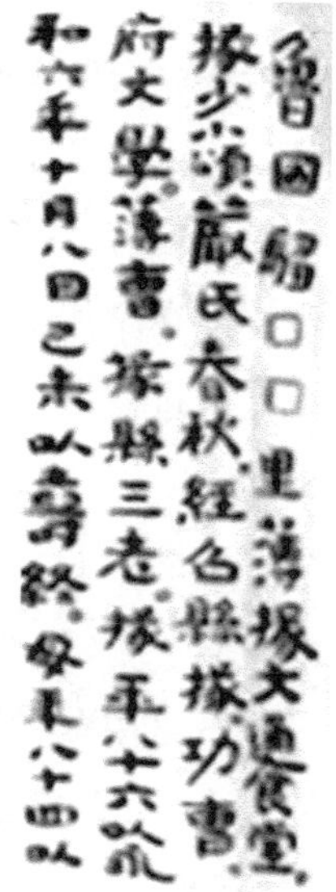

图 8－3　文通画像石祠堂题记句读抄本（局部）
（图片来源：胡新立先生提供）

① ［清］康有为：《广艺舟双楫（外一种）》，北京，中国人民大学出版社 2010 年版，第 39 页。
② ［宋］范晔：《后汉书》，北京，中华书局 2007 年版，第 507 页。
③ ［清］康有为：《广艺舟双楫（外一种）》，北京，中国人民大学出版社 2010 年版，第 29 页。
④ ［唐］张彦远著，俞剑华注释：《历代名画记》，南京，江苏美术出版社 2007 年版，第 106 页。
⑤ ［宋］范晔：《后汉书》，北京，中华书局 2007 年版，第 575 页。

家甚至大书家为他们撰写墓碑和画像石题榜等，以期提高墓主的名望，“造福子孙”，或进一步借名家书写艺术名垂青史等，也是可能的。因此，有些书家参与汉代画像石题榜书丹，特别是参与汉代画像石墓碑碑文书写可能性较大。

一般书者参与汉代画像石墓阙、墓祠和墓室画像石和画像石碑碑文书丹，特别是前者，应该是较普遍的现象。本书中所谓一般书者，主要指当时处于社会较下层的、有一定的文字书写水平但称不上书家的人。比如县、乡政府中的书佐、社会上的佣书（庸书）和普通儒生等。他们因受过一定的教育和特殊的职业关系，都能写出艺术性较高的隶书，这应该是不争的事实。在汉代，书佐（书佐的具名除书佐外，不少汉简等文献中常常具名为掾、吏、属、令使、啬夫、户曹史等）的主要工作是抄写、起草文书等，这在出土的不少汉代简牍中可见一斑。例如有学者说汉代“中央到地方各级机构中多设书佐，书佐可看作社会书写群体组成部分”，“书佐笔下大都为官府文书，所用书体为社会时用通行体 ，书佐以其普遍良好的书写技术，代表社会书写技术倾向”[①]。汉代社会上的佣书（庸书）是指受雇替人传抄典籍、抄写书籍和文书，以及代写书信等善书之人。这个职业群体在汉代很兴盛，他们中有些是名人，例如班超、桓荣、王溥等未成名之前都从事过佣书活动；有的是落魄属隶，有的是寒门子弟和平民百姓等，“总之属于知识阶层，有较扎实的文字基础与书写技术”，较广泛地活动于中央政府机构和下层社会[②]。儒生一般是指遵从儒家学说的读书人，汉代以后也泛称学者等，从西汉“孝文皇帝欲广游学之路”后至东汉，社会上游学之士逐渐增多。特别是汉武帝重用董仲舒“罢黜百家，独尊儒术”，使“天下学士靡然乡风”，产生了大量的儒生。到“昭帝时举贤良文学，增博士弟子员满百人，宣帝末增倍之。元帝好儒，能通一经者皆复。数年，以用度不足，更为设员千人。郡国置五经百石卒隶。成帝末，或言孔子布衣养徒三千人，今天子太学弟子少，于是增弟子员三千人”。上有所好，下必甚焉。丞相、一般大臣、州长、郡主和县令等亦竞相纳徒授学，有的门生亦多达三千等[③]。大量的儒生并非都能踏入仕途，可能不少人为生活之计而沦为“闾里书师”“俗师”，或行医等。这些人大部分都接受过良好的教

① 王晓光：《秦汉简牍具名与书手研究》，北京，荣宝斋出版社 2016 年版，第 147 页。

② 参见王晓光：《秦汉简牍具名与书手研究》，北京，荣宝斋出版社 2016 年版，第 151 - 154 页。

③ 参见［汉］班固：《汉书》，北京，中华书局 2007 年版，第 874 - 884 页。

育，都能不同程度地写出较高水平的隶书，应该是不容置疑的。当然，以他们的书写水平是称不上书家的，而可称为一般书者。

但这些一般书者较广泛地工作、生活在各个州、郡政府机构，或在县、乡、邑政府部门和乡间，他们除进行日常抄写事务、教徒授艺、为人治病、受雇于人外，不少人必然会直接或间接地参与一些婚丧嫁娶、风俗节令等日常生活活动。因为在现实生活中，这类人也是最接地气的人，“入乡随俗”，“人情难薄”，即使在今天广大民间社会生活中亦如此。这样他们直接或间接地被邀请、被雇佣为一些画像石题榜和画像石墓碑文等书丹的可能性也是有的。例如上文已述的山东、苏北、河南、陕北和四川等地出土的汉代画像石墓阙、墓祠和墓室画像石题榜中，有不少隶书书写水平是比较高的。即有不少作品或整幅作品中的不少字，体现出了笔法较老练、间架结构较合理、气势较古朴等较高艺术性。特别是像陕北等地出土的汉代墓室画像石上题榜的篆隶结合(图 8-4)、美术隶书和通俗隶书，尽管其都具有美术字的特点或韵味，装饰图案化设计特征很明显，算不上经典性作品，但总体上看其书写水平较高，可以看出书丹者认真的书写态度、严谨的章法布局和设计创意等，绝非仅仅是为了标注墓主人的官阶、墓葬时间等而随意地写刻。由此可以见出，并非因为汉代画像石题榜隶书都是民间作品，书刻比较随意，用笔与结体等不像汉碑那样精到。尤其不应一概而论地认为汉代画像石出自民间工匠之手，其榜题隶书也是民间作品和由石刻艺人写刻。

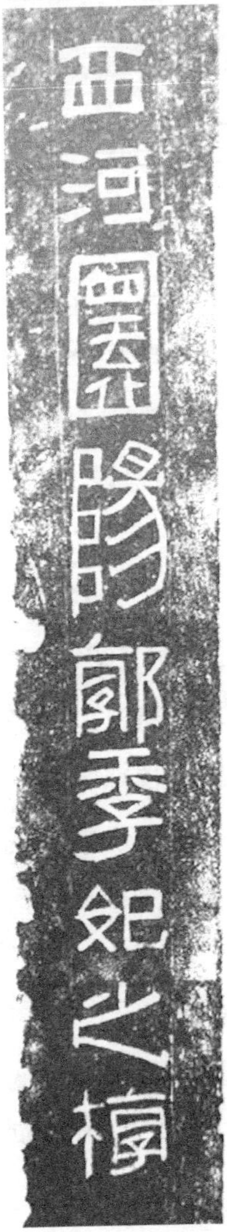

图 8-4　郭季妃画像石墓题记(图片来源：彭兴林：《中国历代名碑释要：上》，山东美术出版社 2011 年版)

第二节　民间画师和石刻艺人随手写刻

关于汉代画像石题记和画像石墓碑碑文中的画师和石刻艺人姓名，在现当代有关汉代画像石和汉代碑刻等研究文献中多有提及，有的学者还进行了辑录与论述。其中，曾毅公先生在《石刻考工录》中辑录了 7 位，分别是雕刻武梁祠画像石、石狮子和武梁碑的孟李、李弟卯、孙宗和卫改；雕刻《白石神君碑》的王明和雕刻《樊敏碑》的刘武(良)和刘盛①。邢义田先生在《汉碑、汉画和石工的关系》等文章中，提到的有肥城县滦镇画像石题记中的王次，南武阳功曹阙题记中的石工□□，永和二年山东微山县两城镇食堂画像石题记中的邢续、□昭，武梁祠石阙铭和武梁碑中的石工孟季、李弟卯、孙宗和良匠卫改，芗他君祠堂画像石题记中的操□(蓦)、荣保和画师高平代盛、邵强生等十余人，白石神君碑中的石师王明，许安国祠堂画像石题记中的名工王叔、王坚，四川郫县王孝渊残碑中的工人张伯严和樊敏碑中的石工刘盛、息懆等近 20 人②。程章灿先生在《石刻刻工研究》中列举了 2 位，分别是雕刻《王孝渊残碑》的张伯严和雕刻《张迁碑》的孙兴③。王建中先生在《汉代画像石通论》中专辟"画像石的雕工画匠"一节，以南阳杨官寺画像石墓出现的宋威甲、宋文甲等工匠，襄城县茨沟画像石墓中的石工褚置，北京西郊汉故幽州书佐秦君之神道石阙上的鲁工石巨宜，四川郫县王孝渊残碑中的工人张伯严，山东《武梁碑》上的卫改，许安国祠堂画像石题记中的王叔、王坚、江湖、栾石、连车等为例，就这些工匠的雕刻技法等方面展开讨论，认为"王叔不仅是画工、石工，而且还可能是一位建筑'设计师'，从他'作治连月'的情况看，大抵可以证明他的多才多艺和高超的'功夫'"④。欧阳摩一先生在《汉画像石文字相关问题论析》中，分别就嘉祥武氏墓地画像石西阙铭中的

① 曾毅公：《石刻考工录》，北京，书目文献出版社 1987 年版，第 1、2 页。

② 参见邢义田：《画为心声：画像石、画像砖与壁画》，北京，中华书局 2011 年版，第 47－68 页。

③ 程章灿：《石刻刻工研究》，上海，上海古籍出版社 2008 年版，第 189 页。

④ 参见王建中：《汉代画像石通论》，北京，紫禁城出版社 2001 年版，第 481－483 页。

孟(季)、李弟卯，许安国祠堂画像石题记中的王叔、王坚、江湖、栾石、连车，芗他君祠堂画像石题记中的高平代盛、邵强生，微山县两城王成母食堂画像石题记中的严申(行?)，微山县两城山出土的小食堂画像石题记中的刑□、□昭，肥城市栾镇村张文思为父造祠堂画像石题记中的王次，汉故幽州书佐秦君之神道阙题记中的鲁工石巨宜，以及四川、重庆、河南等地出土的一些家族造墓姓名和画像石上的主持、监督、承办石阙的官吏姓名等，进行了讨论①。王晓光先生在《秦汉简牍具名与书手研究》中列举了 16 位，分别是雕刻《汉故幽州书佐秦君神道石阙》的鲁工(石)巨宜，雕刻《王孝渊残碑》的张伯严，雕刻武梁祠画像石、石狮子和武梁碑的孟(季)、武卯(李弟卯)、孙宗和卫改，《芗他君石祠堂题记》中的操□(蓁)和荣保，《许安国祠堂画像石题记》中的王叔、王坚、江湖、栾石，雕刻《白石神君碑》的王明，雕刻《张迁碑》的孙兴，雕刻《樊敏碑》的刘武(良)和刘盛②等。

上述学者的列举与介绍为本书研究奠定了基础，但它们大多是选择性的，不够全面。目前，笔者搜集到的明确镌刻有工、石工、巧工、鲁工、良匠、石师、画师等匠名和姓名的，共有 16 条题记和 6 方碑刻，其中大部分已在上文列举的题记中出现，为方便讨论和供同人参考，按照时间顺序归纳列表(如表 8－1 所示)：

表 8－1　题刻题记与碑文的工匠、画师

时间	匠名	本名	题记与碑文
汉明帝永平四年(61 年)	工	莒少郎	徐州市铜山县汉王乡东沿村出土“永平四年”画像石祠堂题记
汉章帝建初八年(83 年)		王次	肥城市栾镇村张文思为父造祠堂题记
汉章帝章和元年(87 年)	石工	石工□□	平邑县南武阳功曹阙题记
汉和帝永元二年(90 年)	巧工	王子年	辽东太守画像石题记
汉和帝永元十年(98 年)	石工	书	滕州堌城出土永元十一年画像石立柱题记
汉和帝永元十七年(105 年)	鲁工	(石)巨宜	汉故州书佐秦君神道阙题记
汉安帝永宁元年(120 年)	工师	析□□	徐州汉画像石艺术馆征集永宁元年碑形阙题记

① 参见欧阳摩一：《汉画像石文字相关问题论析》，《四川文物》2010 年第 1 期，第 58－63 页。
② 王晓光：《秦汉简牍具名与书手研究》，北京，荣宝斋出版社 2016 年版，第 219、220 页。

续表

时间	匠名	本名	题记与碑文
汉安帝永建三年(128年)	工人	张伯严	王孝渊残碑碑文
汉顺帝永建七年(132年)	砖工、石工	张伯和、褚置	襄城茨沟画像石题记
汉顺帝永和元年(136年)	石工	严申(行?)、兴隆元(?)	微山县两城镇陈庄王成母丘食堂题记
汉顺帝永和二年(137年)	石工	刑续、□昭	微山县两城山出土小食堂题记
汉顺帝汉安元年(142年)	石工	高平□□、高平□□	邹城汉安元年文通祠堂题记
汉顺帝汉安元年(142年)	师弟	伯天□	泗水县星村镇南陈村出土画像石题记
汉桓帝建和元年(147年)	石工	孟季、李弟卯、孙宗	武氏石阙铭文
汉桓帝建和元年(147年)	良匠	卫改	武梁碑碑文
汉桓帝永兴二年(154年)	师、画师	操篆、荣保、代盛、邵强盛等十余人	芗他君石祠堂题记
汉桓帝永寿三年(157年)	名工	王叔、王坚、江湖、栾石、连车	许安国画像石祠堂题记
汉桓帝延熹二年(159年)		佐孟机	乐山肖坝39号崖墓题记
汉安帝光和六年(183年)	石师	王明	白石神君碑碑文
汉灵帝中平三年(186年)	石师	孙兴	张迁碑碑文
汉献帝建安十年(205年)	石工和书丹者	刘盛、息懆(书丹者)	樊敏碑碑文
东汉时期		雉陈、仇史甲、宋威甲、宋文甲、胡方、宋威、威甲	南阳市杨官寺村出土画像石题刻

需要特别讨论的是,表8-1中列举的南阳市杨官寺村出土的画像石题刻中的工匠姓名问题。据发掘报告称,在这座墓葬中有部分顶盖石和墙壁石上刻有一些工匠姓名的隶书文字,分别为前室顶东第6石上的"(雀)东夫户"、第8石上"宋文甲",前室顶南起第9石上的"甲",南侧室顶第3、4石上的"宋文甲",南侧室顶东起第5石上的"宋威甲",北主室顶东起第4石上的"宋威甲",北侧

室北壁西端中石上的“宋威甲”，前室南端东壁下层石上的“宋威”，前室南端东壁中层石上的“胡方”，南侧室南壁西端下层石上的“宋威”，南侧室的碎石面上的“威甲”，南中室后壁上层石上的“玉”。关于前室顶东第 6 石上的“（雀）东夫户”，发掘报告认为该石与墓门正对应，墓门正向东方，其中的“东”字可能与墓门向东的含义有关，其他看起来像人名，可能是当时刻石工的题名[①]。笔者认为，“（雀）东夫户”可能表示的是与正东朝向的墓门对应的石材说明。其他几块石材上的铭刻均应是石刻艺人姓名，但也可能只有“雉陈”、“仇史甲”或“宋文甲”或“宋威甲”、“胡方”和“玉”4 个人，像其中的“甲”“宋威”“威甲”字样，也可能是仇史甲、宋文甲和宋威甲的简写。这种在不同石面上镌刻留名的方式，可能标明的是在建造该墓的石刻艺人队伍中各自负责的某些石材之意，因为从先秦到汉代都有工匠在制作好的器物上留名，以防止质量不好而事后追责的制度。

汉代画像石题榜文字和画像石碑碑文是由上述冠以石工、石师、画师等匠名的民间石刻艺人雕刻的，这是可以肯定的，但这些民间石刻艺人是否也参与书丹，题记和碑文中均未明确，仅简单记载了他们制作画像石墓、画像石、狮子和石碑的活动。笔者认为，汉代民间画师和石刻艺人参与画像石墓碑碑文书丹的可能性极小，参与画像石题榜书丹有一定的可能性。也就是说，前者如上所述的那些画像石墓碑篆隶书水平基本上是上乘之作，特别是《张迁碑》等碑文，是东汉隶书发展水平的代表性作品，显然这类碑刻书丹者不可能是民间画师和石刻艺人。

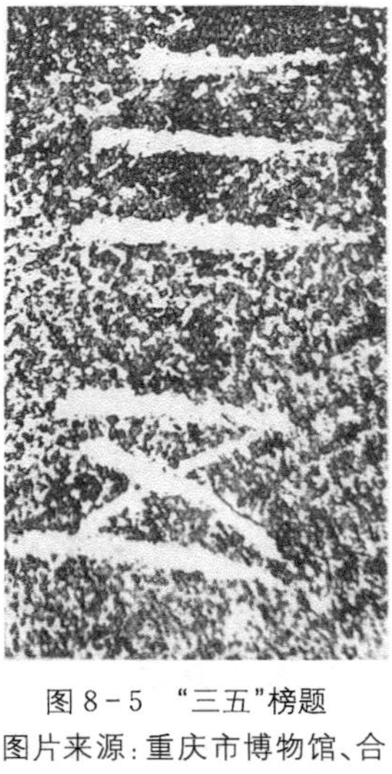

图 8－5 “三五”榜题
［图片来源：重庆市博物馆、合川县文化馆田野考古工作小组：《合川东汉画象（像）石墓》，《文物》1977 年第 2 期］

民间石刻艺人尤其是那些被冠以画师称号的人，随手写刻画像石阙、墓祠和墓室画像石题榜内容也有一定的可能性。首先，从目前出土的题榜文字书写水平看，有些显然是民间石刻艺人的写刻。例如四川合川县沙坪出土的东汉画像石上的“三五”（图 8－5）“三

① 参见河南省文化局文物工作队：《河南南阳杨官寺汉画象（像）石墓发掘报告》，《考古学报》1963 年第 1 期，第 124、125 页。

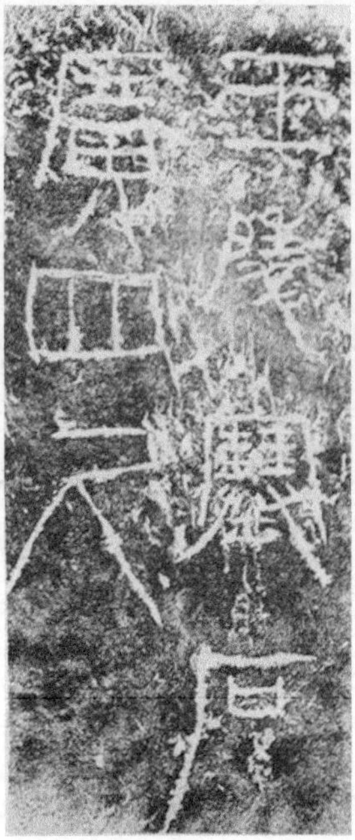

图 8-6 “王陵塞石广四尺”榜题
(图片来源:山东省博物馆:《曲阜九龙山汉墓发掘简报》,《文物》1972 年第 5 期)

尺九寸”“四尺二寸”(上文列举的),河南唐河县南关针织厂出土的画像石上的“下男(梁)三”,南阳市卧龙区蒲山镇蒲山村二号墓出土画像石上的“下平四”,南阳市杨官寺村出土的画像石题刻中的工匠姓名和“○”等记号,都可以看出是民间石刻艺人在建造墓室过程中随手写或刻,用来标注材料用途的记号。这种内容与隶书水平与山东曲阜九龙山西汉大型崖墓 3 号墓中 14 块封门石题刻、河南永城西汉梁共王墓和梁孝王李王后墓中墓道塞石题刻相似。前者分别用篆书和隶书字体阴刻有“得于文”“党”“胡纪国”“问”等工匠名,以及标记塞石尺寸的“尺八寸”“一尺八寸”“一尺九寸”“二寸”“二尺九半寸”“王陵塞石广四尺”①(图 8-6)。后者两座墓道刻有篆隶书体相间的塞石有 3000 多块,多达万余字,其中诸如“□宫西南旁第一、二”“西宫西南旁一、二”“西宫东北旁第一、三”“西宫东北旁第□□”等,特别是李王后墓道塞石刻字中多次出现在同一塞石上、反复雕刻的“七月厚尺八寸”“黄(广)三尺”“第四廿三”“衺六尺八寸佐崖午佐崖”“七月庚午佐崖”等文字,以及柿园汉墓墓道封门刻石文字“厚尺五寸”“广三尺三”“五尺”“作□工贞王”等②,很显然内容是民间石刻艺人对塞石的位置与尺寸的标注,篆隶相间的书写是民间画师或石刻艺人的随手写与刻。

其次,有些民间画师和石刻艺人有一定的读写能力,是可以肯定的。关于这个问题,杨爱国先生在《幽明两界:纪年汉代画像石研究》著作中,就题记中出现的石刻艺人固守家园与远走他乡的活动、文字能力问题等进行了较多论述。例如说汉代画像石上的榜题“除了是为了让观者明确理解图像中的故事外,可能还有为了让使用粉本或画稿的石刻艺人更清楚地向人们(包括准备预作寿藏

① 山东省博物馆:《曲阜九龙山汉墓发掘简报》,《文物》1972 年第 5 期,第 40 页。
② 参见李俊山、贾光:《永城石刻》,开封,河南大学出版社 2010 年版,第 6-13 页。

的人、死者的亲属和观者等)解说画面内容,准此,那些制作粉本或画稿的'画师''良匠'都应当是有一定文字能力的,那些负责上石的石刻艺人可能也多少能识几个字,否则,不仅不易把文字刻到石头上去,更难向人们解说画面内容,尤其是那些有特定内容的画面,如历史人物故事、墓主的事迹等"[①]。笔者赞同杨先生的说法,即是说在汉代画像石题记和画像石碑碑文中出现的"石工""石师""石匠""良匠""画师"等民间石刻艺人,并非都是只能刻画图像而不会写字的"文盲"。其中,有些人可能文化水平相对较高。较为突出的也是常常被学者们提到的卫改,应该是个有较高文化水平的名匠,否则《武梁碑》中也不可能有"良匠卫改,雕文刻画"之赞。文通祠堂画像石题记中的"石工高平、王□王□□、高五庚";芗他君石祠堂画像石题记中"操暮、荣保、代盛、邵强盛"等十余人,匠名冠以"工""师、画师";许安国祠堂画像石题记中"王叔、王坚、江湖、栾石、连车"(图 8-7),匠名冠以"高平名工"等:可以想象,既然能在出现在题记中,能被冠以如此的匠名,那么就不是随便吹嘘的,他们应该有高出一般石刻艺人的文化水平。再如滕州堌城出土的汉和帝永元十一年的画像石立柱题记,其中的"使石工书颜文羽昆弟六人……"中的"石工书",也可能指的是石工书写之意。尤其是作为图像创作者的画师们,应该说他们既能画也能写。例如历史上遗留下来的和当代的民间艺人创作的大量的年画、渔民画、花鸟字、刺绣、剪纸和砖雕、木雕等作品,其题目一般是另外加上去的吉祥语,诸如"鲤鱼跳龙门""连年有余""石榴贵子""观音送子""平安如意""花开富贵""三阳开泰"等,绝大部分是民间艺人所写[②]。所以,像卫改等那些良匠、画师"必须有相当的文化水平,才能把文字的东西准确地图像化,我们很难想象,如果他目不识丁,会如何处理那些祥瑞和历史人物故事,以及其上

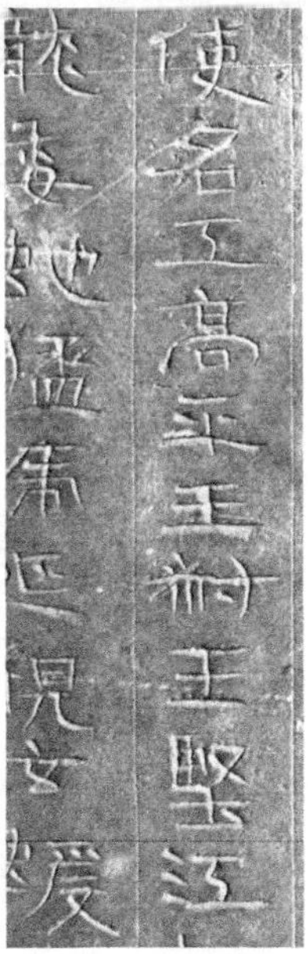

图 8-7 许安国画像石祠堂第 29 石题记(局部)
(图片来源:山东石刻艺术博物馆,自拍)

① 参见杨爱国:《幽明两界:纪年汉代画像石研究》,西安,陕西人民美术出版 2006 年版,第 132-141 页。

② 需要说明的是,在现当代有不少民间年画、渔民画、刺绣、剪纸、雕刻等作品是由高等艺术院校艺术专业者创作的,与历史上的创作者不同。但相当多的作品为民间艺人所创作。

的榜题文字"①。虽然目前尚未有史料直接说明他们具有较高的隶书书写水平，但从"雕文刻画"的表述，也能看出他们至少能写出"那些'容易写''快速写''使用方便'的通俗隶书"②。

最后，汉代社会教育广泛普及，是民间画师和石刻艺人读写能力的基础。据《汉书》记载，汉代初年书有六体："汉兴，萧何草律，亦著其法，曰：'太史试学童，能讽书九千字以上，乃得为史。又以六体试之，课最者以为尚书、御史、史书令史。吏民上书，字或不正，辄举劾。六体者，古文、奇字、篆书、隶书、缪篆、虫书，皆所以通知古今文字，摹印章，书幡信也。"③另据《汉书》记载，早在秦代已有了专门教授儿童认字为主的教科书，"就是李斯的《仓颉》、赵高的《爰历》和胡毋敬的《博学》，而当时又开始有隶书的发展，主要就是为了适应日渐增多的文书作业"。汉初闾里书师把它们合并为《仓颉篇》。汉武帝时司马相如的《凡将篇》、元帝时史游的《急就章》和成帝时李长作的《元尚篇》也都是教科书。"至元始中，征天下通小学者以百数，各令记字于庭中。扬雄取其有用者以作《训纂篇》，顺续《仓颉》……《仓颉》多古字，俗师失其读。"④桓帝时崔寔在《四民月令》中也说：平常百姓家"农事未起，命成童以上入大学，学五经。砚冰释，命幼童入小学，学篇章"⑤。这都既可说明汉代社会中普通人文字能力的普及程度，也表明众多的民间画师和石刻艺人中，有些人能写通俗隶书，或能写出水平较高隶书等文字，应该是可信的。例如上文所述，在山东、苏北、皖北、河南等地出土的汉代画像石墓阙、墓祠和墓室画像石题榜隶书中，大部分写法较简易，用笔与章法等不够严谨的通俗隶书，可能为一般民间画师或石刻艺人所写（图 8－8）。较而

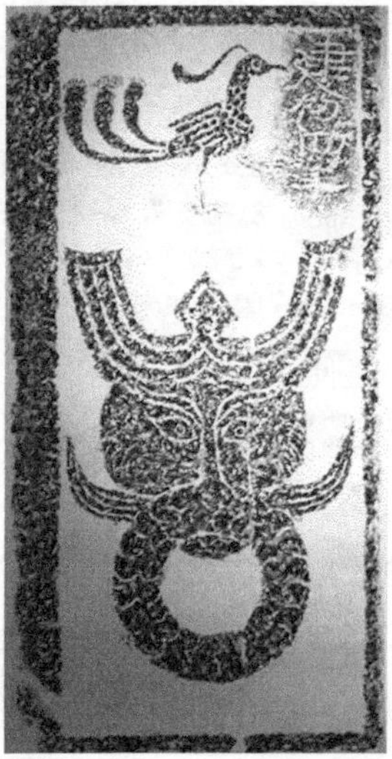

图 8－8　淮北市博物馆藏"建初四年"铺首衔环画像与题记拓片
（图片来源：2018 年 3 月 12 日中国汉画学会主办"中国汉画大展"，自拍）

① 参见杨爱国：《幽明两界：纪年汉代画像石研究》，西安，陕西人民美术出版 2006 年版，第 136 页。
② 赖非：《赖非美术考古文集》，济南，齐鲁书社 2014 年版，第 36 页。
③ [汉]班固：《汉书・卷三十・艺文志第十》，北京，中华书局 2007 年版，第 330 页。
④ 赖非：《赖非美术考古文集》，济南，齐鲁书社 2014 年版，第 36 页。
⑤ 转引自龚鹏程：《汉代思潮》，北京，商务印书馆 2005 年版，第 43 页。

言之，上述《张迁碑》等碑文隶书，这些“典型隶书只能作为以艺术为主的文字存在于一定的范围内”，“真正能够满足和适应社会日常生活需要的，还是那些‘容易写’‘快速写’‘使用方便’的通俗隶书”，它“始终保持着自身简捷、朴实、易写、易识的优势，以实用为主的文字形式大量存在于社会之中”①。

综上所述，从汉代画像石墓阙、墓祠和墓室画像石题榜和画像石墓碑隶书水平看，那些典型隶书尤其是画像石墓碑中一些经典性的隶书，其书丹者应该有书家参与，一般书手参与画像石阙、墓祠和墓室画像石题榜隶书书丹应是普遍现象，民间画师和石刻艺人参与题榜书丹也是可能的。同时，汉代画像石墓阙、墓祠和墓室画像石、画像石墓碑形成的最后环节是石刻艺人的雕刻，他们随手书丹也是正常现象。虽然汉代画像石墓阙、墓祠和墓室画像石、画像石墓碑文中出现的画师和工匠姓名极少，但出现的这些画师和工匠名，对于研究汉代石刻艺术和工匠活动等却很有价值。研究汉画像石题榜隶书艺术不应一概而论地认为它是民间石刻艺人所为，或认为其是汉代的民间书法，而应综合审视，全面俯瞰，深入研究，方能挖掘其真谛。

① 赖非：《赖非美术考古文集》，济南，齐鲁书社，2014年版，第36页。

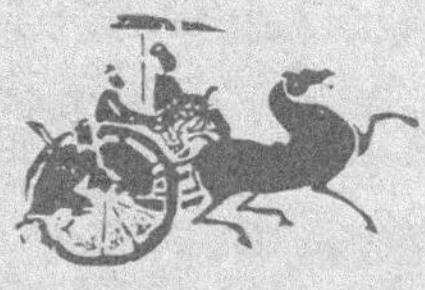

结语

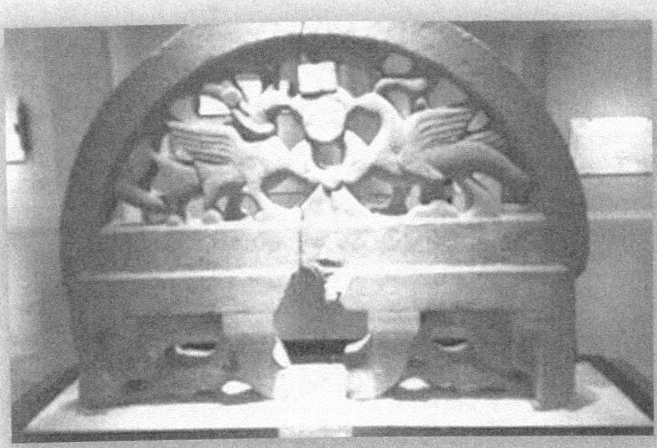

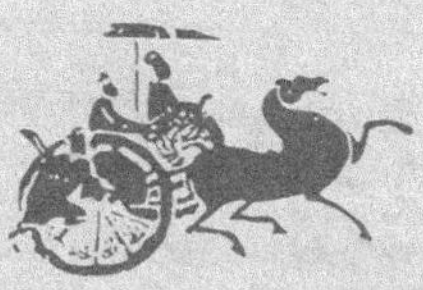

汉代画像石题榜和隶书艺术产生的原因是很多的，两汉时期的政治、经济、文化、厚葬社会风气、冶铁技术、绘画、书法发展等，都是其产生的重要因素，其中厚葬社会风气、绘画和书法等发展是其产生的重要因素。刘邦建汉之初，土地荒芜，经济上下交困，民不聊生。经过文帝、景帝时期轻徭薄赋、与民休息政策的实施，社会生产力逐步得到恢复与发展，至汉武帝时期国力得到了大幅度提升，这为汉代画像石题榜隶书艺术的产生奠定了经济基础。政治思想上，虽然西汉初年统治阶级主张无为而治，主张清静无为的黄老学说，但“百善孝为先”等儒家思想并未消亡，特别是汉武帝时期推行的掺杂着道家、法家、阴阳五行家学说的“罢黜百家，独尊儒术”思想，不仅成为占据统治地位的正统思想，而且成为主流文化，这为汉代画像石题榜隶书艺术的产生奠定了政治思想基础。

两汉时期盛行的厚葬社会风气是汉代画像石题榜隶书艺术产生的重要基础。两汉时期厚葬社会风气形成的原因是多方面的，其中当时流行的长生不老的“神仙”思想、谶纬迷信思潮和“举孝廉”制度的产生等都是重要因素。尤其是汉武帝推行“举孝廉”制度，成为当时及之后人们入仕的正途和政治待遇与权利，实际上这一制度的推行加剧了人们“厚葬为德，薄终为鄙”，即竞相借助孝道孝行积极入仕的思想行为。据文献记载，当时“富者积土成山，列树成林，台榭连阁，集观增楼。中者祠堂屏阁，垣阙罘罳”[①]。厚葬既能表达孝道、孝行的伦理道德，也能彰显自身的价值、财富等社会地位与影响。尤其是东汉时期重视“孝

① 王利器:《盐铁论校注》，北京，中华书局1992年版，第353页。

悌”，选拔官吏推行“举孝廉”制度。这项制度既成为人们趋之若鹜的仕途晋升的目标，也更加助长了中下层官员、地方豪强望族借助厚葬等以行孝、稳固或跻身社会主流地位的思想。“京师贵戚，必欲江南檽梓豫章之木。边远下士，亦竞相仿效”，不惜万金，甚至倾其家资，使“工匠雕刻，连累日月，会众而后动，多牛而后致，重且千斤，功将万夫，而东至乐浪，西达敦煌，费力伤农于万里之地”，“京师贵戚，郡县豪家，生不极养，死乃崇丧。或至金缕玉匣，檽梓楩楠，多埋珍宝偶人车马，造起大冢，广种松柏，庐舍祠堂，务崇华侈”[1]。因此，当时为故去的亲人厚葬的社会礼俗和烦琐的丧葬程序，成为当时社会广泛认可、广为接受和人们身体力行的传统，这为汉代画像石及其题榜隶书艺术产生奠定了社会基础。

在先秦时期铸铜、冶铁技术的基础上和“丝绸之路”开辟、外来技术的影响下，两汉时期发明了炼钢、淬火技术，使铁制工具在硬度等方面进一步得到了提高，这为汉代画像石及其题榜与隶书艺术的雕刻，以及民间石刻艺人的技艺施展奠定了技术基础。

两汉时期的绘画等造型艺术发展，是汉代画像石题榜和隶书艺术产生的重要因素。在先秦时期的彩陶、玉器、青铜器、帛画、壁画、漆画等造型艺术发展的基础上，两汉时期在绘画、雕刻、建筑和工艺美术等艺术领域，都取得了很大进步。即“进入奴隶制社会后，美术就出现了分流的现象，至迟到了汉代，便明显地形成了四个渠道：宫廷美术、文人美术、宗教美术和民间美术的并列”[2]现象。出现了毛延寿、陈敞、刘白、龚宽、阳望和樊育等西汉时期绘画名手，以及赵歧、刘褒、蔡邕、张衡、刘旦、杨鲁等东汉时期的绘画名家。他们或专工书画，或善书画辞赋，或“待诏尚方，画于洪(鸿)都学”，即一方面从事文学、绘画、书法创作，另一方面也从事着各种器械等实用工艺设计与制作。尽管他们的艺术创作在当时还是被人们以“工”而论的，而非后世的文人士大夫们借绘画、书法，以寄情消遣的“雅趣”“雅玩”“雅赏”，但他们也是早期文人画家的代表。特别是由大量民间艺人们创作的众多漆器艺术、墓室壁画、画像砖、画像石等艺术，展示出了

① [南朝宋]范晔：《后汉书》，北京，中华书局2007年版，第481页。

② 张道一：《张道一文集：上卷》，合肥，安徽教育出版社1999年版，第6页。

惊人的成就。从绘画艺术角度而言，虽然此时期的帛画、墓室壁画、漆画、画像砖和画像石图像等，还不具独立性，不是单独供人欣赏的艺术，而是附着于一定器物和墓阙、祠堂和墓室等丧葬建筑上的艺术。但它们也不是多余的，而是与另外的目的结合着的，所起的作用也是很大的。例如画像石“每一块石板，不论大小或形状，首先是某种（墓阙、祠堂和墓室）建筑的一个部件，既没有独立性，也不是多余的，所谓‘画像’，是附着在这些石头之表面的。换句话说，作为建筑的整体，每块石头都是有机构成的一部分，可以没有画像，但不能缺少任何一块石头。作为‘画像’，虽然不是独立的，但所起的作用却是很大。它能把建筑改观，使人感觉到不是在建筑中，而是在另一个世界里。这是艺术的力量，是艺术成熟之后所发挥出来的热能”①。所以，汉代画像石上在人物、车马、动植物等画像上方、前后镌刻榜题，用于标示、解释图像，在画里画外，或单独在某一块石面上镌刻题记，用来记载墓主姓名、籍贯、事迹、品格、墓葬时间，或借此歌功颂德，或寄托生者美好理想的题记，实际上是中国绘画艺术发展到汉代的重要表现形式。这种艺术表现形式，与当时的诸如内蒙古和林格尔墓室壁画、山东梁山汉墓东西壁画②、东平孔子见老子墓室壁画等相比，墓室壁画上的人物、车马、动植物等榜题与题记设计基本一致，反映出了汉代绘画艺术创作思想、艺术形式与艺术表现方法的广泛表现。

汉代篆隶书艺术的发展与演变，是汉代画像石上的隶书艺术产生的直接因素。中国文字发展历史悠久，从新石器时代的陶器、玉器等器物上的象形文字，商、西周和春秋战国时期先后发展出的甲骨文、铜器铭文、石鼓文，到秦汉时期的碑版石刻篆、隶书等，鲜明地展示出了中国文字发展的轨迹。作为中国文字书体较早发展样式的隶书在战国时期已具雏形，经过秦和西汉不断发展，至东汉时期达到了高峰。即随着国家统一、社会生产力提升、“举孝廉”制度产生、厚葬社会风俗盛行和冶铁、淬火技术发展等，出现了大量的碑刻、摩崖石刻铭文和画像石上的榜题篆隶书文字。隶书在战国时期即已萌芽，秦代和西汉前期隶书逐渐发展起来，至东汉时期高度成熟，出现了诸如《乙瑛碑》《史晨碑》《曹全碑》

---

① 张道一：《画像石鉴赏》，重庆，重庆大学出版社 2009 年版，第 15 页。

② 参见关天相、冀刚：《梁山汉墓》，《文物参考资料》1955 年第 5 期，第 44 页；章毅然：《谈梁山汉墓壁画的摹绘》，《文物参考资料》1955 年第 5 期，第 79 页。

和《张迁碑》等风格各异的经典性隶书碑刻等。但如上所述，在有波挑的典型隶书和高度成熟隶书发展的同时，通俗隶书等在两汉时期始终存在着，在广大民间社会生活中被广泛地运用，这是汉代画像石上的隶书艺术产生的重要因素。

汉代画像石上的题记与榜题位置设计、思想内容、字数多寡、作用和与图像的关系等方面都有一定的区别，其中较显著的区别是绝大多数题记与图像无关，是一种附加于画像石上的画外音。实际上，题记隐含的是死者亲属在丧葬礼俗中，以画像石这种丧葬建筑构件为媒介，追述墓主的品行、生前的事迹，或记载墓葬时间、过程、花费，以及寄托亲属的美好愿望，用以表达他们的孝心、孝义、孝行，求得社会认可或稳固社会地位等思想。榜题与图像是紧密结合在一起的，民间画师或石刻艺人在人物、车马、动植物等画像旁边或左右上方等位置设计雕刻榜题，既是对艺术形象的注解，有助于观众理解图像含义，也是画面视觉元素的组成部分，展现出了汉代绘画艺术的一般特征。汉代画像石上的题记与榜题也有一定的联系，即两者均以画像石为载体，具有丧葬礼俗性质等，其中有些题记也起到了榜题作用，有些榜题也具有题记特征，体现出了题记与榜题的复杂性。对汉代画像石上的题榜进行相对的分类梳理，也是必要的，即有助于汉代画像石等传统文化艺术研究。汉代画像石上的题榜特别是大部分题记的思想内容，或用直观、朴素的通俗语言，或采用四言韵文等表达方式，一定程度上也反映出了汉代民间丧葬文体写作的一般特点。汉代画像石上的题榜思想内容、构成方式和功能等，与当时墓室壁画等题榜内容、艺术形式和功能基本一致，既反映出了汉代民间艺人艺术创作思想、方法的普遍性，也是当时社会广泛接受的反映。但就目前全国范围内出土汉代画像石上的题记思想内容而言，又存在着一定的相同、相似特点和较大差异性，这与当时各地区不同的地域丧葬风俗和人们的接受心理等异同性都有密切关系，即虽然汉代的厚葬等社会丧葬礼俗文化具有共性，但由于各地区不同的传统文化、丧葬风俗等影响，必然会有一定的个性差异。汉代画像石碑与画像石同为汉代丧葬石刻艺术，两者在材质、文字内容、图像雕刻、应用场所和作用等方面有一定的共通性。但也有一定的差别，即在空间场域方面，前者立于墓室前的开放场所，后者的石阙、祠堂处于地面空间，墓室画像石则处于地下；在视觉方式上，前者主要以文字诉诸人的视觉，后者以图像作用于观众；从赞助群体看，前者的赞助者主要是碑主或死者的故吏门生，后者主要是死者亲属或墓主本人等。

在汉代画像石上用于体现题榜思想内容的书体有篆书和隶书两种，其中篆书仅出现在山东、河南、陕北等少数墓室画像石上。画像石碑上的篆书主要用于额题。两者的篆书不同程度地体现出了汉代篆书艺术发展的基本面貌。汉代画像石上的隶书最多，从字体形态、结构、笔法等方面看，相对有典型隶书、通俗隶书、草书隶书、行书隶书和美术隶书等类型之分。但汉代画像石上存在的大量隶书形态、波磔笔法等又是很复杂多样的，特别是在不少题记文字中，有篆、隶书体混用的，也有篆、隶笔法交织在一起的。即在所谓的典型隶书中，也有不少字具有通俗隶书的形态、结构、笔画特征；大量的通俗隶书中有不少字的形态、结构、笔画等，也具有典型隶书、行书隶书、草书隶书和楷书隶书等形态、结构、笔画；陕北和晋西北地区的众多题记书体大部分为美术隶书，但其中也有不少字具有典型隶书、通俗隶书和楷书隶书等特点。也因此有不少学者把汉代画像石上的题榜隶书统称为民间通俗隶书，这也是可以理解的。汉代画像石碑碑文隶书无论是字体形态、结构、笔画、波磔笔法，还是体现出的风格、流派等，大部分为典型隶书，其中有些为汉隶中的精品之作。而不像汉代墓阙、墓祠和墓室画像石上的隶书绝大部分为通俗隶书，且多种类型杂处交织在一起。两者的差异在于画像石碑上的隶书大部分是由文化水平较高者书写，即大部分为碑主或是在政府部门任职的故吏门生，他们在誊写文书等方面被要求有较高的文字驾驭能力和较高的篆书、隶书等书写水平。画像石上的隶书大部分为文化水平较低者书丹，尽管那些典型隶书的书丹者有些可能为当时的善书者，具有一定的文字书写能力，但大部分应为民间写手或画师或石刻艺人。因此两者的书丹水平不可同日而语。

汉代画像石上的题记与榜题的创作思想、艺术形式与艺术表现方法，在魏晋时期以后的墓室壁画、佛教石窟造像铭、民间建筑彩绘和民间年画等作品中都可见其影响。例如1959年南京江宁西善桥出土、现藏于南京博物馆的竹林七贤画像砖中七贤人物与榜题文字的设计，洛阳龙门石窟中《龙门二十品》等造像记，以及明清以来保存下来的民间建筑上的绘画和民间年画人物等与图像文字的结合等，即为典型例证。汉代画像石上的隶书艺术对后世的影响也是很显著的。例如上述山东地区苍山县元嘉元年画像石题记隶书、东阿县芗他君祠堂门柱题记隶书、嘉祥宋山许安国祠堂题记隶书、武氏祠堂画像石上的隶书，河南南阳许阿瞿墓志铭隶书，以及四川、重庆等地区的通俗隶书等，其中有不少字的楷书特征很明显，为魏楷发展奠定了基础。陕北地区汉代画像石上出现较多的美术篆书、美术隶书，其结构、笔画和工艺设计思想方法，对后世的宋体字、黑体字发展也是奠定了基础的。再如汉代画像石上的题记隶书被竖行设计在画像外等位置，对后世的书法对联等发展不无影响。从理论上说，上述北宋的赵明诚和清代的黄易、翁方纲、方朔、潘钟瑞、王昶等学者，分别对武氏祠等汉代画像石题榜隶书艺术评价、题跋等，也是汉代画像石题榜隶书艺术对后世影响的表现。

汉代画像石上的题榜内容、形式和隶书艺术值得当代艺术创作借鉴。从内容上看，虽然汉代画像石是汉代墓地石阙、祠堂和墓室等丧葬礼俗性的建筑构件，其题榜特别是题记内容绝大部分记载的是墓主生前事迹、品行、墓葬时间、墓葬过程，以及亲属的哀思之情和美好祝愿等，为典型的丧葬礼俗文化，但其中包含着丰富多彩的两汉时期的政治、经济、文化和厚葬社会风气等信息，为汉代画像石和汉代的政治、经济、风土人情、丧葬礼俗、地域文化等研究提供了第一手史料。同时，虽然汉代画像石上的题记为两汉时期民间丧葬文体，但其中如武氏祠堂画像石上的不少题记采用言简意赅的话语对画像内容高度概括等写作思想、方式等，为当代与未来深入研究汉代问题写作、传承与发扬汉代优秀的传统文化提供了借鉴。从造型艺术方面看，中国绘画艺术早在新石器时代即已出现，尽管经过夏商、西周和春秋战国时期的发展，虽然到汉代发展出了宫廷绘画、文人绘画、宗教绘画和民间绘画样式，但此时期民间绘画艺术仍然是主流形式。汉代画像石上的榜题与绘画紧密结合是此时期民间绘画艺术的重要表现形式，这种把复杂的图像用直观的文字语言表达出来的艺术表现方式，对此后魏晋南北朝时期的佛教造像题记和墓室壁画等绘画艺术发展产生了一定的影响，对当代与未来中国民间绘画继承传统与创新，及国画等艺术题款、题跋等艺术创作都有借鉴价值。汉代画像石上的隶书展示出了多种多样的类型、艺术特点与书写风格，这实际上是汉代民间文字书写样式与水平的重要表现，其对当代与未来中国隶书等书法艺术创作也有诸多借鉴价值。学习书法艺术离不开学习传统，否则，便是无源之水，无本之木，但学习传统书法艺术不是照抄照搬传统，而是学习古人的书法思想、方法、意境等。汉代画像石上出现的篆书、篆隶结合、典型隶书、通俗隶书、行书隶书、草书隶书和美术隶书等类型，以及各种类型的书刻艺术特点，既是汉代篆隶书艺术发展演变的表现，也是汉代书丹者和石刻艺人们的艺术思维方式、艺术表现方法、文化艺术修养的体现；各地区汉代画像石上出现的不同书体类型和不同的艺术风格，既反映出了不同地域民间审美观的差异，也反映出了地域书风与石材之差异。汉代画像石上的众多通俗隶书，体现出的质朴、率真、自由品格，以及无强烈功利主义思想介入的书刻境界，尤其值得学习。

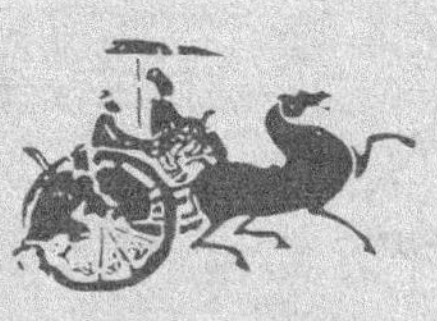

参考文献

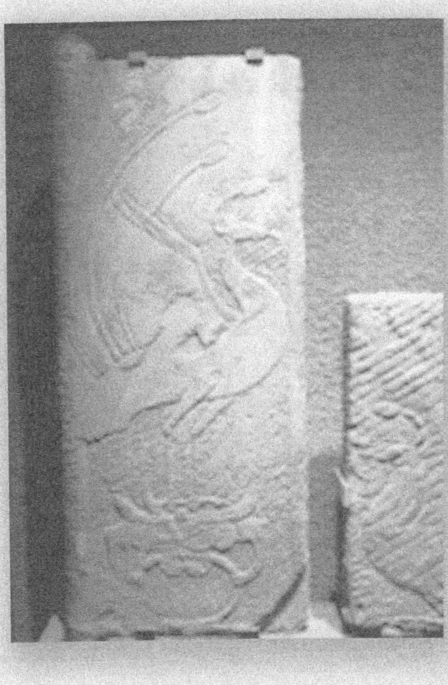

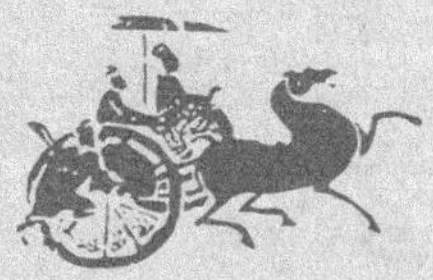

著作类

[1] 韩玉祥，李陈广. 南阳汉代画像石墓[M]. 郑州：河南美术出版社，1998.

[2] 王建中. 汉代画像石通论[M]. 北京：紫禁城出版社，2001.

[3] 武利华. 徐州汉画像石通论[M]. 北京：文化艺术出版社，2017.

[4] 杨爱国. 幽明两界：纪年汉代画像石研究[M]. 西安：陕西人民美术出版社，2006.

[5] 金文明. 金石录校证[M]. 桂林：广西师范大学出版社，2005.

[6] 洪适. 隶释·隶续[M]. 影印版. 北京：中华书局，1986.

[7] 高文. 中国汉阙[M]. 北京：文物出版社，1994.

[8] 高文. 四川汉代画像石[M]. 成都：巴蜀书社，1987.

[9] 高文，高成刚. 四川历代碑刻[M]. 成都：四川大学出版社，1990.

[10] 信立祥. 汉代画像石综合研究[M]. 北京：文物出版社，2000.

[11] 徐玉立. 汉碑全集[M]. 郑州：河南美术出版社，2006.

[12] 蒋英炬，吴文祺. 汉代武氏墓群石刻研究[M]. 济南：山东美术出版社，1995.

[13]《中国画像石全集》编辑委员会. 中国画像石全集[M]. 郑州：河南美术出版社；济南：山东美术出版社，2000.

[14] 王逸，注；洪兴祖，补注. 楚辞章句补注[M]. 长春：吉林人民出版社，1999.

[15] 王鹤鸣，王澄. 中国祠堂通论[M]. 上海：上海古籍出版社，2013.

[16] 班固. 汉书[M]. 北京:中华书局,1962.
[17] 郑立君. 剔图刻像:汉代画像石的雕刻工艺与成像方式[M]. 重庆:重庆大学出版社,2010.
[18] 张从军. 黄河下游的汉画像石艺术[M]. 济南:齐鲁书社,2004.
[19] 彭兴林. 中国历代名碑释要[M]. 济南:山东美术出版社,2011.
[20] 傅惜华. 汉代画象(像)全集[M]. 初编,二编. 巴黎大学北京汉学研究所,1951.
[21]《山东石刻分类全集》编辑委员会. 山东石刻分类全集:第一卷:秦汉碑刻[M]. 青岛:青岛出版社,2013.
[22] 孙机. 苍山元嘉元年画像石与题记[M]//杨泓,孙机. 寻常的精致. 沈阳:辽宁教育出版社,1996.
[23] 张道一. 画像石鉴赏[M]. 重庆:重庆大学出版社,2009.
[24] 张道一. 张道一文集:上卷[M]. 合肥:安徽教育出版社,1999.
[25] 朱锡禄. 武氏祠汉画像石[M]. 济南:山东美术出版社,1986.
[26] 巫鸿. 武梁祠:中国古代画像艺术的思想性[M]. 柳扬,岑河,译. 北京:生活·读书·新知三联书店,2006.
[27] 淮北市文化旅游体育委员会. 淮北市汉代画像石图录[M]. 合肥:黄山书社,2016.
[28] 刘雨茂,荣远大. 成都出土历代墓铭券文图录综释:上[M]. 北京:文物出版社,2012.
[29] 李贵龙. 石头上的历史:陕北汉画像石考察[M]. 西安:陕西师范大学出版总社有限公司,2014.
[30] 李贵龙,王建勤. 绥德汉代画像石[M]. 西安:陕西人民美术出版社,2000.
[31] 李发林. 苍山元嘉元年墓画像石的年代问题[M]//山东汉画像石研究. 济南:齐鲁书社,1982.
[32] 胡新立. 邹城汉画像石[M]. 北京:文物出版社,2008.
[33] 南京博物院,山东省文物管理处. 沂南古画像石墓发掘报告[M]. 北京:文化部文物管理局,1956.
[34] 赵超. 中国古代石刻概论[M]. 北京:文物出版社,1997.

[35] 李如森. 汉代丧葬礼俗[M]. 沈阳:沈阳出版社,2003.
[36] 范韧庵,李志贤,杨瑞昭,等. 中国隶书大字典[M]. 上海:上海书画出版社,1991.
[37] 王利器. 盐铁论校注[M]. 北京:中华书局,1992.
[38] 赖非. 赖非美术考古文集[M]. 济南:齐鲁书社,2014.
[39] 黄惇. 秦汉魏晋南北朝书法史[M]. 南京:江苏美术出版社,2008.
[40] 车吉心. 齐鲁文化大辞典[M]. 济南:山东教育出版社,1989.
[41] 刘运峰,刘璁. 汉武梁祠画像题字集联[M]. 天津:天津人民美术出版社,2014.
[42] 刘运峰,刘璁. 汉樊敏碑集联[M]. 天津:天津人民美术出版社,2014.
[43] 康有为. 广艺舟双楫(外一种)[M]. 北京:中国人民大学出版社,2010.
[44] 叶昌炽. 语石[M]. 上海:上海书店出版社,1986.
[45] 赵贞信. 封氏闻见记校注[M]. 北京:中华书局,2005.
[46] 马子云,施安昌. 碑帖鉴定[M]. 桂林:广西师范大学出版社,1993.
[47] 李檣. 秦汉刻石选译[M]. 北京:文物出版社,2009.
[48] 刘熙. 释名[M]. 北京:中华书局,2016.
[49] 蒋英炬,杨爱国. 汉代画像石与画像砖[M]. 北京:文物出版社,2001.
[50] 傅惜华,陈志农. 山东汉画像石汇编[M]. 济南:山东画报出版社,2012.
[51] 张彦远. 历代名画记[M]. 俞剑华,注. 南京:江苏美术出版社,2007.
[52] 王晓光. 秦汉简牍具名与书手研究[M]. 北京:荣宝斋出版社,2016.
[53] 曾毅公. 石刻考工录[M]. 北京:书目文献出版社,1987.
[54] 程章灿. 石刻刻工研究[M]. 上海:上海古籍出版社,2008.
[55] 李俊山,贾光. 永城石刻[M]. 开封:河南大学出版社,2010.
[56] 蒲慕州. 追寻一己之福:中国古代的信仰世界[M]. 上海:上海古籍出版社,2007.
[57] 龚鹏程. 汉代思潮[M]. 北京:商务印书馆,2005.
[58] 陈纯之. 陇东王感孝颂碑[M]. 合肥:安徽美术出版社,2017.
[59] 王靖宪. 中国碑刻全集:第 1 卷:战国秦汉[M]北京:人民美术出版社,2010.

[60] 施蛰存. 金石丛话[M]. 北京：中华书局，2013.
[61] 王冬龄. 清代隶书要论[M]. 上海：上海书画出版社，2003.
[62] 任平. 说隶：秦汉隶书研究[M]. 北京：北京时代华文书局，2016.
[63] 李慧. 滕州纪年汉代画像石[M]//朱存明. 图像的表征：中国汉画学会第十五届年会论文集. 北京：文化艺术出版社，2019.
[64] 巫鸿. 超越"大限"：苍山石刻与墓葬叙事画像[M]//巫鸿. 礼仪中的美术：巫鸿中国古代美术史文编. 郑岩，王睿，李清泉，等译. 北京：生活·读书·新知三联书店，2016.
[65] 赖非. 汉碑的起源、发展与分布[M]//赖非美术考古文集. 济南：齐鲁书社，2014.
[66] 北京图书馆金石组. 北京图书馆藏中国历代石刻拓本汇编：第一册：秦汉部分[M]. 郑州：中州古籍出版社，1989.
[67] 朱青生. 中国汉画学会第九届年会论文集[M]. 北京：中国社会出版社，2004.
[68] 王滢. 山东江苏汉画像石榜题研究[M]//朱青生. 中国汉画学会第九届年会论文集：上. 北京：中国社会出版社，2004.
[69] 江继甚. 汉画像题榜艺术[M]//朱青生. 中国汉画学会第九届年会论文集：上. 北京：中国社会出版社，2004.
[70] 伊强.《苍山元嘉元年画像石题记》字词考释三则[M]//李学勤. 出土文献：第十一辑. 上海：中西书局，2017.
[71] 山东省石刻艺术博物馆，博兴县博物馆. 博兴县博物馆藏汉代画像石[M]//海岱考古：第十一辑. 北京：科学出版社，2019.

期刊类

[1] 赖非. 山东汉代画像石榜题[J]. 美术研究，1994(2)：23－28.
[2] 欧阳摩一. 论画像石上的隶书艺术[J]. 中国书法，2005(12)：40－51.
[3] 欧阳摩一. 汉画像石文字相关问题论析[J]. 四川文物，2010(1)：58－63.
[4] 欧阳摩一. 论画像石文字的篆书艺术[J]. 文博，2004(6)：64－69.
[5] 陈明达. 汉代的石阙[J]. 文物，1961(12)：9－23.

[6] 吕品.登封汉代三阙[J].文物,1979(8):90－92.
[7] 侯忠明.东汉《冯焕阙》及其隶书艺术考略[J].民族艺术,2009(1):116－120.
[8] 侯忠明.渠县汉阙之沈府君阙研究三题[J].达县师范高等专科学校学报(社会科学版),2003,13(3):11－15.
[9] 孙华,巩发明.平杨府君阙考[J].文物,1991(9):61－69.
[10] 刘心健,张鸣雪.山东莒南发现汉代石阙[J].文物,1965(5):16－19.
[11] 王相臣,唐仕英.山东平邑县皇圣卿阙、功曹阙[J].华夏考古,2003(3):15－19.
[12] 刘敦桢.山东平邑县汉阙[J].文物参考资料,1954(5):29－32.
[13] 刘云涛.山东莒县东莞出土汉画像石[J].文物,2005(3):81－87.
[14] 北京市文物工作队.北京西郊发现汉代石阙清理简报[J].文物,1964(11):13－22.
[15] 邵茗生.汉幽州书佐秦君石阙释文[J].文物,1964(11):23－24.
[16] 李晓鸣.四川荥经东汉石棺画像[J].文物,1987(1):95.
[17] 内江市文管所,简阳县文化馆.四川简阳县鬼头山东汉崖墓[J].文物,1991(3):20－25.
[18] 徐州博物馆.徐州发现东汉元和三年画像石[J].文物,1990(9):64－73.
[19] 徐州博物馆.江苏徐州大庙晋汉画像石墓[J].文物,2003(4):61－70.
[20] 陈直.关于汉幽州书佐秦君石柱题字的补充意见[J].文物,1965(4):4－5.
[21] 陈直.汉芗他君石祠堂题字通考[J].西北大学学报(哲学社会科学版),1979(4):65－67.
[22] 石湍.成都东郊发现了汉阙石刻[J].成都文物简讯,1980(2).
[23] 邓代昆.成都汉阙刻石铭文考释[J].四川文物,1988(3):13－14.
[24] 邓代昆.《成都郊区两块东汉墓阙铭文补说》之补[J].四川文物,1989(5):75－76.
[25] 黄静,赵宠亮.1949年以来巴蜀地区汉代石刻文字的发现与研究[J].四川文物,2014(6):52－59.
[26] 胡顺利.成都郊区两块东汉墓阙铭文补说[J].四川文物,1989(1):61－62.
[27] 李发林.略谈汉画像石的雕刻技法及其分期[J].考古,1965(4):199－204.

[28] 佚名. 芦山县汉樊敏阙清理复原[J]. 文物,1963(11).
[29] 程少奎. 山东肥城发现“永平”纪年画像石[J]. 文物,1990(2):92－93.
[30] 王思礼. 山东肥城汉画象(像)石墓调查[J]. 文物参考资料,1958(4):34－36.
[31] 邹城市文物局. 山东邹城峄山北龙河宋金墓发掘简报[J]. 文物,2017(1):34－49.
[32] 胡新立. 邹城新发现汉安元年文通祠堂题记及图像释读[J]. 文物,2017(1):76－85.
[33] 孙贯文. 芗他君石祠堂考释[J]. 考古学研究,2006(00):503－513.
[34] 朱锡禄. 山东嘉祥宋山1980年出土的汉画像石[J]. 文物,1982(5):60－70.
[35] 朱锡禄. 嘉祥五老洼发现一批汉画像石[J]. 文物,1982(5):71－78.
[36] 赵超. 山东嘉祥出土东汉永寿三年画像石题记补考[J]. 文物,1990(9):88－90.
[37] 刘道广. 山东嘉祥宋山汉永寿三年石刻题记注释[J]. 艺术百家,2009(2):93－99.
[38] 刘道广. 苍山元嘉元年画像石墓题记注释[J]. 汉画研究,1991(创刊号).
[39] 王黎琳,李银德. 徐州发现东汉画像石[J]. 文物,1996(4):28－31.
[40] 周保平. 徐州的几座再葬汉画像石墓研究:兼谈汉画像石墓中的再葬现象[J]. 文物,1996(7):70－74.
[41] 王步毅. 安徽宿县褚兰汉画像石墓[J]. 考古学报,1993(4):515－549.
[42] 泗水县文管所. 山东泗水南陈东汉画像石墓[J]. 考古,1995(5):390－395.
[43] 菏泽地区博物馆,梁山县文化馆. 山东梁山东汉纪年墓[J]. 考古,1988(11):975－982.
[44] 南京博物院,邳县文化馆. 东汉彭城相缪宇墓[J]. 文物,1984(8):22－29.
[45] 李银德,陈永清. 东汉永寿元年徐州从事墓志[J]. 文物,1994(8):93－95.
[46] 周晓陆. 缪纡墓志读考[J]. 文物,1995(4):83－87.
[47] 王献唐. 徐州市区的茅村汉墓群[J]. 文物参考资料,1953(1).
[48] 河南省文化局文物工作队. 河南襄城茨沟汉画象(像)石墓[J]. 考古学报,

1964(1):111－131.
[49] 高同根. 简述浚县东汉画像石的雕像艺术[J]. 中原文物,1986(1):88－90.
[50] 南阳市博物馆. 南阳发现东汉许阿瞿墓志画像石[J]. 文物,1974(8):73－75.
[51] 四川省文物考古研究院,乐山大佛风景名胜区管理委员会. 四川乐山市柿子湾崖墓A区M6调查简报[J]. 四川文物,2014(4):3－11.
[52] 周俊麒. 乐山东汉崖墓石刻文字考[J]. 四川文物,2001(4):56－61.
[53] 四川大学考古专业1978级实习队,长宁县文化馆. 四川长宁"七个洞"东汉纪年画像崖墓[J]. 考古与文物,1985(5).
[54] 罗二虎. 长宁七个洞崖墓群汉画像研究[J]. 考古学报,2005(3):279－306.
[55] 罗二虎. 重庆忠县邓家沱汉代石阙再讨论[J]. 四川大学学报(哲学社会科学版),2016(4):5－14.
[56] 罗二虎. 东汉墓"仙人半开门"图像解析[J]. 考古,2014(9):75－85.
[57] 谢凌. 四川地区现存主要铭文石刻及其艺术特色[J]. 四川文物,2000(4):18－25.
[58] 绥德县博物馆. 陕西绥德汉画像石墓[J]. 文物,1983(5):28－32.
[59] 榆林地区文管会,绥德县博物馆. 陕西绥德县四十里铺画像石墓调查简报[J]. 考古与文物,2002(3):19－26.
[60] 戴应新,魏遂志. 陕西绥德黄家塔东汉画像石墓群发掘简报[J]. 考古与文物,1988(5、6).
[61] 陕西省博物馆,陕西省文管会写作小组. 米脂东汉画象(像)石墓发掘简报[J]. 文物,1972(3):69－73.
[62] 梁宗和. 山西离石县汉代画像石[J]. 文物参考资料,1958(4).
[63] 杨绍舜. 山西离石马茂庄汉画像石又有新发现[J]. 文物,1984(10):93－94.
[64] 山西省考古研究所,吕梁地区文物管理处,离石县文物管理所. 山西离石再次发现东汉画像石墓[J]. 文物,1996(4):13－27.
[65] 山东省博物馆,苍山县文化馆. 山东苍山元嘉元年画象(像)石墓[J]. 考古,1975(2):123－134.

[66] 方鹏钧,张勋燎.山东苍山元嘉元年画象(像)石题记的时代和有关问题的讨论[J].考古,1980(3):271-278.
[67] 王恩田.苍山元嘉元年汉画像石墓考[J].四川文物,1989(4):3-10.
[68] 王恩田.诸城凉台孙琮画像石墓考[J].文物,1985(3):93-96.
[69] 王恩田.泰安大汶口汉画像石历史故事考[J].文物,1992(12):73-78.
[70] 刘继才.《苍山元嘉元年汉画像石墓考》读后浅见[J].四川文物,1994(6):51-53.
[71] 杨爱国.山东苍山县城前村画像石墓二题[J].华夏考古,2004(1):45-49.
[72] 杨爱国.汉代画像石榜题略论[J].考古,2005(5):59-72.
[73] 杨爱国.孝堂山石祠上的后人题刻:由黄易嘉庆元年细拓石祠画像想到的[J].西泠艺丛,2017(9):3-8.
[74] 杨爱国.汉代画像石榜题发现与研究[J].中国书法,2020(2):80-95.
[75] 任日新.山东诸城汉墓画像石[J].文物,1981(10):14-21.
[76] 罗福颐.芗他君石祠堂题字解释[J].故宫博物院院刊,1960(00):178-181.
[77] 济宁地区文物组,嘉祥县文管所.山东嘉祥宋山1980年出土的汉画像石[J].文物,1982(5):60-70.
[78] 夏超雄.孝堂山石祠画像、年代及主人试探[J].文物,1984(8):34-39.
[79] 罗哲文.孝堂山郭氏墓石祠[J].文物,1961(4、5):44-52.
[80] 嘉祥县文管所.山东嘉祥纸坊画像石墓[J].文物,1986(5):31-34.
[81] 嘉祥县武氏祠文管所.山东嘉祥宋山发现汉画像石[J].文物,1979(9):1-6.
[82] 刘培桂,郑建芳,王彦.邹城出土东汉画像石[J].文物,1994(6):32-36.
[83] 程继林.泰安大汶口汉画像石墓[J].文物,1989(1):48-58.
[84] 济南市文化局文物处,平阴县博物馆.山东平阴孟庄东汉画像石墓[J].文物,2002(2):38-52.
[85] 华东文物工作队山东组.山东沂南汉画像石墓[J].文物参考资料,1954(8).
[86] 南京博物院,泗洪县图书馆.江苏泗洪重岗汉画象(像)石墓[J].考古,1986(7):614-622.

[87] 尤振尧. 江苏泗洪曹庙东汉画像石[J]. 文物,1986(4):40 - 47.
[88] 尹增淮,江枫. 江苏泗洪曹庙出土的东汉画像石[J]. 文物,2010(6):66 -74.
[89] 安徽省文物管理委员会. 定远县壩王庄古画象(像)石墓[J]. 文物,1959(12):43 - 46.
[90] 周到,李京华. 唐河针织厂汉画像石墓的发掘[J]. 文物,1973(6):26 - 40.
[91] 河南省文化局文物工作队. 河南南阳杨官寺汉画象(像)石墓发掘报告[J]. 考古学报,1963(1):111 - 139.
[92] 黄留春,张照. 河南襄城县发现汉画像石[J]. 文物,1988(5):54 - 60.
[93] 曾宪波. 南阳汉代画像石墓志题记题刻和现存汉代碑刻的初步研究[J]. 南阳理工学院学报,2013,5(2):123 - 128.
[94] 牛天伟. 四川长宁"七个洞"崖墓画像考辨[J]. 考古,2010(11):91 - 96.
[95] 梁文骏. 四川郫县东汉墓门石刻[J]. 文物,1983(5):92 - 93.
[96] 胡顺利. 关于四川郫县东汉墓门石刻题字的看法[J]. 四川文物,1985(4):73.
[97] 黄静,赵宠亮. 1949 年以来巴蜀地区汉代石刻文字的发现与研究[J]. 四川文物,2014(6):52 - 59.
[98] 四川省文物考古研究所,德阳市文物考古研究所,中江县文物保护管理所. 四川中江塔梁子崖墓发掘简报[J]. 文物,2004(9):4 - 33.
[99] 王子今,高大伦. 中江塔梁子崖墓壁画榜题考论[J]. 文物,2004(9):64 -69.
[100] 内江市文管所,简阳县文化馆. 四川简阳县鬼头山东汉崖墓[J]. 文物,1991(3):20 - 25.
[101] 重庆市博物馆,合川县文化馆田野考古工作小组. 合川东汉画象(像)石墓[J]. 文物,1977(2):63 - 69.
[102] 李锋. 重庆忠县邓家沱石阙的初步认识[J]. 文物,2007(1):69 - 77.
[103] 孙华. 重庆忠县邓家沱阙的几个问题[J]. 文物,2008(4):73 - 81.
[104] 杨晓春. 关于重庆忠县邓家沱石阙铭与墓主的推断[J]. 中国国家博物馆馆刊,2013(2):25 - 32.

[105] 贵州省文物考古研究所. 贵州金沙县汉画像石墓清理[J]. 文物,1998(10):42-46.
[106] 南阳市文物工作队. 南阳市药材市场画像石墓发掘简报[J]. 中原文物,1994(1):96-100.
[107] 聊城地区博物馆. 山东阳谷县八里庙汉画像石墓[J]. 文物,1989(8):48-56.
[108] 吴镇烽. 秦晋两省东汉画像石题记集释:兼论汉代圜阳、平周等县的地理位置[J]. 考古与文物,2006(1):53-69.
[109] 郑立君. 汉代画像石碑略论[J]. 美育学刊,2019,10(1):53-60.
[110] 郑立君. 也论汉画像石题榜隶书艺术[J]. 南京艺术学院学报(美术与设计),2016(2):77-80.
[111] 郑立君. 汉代画像石上的后人隶书题刻[J]. 美育学刊,2020,11(1):69-77.
[112] 天津市文物管理处,武清县文化馆. 武清县发现东汉鲜于璜墓碑[J]. 文物,1974(8):68-72.
[113] 徐森玉. 西汉石刻文字初探[J]. 文物,1964(5):1-9.
[114] 刘秀梅. 东汉《黄君墓碑》拓片考疑[J]. 文博,2012(2):41-44.
[115] 谢雁翔. 四川郫县犀浦出土的东汉残碑[J]. 文物,1974(4):67-71.
[116] 好并隆司. 关于四川郫县犀浦出土的东汉残碑[J]. 郝雁高,译. 四川文物,1984(2):60-64.
[117] 山东省博物馆. 曲阜九龙山汉墓发掘简报[J]. 文物,1972(5):39-44.
[118] 关天相,冀刚. 梁山汉墓[J]. 文物参考资料,1955(5):43-49.
[119] 章毅然. 谈梁山汉墓壁画的摹绘[J]. 文物参考资料,1955(5):79-80.
[120] 蒋英炬. 关于"鲍宅山凤凰画像"的考察与管见[J]. 文物,1997(8):37-42.
[121] 李学勤. 补论战国题铭的一些问题[J]. 文物,1960(7):67-68.
[122] 王金元. 山西离石石盘汉代画像石墓[J]. 文物,2005(2):42-51.
[123] 冯军平,郝慧芬. 离石汉代画像石题刻[J]. 山西档案,2012(6):35-39.

报纸

[1] 陈振濂. 东汉《张文思画像石题记》与隶书“八分”的双钩波挑[N]. 杭州日报,2017－8－4(17).

[2] 杨建东,张基中. 微山出土东汉永和元年画像石[N]. 中国文物报,1998－5－27(1).

[3] 王化民. 宿县出土汉熹平三年画像石[N]. 中国文物报,1991－12－1(1).

[4] 艾有孙. 陕北发掘东汉纪年画像石墓[N]. 中国文物报,1987－7－24(2).

[5] 吕梁汉画像石铭文超越汉代名碑[N]. 山西日报,2019－8－12.

附录一

汉代画像石上的篆书题记问题及其书刻艺术考论

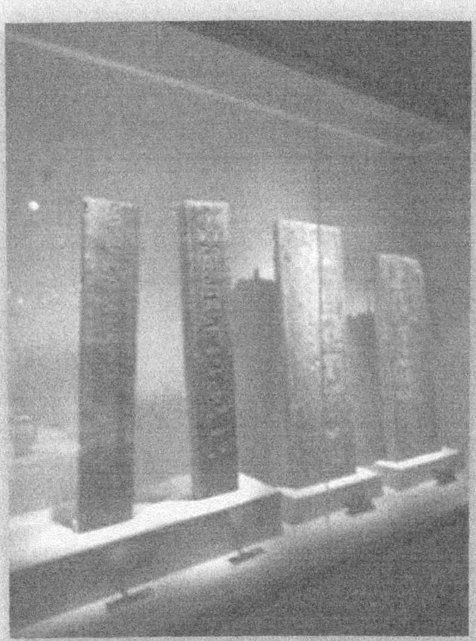

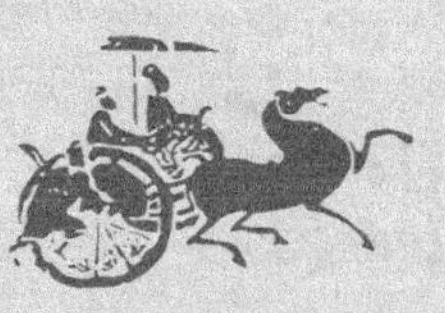

汉代画像石上的篆书题记问题及其书刻艺术考论[①]

汉代画像石上的篆书题记数量很少，内容较简单，但其中记载的信息和书刻艺术等，也是研究汉代丧葬礼俗、文字发展演变的珍贵资料，值得深入研究。因此，长期以来，不少有关汉代画像石等研究文献中多有述及。但综而观之，大多是较简略的叙述，且大同小异[②]。特别是汉代画像石历经了两千多年的岁月，有些石头毁泐、有些文字残损和当时的写刻者造字等原因，使有些文字难以识读，以致有些文献出现了一些识读谬误，值得考辨。本附录主要从汉代画像石上的篆书题记内容、功能和篆书艺术特点等方面，展开考论。

目前，笔者所见汉代画像石上镌刻的较突出的篆书题记有 12 处[③]，分别出土于山东、河南、皖北和陕北地区，简单考述如下：

山东出土纪年和无纪年的汉代画像石篆书题记有 2 处："山鲁市东安汉里禺石也"画像石篆书题记和麃君墓石人像篆书题刻。

1. "山鲁市东安汉里禺石也"篆书题记。1937 年曲阜城东韩家铺村汉墓中出土 7 块石椁墓画像石，雕刻有青龙、白虎、朱雀、玄武等画像。其中，第一石高

---

① 本文为 2017 年度教育部人文社会科学研究规划基金项目《汉代画像石题榜隶书艺术研究》(立项号：17YJA760083)阶段性成果。该文为 2018 年 10 月 26 日至 28 日在安徽萧县召开的中国汉画学会第十六届年会优秀论文。原题目为《汉代画像石题榜篆艺术略论》，现题目和内容均作了些修改。本打算将本文放入正文隶书艺术之后，但考虑本书主要讨论的是题榜隶书艺术，故而单独附录。

② 据本人有限的资料查询，在当代，除欧阳摩一先生的《论画像石文字的篆书艺术》(载《文博》2004 年第 6 期)、李贵龙的《石头上的历史——陕北汉画像石考察》(陕西师范大学出版社 2014 年版)介绍、研究较为详细外，在诸如中国书法史、秦汉书法篆刻史和中国古代碑刻研究等文献中，基本上只是大略提到而已。

③ 除本文讨论的汉代画像石上的篆书题记外，也有些汉代画像石碑篆书额题，例如刻于汉桓帝延熹八年(165 年)的"汉故雁门太守鲜于君碑"、刻于汉灵帝熹平五年(176 年)的"梧台里石社碑"、刻于汉灵帝光和六年(183 年)的"白石神君碑"、刻于汉献帝建安十年(公元 205 年)的"汉故领校巴郡太守樊府君碑"等碑额书体均为篆书。笔者在拙文《汉代画像石碑略论》(《美育学刊》2019 年第 1 期)已作讨论，故此不再列入本文讨论。

约2米多,为墓室中央隔板,侧面镌刻篆书题记:"山鲁市东安汉里禺石也"(图1),该石现于藏孔庙,曲阜汉魏碑刻陈列馆展示的刻石为拓片仿造①。

对于该处篆书题记,学者们也作过不同的解读。例如蒋英矩先生认为保存在山东曲阜孔庙里的"东安汉里画像石"是一组很有名的画像石,共有7块石头,刻有11个画面(其中一面刻的题记),题记刻于第一石侧面。其中的"东"字与"安汉里"连在一起读不正确,应称为"安汉里画象(像)",其年代为王莽时期。篆书题记功能是墓葬死者标明地点、用途的,但最上面的"山"字形双钩,具体含义不解等②。李发林先生认为该处篆书题记中的双线勾勒的"山"字是艺术美化,别无他意;"鲁市"之"鲁"即指鲁国,此墓出土于曲阜城东十二里,属于市郊,故称"鲁市",也有可能墓主生前居住在市内,死后葬于郊区等;"东安"二字为乡或里的名称;"汉"指汉代,而非里名中的字;"里禺"指人名;"石也"指墓石。"东安汉里画像石"应称为"里禺墓画像石",这组画像石的镌刻时间是西汉成帝河平三年(前26年)等。学者们的不同解释各有其理由,不便妄议。笔者认为,现存该石篆书题刻内容记载的墓主的墓葬地、籍里、生前居住地是可信的,该石上第一个篆字"山",用双钩线条造型,即是为了整幅文字章法的美观,没有其他含义。另据文献记载,该处出土的还有一石篆书题刻,内容为"河平三年八月丁汉里禺里墎",现存拓片③。李发林先生认为这块石头与"山鲁市东安汉里禺石也"画像石同为里禺墓出土等④。笔者仅见图片,对是否为同一墓出土亦不妄加评判,但从该石上的篆书风格上看,与"山鲁市东安汉里禺石也"篆书似为同一书丹者和石刻艺人书刻。

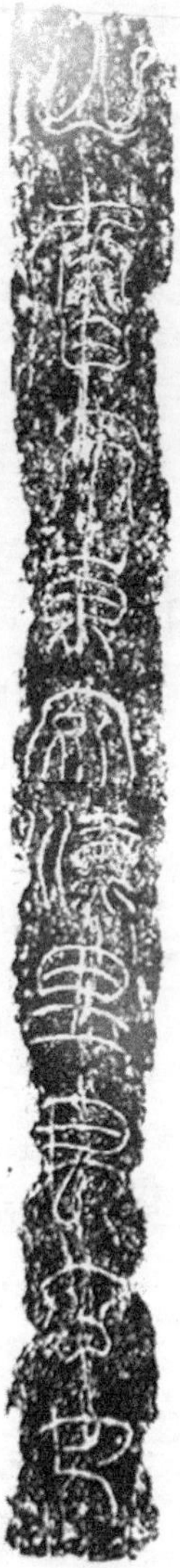

图1 "山鲁市东安汉里禺石也"篆书题记(图片来源:徐玉立:《汉碑全集:六》,河南美术出版社2006年版)

① 来自曲阜汉魏碑刻陈列馆笔者考察笔记。

② 参见蒋英矩:《略论曲阜"东安汉里画象(像)"石》,《考古》1985年第12期,第1130-1135页。

③ 徐玉立:《汉碑全集:六》,郑州,河南美术出版社2006年版,第2135页。

④ 参见李发林:《"山鲁市东安汉里禺石也"简释》,《考古》1987年第10期,第952、955页。

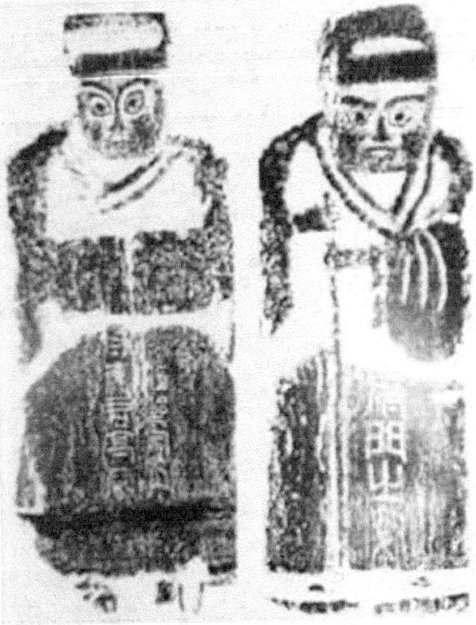

图 2　麃君墓石人像刻铭

（图片来源：《山东石刻分类全集》编辑委员会：《山东石刻分类全集：第 1 卷：秦汉碑刻》，青岛出版社 2013 年版）

2. 麃君墓石人像篆书题刻。麃君墓石人像为两尊站立石人像，原立于山东曲阜西南五里张曲庄一座汉墓前，清乾隆五十九年（1794 年）移至曲阜孔庙内，现藏于曲阜汉魏碑刻陈列馆。左一站立石人高 254 厘米，下肢镌刻两行篆书“汉故乐安太守麃君亭长”；右一站立石人高 220 厘米，下肢镌刻篆书“府门之卒”①。这两尊石人像均无纪年，雕造时间为东汉时期（图 2）。

河南出土纪年汉代画像石篆书题记有 4 处：“冯君孺久”墓篆书题记和登封三阙篆书题刻。

1. “冯君孺久”墓篆书题记。该墓 1978 年出土于南阳唐河县湖阳镇新店村，现藏于南阳武侯祠内。该墓墓壁雕刻有执笏、拥盾、二龙穿壁、白虎铺首衔环、朱雀铺首衔环、羽人和人物等图像。篆书题记有 9 处，分别是：前大门南柱上方镌刻“郁平大尹□□□□冯孺□□无□□□”，南耳室东门柱上镌刻“郁平大伊冯君孺久车库”，中大门南门柱正面镌刻“郁平大伊冯君孺久中大门”，南侧室门楣上镌刻“郁平大伊冯君孺久藏阁”“南方”，北侧室门楣镌刻“北方”，南主室门楣镌刻“西方内室”，中大门门楣背面镌刻“东方”，南北两主室之间的中柱上镌刻“郁平大尹冯君孺久始建国天凤五年十月十七日癸巳葬千岁不发”②（图 3）。

从“天凤五年”判断，该处篆书题记刻于王莽天凤五年（18 年）。但对于题记中的“冯君孺久”之“久”字，学界也有不同的识读。发掘简报等不少文献认为是

① 《山东石刻分类全集》编辑委员会：《山东石刻分类全集：第 1 卷·秦汉碑刻》，青岛，青岛出版社 2013 年版，第 19 页。

② 参见南阳地区文物工作队、唐河县文化馆：《唐河县湖阳镇汉画像石墓清理简报》，《中原文物》1985 年第 3 期，第 8－13 页；闪修山：《汉郁平大尹冯君孺人画像石墓研究补遗》，《中原文物》1991 年第 3 期，第 75－79 页；韩玉祥、李陈广：《南阳汉代画像石墓》，郑州，河南美术出版社 1998 年版，第 80 页。

"人"字，把墓主定为"冯君孺人"[①]，也有些文献认为是"久"字，把墓主定为"冯君孺久"[②]。笔者查阅了相关篆书词典和仔细观察该字的形态等，认为该字是篆书"久"字，而非"人"字，墓主应为"冯君孺久"。

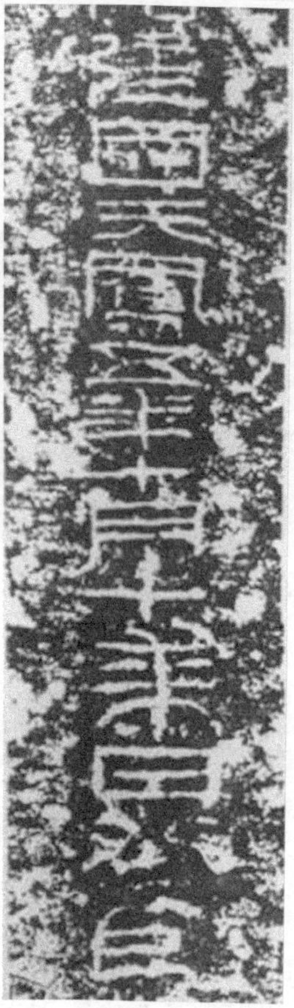

图3 冯君孺久画像石题记(局部)
(图片来源：韩玉祥、李陈广：《南阳汉代画像石墓》，河南美术出版社1998年版)

2. 登封三阙篆书题刻。登封三阙指的是现存河南登封市嵩山的太室石阙、少室石阙和启母阙。太室石阙是汉代太室山庙前的东西神道阙，双阙保存较完好，但图像和铭文已漫漶不清。其中，西阙南面额题阳刻篆书，内容为："中岳泰室阳城崇高阙。"[③]从铭文中的"元初五年"判断，该阙刻于汉安帝元初五年(118年)。

少室石阙是汉代少室山庙前东西神道阙，阙身雕刻车骑出行、月宫玉兔倒药等画像和铭文。铭文高43厘米，宽197厘米，22行，每行4字，但均不完整。额题篆书："少室神道之阙。"[④]阙铭："□□□□；□葳林芷；緐日月而；三月三日；郡阳城县；兴治神道；君丞零陵；泉零薛政；五官掾阴；林户曹吏；夏效监庙；掾辛述长；西河圜阳；冯宝丞汉；阳冀祕俊；廷掾赵穆；户曹史张；诗将作掾；严寿庙佐；向猛赵始。"[⑤]该阙文大致内容是记载"三月三日郡阳城县兴治神道"和"君丞零陵"等修治人等(图4)。据文献记载，该阙刻于汉安帝延光二(三)年(123或124

① 参见南阳地区文物工作队、唐河县文化馆：《唐河县湖阳镇汉画像石墓清理简报》，《中原文物》1985年第3期，第8-13页；《中国画像石全集》编辑委员会：《中国画像石全集：6》，郑州，河南美术出版社；济南，山东美术出版社2000年版，图版八二，第22-29页；信立祥：《汉代画像石综合研究》，北京，文物出版社2000年版，第230页；王建中：《汉代画像石通论》，北京，紫禁城出版社2001年版，第136-139页等。

② 参见闪修山：《汉郁平大尹冯君孺人画像石墓研究补遗》，《中原文物》1991年第3期，第75-79页；韩玉祥，李陈广馆：《南阳汉代画像石墓》，郑州，河南美术出版社1998年版，第80页；杨爱国：《幽明两界：纪年汉代画像石研究》，西安，陕西人民美术出版社2006年版，第69页等。

③ 徐玉立：《汉碑全集：一》，郑州，河南美术出版社2006年版，第309、316页。

④ 高文：《中国汉阙》，北京，文物出版社1994年版，第62页；王建中：《汉代画像石通论》，北京，紫禁城出版社2001年版，第195页等。

⑤ 徐玉立：《汉碑全集：一》，郑州，河南美术出版社2006年版，第323、324页。

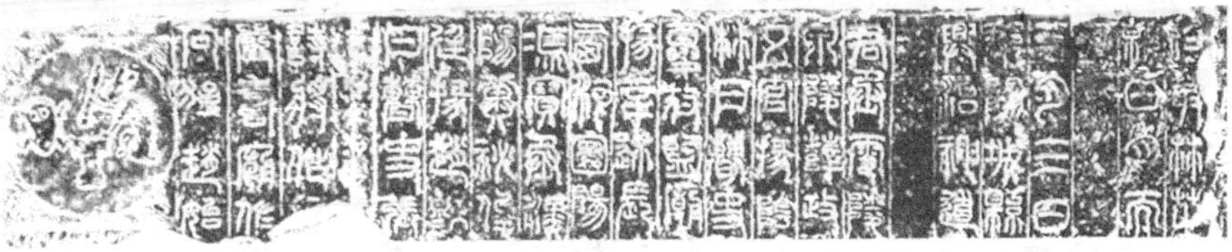

图 4　登封嵩山少室石阙铭(局部)
(图片来源:徐玉立:《汉碑全集:一》,河南美术出版社 2006 年版)

年)。关于该阙铭文书体,不少文献认为是隶书。笔者认为,实际上该阙铭书体是篆书。

启母阙为双阙,是汉代颍川太守朱宠等人为启母庙兴治的神道阙,两阙身均有画像与阙铭,但均已损毁。阙铭分为两层,无额题,各高 62 厘米,宽 298 厘米,共 36 行,每行 9 至 12 字不等①。据文献记载,该阙刻于汉安帝延光二年(123 年)。该阙铭文大致内容是记载鲧和大禹治水的事迹、颍川郡阳城县为开母庙兴治神道阙的过程和目的意义。限于篇幅,此阙铭文不再辑录,可参见徐玉立先生编《汉碑全集:二》等文献识读②。

安徽出土汉代画像石篆书题记 1 处,是无纪年的"太尉府门"画像石篆书题记。该石出土于安徽濉溪县韩村镇祁集村常家谷堆,出土时间不详,现藏于淮北市博物馆。石横长 185 厘米,宽 41 厘米,为墓室门楣石。该石四周有边框,框内左右两边各雕刻子母阙形象,中间雕刻田字格印章款式的篆书题记:"太尉府门。"③镌刻时间为东汉时期。

陕北出土纪年汉代画像石篆书题记有 2 处:辽东太守画像石篆书题记和张文卿画像石篆书题记。无纪年的有 3 处:郭君夫人画像石篆书题记、王君威画像石篆书题记和木君孟山夫人画像石篆书题记。

1. 辽东太守画像石篆书题记。1983 年 8 月陕西绥德县黄家塔 7 号墓即"辽东太守"墓,出土了东、西耳室横额画像石各 1 块,现藏于陕西绥德汉画像石馆。东耳室横额石高 38 厘米,宽 178 厘米,其上图像边框外镌刻阳文篆书题

① 参见高文:《中国汉阙》北京,文物出版社 1994 年版,第 64、65 页;徐玉立《汉碑全集:二》,郑州,河南美术出版社 2006 年版,第 337、338 页等。

② 徐玉立:《汉碑全集:二》,郑州,河南美术出版社 2006 年版,第 337、338 页。

③ 参见《中国画像石全集》编辑委员会:《中国画像石全集:4》,郑州,河南美术出版社;济南,山东美术出版社 2000 年版,第 70 页。

记:“辽东太守右府。”西耳室横额石高 38 厘米,宽 191 厘米,其上图像两边镌刻阳文篆书题记:“辽东太守左宫(宫)”“永元二年大(太)岁在卯造”“巧工王子年所作”[①](图 5)。

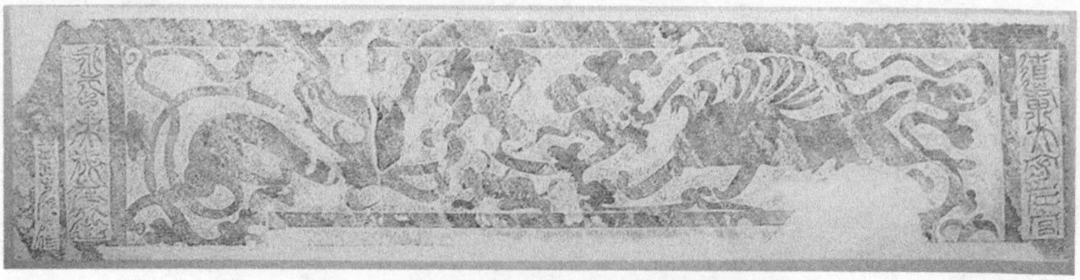

图 5　辽东太守墓西耳室横额石篆书题记拓片
(图片来源:榆林汉画像石博物馆,自拍)

从题记中的“永元二年”时间判断,该处篆书题记刻于汉和帝永元二年(90 年),但对于题记中的有些字,学界有不同的识读。有学者把“辽东太守右府”识读为“辽东太守石(?)府”,把“辽东太守左宫(宫)”识读为“辽东太守左官”,把“巧工王子年所作”之“王子年”识读为“王子侯”等[②]。有学者把“辽东太守右府”识读为“辽东太守右宫”,把“永元二年大(太)岁在卯造”和“巧工王子年所作”,识读为“永元二年太岁在此造”和“巧工王子□□作”[③],等等。笔者认为,从该处篆书题记的原刻和拓片字体形态、笔画看,“辽东太守右府”中的“右府”,既不是“石(?)府”,也不是“右宫”,是“右”与“府”两字。“辽东太守左宫(宫)”之“宫”,同“宫”字,而非“官”字,尤其从拓片看很明显是“宫”字。“永元二年大(太)岁在卯造”之“大”通“太”,“卯”字指卯时即造墓时间,而非“此”字,因为太岁在“此”造,时间上说不通。“巧工王子年所作”,为榆林汉画像石博物馆所解读,笔者认为解读较合适,其中的“年”字,显然不是“侯”字,制作该墓的巧工应为“王子年”。

① 来自榆林汉画像石博物馆、陕西绥德汉画像石博物馆笔者考察笔记。

② 参见欧阳摩一:《论画像石文字的篆书艺术》,《文博》2004 年第 6 期,第 65 页。

③ 徐玉立:《汉碑全集:一》,郑州,河南美术出版社 2006 年版,第 164 页;李贵龙:《石头上的历史——陕北汉画像石考察》,西安,陕西师范大学出版社 2014 年版,第 177 页,等等。

2. 张文卿画像石篆书题记。张文卿画像石于1998年在绥德县中角乡白家山村出土，现藏于陕西绥德汉画像石馆。该石为后室门中立柱，石高123厘米，宽20厘米，上部阴刻隶书题记“西河圜阳张文卿永元十六年十月万岁宅”，下部阳刻篆书“张公寿室”①(图6)。

从题记中的“永元十六年”判断，该墓题记刻于汉和帝永元十六年(104年)。但题记中篆书“张公寿室”之“寿室”较难识读，不少文献解读为“张公之室”②，榆林汉画像石博物馆展示的拓片标签释读为“张公寿堂”等。笔者观察原石铭刻和查阅相关资料，觉得“张公”后面的第一个字可能是“寿”字，即该字与一些汉印中的寿字写法接近，“之”字在篆书中未见此写法；第二个字也即是最后一个字应该是“室”字，即在篆书中，该字与“室”字写法接近，同时这个“室”字与该石上面的隶书题刻“西河圜阳张文卿永元十六年十月造万岁堂”中的“堂”字，在形态、笔画方面也有一定的区别，所以笔者认为这四个篆书可能是“张公寿室”。

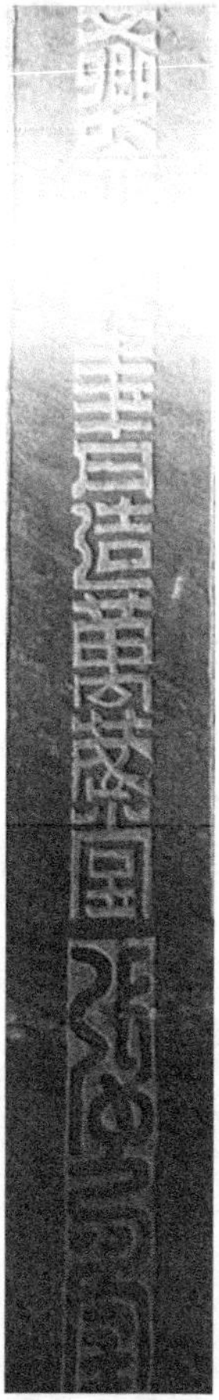

图6 张文卿画像石篆书题记(局部)拓片(图片来源：榆林汉画像石博物馆，自拍)

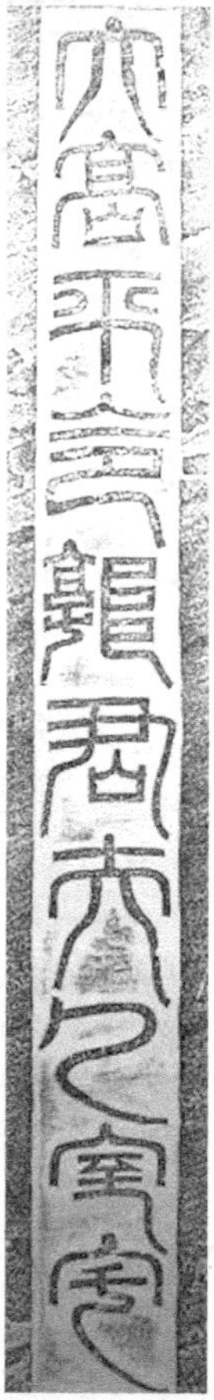

图7 郭君夫人画像石篆书题记拓片(图片来源：榆林汉画像石博物馆，自拍)

3. 郭君夫人画像石篆书题记。该石于1980年5月在绥德县四十里铺出土，现藏于陕西绥德汉画像石馆。该石为墓室立柱石，高134厘米，宽19厘米。竖刻阳文篆书：“大高平令郭君夫人室宅。”③(图7)

该石为无纪年画像石，镌刻时间为东汉时期。对于题记中的“夫人”两个字，学界也有不同的识读。例如榆林汉画像石博物馆展示的拓片标签，以及有

---

① 来自榆林汉画像石博物馆、陕西绥德汉画像石博物馆藏笔者考察笔记。

② 参见李贵龙、王建勤：《绥德汉代画像石》，西安，陕西人民美术出版社，2001版，第192页；杨爱国：《幽明两界：纪年汉代画像石研究》，西安，陕西人民美术出版社，2006版，第79页。

③ 来自榆林汉画像石博物馆、陕西绥德汉画像石馆藏笔者考察笔记。

些文献[①]释读为“夫人之”,即“大高平令郭君夫人之室宅”。这样的识读可能是把“夫”字理解为“夫人”两个字的合写,把“人”字看成了“之”字的缘故。在汉代画像石上将两个字合写在一起,以及把某些字进行装饰艺术化写刻的现象不少,这是当时的书丹者或石刻艺人的造字、别写,或装饰艺术化写刻等造成的。但笔者查阅一些篆书词典和仔细观察原刻字体,认为该题记中的“夫”字不是“夫人”两字的合写,“人”字的篆书写法与“之”字的篆书写法区别很大,所以这两个字不能解读为“夫人之”。这两个字应是当时书丹者或石刻艺人的装饰艺术化表现,这种现象在陕北汉代画像石上的隶书题记中较多,笔者将另文讨论。

4. 王君威画像石篆书题记。该石 1983 年在绥德县黄家塔 4 号墓出土,现藏于陕西绥德汉画像石馆。该石原位于墓前室南壁上方,长 152 厘米,宽 30 厘米。该石画面分上下两栏,上栏雕刻云气纹样,下栏雕刻狩猎图,画面中间阴刻篆书:“使者持节护乌桓校尉王君威府舍。”[②]其中,“尉”字残缺(图 8)。

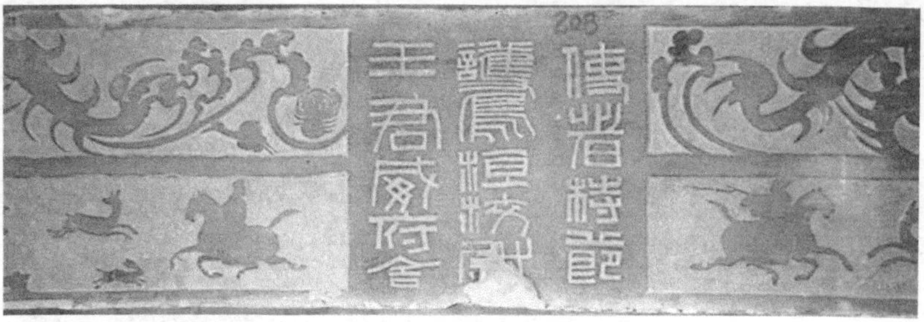

图 8　王君威画像石图像与篆书题记
(图片来源:陕西绥德汉画像石馆,自拍)

5. 木君孟山夫人画像石篆书题记。该石 2005 年在米脂银州镇官庄村 2 号墓出土,为墓前室北壁中柱石,现藏于榆林市汉画像石博物馆。石高 162.5 厘米,宽 16.5 厘米,竖行阴刻篆书铭文:“故大将军掾并州从事属国都尉府丞平周寿贵里木君孟山夫人德行之宅。”[③](图 9)

汉代画像石上的篆书题记功能与艺术表现思想也是显而易见的。汉代画

① 李贵龙:《石头上的历史——陕北汉画像石考察》,西安,陕西师范大学出版社 2014 年版,第 176、177 页,等等。

② 来自陕西绥德汉画像石馆藏笔者考察笔记。

③ 榆林汉画像石博物馆藏拓片笔者考察笔记。

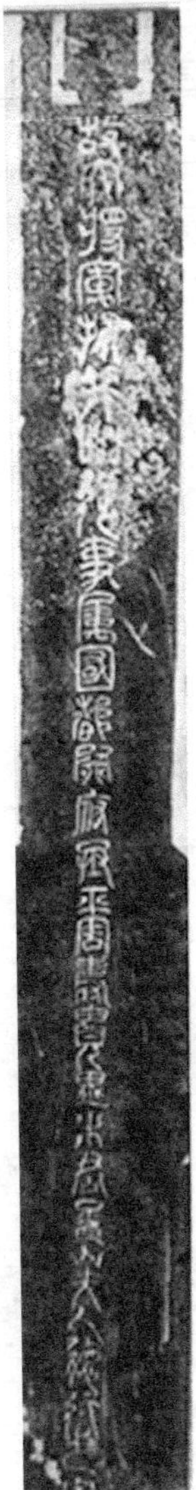
图 9　木君孟山夫人画像石篆书题记拓片(图片来源:自拍)

像石上的篆书题记与隶书题记一样,有着对墓主人姓名、籍贯、官职、墓葬时间和墓室、石阙结构等标示和歌功颂德的功能。例如郁平大尹冯君孺久墓中的篆书北方、南方、东方和西方内门等,“墓室内的几处题记,使我们明确了墓葬各建筑结构的本来名称和用途,我们过去习惯称为‘耳室’的,此墓榜题明确称为‘车库’,它与耳室内所出土的车軎、衔镳相互印证,表明了这种所谓的‘耳室’实际是作为库房用的”①。其他例如“山鲁市东安汉里”画像石、麃君墓石人像、辽东太守画像石、张文卿画像石、大高平令郭君夫人画像石、王君威画像石和木君孟山夫人画像石等篆书题记,也都不同程度地记载了墓主姓名、籍里、官职、墓葬时间等。特别是登封嵩山三阙铭文,虽然记载的是“兴治神道”过程、修治人和鲧、大禹治水的事迹等,但实际上是对汉代统治阶级“丰功伟绩”的美化与赞颂。可见,这些篆书题记与众多汉代画像石上的隶书题榜功能基本一致,体现出了汉代画像石上题榜文字的普遍性作用。

在汉代画像石上用篆书题刻,也有强调墓葬的庄重、对墓主人的尊敬和加强画像石审美效果等意图。汉代画像石是在两汉时期“事死如事生”的厚葬等社会风气中产生的,墓主人生前、墓主死后其亲属为了美化幽冥世界和表达忠孝节义悌思想,或书丹者和民间石刻艺人们为了迎合死者、亲属的审美需要等②,而尽可能地模仿现实世界中立碑颂德,用篆书题写铭刻碑额碑文等做法,在标注姓名、官职、籍里,歌功颂德,强调尊重尊敬,体现庄严肃穆的同时,也为了图像与题榜文字整体装饰美观的需要而为之,不无可能。例如上述不少篆字写刻精良,端庄方整,体现出了神圣庄严之感。较为突出的,例如张文卿画像石题记,其

① 韩玉祥、李陈广;南阳汉画馆:《南阳汉代画像石墓》,郑州,河南美术出版社 1998 年版,第 72 页。

② 在秦汉时期,达官显贵生前为自己造墓的风气很普遍。如果生前未造墓也会嘱咐亲属为自己选择墓葬地点、随葬品和墓室装饰方式等。也有的可能来不及交代,便由亲属决定墓葬方式,也有的可能由画师和石工们安排墓葬雕刻方式等。参见邢义田:《画为心声:画像石、画像砖与壁画》,北京,中华书局 2011 年版,第 47 - 68 页。

下“张公寿室”4 个篆书与上面的 17 个隶书之间有较宽的间隔空隙，应该是为了尊重“张文卿”，或为了装饰美化而刻意为之。“王君威”和“太尉府门”画像石上的篆书，两者均采用了篆刻汉印方式置于画面中间，字体方正端庄，线条粗壮，排列工整，既庄重、严肃、厚重，又古朴、雅致、美观，显然有着对幽冥世界的美化意图，而非民间书丹者和石刻艺人的随意写刻。

在汉代画像石上，用于写刻题记思想内容的篆书艺术，体现出了鲜明的地域特点与风格。“山鲁市东安汉里”画像石上的篆书，字形趋于方正，圆笔转折居多，方折笔很少，线条细劲流畅，柔韧婉转；字体大小相间，布局疏密得当。尤其是不少学者都提到的“山”字，采用双线勾勒，显得饱满大气，书丹者应该有着避免其因笔画少、单薄而使上下字不协调，影响美观的意图（图 10）。从大体上看，其篆书有着秦篆严正肃穆的传统，也有着汉“标准小篆”的特点。同为山东曲阜出土的麃君墓石人像，其篆书“汉故乐太守”和“麃君亭长”，字形长方，圆笔转折较多，章法布局较工整，较明显地体现出了汉篆特点。但“府门之卒”中的“府门”二字有着显著的隶书笔法特征，其中“之”“卒”与“汉故乐太守”的特点、风格一致。尤其是两尊站立石人像的下肢篆书位置设计，在出土汉代画像石中是不多见的。即这种设计方式应是民间画师和石刻艺人等制作者，为了既不妨碍石像的完整性，又要标示人物身份、表达尊重和装饰美化等，而刻意把篆字刻于人物下肢的匠心独运。

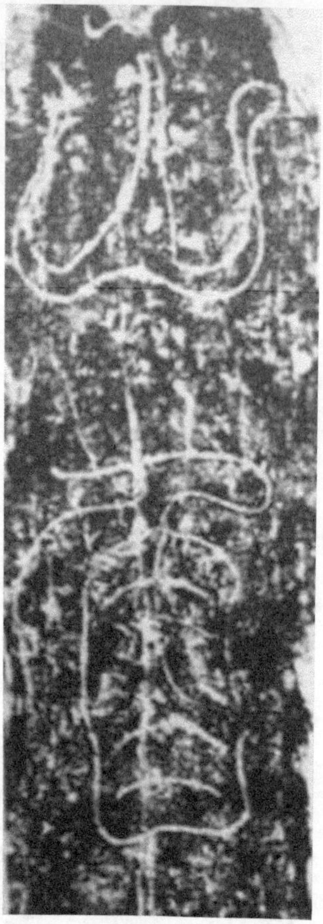

图 10 “山鲁市东安汉里”画像石篆书（局部）
（徐玉立：《汉碑全集：六》，河南美术出版社 2006 年版）

“冯君孺久”墓篆书，字形方折平正，笔画转折方圆尖并用，线条较粗壮厚实。在章法上，字的大小间隔有序，排列较工整。特别是“郁平大尹冯君孺久藏阁”10 个字，采用汉印布局方式而又有变化，即采用竖线划分出 3 个竖行，其中左竖行“藏阁”2 个字刻意加长，与另外两个竖行 8 个字对称，中间竖行中的“久”字，右竖行中的“平”字均缩

图 11 郁平大尹冯君孺久画像石篆书题记
(图片来源:韩玉祥、李陈广:《南阳汉代画像石墓》,郑州,河南美术出版社 1998 年版)

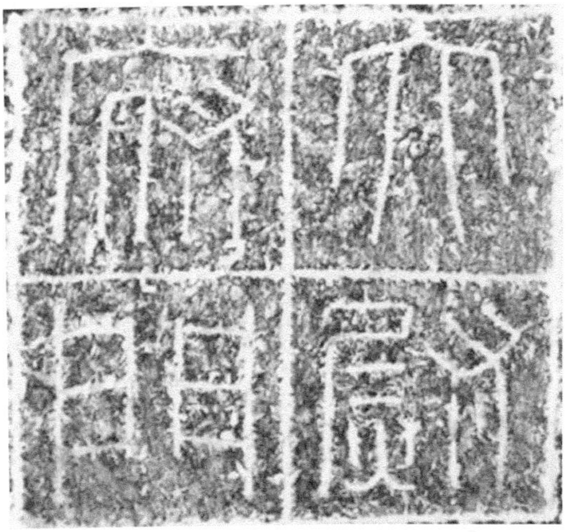

图 12 "太尉府门"画像石篆书题记拓片
(图片来源:2018 年 3 月 12 日中国汉画学会主办"中国汉画大展",自拍)

小,给人以大小相间、统一之中有变化的整体美感(图 11)。但总体上"作风浮媚华丽,是该时期篆书的代表性作品"①。对于登封嵩山三阙的篆书艺术特点与风格,学者论述较多,其中不少学者认为"皆带有隶书的意味","实一时一手所作"等②,在此不重复叙说。

"太尉府门"画像石上的 4 个篆字,采用汉印构图方式,字体方正,用笔方折,线条瘦劲,章法整洁(图 12)。其中,从"府门"2 个字的形态、结构和风格上看,与麃君墓石人像下肢刻铭之"府门之卒"相近;从艺术形式上看,与"郁平大尹冯君孺久藏阁"和"王君威"画像石上的篆书相似,即都采用了汉印构图方式。不同的是"太尉府门"的线条瘦劲、转折和起收笔较圆润,特别是与"王君威"篆书有显著的区别,即"王君威"的线条粗壮、点画宽厚、端庄稳重、起收笔多方正、转折多直角、刀锋峻爽,装饰性较强,是典型的美术篆书。

在陕北汉代画像石上的篆书中,辽东太守墓画像石上的篆书呈

① 赖非:《汉代书法类型》,载《赖非美术考古文集》,济南,齐鲁书社 2014 年版,第 31 页。
② 参见张志和:《中国古代书法艺术史》,北京,中国社会科学出版社 2015 年版,第 83、84 页。

现出了特殊的面貌，即篆书形态张扬、怪异、多变，既有象形文字的特点，又有隶变形态，大体上可列为鸟虫篆一类，这是目前所见汉代画像石上题榜篆书中较为特殊的一例(图 13)。从总体上看，字形端庄稳重，线条宽厚粗壮，装饰性强；章法布局工整，既有采用汉印方式的，也有竖行排列的，体现出了较统一的装饰艺术风格，大部分可能为同一书丹者和石刻艺人群体制作，可谓典型的美术篆书。

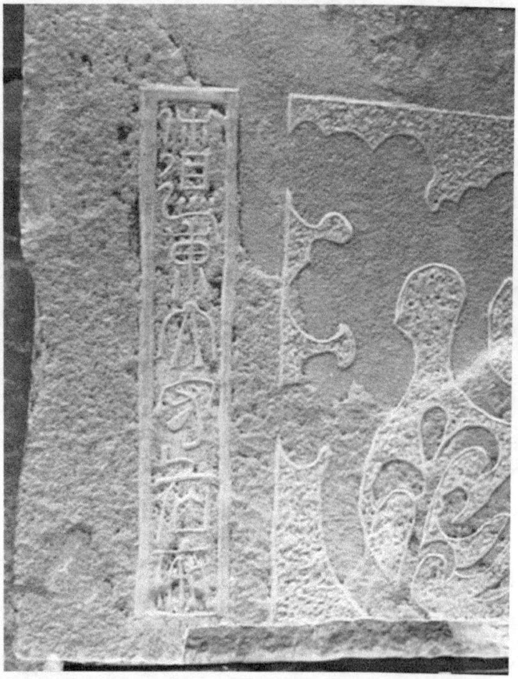

图 13　辽东太守墓东耳室横额石画像与篆书题记(局部)
(图片来源：陕西绥德汉画像石馆，自拍)

与上述山东、河南、安徽等地区显著不同的是，陕北地区的篆书鲜明地体现出了书丹者和石刻艺人装饰图案化的艺术创作思想和艺术表现手法。较为突出的，例如郭君夫人墓画像石最上部雕刻的是图像，下面竖行镌刻了“大高平令郭君夫人室宅”10 个篆字。从章法布局看，上下字的大小、长短、宽窄、间隔基本一致，多一个、少一个，大一点、小一点，长一点、短一点等都不美观，并且这 10 个篆字无论是形态、间架结构，还是笔画弯曲、伸展、线条的粗细等，都展示出了很强的装饰图案化特征。尤其是书丹者和石刻艺人把其中“人”字的撇笔线条缩短，把捺笔线条加长呈反“S”形，其应该主要是为了审美，也就是因石面上的空间有限，为了强调整体章法布局的美观而进行的巧妙的设计。从汉篆的类型上看，这 10 个篆字属于汉篆中的美术篆书类。

汉代画像石上的篆书主要是小篆字体，尽管体现出了一定的地域性艺术特点与风格，但它们也是汉代篆书艺术发展的镜像之一。从中国文字发展史上看，小篆书体成熟于秦代，西汉初期逐渐式微，尤其是到东汉时期、隶书高度成熟，广泛运用于官方与民间的日常生活中，成为社会通用文字，篆书退出了社会通用书体的地位。但篆书依然在发展，其中在皇帝策书、墓碑额题、纪功颂德性碑文、汉印、通关证件、地图题名和瓦当、画像石、画像砖、铜器铭文，以及丧葬经幡等，一些重要场合和一些器物上的运用较为常见，所以上述汉代画像石上的篆书，也是篆书文字在汉代发展与运用的体现之一。从中国书法艺术发展史的角度看，在汉代，篆书作为艺术并未退出书法历史舞台，即使其实用范围大大缩小了，即“它们作为应用工具为主的文字性质已经改变”，但“它们的功能和价值已由实用转向了审美领域”[①]，形成了具有时代特点和地域风格的汉篆。例如出现了流传至今的，西汉时期的《群臣上醻刻石》《祝其卿坟坛刻石》《上谷府卿坟坛刻石》，东汉时期的《袁安碑》《袁敞碑》《祀三公山碑》《嵩山少室石阙铭》《嵩山开母庙石阙铭》，以及《鲜于璜碑》《樊敏碑》[②]《张迁碑》和《赵宽碑》等碑额[③]篆书艺术。不仅如此，还形成了不同地域的篆书风格。例如《袁安碑》和《袁敞碑》[④]被学界誉为“汉代为数不多的标准小篆碑刻”，“两碑篆书风格基本一致”，“两碑书写者很可能是同一人”。《祀三公山碑》[⑤]篆书线条已变秦篆的圆转为方折平正等，而被称为“缪篆”的代表等[⑥]。镌刻在丧葬礼俗性建筑构件的墓阙、祠堂和墓室画像石以及庙阙画像石上的篆书文字，有的可能是由书家书丹，有的可能是由书写水平较高的政府掾吏、属吏等书写，有的可能是社会上的专职写手为之，有的也可能是民间石刻艺人书写并勒刻的。这些书丹者或直接展现出了某种特点与风格，或受到某一地域性特点与风格的影响等，都是可能的。例如登封嵩山三阙额题与铭文，虽然不知写手为谁，但“篆法方圆茂满，虽极剥落，而神气自在。其笔势有肥瘦，亦有顿挫，与汉缪篆相似”，且体现出了鲜明的地域篆书风格，这种较高的篆书书写艺术水平，显然不是一般书者书丹（图 14）。特别是汉代墓阙、祠堂和墓室画像石制作者直接模仿碑刻篆书，或模仿碑刻用篆书题写碑额等做法，也是汉代画像石制作的手法之一，也因此使汉代画像石上的篆书艺术呈现出了不同的特点与风格。

---

① 赖非：《汉代书法类型》，载《赖非美术考古文集》，济南，齐鲁书社 2014 年版，第 31 页。

② 《鲜于璜碑》与《樊敏碑》两碑上均有画像，可称为画像石碑，可列入汉画像石范围，将另文讨论。

③ 据学者统计，汉代石碑中有篆书额题的大约 29 件。参见杨子墨：《汉代石碑书法的功用特征》，载中国艺术研究院中国书法院：《秦汉篆隶研究》，北京，荣宝斋出版社 2013 年版。

④ 《袁安碑》，1929 年出土于河南偃师县（今洛阳市偃师区）；《袁敞碑》，1923 年出土于河南偃师县。

⑤ 《祀三公山碑》刻于东汉元初四年（117 年），清代乾隆年间发现于河北元氏县。

⑥ 参见张志和：《中国古代书法艺术史》，北京，中国社会科学出版社 2015 年版，第 82、83、84 页。

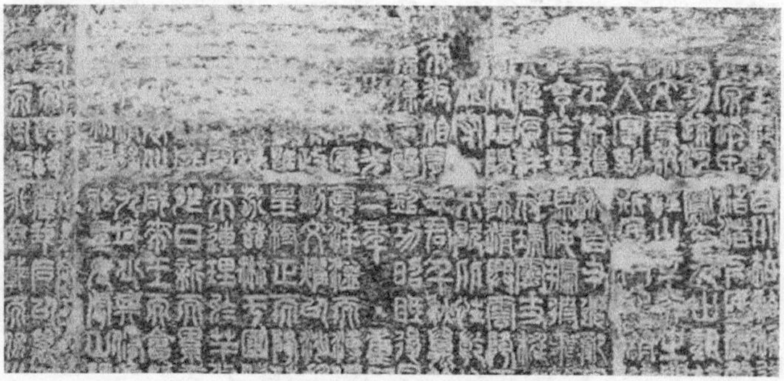

图 14　登封嵩山开母庙石阙铭(局部)
(图片来源:徐玉立:《汉碑全集:一》,河南美术出版社 2006 年版)

综上所述,相对众多汉代画像石题榜中的隶书,篆书是极少的部分。尽管如此,对其进行搜集、整理、考辨,有利于对某些汉代画像石的出处、图像内容等方面的考证与界定。与汉代画像石隶书题榜一样,篆书题记也体现出了标示墓主姓名、籍里、官阶和歌功颂德等功能,反映出了汉代画像石题榜文字功能的普遍性。虽然汉代画像石上的篆书艺术体现出了不同地域特点与风格,但它们已不是标准的汉篆,特别是有些篆隶结合的样式和篆隶笔法结合的字体形态,较鲜明地体现出了隶变特点,一定程度上也折射出了汉代篆、隶书文字艺术的发展过程。

附录二

汉代画像石上的后人题刻及其隶书艺术

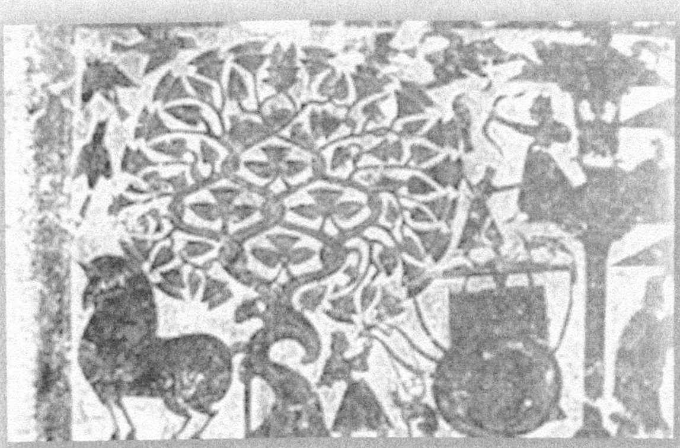

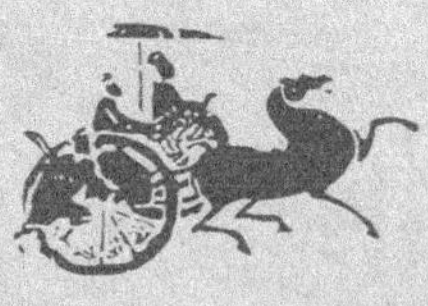

汉代画像石上的后人题刻及其隶书艺术[①]

前面八章集中列举了较为突出的汉代画像石阙、墓祠和墓室画像石上的题记与榜题内容，对其中的一些文字等进行了简略考辨；列举并考释了汉代画像石碑；对汉代画像石和画像石碑上的隶书艺术类型、特点等进行了分析；对汉代画像石和画像石碑上的隶书艺术的书丹者和石刻艺人，进行了简略分析、讨论。汉代画像石阙、墓地祠堂和墓室画像石，以及画像石碑产生后，即东汉以后直至当代，有很多人在原石及其拓片上，镌刻、题写品评和关于发掘、考释、保护的文字，题刻内容多样，书体既有篆书、隶书，也有行书、草书、楷书，其中隶书题刻较为显著，也是值得研究的话题。

一、东汉至清代的后人隶书题刻内容

本附录所论有关汉代画像石的题刻，不是指汉代石刻艺人在画像石上镌刻的隶书榜题与题记，而是指画像石祠堂和画像石产生和出土后，历代人在原石及其拓片上镌刻、题写的发掘、品评、考释和保护的文字，以及有关汉代画像石祠堂等的立碑勒文，其中重点梳理和讨论的是东汉至清代的隶书题刻内容、思想意图和隶书艺术特点、风格。

东汉以来，有关汉代画像石祠堂、画像石及其图像、文字和社会价值意义的品评、考释与发掘、保护等跋语与碑刻，历代应该不乏其作。但由于年代久远，自然和人为破坏等原因，目前所见清代之前的，以现存山东长清孝堂山画像石祠堂上的东汉、北魏、北齐和唐代人的题刻，以及清代人有关嘉祥武梁祠及其画像与榜题文字和周边地区画像石的发掘、保护、考释、品评等跋语与碑刻较著名。

① 该文已发表于《美育学刊》2020年第1期，此处略有删改。

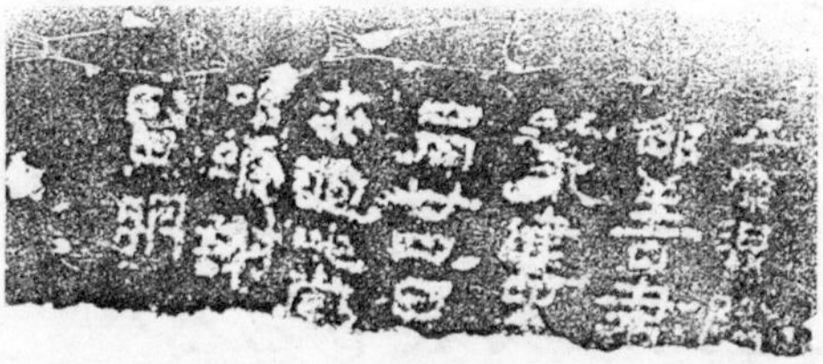

图 1　东汉邵善君题刻拓片
（图片来源：自拍）

据笔者的考察和文献查阅，有关孝堂山画像石祠堂和武梁祠有明确纪年的、隶书特征较明显的题刻有 20 多条（处）[①]。现存孝堂山画像石祠堂上的隶书题刻中，东汉时期的较著名的有 4 处。祠内三角隔梁石西面有 2 处：一处刻于永建四年（129 年），内容为“平原湿阴邵善君以永建四年四月廿日来过此祠叩头谢贤明”[②]（图 1）；一处刻于永康元年（167 年），内容为“申上龙以永康元年二月二日来此堂感斯人孝至”。祠内西壁右侧有 1 处，刻于永康元年（167 年），内容是“泰山高令明永康元年十一月廿一日敬（故?）来观记之”。祠内北壁东石上有 1 处，刻于建安二年（197 年），内容是“泰山山茌高令春以建安二年二月十一日来至石堂”。北魏时期的较著名的也有 4 处。祠内东壁上有 2 处：一处刻于北魏永兴二年（410 年），内容为“孟世雍以永兴二年二月三日来观友人”；一处刻于同年，内容为“侯泰明以永兴二年三月一行”。祠内北壁东段下层画像建筑物两侧柱上也有 2 处：一处刻于北魏太和廿三年（499 年），内容为“太和廿三年十二月廿五日广陵王太妃至此，国祚永庆，子孙忠孝”；一处刻于同年，内容为“太和廿三年十二月二十五日广陵王至此（图 2），月十一日来至不上”[③]。北齐时期较著名的是位于祠外西山墙的、著名的陇东王胡长仁《感孝颂》碑，刻于北齐武平元年（570 年）。碑额篆书“龙东王感孝颂”，颂文隶书 25 行，每行 17 字。前一部分内容主要赞美胡长仁“敛眉长叹，念昔追远”“慨贤圣之多弊，嗟至德而无纪”的思想，以及叙述立碑经过、碑文内容撰写与书丹者等（图 3）；后一部分是对“郭巨”至孝的溢美之词。《感孝颂》碑文后是唐开元二十三年（735 年）杨杰的隶书题刻，虽然已模糊，但大部分字可识读，主要内容亦是对“郭巨”至孝的赞美[④]。

---

① 孝堂山画像石祠上的一些题刻和清代人关于嘉祥武梁祠画像和石阙、石碑题刻文字，笔者曾经考察记录过，其他则出自文献记载。

② 关于邵善君题刻文字中的“贤”字，著名古建筑家罗哲文先生在《孝堂山郭氏墓石祠》一文中把“贤”字写为“神”字（《文物》1961 年第 4、5 期，第 47 页）。笔者认为，虽然该字迹有些模糊，但从笔画、结构和形态看显然是“贤”字，可能是现代人打字错误。

③ 罗哲文：《孝堂山郭氏墓石祠》，《文物》1961 年第 4、5 期，第 44－52 页。

④ 全文参见原碑；陈纯之：《陇东王感孝颂碑》（超清原贴），合肥，安徽美术出版社 2017 年版。

现存清代人关于武梁祠及其画像与文字的隶书题刻，最早的应是乾隆五十二年（1787 年）黄易的《修武氏祠堂记略》碑刻，但仅见翁方纲的《两汉金石记》记载，未见原石刻。之后至清末出现较多，其中翁方纲、李东琪、钱泳、郑齐、陈锦和锡元等人的较著名。翁方纲的隶书题刻是《重立汉武氏祠石记》碑，刻于乾隆五十二年（1787 年）。该碑额题篆书、正文隶书为翁方纲撰题，其后楷书、行书题刻捐款者姓名，应分别为各位捐款者所书，主要记载的是重立武氏祠堂的过程和捐款者姓名等。李东琪的隶书题刻是《武氏官职名号碑》，刻于乾隆五十七年（1792 年）。隶书题字 4 行："汉从事武君讳梁字绥宗""汉吴郡丞武君讳字开明""汉敦煌长史武君讳斑字宣张""汉执金吾丞武君讳荣字含和"，其后为其隶书落款（图 4）。同年，钱泳题刻有《武氏石室题记》碑，主要记述了武氏祠画像石、武斑碑的访得、立祠过程、意义和立祠者与题石记之等。同治年间，李克正等人分别用隶书等对武梁祠孔子见老子画像等进行题跋、标注，其中有不少隶书跋语。光绪六年（1880 年），陈锦在《武斑祠画像（其二）》上，隶书题刻"新出土石，与左室第一石连，庚辰增入。补勤志"。同年又在《何溃程婴柳惠画像》右上方题字"新出第二石，为轩辕华所藏，光绪庚辰四月丁蓉江增入，陈锦志"。

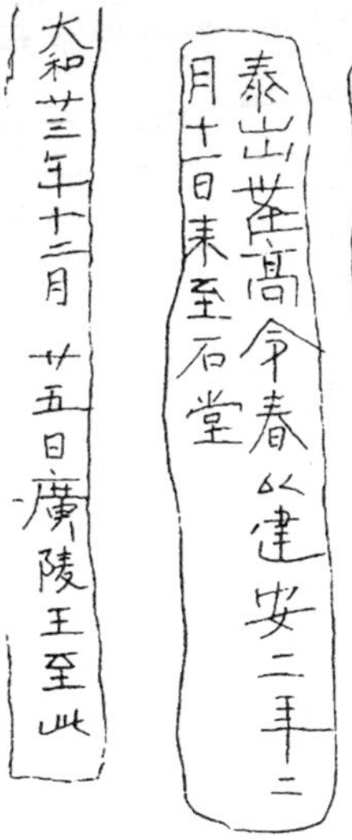

图 2　建安二年和太和廿三年题刻（摹写）
（图片来源：罗哲文：《孝堂山郭氏墓石祠》，《文物》1961 年第 4、5 期）

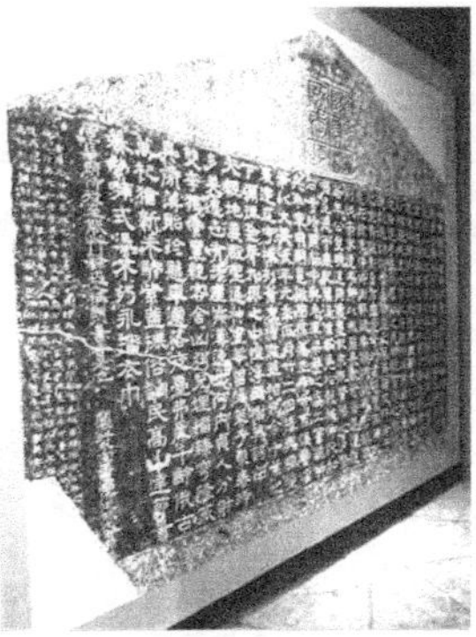

图 3　胡长仁《感孝颂》碑复制品
（图片来源：山东博物馆，自拍）

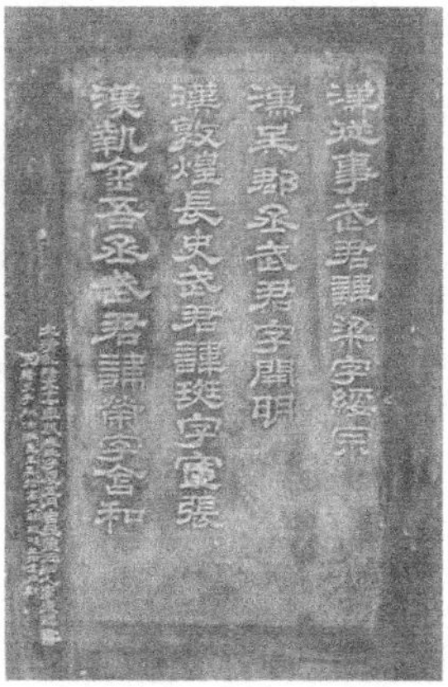

图 4　李东琪隶书题刻《武氏官职名号碑》
（图片来源：武氏墓群石刻博物馆，自拍）

在孝堂山画像石祠堂和武梁祠的隶书题刻中，也有不少无纪年的题刻。据学者观察记录，仅孝堂山画像石祠内，就有北壁东半部的"北海郡下丕县令""定州中山郡孙龙花观""泰山

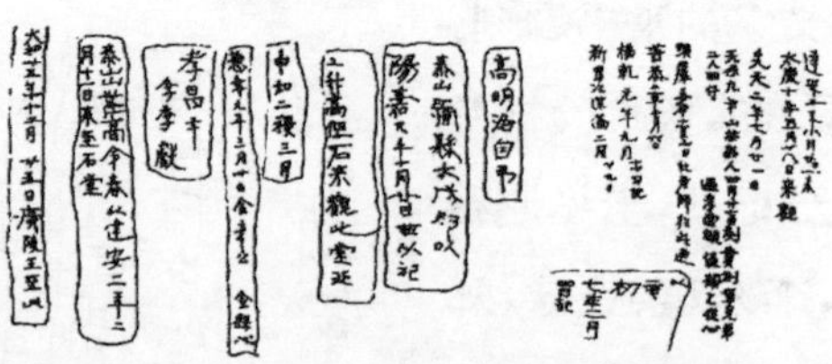

图 5　孝堂山画像石祠内无纪年题刻(摹写)
(图片来源:罗哲文:《孝堂山郭氏墓石祠》,《文物》1961 年第 4、5 期)

山阳高令春以”,以及北壁西半部的“济州刺史”等细如毛发的题刻,多达 100 条(处)以上①。这些无纪年的细如毛发的题刻书体,有的隶书特征较明显,有的具有楷书特点,大多为魏晋南北朝时期的刻画(图 5)。清代人关于武梁祠及其画像,也有不少无纪年的隶书题刻。较显著的是武梁祠东西阙画像上的隶书“武氏祠”(图 6),不知何时何人所刻。此外,傅惜华先生在《汉代画像全集》初编、二编中收录的不少有关武梁祠画像石上,分别镌刻有“左石室四”“画像一”至“画像十”,以及“画像甲”至“画像癸”等隶书字样,均不明何时何人所刻②。“武氏祠”3 个字,从清代武梁祠被发掘和隶书风格上看,应为清代人所为。其他无纪年的隶书题刻,应为清代人记录保护这些散落的无纪年的画像石的编号。

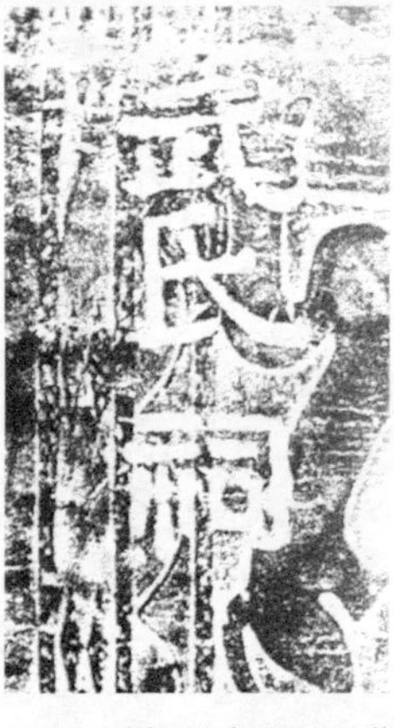

图 6　武梁祠东西阙画像“武氏祠”拓片
(图片来源:自拍)

除关于孝堂山画像石祠堂和武梁祠的后人隶书题刻外,在其他地区出土的汉代画像石上也有些后人的隶书题刻,时间较早的是位于山东沂南县铜井镇三山沟村的鲍宅山凤凰画像石上的“东安王钦元”题刻。一般认为这 5 个字是晋人王钦元所刻,但也是有争议的。傅惜华等人认为王钦元是晋人,但没有给出说明,仅说“左旁有晋人王钦元题名”③。蒋英炬先生认为“所谓‘凤凰画像’既不属于汉画像石,也不是汉代的石刻画像”,“‘元凤’二字年号不是汉画像石的纪年铭,也不具有任何事物纪年铭的意义”,“从这处石刻的画像、题字来看,行迹不一、位置散乱,起码有先后三种以上的雕刻迹象”,据此“推测‘凤凰画

① 参见罗哲文:《孝堂山郭氏墓石祠》,《文物》1961 年第 4、5 期,第 44 - 52 页;杨爱国:《孝堂山石祠上的后人题刻——由黄易嘉庆元年细拓石祠画像想到的》,《西泠艺丛》2017 年第 9 期,第 3 - 8 页。
② 参见傅惜华:《汉代画象(像)全集》初编、二编,北京,商务印书馆 1950 年版。
③ 傅惜华:《汉代画象(像)全集》初编,北京,商务印书馆 1950 年版,第 28 页。

像'的时代在宋、元以后,有可能是明、清时期","王钦元则可能是明、清时人"等[①]。笔者认为,这 5 个字是隶书字体无疑。从线条、笔法与形态上看,往上与刻于东汉建和二年(148 年)的《石门颂》较接近,往下与刻于北魏宣武帝永平二年(509 年)正月的《石门铭》较接近。据此推测,该题刻为晋或之前的人所刻可能性较大(图 7)。

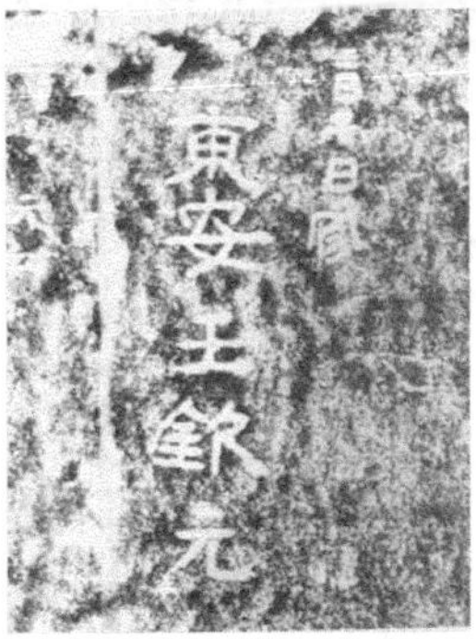

图 7 "东安王钦元"题刻
[图片来源:傅惜华:《汉代画象(像)全集》初编,巴黎大学北京汉学研究所图谱丛刊之一,1950 年版]

在清代,除上述黄易、翁方纲等人关于武梁祠及其画像与文字的隶书题刻外,阮元、徐宗幹、锡元等人也都有汉代画像石的隶书题刻。阮元的隶书题刻有两处:一是乾隆甲寅(1794 年)年,在《麃君墓石人像》之"府门之卒石像"左上方镌刻的"乾隆甲寅阮元移置"(图 8);一是嘉庆十三年(1808 年),在《嵩山太室石阙》西阙东面(侧面)题刻的"嘉庆十三年阮元来观阙下"[②]。徐宗幹的是在道光廿一年(1841 年)四月,在《微山两城永建五年食堂画像残石》上用篆书题刻"永建五年刻石",用隶书题刻"集天圣纪功碑字"和"道光廿一年四月扣济宁直隶州事南通州徐宗幹移置明伦堂"[③]。锡元也有两处隶书题刻,一是光绪二十六年(1900 年),在《圣泽书院画像(其一)》上方题字:"此□□求贤画像也,类武梁祠画像诸石,其为汉物无疑。向在汶上县圣泽书院,为东廊门下石,践灭过半。今于光绪二十六年仲冬,移置戟门内";一是光绪二十七年(1901 年),在《圣泽书院画像(其二)》原石画像右边题字"汉画像残石,向在汶上城南程氏井上,赵两如访得之,为移置圣泽书院。是岁辛丑光绪廿七年也"。[④]

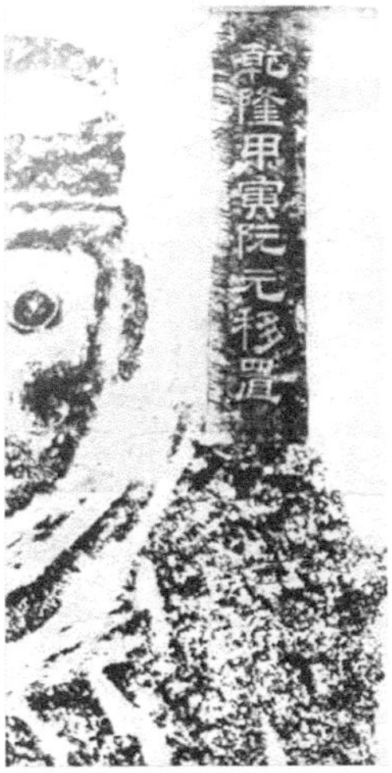

图 8 阮元题刻
[图片来源:傅惜华:《汉代画象(像)全集》初编,巴黎大学北京汉学研究所图谱丛刊之一,1951 年版]

① 参见蒋英炬:《关于"鲍宅山凤凰画像"的考察与管见》,《文物》1997 年第 7 期,第 37 - 42 页。
② 傅惜华:《汉代画象(像)全集》初编,巴黎大学北京汉学研究所图谱丛刊之一,1950 年版,第 44、45 页。
③ 傅惜华:《汉代画象(像)全集》二编,巴黎大学北京汉学研究所图谱丛刊之一,1951 年版,第 7 页。
④ 傅惜华:《汉代画象(像)全集》二编,巴黎大学北京汉学研究所图谱丛刊之一,1951 年版,第 90、91 页。

上述孝堂山画像石祠堂东汉时期的隶书题刻，是目前所见较早的东汉人即后人隶书题刻。实际上在汉代，有些画像石祠堂建成后，特别是其上被人乱刻乱画的文字应该有很多。例如在山东肥城县栾镇村出土的张文思为父造祠堂、东阿铁头山出土的芗他君祠堂、嘉祥宋山出土的许安国祠堂等题记中，分别有“勿败□”“愿毋毁伤”“惟观者诸君，愿勿贩伤”“来入堂宅，但观耳，无得刻画”等话语，都可说明东汉时期画像祠堂上被人刻画现象已较严重了。

此后至清代，从文化背景推测，应该都有很多关于汉代画像石隶书的题刻。也就是说，魏晋南北朝时期除上述众多题刻外，应该还有不少。因为当时北方不仅佛教石窟雕凿、勒碑刻铭风气大盛，而且有些汉代画像石也被时人用来重建墓室等，在其上直接镌刻题记，或记录、考释汉代画像石的相关情况等跋语应该有之。“南朝在齐梁时，大约已用纸墨拓碑了”①，此时期拓制汉代画像石拓片和在其上题写跋语是有可能的。唐代的文学、绘画、书法、开窟造像、造纸技术、印刷技术、劖碑勒铭和椎拓碑碣等文化艺术和技术都取得了很高成就，在汉代画像石上镌刻和在拓片上题写文字，绝不止于孝堂山画像石祠上杨杰等人的题刻②。两宋时期金石搜集研究是显学之一，特别是欧阳修、欧阳棐的《集古录》和《集古录目》、赵明诚的《金石录》、洪适的《隶释》和《隶续》，对嘉祥武氏祠的“武荣碑”“武斑碑”“武梁碑”“武开明碑”和“武氏石阙铭”等文字内容，以及画像石图像与榜题进行记录、摹刻与题跋③。这也是宋代金石研究学术风气之表现。同时，两宋时期的造纸与印刷技术、石刻碑碣雕刻和拓片拓制技艺等均超过了此前朝代。在这种话语环境中，在汉代画像石和其拓片上镌刻、题写各种考释、品评、追述等跋语，不难想象④。

① 施蛰存：《金石丛话》，北京，中华书局2013年版，第22页。

② 但目前所见除孝堂山画像石祠堂上杨杰的隶书题刻外，仅有该祠内东八角石柱上的“维大中五年(851年)九月十四日建”题刻，且由于字迹很小、笔画很细，字体既像隶书，也似楷书。

③ 参见金文明：《金石录校证》，桂林，广西师范大学出版社2005年版；[宋]洪适：《隶释·隶续》，北京，中华书局1986年版；朱锡禄：《武氏祠画像石》，济南，山东美术出版社1986年版。

④ 目前所见的书体与内容主要是孝堂山画像石祠内西八角柱上北宋崇宁五年(1106年)的楷书题刻“大宋崇宁五年岁次丙戌七月庚寅朔初三日，郭革自备重添此柱并垒外石墙”和“当村王宣德男天民助缘匠人国青张皋并特置牌额绰揳门一座”两处。参见杨爱国：《孝堂山石祠上的后人题刻——由黄易嘉庆元年细拓石祠画像想到的》，《西泠艺丛》2017年第9期，第3-8页。

现存清代[1]人关于武氏祠及其画像与榜题、武氏碑和其他出土画像石的发掘与保护等题刻，包括在原石上镌刻、另立碑文和在拓片上题写的很多，且用篆、隶、楷、行、草书体书写的均有不少存世（图 9）。其中原因与清代“文字狱”、金石学[2]兴起与发展有关，尤其是 1786 年著名金石学家黄易发现并发掘了武梁祠后，出现了围绕该堂和其他画像石图像、文字等发掘、搜集、保护、考释、研究与品评的热潮，产生了众多的隶书等题刻；加之清代离现在较近，遗存较多，现当代人在汉代画像石拓片上用隶书等各种书体题诗、题写审美品评等跋语，可谓俯拾即是。例如郭沫若、沈尹默、于右任[3]、启功、沈鹏、冯其庸等著名书法家和文学家，以及众多的汉代画像石研究者、收藏者、爱好者的题诗、跋语，不胜枚举。

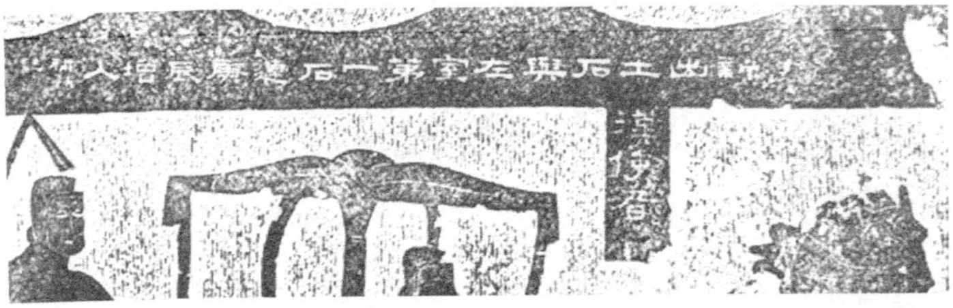

图 9　陈锦在《武斑祠画像》（其二）题刻

［图片来源：傅惜华：《汉代画象（像）全集》二编，巴黎大学北京汉学研究所图谱丛刊之一，1951 年版］

二、东汉至清代的后人题刻目的与隶书艺术

从现存东汉、北魏、北齐、唐、宋和清代人有关孝堂山画像石祠堂、武梁祠及其画像与文字和其他画像石的题刻与记载内容看，各有不同的思想意图。不少人认为孝堂山画像石祠堂上的邵善君等众多后人的题刻，甚至包括北齐陇东王胡长仁《感孝颂》碑刻在内，都有着“到此一游”的目的性。这是不可否认的事实，即上述众多有无纪年的、细如毛发的题刻，都有着因“郭巨”的“孝”而“到此

① 有不少学者认为元明时期没有关于汉代画像石的跋语等文字题刻。笔者认为可能也有，有待进一步考证。

② 赵明诚仅提出了“金石”一词，而“金石学”概念则是前清史学家、经学家、考据学家王鸣盛提出的。

③ 参见《中国画像石全集》编辑委员会：《中国画像石全集：7》，郑州，河南美术出版社；济南，山东美术出版社 2006 年版，图版说明，第 31 页。

一游”的思想，但也不能一概而论。例如邵善君的“叩头谢贤明”话语，显然是因仰慕“郭巨”的“孝”而来的。广陵王太妃题刻“国祚永庆，子孙忠孝”和“广陵王至此”等内容，不仅仅是为了“到此一游”。即是说，北魏广陵王太妃和广陵王都身居高位，其言行都会对朝野产生很大的影响，尤其不像一般人那样仅仅刻个时间、姓名等，而是镌刻了“国祚永庆，子孙忠孝”话语，显然他们有着借此宣扬孝义、孝道，维护其政权政治稳固的思想目的性。陇东王胡长仁的碑刻《感孝颂》更非简单的“到此一游”。尽管该碑也记述了其立碑之缘起、经过等内容，但其借此极力倡导“孝”乃“惟夫德行之本，仁义之基”，于国于家“天经地义，启圣通神”等政治思想，不言而喻。《感孝颂》之文后为唐代杨杰的题刻，从可识读的文字看，杨杰同样表达了“人之行莫大于孝，孝莫大于爱亲”，“郭公”之孝“达天地，至德通鬼神”，“实可谓人所不能”等政治意图（图 10）。北宋欧阳修父子和赵明诚主要记录的是武梁祠的碑刻、画像石和图像与文字，南宋洪适在《隶续》中不仅有记录、画像跋语，而且还刊刻了不少武梁祠堂等画像和榜题文字，表现出了搜集、记录与审美品评的思想目的。清代人有关武梁祠和画像石的隶书题刻，除黄易的《修武氏祠堂记略》未见原碑外[①]，其他均存于世，但大多记述了此前该祠的历史记载，当时修建、立碑过程和捐资者等，其中翁方纲的《重立汉武氏祠石记》隶书记文等，最具代表性（图 11）。其他清代人有关汉代画像石的题刻亦基本如此，其中锡元在《圣泽书院画像（其一）》上的隶书题字“此□□求贤画像也，类武梁祠画像诸石，其为汉物无疑”[②]，可算考证研究。总体上看，孝堂山画像石祠上邵善君的题刻、北齐陇东王胡长仁的《感孝颂》和文末唐代杨杰的碑刻，也包括那些细如毛发的题刻，是以崇尚“孝道”为目的的，宋和清代人的题刻主要是以记录、挖掘、搜集、保护古代文物和审美品评等为中心思想的，现当代人的题诗跋语以审美品评为主要内容。

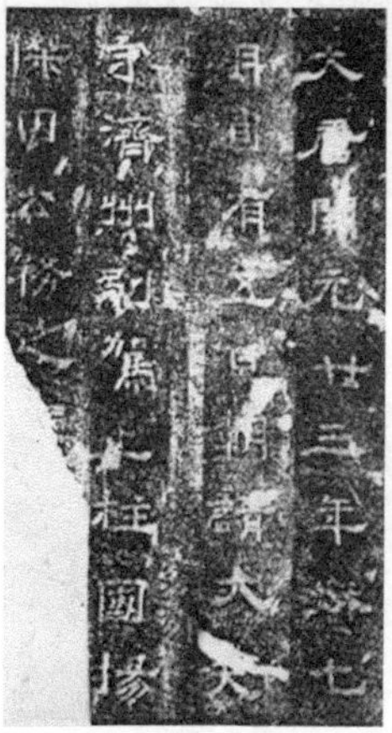

图 10　唐代杨杰题刻拓片
[图片来源：山东博物馆，自拍(局部)]

① 据《修武氏祠堂纪略》记载，当时对武梁祠画像石等发现、挖掘和保护情况，已经进行了“立石存记，为久远之图”。

② 傅惜华：《汉代画象（像）全集》初编，北京，商务印书馆 1950 年版，第 12 页。

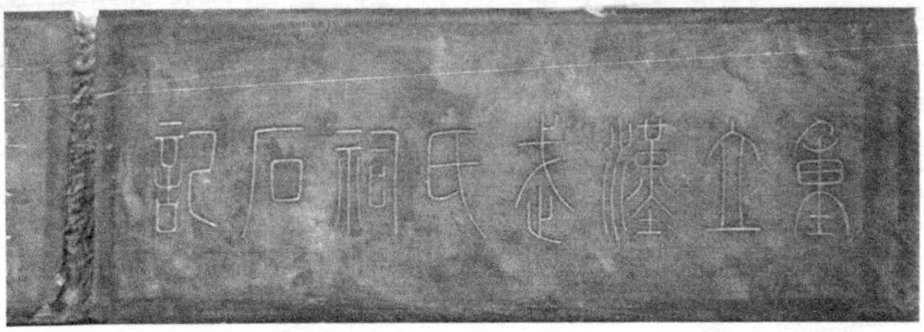

图 11　翁方纲的《重立汉武氏祠石记》石刻
（图片来源：武氏墓群石刻博物馆，自拍）

汉代画像石上后人题刻的隶书艺术，也是东汉以来特别是东汉、魏晋、唐和清代隶书艺术发展的镜像之一[①]。在孝堂山画像石祠堂上东汉时期的题刻中，邵善君题刻的隶书较大较清晰，艺术性较高。即是说，虽然这 7 行 25 个隶书书写水平不是上乘之作，但粗厚的线条、端庄敦实的形态、质朴的风格，特别是起笔收笔、蚕头燕尾、一波三折的笔法等，展现出了东汉时期成熟隶书的面貌[②]。邵善君是何等身份的人不得而知，但可以肯定地说他应该是个有身份和有一定文化素养的人。由此推测，邵善君题刻的隶书也可能是其本人书丹，或请石刻艺人镌刻的。因为在东汉时期隶书普及应用的文化环境中，有一定文化修养的人，诸如各级政府官吏、文书和社会上的一般写手，甚至有些文化的普通民众等都能书写出有一定水平的文字。从雕刻痕迹看，这 7 行 25 个隶书为阴刻，有着精心雕凿的意味和显著的剔刻刀锋，而非随手画刻。东汉永康元年和建安二年的题刻隶书，虽然是随意刻画的，细如毛发，笔法等难以识别，但从当代学者的一些描摹看，隶书的字体形态还是很明显的，从中可以窥见东汉时期一般人的书写水平和隶书作为实用书体的普及性。

北魏时期的隶书题刻中，陇东王胡长仁的《感孝颂》是非常著名的，也是长期以来被众多学者提及、研究的。例如有学者认为该碑有隶书的朴拙、浑厚，也有楷书的规整。用笔以方为主，拐角用折，波挑翻翩，点画厚实、苍劲、遒劲；结

① 在中国书法史上，隶书孕育于战国，产生于秦，发展到东汉时期高度成熟，实用性与审美并存，取得了“一统天下”的地位，魏晋南北朝时期魏楷兴起，逐步取代了隶书的正体字地位。唐、宋、元、明时期楷、行、草书盛行，书写隶书风气几乎不存。但至清代在考据学、金石学等兴起的环境中，隶书再次出现了发展的高峰。

② 从东汉时期隶书风格上看，晚于邵善君题刻 39 年、刻于东汉建宁元年（公元 168 年）的《史晨碑》隶书风格，与之较相近。

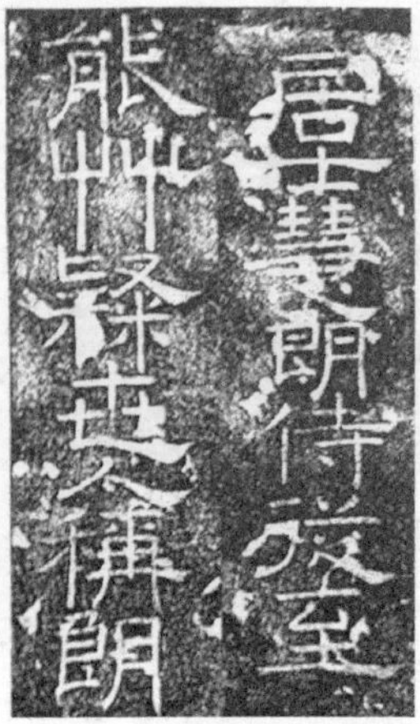

图 12 《感孝颂》碑文
[图片来源:碑帖自拍末题刻(局部)]

构整体宽扁、工整、精巧,纵逸险峻,气势磅礴等①。笔者认为,《感孝颂》的隶书笔法中除融入楷书外,不少字的横画与竖画挺拔平直,也具小篆特点。总的看来,该碑书丹是以隶书为基调,其中取法魏楷笔法较显著,也可称为楷隶。关于颂文之末“居士慧朗,侍从至能草隶,世人称‘朗公书者’是也。开府行参军王思尚侍从,能文有节操”内容(图 12),罗哲文先生认为这“二行字,字体较小,且与颂文无关,当系后人附刻”②。笔者也赞同罗先生的说法,即是说颂文内容已经明确了“于时开府中兵参军梁恭之盛工篆隶,骑兵参军申嗣邕微学摛藻,并应命旨,俱营颂笔”,那么后面再落款作文者与书丹者,似乎不合乎情理。但从隶书的特点与风格看,虽然后者字形较小,但与前者用笔特点相似,都可视为楷隶一路,并且后者的“开府”也可能与前者是同一个开府;从“侍从至能草隶”和“能文有节操”措辞看,与前者也相似,以此推测,有可能是对正文的补刻。除此,诸如上述北壁东段下层广陵王和太妃的题刻,北壁西半部画像建筑物的柱子上北魏“武定二年(公元 544 年)十一月十九日南青州刺史郑伯猷游一度记”,东壁上北齐“天保九年(公元 558 年)山茌县人四月廿七日,刘贵、刘章兄弟二人回行,过孝堂观,使愿乙信心”等题刻,虽然从文字体态上看皆为楷书,但其中有不少字的隶书形态也是很明显的,这也是此时期隶书与楷书继承与发展关系的表现,即隶书发展到此时期已经失去其在东汉时期“一统天下”的地位,此时的楷书(魏碑)、行书、草书都高度发展了,隶书主要作为书法艺术之一种在发展,所以在书写中融入楷书等笔法,也反映出了魏晋南北朝时期隶书等书法艺术的多样化发展。

《感孝颂》之后唐代杨杰的隶书题刻字体较小,从书写水平上看远逊于《感孝颂》,也可见“唐隶体格过于丰肥甜熟,品味难登大雅之堂”③风格之一斑。但杨杰用隶书书丹或请人用隶书书丹与镌刻,应该有着与《感孝颂》的字体一致的

① 参见陈纯之:《陇东王感孝颂碑》(高清原贴),合肥,安徽美术出版社 2017 年版。
② 罗哲文:《孝堂山郭氏墓石祠》,《文物》1961 年第 4、5 期,第 51 页。
③ 参见王冬龄:《清代隶书要论》,上海,上海书画出版社 2003 年版,第 1 页。

想法。

清代人的题刻隶书各具特色，体现出了较高的艺术水平。在上述清代的题刻中，文献记载黄易的“小分书摹《武梁祠画像》题字，尤为绝伦”[①]。现存翁方纲的《重立汉武氏祠石记》篇幅最长，隶书字数最多，字形秀丽，章法规矩，起收笔严谨，可见《曹全碑》一路，但韵味不足（图 13）。李东琪题刻的隶书，字形较丰腴，线条厚实，凸显大波脚，风韵近《乙瑛碑》。钱泳题刻的隶书字形方正，线条瘦劲，笔法严谨，章法工整，风韵亦近《乙瑛碑》。锡元的两处题刻，隶书亦字形较方正，线条瘦劲，风韵亦近《曹全碑》。其他如郑齐、徐宗幹、陈锦、阮元等人，以及那些无纪年的题刻隶书，也都各具特点。总体上看，虽然他们在用笔、结构、章法等方面，都很严谨、规矩、工整，忠实于汉碑汉隶，但在字体形态、线条、风格、意境方面，都有一定的创新。从中可以看出植根于汉碑汉隶而又彰显个性的清代隶书艺术发展的共同倾向，同时也可看出隶书艺术在清代三百年间被重视和蓬勃发展的面貌。

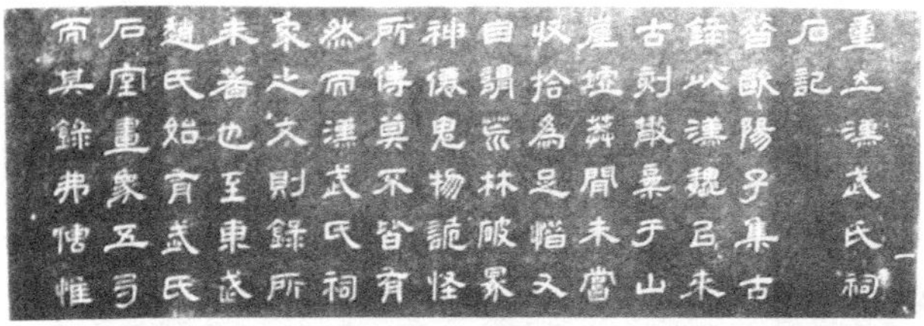

图 13　翁方纲的《重立汉武氏祠石记》石刻（局部）

［图片来源：蒋英炬、吴文祺：《汉代武氏墓群石刻研究》（修订本），人民美术出版社 2014 年版］

东汉以来有关汉代画像石的题刻历代应该都有很多，但遗留至今的较少。现存东汉至清代有关孝堂山画像石祠、武梁祠等的画像石题刻，虽然题刻内容、意图不同，题刻的隶书水平各异，但也反映出了其间有关汉代画像石祠堂和画像石的存世、挖掘、保护和记载、品评等过程，同时题刻的隶书水平也能反映出东汉至清代隶书艺术的发展概况。特别是从清代人的题刻隶书艺术看，虽然他们根柢和较忠实于汉碑汉隶，但创造新风貌的表现，值得学习、研究。所以，搜集、研究汉代画像石上的后人隶书题刻，有利于当代与未来对汉代画像石和隶书等书法艺术的搜集、保护、研究与借鉴。

---

① 参见王冬龄：《清代隶书要论》，上海，上海书画出版社 2003 年版，第 20 页。

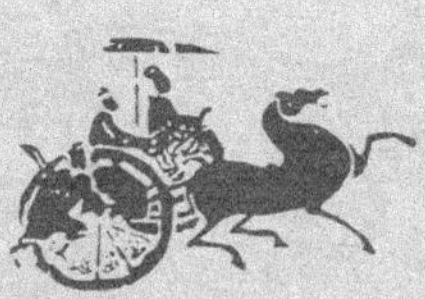

后记

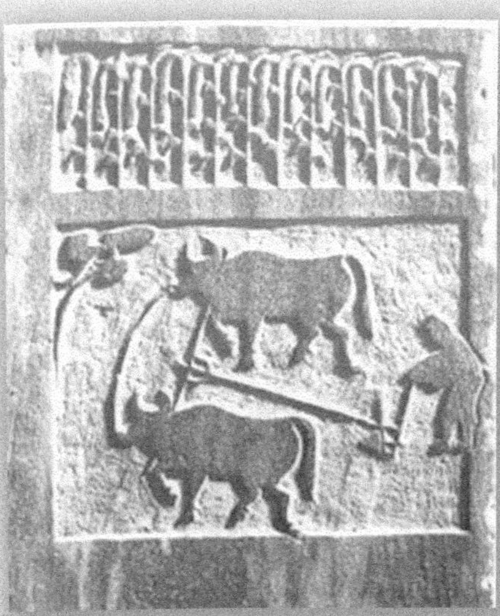

研究汉画艺术是笔者的兴趣之一。笔者在大学读书期间，学习了一些汉代画像石、画像砖、漆器和墓室壁画等知识，攻读硕士、博士学位期间阅读了一些有关汉画的文献，特别是硕士阶段在课堂上聆听张道一先生讲汉画，对汉画艺术有了较深入的理解。2006 年 6 月博士毕业后不久，在同事黄雅峰教授的鼓励下，加入杭州师范大学汉画艺术研究所研究团队，一边从事本科生、研究生设计与美术史论课程的教学科研，一边研究汉画，同时也较多地了解了中国汉画学会的情况；同年 10 月参加了中国汉画学会第十届年会。大约是在 2007 年春季开始构思拙著《剔图刻像：汉代画像石的雕刻工艺与成像方式》（已于 2010 年出版）的框架；暑期第一次专程考察了徐州汉画像石艺术馆藏画像石。2008 年 4 月至 2010 年 10 月先后参加了中国汉画学会第十一、十二届年会，并分别作为分会场代表在闭幕式上作总结发言。第十三、十四届年会期间，由于从事博士后研究工作，时间紧迫，无暇参会。2015 年 10 月参加了中国汉画学会第十五届年会，被选为中国汉画学会理事。

笔者在大学期间学的是美术学（师范），硕士阶段研究方向是艺术学（当时艺术学是文学门类的一级学科之一），博士阶段研究方向是艺术设计历史与理论，博士后阶段研究方向是美术学。笔者对汉画艺术的兴趣，既有学生时代的点滴学习积淀，也受博士毕业后介入汉画艺术研究以来参会、考察的激发。特别是后者影响很大，在十多年来的参会、考察过程中，有幸结识了中国汉画学会陈履生会长等众多汉画研究专家学者，受益匪浅，增长了见识，增添了兴趣，与各位专家学者结下了友谊，与汉画结下了深情。当然，就汉画学术研究而言，笔者还是一个迟到的学生。

本课题的想法缘于笔者对汉画艺术的兴趣和对汉隶的喜爱。笔者在多次参会、考察中不断注意搜集、整理了这方面资料，2017年以此题目申报并获批了教育部人文社会科学研究规划基金项目。本欲三年时间里在阅读文献的基础上尽可能地考察各地汉画像石馆、博物馆等馆藏画像石上的题榜文字、隶书等艺术，但庚子年初开始的这场突如其来的疫情打破了原计划。幸运的是国家防控给力，有效地遏制住了疫情蔓延，近半年来再次利用暑期和参会机会继续考察了一些汉画像石馆和博物馆的馆藏画像石，再次在图书馆中查阅了许多资料，方得完成。

汉代画像石题榜隶书艺术是不可再生的传统文化艺术资源，其承载的考古、文物、文字、书法艺术等价值，不言而喻。因此，笔者在前贤的研究基础上，在搜集资料、研究和写作过程中尽可能地搜集和运用了第一手文字史料，以及原石、原拓图片，力图还原历史面貌。但本课题研究确有一定的难度，即汉代至今已历二千多年，由于风雨剥蚀和人为损坏等原因，绝大部分出土汉代画像石上的题榜文字已残缺、磨损或模糊不清，且有很多通假字、错别字、异体字和民间艺人的造字，以及两汉时期篆、隶书文字演变和字体形态、结构、笔画、笔法的复杂性等因素，给题榜文字内容识读、考释和隶书等书刻艺术论述带来了诸多的困难，加之时间紧张，笔者水平有限，谬误失实在所难免，祈请方家不吝赐教！

笔者在考察、研究和写作过程中，先后得到了山东石刻艺术博物馆副馆长杨爱国、徐州汉画像石艺术馆原馆长武利华、江苏师范大学汉文化研究院院长朱存明、滕州汉画像石馆馆长李慧、邹城市文物局研究员胡新立、南阳汉画馆研究员曾宪波等先生，以及中国汉画学会和许多汉画像石馆、博物馆等诸多专家学者的帮助与鼓励，同时得到了杭州师范大学美术学院黄雅峰教授、莫小不教授等同事、朋友和家人的帮助与支持，深表感谢。尤其要感谢教育部人文社科规划办批准立项本课题，感谢东南大学出版社策划编辑张仙荣女士为本书付出的辛劳，感谢东南大学艺术学院硕士研究生郑冰雪在本书研究、写作过程中帮助搜集资料等付出的努力，感谢提供本书参考资料和借用图片的各位作者。由于人数较多，限于篇幅，歉不一一具名，笔者铭记于心。谨此，一并表示最诚挚的谢意！

郑立君

2021年3月26日